21世纪高等院校教材

管理信息系统
（第二版）

秦秋莉　邵丽萍　刘会齐　编著

科学出版社
北京

内 容 简 介

“管理信息系统”是一门既有较宽深理论基础，又有较强实践性的学科。本书在编写过程中，始终贯穿“基于问题、强调自主、突出实践”这一主导思想，同时突出当今社会信息技术的热点问题和发展趋势。全书从管理层、应用层和开发层分别阐述：管理信息系统对管理和组织变革的影响、管理信息系统的广泛应用、管理信息系统的技术基础和开发方法，强调了用户在管理信息系统建设过程中的责任和作用，引导学生如何从信息系统的视角思考组织的管理问题，应用系统的观点分析和解决问题。全书共分 10 章，各章之间既相互联系又相互独立，可根据专业与学时的不同有选择地进行学习。

本书可供信息管理与信息系统、软件工程、计算机应用专业以及财经类非计算机专业的本科生、研究生和教师使用，也可作为各类企业管理者和相关研究人员的参考用书。

图书在版编目（CIP）数据

管理信息系统/秦秋莉，邵丽萍，刘会齐编著. —2 版. —北京：科学出版社，2016.2

21 世纪高等院校教材

ISBN 978-7-03-047391-2

Ⅰ. ①管… Ⅱ. ①秦… ②邵… ③刘… Ⅲ. ①管理信息系统-高等学校-教材 Ⅳ. ①C931.6

中国版本图书馆 CIP 数据核字（2016）第 033279 号

责任编辑：方小丽/责任校对：贾娜娜

责任印制：张 伟/封面设计：蓝正设计

科学出版社出版

北京东黄城根北街 16 号

邮政编码：100717

http://www.sciencep.com

北京中石油彩色印刷有限责任公司 印刷

科学出版社发行 各地新华书店经销

*

2010 年 1 月第 一 版 开本：787×1092 1/16

2016 年 3 月第 二 版 印张：17 1/4

2024 年 1 月第十三次印刷 字数：409 000

定价：45.00 元

（如有印装质量问题，我社负责调换）

第二版前言

本书第一版自2010年1月出版至今，受到了广大读者的喜爱，已连续印刷6次，本书系统地论述了管理信息系统的基本理论和开发方法，详细介绍了管理信息系统的应用类型与模式，推行了“基于问题、强调自主、突出实践”的教学思想，并为初学者提供具有代表性的前沿知识拓展和形式多样的练习题。

管理信息系统是一门由管理科学、系统科学、信息科学、行为科学、计算机科学和通信技术相结合发展起来的边缘学科，它既具有较宽深的理论基础，又是实践性较强的学科。为体现出这一特征，本书遵循讲清方法、原理并和实际应用相结合的原则，采取基于“信息”的视角、“管理”的角度、“系统”的思维方法，目的是使学生理解管理信息系统的基本概念和原理，初步掌握管理信息系统分析、设计、实施和评价的方法，领会管理信息系统在社会发展和企业运作中的重要作用。

由于管理信息系统的基本理论、技术基础和开发方法已经相对成熟和规范，所以本次改版中对这些方面改动不大，改版主要体现在信息技术的快速发展和应用中。云计算、物联网、大数据、移动商务、信息安全是当今社会信息技术的热点问题和发展趋势，因此在第二版撰写过程中，主要在前沿知识部分进行了补充和完善。

全书共分10章，主要包括管理信息系统的基础概念，管理信息系统的技术基础，管理信息系统的应用，管理信息系统的开发方法等四大模块。读者可以全面、系统地阅读全书，也可根据不同情况选择其中几章学习参考。各章之间既相互联系又相对独立。对于信息管理与信息系统、计算机应用专业的学生，各章均应学习参考，重点掌握系统开发方法、工具和应用；对于工商管理、财经类非计算机专业的学生，可以选择重点学习第1～第5章，大致了解第6～第10章内容，主要是能比较全面地了解管理信息系统对于管理的作用和意义，以及用户参与管理信息系统开发的重要作用；除上述几种专业以外的专业，由于学时限制，可以只学第5～第8章，侧重学习系统开发的理论和方法，如软件工程专业。因此，能满足不同专业对管理信息系统学习的不同要求。

本书在编写过程中，充分考虑到了本课程“基于问题、强调自主、突出实践”的研究性教学思想，各章节配套相应的思考题、上机作业题、小组讨论题用于巩固学生学习的重点，而知识拓展部分主要用于学生自主学习，激发学生的学习热情，拓展学生的知识面，紧跟学科的发展前沿。

本书第 1、4、5、6 章由秦秋莉编写，第 2、3 章由刘会齐编写，第 7、8、9、10 章由邵丽萍编写。

由于编者水平所限，书中难免有不当之处，敬请读者指正。

编　者

2016 年 1 月 20 日

第一版前言

“管理信息系统”是一门管理科学、系统科学、信息科学、行为科学、计算机科学和通信技术相结合发展起来的边缘学科，它既具有较宽深的理论基础，又是实践性较强的学科。为体现出这一特征，本书遵循讲清方法、原理，和实际应用相结合的原则，采取基于“信息”的视角、“管理”的角度、“系统”的思维方法，目的是使学生理解管理信息系统的基本概念和原理，初步掌握管理信息系统分析、设计、实施和评价的方法，领会管理信息系统在社会发展和企业运作中的重要作用。

全书共分 10 章，包括管理信息系统基础概念，管理信息系统的技术基础，管理信息系统的结构，管理信息系统的应用，管理信息系统的开发，系统规划，系统分析，系统设计，系统实施，系统维护、评价与管理等。读者可以全面、系统地阅读全书，也可根据不同情况选择其中几章学习参考。各章之间既相互联系又相对独立。对于信息管理与信息系统、计算机应用专业的学生，各章均应学习参考。对于工商管理、财经类非计算机专业的学生，可以选择重点学习第 1～第 5 章，大致了解第 6～第 10 章内容，能比较全面地掌握系统开发方法和工具。除上述几种专业以外的专业，由于学时限制，可以只学第 5～第 8 章，侧重学习系统开发的理论和方法。如此，能满足不同专业对管理信息系统学习的不同要求。

本书在编写过程中，充分考虑到了本课程“基于问题、强调自主、突出实践”的研究性教学思想，各章节配套相应的思考题、讨论题用于巩固学生学习的重点，而知识拓展部分主要用于学生自主学习，激发学生的学习热情，拓展学生的知识面，紧跟学科的发展前沿。

本书第 1、4、5、6 章由秦秋莉编写，第 2、3 章由刘会齐、秦秋莉编写，第 7、8、9 章由邵丽萍编写，第 10 章由邵丽萍、秦秋莉编写。北京交通大学的张真继教授、张润彤教授、黄磊教授、刘世峰教授在本书编写过程中提出了很多宝贵的意见和建议，谨在此一并向他们表示诚挚的感谢！

由于编者水平所限，书中难免有不当之处，敬请读者指正。

编　者

2009 年 8 月 1 日

目　录

第 1 章

管理信息系统的基础概念

1.1 管理信息系统的概念

1.1.1 管理信息系统的定义

1. 定义

管理信息系统（Management Information System，MIS）是在管理科学、系统科学、计算机科学等的基础上发展起来的综合性边缘科学。到目前为止，它还处于不断完善和发展阶段。由于管理信息系统是一门正在发展的新兴边缘学科，因此，关于管理信息系统的定义也同样在逐渐发展和成熟。目前国内外对此的定义虽然不尽一致，但基本上都强调了管理信息系统的预测和辅助决策的功能。即利用现代管理的先进技术、方法和工具，向各级管理者提供经营管理的决策支持。

管理信息系统可以定义为一个以人为主导，利用计算机硬件、软件、网络通信设备以及其他办公设备，进行信息的收集、传输、加工、储存、更新和维护，以企业战略竞优、提高效益和效率为目的，支持企业高层决策、中层控制、基层运作的集成化的人机系统。这个定义也说明管理信息系统绝不仅仅是一个技术系统，而是把人包括在内的人机系统，因而它是一个管理系统，是一个社会系统。

2. 深入理解管理信息系统

从如下几个方面可以帮助我们详细地理解管理信息系统。

1）以计算机为基础的一个人机系统

管理信息系统的人机系统特征主要反映在系统的人机分工以及系统如何构建、运行、评价两方面。

系统能实现人机的合理分工。从观念上来说，没有计算机以前，在企业仍然存在依赖于手工的管理信息系统，只是有了计算机后，才使管理信息系统凸显，才使现代的管理信息系统成为现实。无论今后计算机技术发生什么变革，它毕竟是技术、机器，它不可能完全替代人，也不可能完成企业管理信息处理中的全部工作，有些必须由人来完成。因此在管理信息系统中，必须研究企业管理信息处理工作应该计算机化到何种程度。

人机系统的概念就是要求系统的功能在机器与人之间应该有个合理的分工，适合机器完成的功能尽量由机器完成。在实际中，由于技术、处理的难易程度、费用、时间等因素的制约，有些信息处理可以由人工来完成。例如，由于问题的不规范性，有些原始数据，若让机器来完成是无法实现的，或者实现起来费用很大，这时可以采用手工方法进行预处理，然后将预处理后的数据输入机器。总之，对于以信息技术为支撑环境的管理信息系统，用户和计算机系统共同构成一个系统，数据处理由用户和计算机系统之间的一系列交互作用来完成。

人对系统构建、运行、评价的影响。管理信息系统的人机特点，影响着系统开发者和系统用户的知识结构。“以计算机为基础”要求系统的开发者必须具备计算机及其在信息处理中应用的知识，要求开发者应该了解人作为系统组成部分的能力以及人作为信息使用者的各种行为。系统的用户不一定要求是计算机专家，但是用户若有能力确定自己的信息要求，适当了解一些有关计算机、信息的性质及其在各种管理职能中应用的知识，会对自己的工作有所裨益。

2）一个集成化的系统

管理信息系统为企业生产经营活动中的信息处理工作提供基础。在企业内部，若各种以计算机为基础的信息处理没有统一的方法、统一的原则，那么单项应用会出现不一致和不兼容的情况，出现“信息孤岛”。例如，同一数据项可能出现不同的定义，则会出现使用同样数据的各个应用之间产生矛盾、软件重复开发、信息不能共享等。因此，企业管理信息系统在开发过程中，数据库的设计、系统结构以及功能的设计都应该遵循统一的标准、规范和规程。

3）一个以数据库为中心的系统

从早期的文件管理，到20世纪80年代的数据库管理，乃至现在研究的数据仓库、数据采掘技术等，为管理信息系统提供了一代强于一代的数据管理技术。但是在管理信息系统中，数据库仍是一种重要的数据管理技术。由于企业生产经营环境的激烈变化，用户的信息需求变化频繁，数据库不仅仅用来存放数据，它已成为管理信息系统逻辑模型的重要组成部分。

4）一个网络型的系统

随着计算机网络技术以及通信技术的发展，管理信息系统的应用范围已由单一部门扩大到多个部门甚至整个企业，由企业内部的应用扩大到企业外部。

5）不同于一般的数据处理系统

数据处理完成企业事务数据处理和报表生成，它代表辅助作业活动的日常基本事务处理工作的自动化。管理信息系统更加完善，它拥有支持企业多种职能和管理过程的处理功能，把事务处理作为自身的一个功能。因此，数据处理是管理信息系统的基本功能。管理信息系统与日常理性的数据处理之间的一个重要区别，是它具有辅助分析、计划和决策的能力，具有利用信息资源来改善企业决策水平和工作效率的能力。

随着管理信息系统基础学科的不断进步，管理信息系统在内涵以及外延上也将不断发生变化。

1.1.2　管理信息系统对组织和社会的影响

1. 对政府机关的影响

政府机关的事务工作通常以一个个流程来进行，每个流程又分为若干个步骤，不同的步骤常常由不同的人来完成。所以，管理信息系统在政府机关单位中应用主要体现在工作流程的规范管理方面。传统的管理信息系统是以一些相对独立的功能来实现这些步骤的，不能很好地处理步骤之间和流程之间的关联，增加了用户的使用负担。

为了解决上述问题，人们开发了一个工作流管理信息系统（Workflow Management Information System，WMIS），即工作流+管理信息系统，是把工作流技术与管理信息系统集成起来，其特点是数据库应用流程化。政府机关内的行政事务工作都是由一系列环节构成的，所以这样的组织需要其软件系统不仅能够解决独立环节的业务问题，而且能够自动把这些环节串联起来，希望一个环节所做的工作能够自动被下一个环节利用，这就是最基本工作流的需求。每一个环节常常又必须要数据库技术来解决，这样就提出了在工作流中应用数据库技术的需求。也就是说，每个业务处理单位内部需要管理信息系统的功能进行数据的整理、检索、统计、输出等，但各个业务处理单位之间必须用工作流的方式串联起来，将各个业务处理单位的工作结果在组织中按照一定的程序流转，并可以进行流程的监督和控制。

目前一种流行的工作流管理信息系统的解决方案是：电子邮件+数据库。最新工作流信息系统能把数据库技术和基于电子邮件的流程管理技术结合起来，既能在邮件中访问企业的业务数据，又能在数据库软件中生成相关的邮件。例如，计划人员可以在企业管理信息系统中，也可以在电子邮件软件（如 Outlook）中生成采购申请邮件，然后发给有关负责人；负责人收到邮件后，既可在邮件上直接答复申请，也可通过电子邮件中的超级链接（Hyperlink）转到管理信息系统中去查看有关细节。一旦申请邮件被答复，计划人员不仅能在管理信息系统中看到批准状况，也可以在邮件信箱中看到答复结果。一般来说，在政府机关使用工作流管理信息系统的优点如下。

（1）降低劳动强度，提高工作效率。使用时不需要像传统数据库应用软件中那样，在许多不同的窗口、菜单和对话框中寻找、查询，只需要在一个统一的收件箱中就可以找到所有尚待完成的各种不同类型的工作。这一点对领导特别有用，因为领导往往需要审批多种类型的工作文书。打开邮件，所要做的工作就以最合适的形式呈现出来，还可以包括相关信息，如果必要还可以直接调用有关的数据库应用软件进行进一步的查询和统计。

（2）高度自动化、协作化，大大减少重复劳动。通过邮件传递信息，用数据库存储信息，不再需要人工传递文书。此外，前一阶段工作输入的信息可以自动被下一阶段利用。

（3）无纸化。许多电子邮件软件具备数字加密和数字签名功能。经过数字签名的邮件可以保证其内容的不可更改性和来源的真实性。实际上，数字签名可以实现比普通的印章更可靠的证明功效，而且更加方便、容易验证。

（4）易学易用。只要会使用电子邮件软件，就能够利用工作流管理信息系统，从而大大减少了培训工作量，这对用户和开发者都是有利的。

2. 对企业的影响

不同类型企业的管理模式有各自的特点，不同的企业都有自己的经营思想和管理观念，并用于指导企业的经营管理实践。由于信息在企业管理实践中的重要地位，现代企业管理必须与信息技术紧密地结合在一起，实现企业管理信息化。信息技术引入企业管理起源于20世纪60年代，当时的信息技术正处于起步阶段，而且当时的社会经济正处于生产资料稀缺的地步，西方社会的生产制造企业面临着由于企业逐渐扩大而造成管理工作日趋复杂等问题，所以信息技术与企业管理的结合是从制造行业开始的。

1）物料需求计划

物料需求计划（Material Requirement Planning，MRP）是西方企业管理中逐步发展起来的管理技术的精华。20世纪60年代中期，美国生产管理和计算机应用专家Oliver W.Wight和George W.Plosh首先提出了这项管理技术，IBM公司首先在计算机上实现了MRP的软件产品。MRP方法是为了克服早期库存控制中提出的订货点法的缺陷，其核心是根据生产计划表上何时需要什么物料来订货，既解决了物料未来的短缺现象，而且通过预测投料情况来进行生产安排，又不使库存量过多而造成资金积压。

MRP是建立在以下两个假设条件基础之上的：一是采用无限制能力计划，即假设有足够的生产设备和工时来保证生产计划的实现；二是假设物料采购计划是可行的，即认为有足够的进货能力来保证采购计划的实施。由此就容易产生生产计划与生产能力的不匹配、不平衡的问题。因此，在20世纪70年代，MRP又增加了能力需求计划等内容，将物料需求计划与能力需求计划进行有机的结合，通过相互的信息沟通解决了上述问题。但是，MRP的一个关键的问题是，它还不能覆盖整个生产过程，仅仅涉及生产中物流方面，而与物流密切相关的其他内容，如财务管理、技术管理、销售管理等并未过多地涉及。

2）制造资源计划

制造资源计划（Manufacturing Resource Planning，MRP-II）是在MRP基础上发展起来的。20世纪80年代，随着计算机网络技术的发展，企业内部信息共享的技术条件逐渐成熟，针对MRP理论的缺陷，管理专家在MRP的基础上，将企业的生产、财务、销售、技术、采购等各个业务环节结合成一个一体化的系统，并由此形成了MRP-II理论。

MRP-II理论一经产生便受到企业界的重视，广泛地被欧美等先进国家的制造业所使用，成为制造业现代化的管理信息系统。MRP-II是一套适合于制造行业企业的先进管理方法，其中主生产计划（Master Production Scheduling，MPS）和物料需求计划（MRP）是其核心功能。借助产品和部件的构成数据、工艺数据和设备状况数据，将市场对产品的需求转变为对加工过程和外购原材料、零部件的需求，用计算机完成主生产计划、物料需求计划、能力平衡计划、采购和库存控制、生产成本核算等，从而实现了对企业复杂的生产过程的一定意义上的优化科学管理，从管理角度确保企业的市场应变能力。因此根据MRP-II管理思想建立的MRP-II软件及信息系统具有如下特点。

第一，MRP-II系统是一个一体化集成系统，它把企业中的各个子系统有机地结合起来，特别是财务与生产两个子系统之间的关系尤其密切。

第二，MRP-II系统的所有数据来源于企业的中央数据库，各个子系统在统一的数据环境工作。

第三，MRP-II 系统具有模拟仿真功能，能根据不同的决策方针模拟出各种未来将会发生的结果，因此它是企业上层管理机构的决策工具。

3）计算机集成制造系统

信息技术的发展引起的革命使我们进入了信息时代。信息革命不仅引起人们的思想观念、生活方式的变化，而且导致了生产方式和制造哲理的巨大变化，可以说近十年来提出的新的制造哲理都离不开信息技术提供的支撑，以信息化制造技术为代表的先进制造技术正使制造业处于重要的历史性变革时期。

CIMS（Computer Integrated Manufacturing System）即计算机集成制造系统，是在 20 世纪 70 年代初提出的，随着计算机辅助设计与制造的发展而产生。它是在信息技术自动化技术与制造的基础上，通过计算机技术把分散在产品设计制造过程中各种孤立的自动化子系统有机地集成起来，形成适用于多品种、小批量生产，实现整体效益的集成化和智能化制造系统。集成化反映了自动化的广度，它把系统的范围扩展到了市场预测、产品设计、加工制造、检验、销售及售后服务等的全过程。智能化则体现了自动化的深度，它不仅涉及物资流控制的传统体力劳动自动化，还包括信息流控制的脑力劳动的自动化。

简单来讲，计算机集成制造系统的核心内涵便是提高企业竞争力的系统观点和信息观点，即用计算机采取信息集成的方式来实现现代化的生产制造，求得企业的整体效益。企业的生产经营各环节是密不可分的，正所谓“牵一发动全局”，市场、产品开发、加工制造、管理、销售及服务作为一个整体统一考虑，而整个制造生产过程实质上是信息采集、传递和加工处理的过程。

CIMS 正是在这种系统观点和信息观点的指导下，通过多种管理方法和各种技术的集成进而实现技术和经营管理的集成，人和组织的集成，物流、信息流和资金流的集成。CIMS 一般包括管理信息子系统、产品设计与制造子系统、制造自动（柔性自动化）子系统和质量保证子系统等。管理信息子系统通常以 MRP-II 为核心，而产品设计与制造子系统将 CAD/CAPP/CAM 集成为一体，在网络和数据库的支持下，优化或改善企业的设计过程、管理决策过程和加工制造过程，从而进一步提高企业的市场竞争能力和应变能力。

4）企业资源计划

20 世纪 90 年代，美国著名的信息技术咨询和评估集团 Cartner Group 提出了一整套的企业管理系统体系标准，其实质是将主要面向企业内部资源计划管理的 MRP-II 思想逐步发展为有效利用和管理整体资源的 ERP 管理思想，即我们所说的企业资源计划（Enterprise Resource Planning，ERP）。ERP 强调供应链的管理，除了传统的 MRP-II 系统的制造、财务、销售等功能外，还增加了分销管理、人力资源管理、运输管理、仓库管理、质量管理、设备管理、决策支持等功能。ERP 是一种先进的企业管理理念，它以客户为导向，将企业与市场连成一体。ERP 软件系统预先含有大量优秀的决策方案供选择，为企业的管理者提供更大的决策空间。ERP 软件是一种现代企业管理工具，世界 500 强企业中有 80% 的企业在用 ERP 软件作为决策工具及进行日常工作流程管理。

MRP、MRP-II、CIMS、ERP 等只是先进的管理思想的一部分，世界各国都存在适于各自国情的先进的企业管理思想，每种理论的产生都有其产生的市场需求和应用环境。而每种理论从思想到产品，再到具体实施都需要根据每个企业的具体情况，进行从理想模式到现行模式，再到改进模式的不同程度的概念轮换，从而使企业运作真正从中得到实际的回报。

5）办公自动化系统

办公自动化系统（Office Automation System，OAS）指办公室的职能中应用计算机和通信技术。

办公自动化的初期主要解决秘书级事务，如用文字处理机提高打印、修改编辑、复制和存储文件的效率。中期的标志是解决经理级事务，如信息检索、辅助决策等。再进一步则是发展各种现代化的办公设备，组合成办公自动化系统。目前，办公自动化系统已经取得不少成果，例如，智能电话机可以记录电话内容，简单问题；电子邮件可以不用纸和墨，通过通信线路及时把信息通知有关部门；电子会议系统可以通过卫星通信把不同城市，甚至不同国家的会议室联结起来，出席会议的人都可在屏幕上显示，可以相互自由交谈；其他办公自动化设备如传真机、复印机、光电阅读机、闭路电视、缩微胶片阅读机等均已投入使用。

根据现代办公业务的需求，办公自动化应该具备以下基本功能。

（1）文字处理功能，文件的编辑、修改、存储和打印等。

（2）数据处理功能，数据的记录、分类、存储、查询、运算和制表等。

（3）图像处理功能，输入、产生、存储、处理和输出有关的图像处理资料，进行传真，召开远程电子会议等。

（4）声音处理功能，声音的识别、存储和合成等。

（5）网络化功能，将多个信息设备连接成网，提高信息处理能力和传输功能，达到资源的充分共享。

和管理信息系统一样，办公自动化也是基于管理现代化和信息系统学科发展的实际需要而产生的，它具有强大的生命力，对于人类向信息化社会过渡，是一种重要的物质技术基础。

3. 在社会经济中的应用

在社会经济生活中，管理信息系统普遍地应用于人们日常文化、教育、社会保障等组织中，主要以文档管理为主，并且普遍需要多媒体信息的支持。在这些管理信息系统中，除了要包括一般类型组织的管理信息系统中应包括的财务信息管理、人力资源管理、公共财产管理等功能之外，还要包括这些组织的一些特殊功能。下面将通过两个简单的案例介绍一些常用的管理信息系统的主要功能。

1）医院信息系统

医院信息系统（Hospital Information System，HIS）是管理信息系统领域里目前发展十分迅速的一个方面，其最重要的功能是以患者为中心，给医务人员提供临床数据通信支持，以支持医护人员的临床医学工作，并支持医院每天正常运转的信息处理工作。该系统的主要功能应包括：门诊信息管理、住院信息管理、药剂信息管理、医嘱信息管理、病案信息管理等。门诊信息管理应主要包括挂号和收费两个子系统，挂号子系统应包括挂号业务、号表处理、统计与报表、信息通信等功能；而收费子系统则应包括划价处理、收费处理，以及收款报账的各项统计的管理。住院信息管理包括对住院部的病区、科室、床位等基本信息的管理，对患者的入、出、转的各种基本信息和医疗信息的管理，以及包括来院探视登记、电话预约登记等。药剂信息管理包括药库管理、药房管理、药房计价、药房发药、制剂管理、试剂管理、临床药学等。医嘱信息管理包括与医嘱有关的各种数据和查询功能等。病案信息管理主要包括患者主索引、病案追踪、质量控制等功能。

2）学校管理信息系统

学校管理信息系统以学生为中心，围绕着学校教学工作，提供教学管理的所有功能。该系统的主要功能包括：教学计划管理、排课管理、学籍管理、教材管理、图书管理、教学辅助系统等。教学计划管理应包括对教学总计划、学期教学计划、课程进度计划等的管理。排课管理主要是根据教师、不同类型的教室、实验室、体育场地、课程分布、时间分配、分合班、单双周、教师要求等多方面约束条件安排每个学期各个班级的具体课程表，传统手工排课相当麻烦并且容易出错，这个功能可以解决学校排课这个老大难问题。学籍管理应包括基本信息、学生信息、成绩信息以及毕业生分配等管理。教材管理包括对学校教材的库存情况、每个课程教材的使用等功能。图书管理应包括学校图书馆的采购、借阅的管理，以及通过数字图书馆技术提供远程多媒体阅览等管理。教学辅助系统应包括网络教室、专家答疑、网上讨论、网上作业批阅以及其他一些远程教育的功能。

1.1.3 管理信息系统的形成与发展

“管理信息系统”一词最早出现在1970年，由瓦尔特·肯尼万（Walter T. Kennevan）给它下了一个定义：“以书面或口头的形式，在合适的时间向经理、职员以及外界人员提供过去的、现在的、预测未来的有关企业内部及其环境的信息，以帮助他们进行决策。”很明显，这个定义是出自管理的，而不是出自计算机的。它没有强调一定要用计算机，它强调了用信息支持决策，但没有强调应用模型。

直到1985年，管理信息系统的创始人，明尼苏达大学卡尔森管理学院的著名教授高登·戴维斯（Gordon B.Davis）才给出管理信息系统一个较完整的定义：“它是一个利用计算机硬件和软件，手工作业，分析、计划、控制和决策模型，以及数据库的用户-机器系统。它能提供信息，支持企业或组织的运行、管理和决策功能。”

管理信息系统一词在中国出现于20世纪70年代末80年代初，根据中国的特点，《中国企业管理百科全书》定义管理信息系统为：“一个由人、计算机等组成的能进行信息的收集、传递、储存、加工、维护和使用的系统。管理信息系统能实测企业的各种运行情况；利用过去的数据预测未来；从企业全局出发辅助企业进行决策；利用信息控制企业的行为；帮助企业实现其规划目标。”在《管理现代化》一书上定义：“管理信息系统是一个由人、机械（计算机等）组成的系统，它从全局出发辅助企业进行决策，它利用过去的数据预测未来，它实测企业的各种功能情况，它利用信息控制企业行为，以期达到企业的长远目标。”这个定义指出了当时中国一些人认为管理信息系统就是计算机应用的误区，再次强调了管理信息系统的功能和性质，再次强调了计算机只是管理信息系统的一种工具。对于一个企业来说没有计算机也有管理信息系统，管理信息系统是任何企业不能没有的系统。所以，对于企业来说管理信息系统只有优劣之分，不存在有无的问题。

20世纪90年代以后，支持管理信息系统的一些环境和技术有了很大的变化，因而对管理信息系统的定义的描述也有一些变化。

近年来一个比较普遍的趋势是用信息系统（Information System，IS）代替管理信息系统。应当说，信息系统比管理信息系统有更宽的概念范围，用于管理方面的信息系统就是管理信息系统。而国外一般谈信息系统就是指管理信息系统，两者恰似同义词。但在国内由于一些电子技术专业抢先用了信息系统的名词，他们主要偏重于硬件和软件技术，是和管理信息系统不同的专业。所以在国内不能简单地认为信息系统就是管理信息系统。国外的信息系统概念可以在近期的一些管理信息系统的著名教授的著作中查出。例如，1996年劳登（Laudon）教授在其所著《管理信息系统》（第4版）一书中写道："信息系统技术上可以定义为支持组织中决策和控制的进行信息收集、处理、存储和分配的相互关联部件的一个集合。"从这句话我们很容易看出，信息系统就是管理信息系统。而且我们可以看出近期的理解更偏向于管理，而不是偏向计算机。

1.1.4 管理信息系统的学科内容

管理信息系统既是一个应用领域，又是一门学科，它涉及管理和技术两个领域，是一门介于管理科学、数学和计算机科学之间的一个边缘性、综合性、系统性的交叉学科。它运用了这些学科的概念和方法，融合提炼组成一套新的体系和方法。图1-1表示了管理信息系统学科与其他学科间的关系。

1. 管理信息系统与管理科学的关系

管理信息系统首先是管理科学的发展。管理科学的狭义理解是运筹学加计算机。即用计算机收集信息，运用运筹学列出模型，然后再用计算机求解。管理强调定量，把管理过程数量化，用计算机求解达到系统的目的。管理科学的应用说明管理已由艺术为主的阶段发展为以科学为主的阶段，这是管理现代化的标志，这些标志概括起来就是系统的观点、数学的方法和计算机的应用，没有这三条就不能真正实现管理现代化。

从管理科学的发展历史来看，从20世纪20年代出现的泰勒科学管理学派，30年代的行为科学学派，40年代的数理学派，50年代的决策学派，60年代的计算机管理学派，70年代的系统学派，直到80年代的信息学派，无一不对信息及信息处理提出广泛的要求。

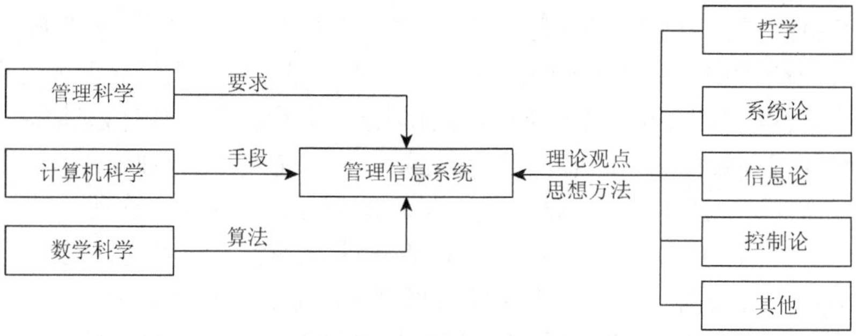

图1-1 管理信息系统学科与其他学科间的关系

因此，我们说管理信息系统学科的产生及发展动力直接来源于管理科学的发展，管理科学是管理信息系统的重要学科基础，不了解管理科学，管理信息系统的研究和开发将缺乏明确的目标和评价的基本原则。

2. 管理信息系统与计算机科学的关系

管理信息系统的另一个重要的学科基础是计算机科学。我们说管理信息系统是为管理活动服务的，它的产生源于管理科学的发展，但管理信息系统却依赖于现代技术而存在。从最早的结绳记事，到后来的算盘、机械记账机、计算器，以及现在的计算机网络，人们从有管理活动的那一天起就开始利用工具进行信息处理了。

当今，计算机已越来越成为管理信息系统的重要工具，电子计算机和数据通信技术为管理信息系统提供了最有力的技术手段。面向现代化管理活动中大量的、复杂的数据，没有现代技术手段的支持是难以完成数据的加工处理，进而对管理进行预测、控制和辅助决策的。

1946 年当世界上第一台电子计算机问世以后，到 1954 年短短 9 年时间，计算机就被用于工资计算工作。20 世纪 90 年代开始，由于微机技术的进步、成本的降低、性能的提高，计算机的普及率大大提高，并在更大更深的范围内对管理信息系统产生了影响。加之计算机网络技术、多媒体技术的成熟发展，全球范围内掀起了信息高速公路的热潮。

信息高速公路不但改变了企业的外部环境，也改变了企业的内部环境，管理信息系统跨出了企业的界限。国际互联网的发展以供应链等形成的信息系统把多个企业捆扎在一起，使企业群体形成了动态联盟，使电子商务这一新的经营方式容易实现。互联网技术应用于企业内部所构建的企业内部网络（Intranet），使得企业内部各种网络有了统一的界面，这不但方便了使用者，更使无纸办公成为可能。总之，计算机技术的成熟为管理信息系统的再发展制造了良好的条件，如果没有计算机相关知识，则很难设计出高质量的管理信息系统。

3. 管理信息系统与数学学科的关系

数学学科与管理信息系统也有很紧密的关系。数学是关于数和形的科学，它对管理科学、运筹学、计算机的发展均起了推动作用，如今也直接对管理信息系统产生着影响。运筹学虽然不是数学，但与数学有很密切的关系。管理信息系统中的预测和决策功能，必须运用数学和运筹学的方法和模型来解决。传统数学对管理影响较深、用得最多的要算是概率和统计了，在预测中应用统计列出模型进行估计，处理数据。在决策中利用概率进行风险估计和达到期望最大化的决策。近年来随机过程也在管理中得到很多应用。

早在电子计算机问世之前，一些规划论和数理统计的模型和算法已经渐趋成熟，只是因运算量大而无法应用到实际中。电子计算机技术的发展，不仅使数学和运筹学进入实用阶段，而且还使这种应用越来越方便，取得的效益越来越大。

此外，管理信息系统还从哲学、系统理论、信息论、控制论和行为科学等学科吸取了有用的观点、概念和方法，从而使得管理信息系统成为具有很强的综合性和明显的实践性的一门技术科学。

1.2 管理的概念

1.2.1 管理的定义

管理的实践活动自古有之，对管理的系统、理论化研究始于 19 世纪后半叶。作为科学概念，许多学者提出了各种各样的见解，但由于各人下定义的角度不同，或强调的方面不同，表述也就千差万别。如果从极其广泛而丰富的管理活动中抽取最一般的本质规定性，从管理的一般原理出发，国内现在较为统一的定义是：

管理是为了某种目标，应用一切思想、理论和方法去合理地计划、组织、指挥、协调和控制，调度各种资源，如人、财、物、设备、技术和信息等，以求以最小的投入去获取最好或最大的产出目标。

从管理的定义可以看出，管理是一项有组织的社会活动，人们一般认为它具有四个基本要素。

（1）管理主体：即管理者，包括管理者个体以及由若干个个体组成的管理群体。它是管理的动力，管理的发动者，把握着管理的进程和节奏。

（2）管理客体：即管理对象。国外较早的管理理论认为，管理的对象是人、财、物三个方面，随着生产力的不断发展，管理范围越来越广，如技术、信息等。管理对象的不断增加，本身就反映了人们对管理认识的不断深化和管理内容的复杂化。

（3）管理目标：即管理所要达到的目的。尽管管理活动的主体不同、内容不同、范围不同，甚至具体的目标也有很大差别，但不会没有目标，否则就不是管理活动。

（4）管理职能和手段：是解决为了达到管理目标，实现管理目的，管理者和管理对象之间用什么办法进行协调活动的问题，是管理活动的主要体现。

总体来看，管理活动就是管理的主体为达到一定的目标，运用一定的职能和手段对管理对象发生影响与作用的过程。

管理是一个十分广泛的概念，有着丰富的内涵和外延。有史以来，由于各学者的研究方向不同，产生了各种各样的管理学派，如“古典学派”“行为科学学派”“管理科学学派”等，他们对管理活动的说法不一。甚至今天，管理人员在做什么以及怎样做这类问题上仍存在明显的混乱，并往往为此感到沮丧。然而，尽管在如何才能最好地描述管理人员所做的工作上有意见分歧，但在管理人员应完成什么工作的问题上不同的学派的看法却是一致的，即管理人员应做的工作是协调他人或组织活动，以收到工作效果。

我们认为管理就是由一个或更多的人来协调他人的活动，以便收到个人单独活动所不能收到的效果而进行的各种活动。这一概念有以下几方面的含义：第一，管理工作的中心是管理其他人的工作。管理工作的主要目的是通过其他人的活动来收到工作效果。第二，管理工作是通过协调其他人的活动来进行的，它追求的是群体的“协同效应”。第三，管理人员必须同时考虑两个方面：一是其他人的活动，即其他人的工作情况；二是其他人。归结一点，所谓管理就是去营造一种激励环境，使处于其中的所有工作人员努力工作，发挥群体的协同效应，以达到企业或组织的目标。

要实现上述管理目标，管理人员就必须实时地了解情况（信息），作出反馈（决策），简单说，管理的过程就是基于信息的决策过程，它通常包含以下步骤：第一，发现问题。管理者通过收集管理系统运行中的有关信息，根据经验或有关标准，发现现行组织机构中存在的问题。第二，拟定方案。针对具体的问题拟定出若干种解决方法，并对每一方案进行成本效益分析。第三，作出决策。经过综合考虑，选择最为合理的方案进行实施，并随时控制实施情况。

为了实时、准确地收集信息，以便于管理人员决策，有必要将计算机技术引入管理活动，建立管理信息系统，这不但可以提高管理的质量，而且也是管理现代化的重要标志。那么，什么是管理现代化呢？所谓的管理现代化并不是一个静止的概念，而是相对于一个时期、一定阶段而言的，其内容是随着社会的变化、生产力的发展和科学技术水平的提高而不断更新和充实的，它是一个整体的概念，主要包括管理思想、管理组织、管理方法和管理手段的现代化。

1.2.2　管理的职能

法国管理学家法约尔在 1916 年所写的《工业管理与一般管理》中，将管理规定为计划、组织、指挥、控制、协调五个要素，也就是现在所讲的管理五大职能。尽管后来不少管理学家还提出了许多补充和修正意见，但基本上都是以此为基础的。

管理的过程就是基于信息的决策过程，具体讲，管理又可进一步分为五大职能，即计划、组织、指挥、协调和控制，它们的意义如下。

（1）计划，是管理的首要职能，它对未来事件作出预测，以制订出行动方案。计划工作是为事物未来的发展规定方向和进程，重点要解决好两个基本问题：一是目标的确定问题。如果目标选择不对，计划再周密具体也枉费心机，这是计划的关键。二是进程的时序，即先做什么，后做什么，可以同时做什么，均不能错位，这是计划的准则。

（2）组织，是指完成计划所需的组织结构、规章制度、人财物的配备等。它有两个基本要求：一是按目标要求设置机构、明确岗位、配备人员、规定权限、赋予职责，并建立一个统一的组织系统；二是按实现目标的计划和进程，合理地组织人力、物力和财力，并保证它们在数量和质量上相互匹配，以取得最佳的经济和社会效益。

（3）指挥，是指对所属对象的行为进行发令、调度、检查。指挥职能就是运用组织权限，发挥领导的权威作用，按计划目标的要求，把所有的管理对象集合起来，形成一个高效的指挥系统，保证人财物在时间和空间上的相互衔接。

（4）协调，是指使组织内部的每一部门或每一成员的个别行动都能服从于整个集体目标，是管理过程中带有综合性、整体性的一种职能。它的功能是保证各项活动不发生矛盾、重叠和冲突，以建立默契的配合关系，保持整体平衡。与指挥不同，协调不仅可以通过命令，也可以通过调整人际关系、疏通环节、形成共识等途径来实现平衡。

（5）控制，是指对下属人员的行为进行检测，纠正偏差，使其按规定的要求工作。控制必须具备三个基本条件：一有明确的执行标准，如数量、定额、指标、规章制度、政策等；二及时获得发生偏差的信息，如报表、简报、原始记录、口头汇报等；三纠正偏差的有效措施。缺少任何一个条件，管理活动便会失去控制。

管理的五大基本职能，各自发挥着独特的功能和作用；但它们并不是割裂分开的，而是密切联系的，是围绕着管理目标而构成的有机整体，这就是管理职能的整体性。

上述关于管理职能的观点是基于“传统管理”的思想。它是基于对组织或企业内部直接生产过程活动的考察，而忽略了组织或企业外部诸多因素的影响。由于现代科学技术的迅速发展，生产社会化程度越来越高，一个组织或企业同外部环境的交流越来越广泛，因而影响一个组织或企业生产的外部因素也就越来越多、越来越复杂。这就要求决策者必须随时关注企业的外部各种因素的变化，制定切实可行的经营管理方针，采取有力措施，指导生产活动，以适应客观变化的环境，求得企业的生存与发展。由此可见，现代管理已不仅仅局限于企业内部生产过程的计划、组织、指挥、协调和控制，更应该重视市场调查、经营预测与决策、新产品开发、产品推销、售后服务以及人员培训等。

1.2.3 管理的组织

组织是保证管理目标实现的重要手段，是管理的重要问题。了解管理的组织结构将有助于我们分析和设计管理信息系统。在以后的章节中，我们会看到，在进行管理信息系统分析与设计时，需要了解一个企业的管理组织结构，在系统实施阶段，管理信息系统可能会显著地改变一个企业的组织结构，这些意味着不了解组织，就不能很好地进行系统的开发。以下就主要有关组织结构的几个问题进行讨论。

1. 管理层次

通俗讲，管理层次就是指管理组织划分为多少个等级。管理者的能力是有限度的，当下属人数太多时，划分层次就成为必然，不同的管理层次标志着不同的职责和权限。企业的组织结构犹如一个金字塔，从上至下，责权递减，而人数递增。

通常情况下，我们将管理分为三个层次：高层管理、中层管理和基层管理。例如，在一个工厂中，影响全局的工作属于高层管理，各职能部门（如销售部、财务部、企管办等）的工作属中层管理，而车间主任的工作则属于基层管理。

（1）高层管理。属战略级管理，是指一个组织最高领导层。其主要职能是根据组织内外的全面情况，分析和制定该组织长远目标及政策。

（2）中层管理。属战术级管理，主要任务是根据最高层管理所确定的总体目标，具体对组织内部所拥有的各种资源，制订资源分配计划和进度表，并组织基层单位来实现总体目标。中层管理有时也称为控制管理。

（3）基层管理。也称执行层或作业层管理。是按照中层管理制订的计划，具体组织人力去完成计划。

2. 管理部门的划分

管理部门的划分是在管理工作横向分工的基础上进行的，其任务是将整个管理系统分解成若干相互依存的基本管理单位，这就形成了部门，简单讲，部门是指组织中不同的区域、部分或分支。一个企业可以按以下原则进行管理部门的划分。

（1）按职能划分。这是最广泛采用的一种基本方法。这种方法是根据专业原则，以工作或任务的性质为基础来划分部门的。这些部门由于各种组织从事的业务不同，名称也就不同。如制造业使用的是生产、销售、财务等；商业分别称为采购、销售和财务等。

（2）按地区划分部门。这是一种较普遍采用的方法，一些规模较大或业务分布较广的组织通常采用这种形式。这种方法是将一个地区的业务组织成一个部门，每一个部门委派一个管理者负责。例如，处于不同地区的政府机关、银行、法院、工商等。为这样的组织开发管理信息系统，通常需要计算机广域网络的支持。

（3）按产品划分部门。在多种经营的大规模组织中，按产品或产品流水线划分部门的方法比较流行。这里“产品”的概念可以做更广泛的理解，包括企业中的物质产品和服务。

例如，汽车制造厂可分为发动机分厂、车身分厂、轴承分厂等。学校培养的人才，也可以理解为学校生产的产品，学校按产品划分部门就是院、系、专业等。

以上只是部门划分的基本方法，除此之外，实际管理活动中还有几种方法，如按顾客划分、按市场划分、按工艺或设备划分等，有些企业可能同时采用多种方法进行部门的划分，即采用混合的部门划分方法。

1.2.4 管理与决策

决策是管理的基本任务，通俗地讲，决策就是人们对未来行动的谋划和决断，即管理者在管理活动中对将要采取的行动进行思考和作出决断的过程。经典管理学家把制定决策看作管理活动的中心。管理活动的三个层次对应着三种类型的决策过程（表 1-1）。一般说来，战略管理层的决策活动属于非结构化决策，作业管理层的决策活动属于结构化决策，战术管理层的决策活动属于半结构化决策。

表 1-1 决策类型的特点

类型特点	结构化决策	半结构化决策	非结构化决策
识别程度	问题确定，参数量化	问题较难确定	问题不确定，参数难以量化
复杂程度	不太复杂	较复杂	很复杂
模型描述	可用数学模型规范描述	较难描述	需开发专用模型或无法建模
信息来源	内部	主要是内部	外部和内部综合信息
决策方式	自动化	半自动化	非自动化

（1）结构化决策。通常指确定型的管理问题，它依据一定的决策规则或通用的模型来实现其决策过程的自动化。解决这类问题通常采用数据管理方式，它着眼于提高信息处理的效率和质量。如账务处理、物资出入库管理等。

（2）半结构化决策。通常是指企业职能部门主管业务人员的计划控制等管理决策活动。它多属于短期的、局部的决策。决策的过程中，在结构化决策过程所提供的信息的基础上，一般应有专用模型来帮助。这些模型主要用来改善管理决策的有效性，扩大和增强决策者处理问题的能力和范围。例如，市场预测、物资配送等。

（3）非结构化决策。很难用确定的决策模型来描述，它强调决策者的主观意志。这类问题一般都带有全局性、战略性和复杂性。它所需要的信息大多来自于系统的外部环境，来自内部的信息一般都带有综合性，最终的决策取决于领域的专家知识的水平。这类问题往往借助于人工智能技术帮助。通常，人们力图把非结构化决策问题转化为半结构化决策问题处理，以利于非结构化决策问题的求解。例如，市场开发、企业发展战略等。

1.2.5 管理与管理信息系统

尽管信息技术对于管理信息系统建设十分重要，但学术界一直认为：信息技术和管理学的完美结合才是这门学科的核心。戴维斯、劳登等 MIS 学界有影响的学者都提倡采用社会技术系统方法来学习和研究管理信息系统。由于信息系统是应用于企业而不是个人的信息系统，它所提供的信息应当适合于企业所在的环境，融入企业的组织结构，反映出组织的战略目标，同时应体现组织的行为和组织文化。但是，要实现这样一个目标，我们必须回答许多问题：企业有哪些信息？它们应当如何分类？它们相互之间的关系如何？应当如何将它们组织起来？应进行哪些处理？如何进行处理？应当提供给什么人？以何种形式提供？企业内部的成员应如何进行信息交换？它们与组织的管理活动是怎样互相影响的？等等。而这些问题的回答，都涉及若干个交叉学科领域的理论研究成果。

例如，戈伯莱斯（Jay R.Galbraith）提出的组织的状况适应理论认为：对于组织来说，不存在一种普遍的最佳组织结构方案。他试图用信息处理机构的观点来说明组织结构，提出了作为信息处理机构的组织结构设计方法。诺兰（Richard L.Nolan）提出的组织的信息系统发展阶段理论，较好地说明了组织中信息系统发展的一般规律。明兹伯格（Mintzberg）提出的管理者角色理论把管理者的活动分为 10 种角色，从行为科学角度对信息系统的设计提供了分类的依据。莱维特（Leavitt）提出的组织变化的模型，较好地说明了信息系统对组织产生的影响。这些都说明了管理信息系统的研究必须从技术和管理结合处对一些重要问题进行研究。

由于现实的管理信息系统离不开计算机，因此它往往被人们误认为是一门单纯的技术型学科。信息技术如计算机软、硬件技术，网络技术，系统开发技术等确实是这门学科的基础。但实际上信息技术对于管理仅仅是一种工具，任何技术如果不能体现出管理的需求就失去了引进它的意义。学习管理信息系统的目标是使得信息技术更好地运用到管理活动中，技术在这里与管理不是分离的，必须用系统的观点将它们有机结合起来。为企业的信息管理、信息系统的开发设计以及信息系统的应用提供理论指导。

1.3 信息的概念

1.3.1 信息与数据

管理信息系统中，信息的产生与流动是伴随管理活动中有关人财物的变化而出现的，决策者通过收集和控制信息而达到控制管理系统的目的。在管理信息系统中，最重要的成分也应当是信息。到底信息系统能起多大作用，对管理能作出多大贡献，都取决于有没有足够的和高质量的信息，而能否得到高质量的信息又取决于工作人员对信息的认识。

谈到信息一词，人们往往会联想到各种各样的情报、资料、图表、消息和新闻等。应该说，这些都具有信息的属性。然而迄今为止，关于什么叫信息还没有一个统一的定义，人们大都从不同角度给予叙述或解释。作为科学术语，由于学科不同，含义也有许多种。数学家认为它不过是概率论的发展，通信工作者则把它看成是不定度的描述，在经济管理领域，通常认为信息是提供决策的有效数据。在《信息科学管理》一书中，作者站在信息科学的高度，考察并比较了 30 多种信息定义，最后将信息界定为“事物运动的状态和状态改变的方式”。这是最一般意义上的信息定义，如果引入约束条件，层层限定，则可形成信息的概念体系。

总的来说，信息的定义应包括如下几个要点。

（1）信息是客观世界各种事物变化和特征的反映。客观世界中任何事物都在不停地运动，呈现出不同的状态和特征，即事物的状态和特征在不停地变化，因而，作为客观事物特征和变化的反映的信息，也总在不断地生成着和传递着。

（2）信息是客观事物之间相互作用、相互联系的表征。客观世界中各种事物在一定条件下相互联系、相互作用，引起事物的物质结构和量度的变化，信息正是这种相互作用、相互联系的表征。

（3）信息的范围极其广泛。万千世界，任何运动着的事物都生成信息。

（4）我们所说的信息是指人类能够接收和使用的那部分信息。由于科学技术发展水平等因素的限制，人类只能理解和接收无限丰富的信息中的一部分，还有许多信息至今尚未被人们认识。

（5）接受信息和利用信息是一个过程。研究信息是为了利用它，而接收信息和利用信息的过程就是我们对外界环境偶然事件进行调节，并能在该环境中有效生活的过程。

实际上，在信息及其相关领域，信息定义仍是一个研究热点。目前，在通信和信息科学、图书情报、心理学、信息资源管理等领域对信息的认识都各自有一些新的进展。需要注意的是，不同领域对信息及其相关概念的认识不是对等的，也就是说，在应用不同的理论时，首先应该弄清有关概念并予以区别对待。

在管理信息系统中，通常将信息定义为：信息是经过加工的，能对接收者的行为和决策产生影响的数据。根据这个定义，行驶着汽车的里程表上的数据不是信息，只有当驾驶员看了里程表作了加速或减速的决策的那个数据才是信息。

那么，什么是数据呢？通常说来，数据是一组表示数量、行动和目标的非随机的可鉴别的符号。数据是根据检测给出的事实，是未经组织的数字、词语、声音、图像。例如，企业的领料单、订货单、车船票等原始单据都是一些事实的记载，因而都是数据。如果将数据比作原料，那么信息就是数据经过加工而生产的产品，是有价值的数据。与原料和产品的概念相似，一个系统的产品可能是另一个系统的原料，那么一个系统的信息可能成为另一个系统的数据。

在实际应用中，信息与数据的概念是相对的，在一定条件下可以相互转化，在一些不很严格的场合或不易区分的情况下，人们经常将它们当作同义词，笼统地使用。当然，如果非要严格区分“数据”或“信息”会发现，某些“数据”对一些人是“数据”，对另一些人而言则是“信息”，因为同一组数据对不同的人，其价值也不尽相同。

由此可见，信息和数据是两个不同的概念。虽然，在一些不很严格的场合或不易区分的情况下，人们经常将它们当作同义词，例如，数据处理和信息处理，数据管理和信息管理等。但是，正确理解并区分二者的关系，对于建立高质量的管理信息系统是至关重要的。

与此相关，知识是信息的积累，但它不是各种信息的简单堆砌和叠加，而是种种信息单元通过内在联系而建立起来的完整体系。也就是说，信息只有在对其进行分类、加工、提炼，有时候需要经过升华（如牛顿第一定律的产生过程），才能变成知识。知识是基于信息之上的有关事实之间的因果或相关性的联系，是进行预测与决策的基础。如对一辆新设计制造的汽车运行情况进行检测可得出一系列数据，对这些数据进行加工可形成一个有关这辆汽车性能的整体信息，而对信息进行各种分析便可得出的一定的结论及相关的原因，并可进一步制定改进措施。

美国学者霍顿（F.W.Jr.Horton）用“一个事实的生命周期”来解释数据、信息和知识的关系。他认为，原始数据总是与新生事物联系在一起的，对原始数据的评价产生了信息，成熟的信息构成知识，而事实的最终“死亡”形成了相关的知识库。相对而言，信息比数据重要，知识则比信息重要。这一认识也大致与计算机领域的认识相一致。

1.3.2 信息的特征

信息的类型及其表现形式多种多样，千差万别，按性质可分为语法信息、语义信息、语用信息；按地位可分为客观信息、主观信息；按作用大小可分为有用信息、无用信息、干扰信息；按载体性质分为电子信息、光电信息、生物信息；按应用部门又可划分为工业信息、农业信息、军事信息、政治信息、科技信息、文化信息、经济信息、市场信息、管理信息等。但它们一般都具有以下一些基本性质。

（1）普遍性。信息是普遍存在的，它是事物运动和状态改变的方式。因此，只要有事物存在，只要有事物运动，就会有它们运动的状态和方式，就存在信息。无论在自然界、人类社会，还是在人的思维领域，绝对的“真空”是没有的，绝对不运动的事物也是没有的。因此，信息是普遍存在的。

（2）事实性。信息描述了事物运动和状态的改变，因此，它具有事实性，这是信息的重要基本性质之一，事实使信息具有价值，不符合事实的信息其价值可能为负，不但不会辅助决策，反而会将决策引入歧途。

（3）层次性。通常将管理分成三个层次，即高层管理（战略级）、中层管理（策略级）和基层管理（执行层）。对于同一个问题，处于不同的管理层次，要求不同的信息，对基层有用的信息，对高层来说就可能是数据。因此，信息与管理一样，也具有层次性。例如，在工厂，生产班组工人的出勤数据经过统计就是信息，可供班组长决策使用。车间将各班组的出勤情况汇总得到车间所需的信息，各车间的信息进一步汇总得到厂长或经理使用的信息。信息自下而上层层加工，低层的信息总是高一层所用的数据。不同层次的信息，其特征也就不同。从信息来源看，高层信息大多数来自外部，基层信息多来自企业或组织内部，而中层信息既来自外部，也来自内部；从加工的方法看，高层信息加工方法灵活多变，计算过程和使用的工具复杂，中层信息加工方法比较固定，而基层信息加工方法最为固定，如会计信息系统中的录入凭证、审核、记账、打印报表、结账等，都有一套固定的处理流程。

（4）可压缩性。信息的可压缩性是指信息经过浓缩、集中、综合和概括等处理后，而不至于丢失信息的本质。比如，人们在网上聊天结束时常用“c　u”这两个英文字母来代替“See you later”（再见），其目的是加快键盘输入的速度。在网上聊天那种特定的环境中，即使只向对方发送了“c　u”这两个英文字母，信息接收者也同样会明白其真实的含义。

在现实生活中，人们常常要面对“海量”的信息或数据资源，由于人的精力、脑力和财力是有限的，一方面我们不可能，也没有必要为了辅助管理决策等目的而收集所有的原始数据；另一方面在进行信息处理时，我们可通过汇总、统计等方法对原始信息或数据进行加工提炼，以便为不同的管理层次提供不同“细度”的信息。也就是说，在进行信息处理时应该抓住事物的主要矛盾，从数据中去粗取精，去伪存真，对原始数据进行集中、综合和概括，抽取出最能说清问题的信息，从这种意义上讲，信息具有可压缩性。

（5）扩散性。这是信息的本性，信息只是力图冲破保密的非自然的约束，通过各种渠道和手段向四面八方传播。俗话说，“没有不透风的墙”，说的就是这个道理。通常信息浓度越大，信息源和接收者间的梯度越大，信息的扩散性越强，这就要求在实际工作中重视信息资源的安全保密管理。

（6）非消耗性。信息与其他物质资源不同，它在使用过程中不但不会被消耗，而且还可能出现再生或增殖。工作中经常会遇到这样的情况：用于某种目的的信息，可能随着时间的推移，价值耗尽，但对于另一目的可能又显示出用途，如天气预报信息，对当天有用，过后就失去了价值，但当这类信息积累到一定数量时，便可用于统计分析某地区、某时期的天气变化规律。

（7）共享性。信息是一种特殊的资源，只能共享不能交换，只有将企业的全部信息集中管理，充分共享，信息才可能成为企业可资利用的资源。信息的共享性与信息的结构化程度密切相关，实际工作中，有的信息格式明确，组织结构严格，这样的信息容易处理，易于在不同的系统间共享，例如，会计的单、账、表，以及材料库存等信息。有的信息没有严格的格式，对此必须促成格式化，否则，一方面计算机难以处理，另一方面这样的信息很难在不同的部门间、不同的业务系统进行共享，不易实现目标要求。

（8）变换性。信息是事物运动的状态和方式，不是事物本身，因此信息可以负载在其他一切可能的物质载体和能量形式上。实际上，只要能够保持“运动的状态和状态的改变方式”的不变性，信息就不仅可以在各种物质和能量形式之间进行转换，而且可以经受一切不会破坏“信息不变性”的数字变换。信息的这一性质使人们对信息实行的各种各样的处理和加工成为可能。

（9）可转化性。人们经常说“知识就是力量”“信息是企业生存发展的条件”，那么，为什么信息会具有如此之大的价值呢？因为，从潜在的意义上讲，信息是可以转化的。它在一定条件下（其中最主要的条件就是信息被人们有效地利用），可以转化为物质、能量、时间及其他。

1.3.3　信息的分类

信息是一种十分复杂的研究对象，它可以按不同的方式分类。

根据信息的来源，对于企业来说，可将信息分为外部信息和内部信息；按照信息的用途又可以分为经营决策信息、管理决策信息和业务信息三大类；按信息的表示方式，则可以分为数字信息、文字信息、图像信息以及语言信息。弄清信息分类的目的在于根据信息的不同来源、用途和表示形式而采取不同的处理手段。

当然，还可以有许多不同的分类原则和方法，如下。

（1）按信息产生的方式分类，可以有：客观信息（包括观察对象的初始信息、经观察者干预之后的效果信息、环境信息等）、主观信息（包括决策信息、指令信息、控制信息、目标信息等）。

（2）按信息的作用分类，可以有：有用信息、无用信息、干扰信息。

（3）按信息源的性质分类，可以有：语声信息、图像信息、文字信息、数据信息、计算信息等。

（4）按信息的载体性质来分，可以有：电子信息、光电信息、生物信息等。

（5）按携带信息的信号形式来分，可以有：连续信息、离散信息等。

（6）按信息应用的部门来分，可以有：工业信息、农业信息、军事信息、政治信息、科技信息、文化信息、经济信息、市场信息、管理信息等。

1.3.4 信息的评价标准

信息评价标准包括两个方面：一是技术方面，二是如何实现价值转化的问题。

技术方面主要解决的问题是如何高速度、高质量地把信息提供到使用者手边。现代的技术已经发展得相当先进，但远未达到普遍使用的程度。例如，信息的提供已由过去的定期报告，发展到现在的实时检索，提供信息的形式已由过去仅是报告或报表，到现在能提供图形和图像，甚至声音。人机的对话方式也有很大的进展，使得非专业的管理人员可以直接和机器打交道。所以技术可以说已相当先进，当然由于成本问题使其远未普遍使用。

信息价值转化的问题相比之下差得太远。价值转化是信息使用概念上的深化，是信息内容使用的深度上的提高，信息使用深度大体上可分为三个阶段，即提高效率阶段、及时转化价值阶段和寻找机会阶段。

提高效率阶段联系于数据处理阶段，这时使用信息技术的主要目的是提高效率，是手工作业机械化，是省人。

及时转化价值阶段已认识到管理的艺术在于驾驭信息，已经认识到信息的价值要通过转化才能实现，鉴于信息的寿命有限，转化必须及时。例如，某车间可能窝工的信息，知道得早，及时安排插入其他工作，信息就转化为价值。这个阶段可以说信息主要用于管理控制。

寻找机会阶段，每个企业均在信息汪洋大海中游来游去，哪里有航班，哪里有岛屿，全凭企业驾驭信息能力去发现。这时预测和决策的技术对寻找有所帮助，但远未成功。许多企业丢掉了眼前闪过的机会而失败。这个阶段到来的一个特征是信息商品化，信息成为易于存取、易于定价和易于流通的商品，使之不被局部占用。应用信息市场，鼓励采用新技术，放弃过时的技术，应用信息市场化使决策分散化。信息商品化促进信息更好地共享和发挥信息系统的潜力。企业的信息系统在完成本部门的任务后积极提高服务能力，提高信息系统的经济效益。

1.3.5 信息、管理信息与管理信息系统

信息是管理信息系统的最重要的成分。过去有些人对管理信息系统有些错误的理解。把它看成是计算机、是系统，过多地强调了其技术面。殊不知管理信息系统最重要的成分应当是信息。管理信息系统能起多大作用，对管理能作出多大贡献，都取决于有没有足够的和高质量的信息，而能否得到高质量的信息又取决于工作人员对信息的认识。

在我们的日常生活中“信息”一词已被滥用，数据和信息也经常是不分的。但是我们管理信息系统的概念中，信息和数据的概念是不同的。管理信息系统概念至少包括以下一些意思：信息具有“新鲜”和使人“震惊”的感觉；信息可以减少不确定性；信息能改变

决策期望收益的概率；信息可以坚定或校正未来的估计等。

管理信息是在企业生产经营活动中产生的，它是反映和控制管理活动的、经过加工的数据。它是企业管理的基础之一。管理信息通常用文字、单据、账簿、图表等来表示，是管理信息系统主要的处理对象。管理信息可以按照管理职能、管理层次、管理对象等进行划分。

管理信息系统是一个一体化系统或集成系统，这就是说管理信息系统进行企业的信息管理是从总体出发，全面考虑，保证各种职能部门共享数据，减少数据的冗余度，保证数据的兼容性和一致性。严格来说，只有信息的集中统一，信息才能成为企业的资源。数据的一体化并不限制个别功能子系统可以保存自己的专用数据，为保证数据一体化，首先，要有一个全局的系统计划，每一个小系统的实现均要在这个总体计划的指导下进行。其次，是通过标准、大纲和手续达到系统一体化。这样数据和程序就可以满足多个用户的要求，系统的设备也应当互相兼容，即使在分布式系统和分布式数据库的情况下，保证数据的一致性也是十分重要的。

具有集中统一规划的数据库是信息系统成熟的重要标志，它象征着管理信息系统是经过周密的设计而建立的，它标志着信息已集中成为资源，为各种用户所共享。数据库有自己功能完善的数据库管理系统，管理着数据的组织、数据的输入、数据的存取，使数据为多种用户服务。

1.4　系统的概念

1.4.1　系统的定义

系统的观点最早可以追溯到 20 世纪 30 年代，经过多年的发展，系统的内涵不断丰富完善，系统工程的思想方法逐渐渗入一切领域，甚至渗入人们的家庭生活。简单地说，所谓系统是由若干相互联系的事物结合成的具有整体功能和行为目标的统一体。可以说世上万物都是一个系统，也是其他系统的组成部分。例如，电动机是一个系统，它可以将电能转变为动能，而电动机又是机床系统的一个组成部分，机床可以加工零件，而一个机床又是车间系统的一个组成部分，车间又是工厂系统的一个组成部分，再进一步，工厂又是国民经济的基本单元。

系统的存在需要三个基本条件，即目标、功能和结构。系统要达到某一给定的目标，就要求具备一定的功能，总功能是由许多子功能组成的，为了实现这些功能，就必须建立相应的结构。

按照一般系统论的观点，系统应当有五个要素，即输入、处理、输出、反馈和控制，可以用图 1-2 表示。

（1）输入：给出处理所需的内容和条件。

（2）处理：根据条件对输入的内容进行加工和转换。

（3）输出：处理后所得到的结果。

（4）反馈：将输出的一部分信息返回到输入，以供对系统进行控制。

（5）控制；操纵或指挥上述四个要素的工作。

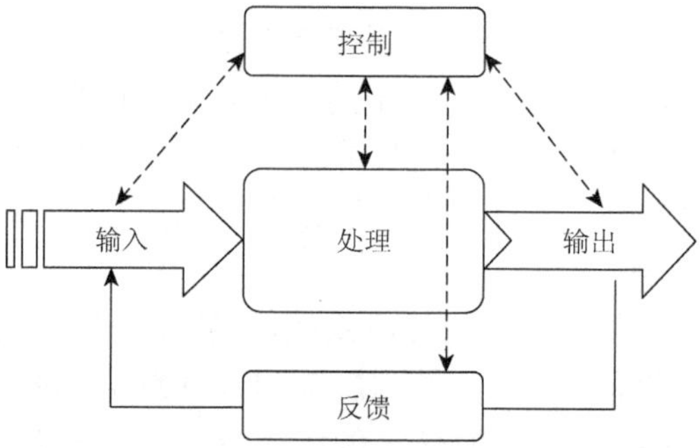

图 1-2 系统的逻辑模型

1.4.2 系统的分解

1. 系统分解的目的

系统通常是由若干个子系统组成的，而子系统又可以进一步由若干个孙系统组成，以此类推。系统具有层次结构，如图 1-3 所示，通常面对一个庞大而又复杂的系统，我们无法把系统所有元素之间的关系表达清楚，这时要将系统按一定的原则分解成若干个子系统。分解后的每个子系统相对于总系统而言，其功能和结构的复杂程度都大大降低。

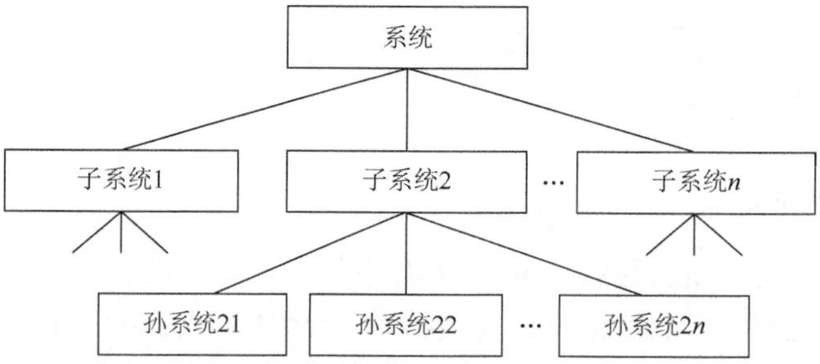

图 1-3 系统的层次结构

对于系统的分解可以从各种不同的角度来进行，例如，从职能的角度可将企业分成生产、后勤、财会和市场等子系统；从管理层次的角度又可以分为作业控制、管理控制和战略规划等子系统。

无论何种系统，当把它分解成子系统时，会减少我们分析问题的难度，但必须明确各个子系统的边界和接口，这样才能将子系统有机地结合起来。

2. 系统分解的原则

系统的分解过程事实上就是确定子系统边界的过程。每个人根据对系统理解的方式与角度的不同，对于系统的划分将出现不同的结果。为了保证系统分解的准确性和合理性，一般来说需要考虑如下几个原则。

（1）可控制性原则。系统内部的元素一般是可控制的，而系统外部的元素则不可控制，因而在把系统中的若干元素划分为同一子系统时，该子系统应能管理和控制所属的所有元素。例如，一个企业中销售部门经理的聘用由上级人事部门管理，销售人员的聘用由本部门自行管理，则销售子系统中只有销售人员人事档案管理模块。

（2）功能聚合性原则。在系统内部的元素通常按功能聚集原则来进行子系统的划分，软件系统通常是由若干模块构成的，而模块具有各自的功能。若干模块聚集构成子系统，子系统按功能构成，例如，材料采购子系统、生产计划子系统、销售子系统、财务子系统、设备和库存子系统等。

（3）接口标准化原则。系统在分解的过程中，需要定义大量的接口。接口是子系统之间的连接点，即子系统输入、输出的界面。在信息系统中接口的功能是十分重要的。通过接口，系统可完成过滤（即去掉不需要的输入或输出元素）、编码和解码（即将一种数据格式转换成另一种数据格式）、纠错（输入或输出错误的检测和修正）、缓冲（让两个子系统通过缓冲区耦合，取得同步）几个方面的工作。标准化接口有助于提高系统之间信息交换的效率，增强系统的扩充能力。

1.4.3　系统的集成

系统集成（System Integration）这个概念涵盖内容很广，迄今还没有一个明确的定义。一般我们认为系统集成就是为了达到系统目标将各类可利用资源进行有效的组织的过程。在信息系统领域，系统集成就是根据应用的需要，将硬件平台、网络设备、系统软件、工具软件及应用软件等组织成能够满足一定功能、具有优良性能的信息系统的过程。

系统集成技术是近年来引起系统开发人员及用户普遍重视的一个新概念。之所以这样是因为过去的管理信息系统多为使用某一家软件公司生产的产品或是使用某个专用的软件系统，例如，企业的财务部门使用的是某个公司的财务软件，人力资源部使用的是另一家公司的档案管理软件，产品设计部门使用自己开发的 CAD 软件，企业信息系统的构成五花八门，没有统一的标准，各自为政。随着系统朝着复杂化、大型化、网络化的不断发展，这种传统的系统模式已经不能满足需要。现在，越来越多的情况是以适合用户的需要为原则的，对多个厂家的产品进行系统集成。所以，系统集成不是若干个软件系统及硬件平台的简单堆砌，也不是用一种软件工具构造所有系统。

系统集成可以分为三个不同的层次：

（1）硬件集成。硬件集成解决系统之间硬件的连通，如网络的互联问题，这是系统集成的最低层次。

（2）软件集成。实现不同软件系统之间的数据和信息的交换，设计统一的接口规范，解决系统的兼容性。是系统集成的第二层。

（3）信息集成。也称为数据集成，实现不同系统之间数据和信息的共享，减少数据的冗余度，提高信息资源的利用率。

1.4.4　系统、信息系统与管理信息系统

信息系统（Information System）是输入数据，经过加工处理，输出信息的系统。具体说来可以认为信息系统是对信息进行采集、传输、处理、存储、管理和检索的系统。按这些说法，在企业的人工业务过程中也存在着信息系统，比较典型的就是手工会计信息系统，但在日常用语中，信息系统主要是指以电子计算机作为信息处理工具的人机系统，也称为基于计算机（Computer Based）的信息系统。

信息系统通常都具有数据的输入、传输、存储、加工处理和输出等功能，这些功能可根据具体情况，分别由计算机和人工过程承担。

（1）数据收集和输入功能。把分散在各地的数据进行收集并记录下来整理成信息系统要求的格式和形式，在大多数情况下，这项工作由人工进行（也有直接通过仪器自动地输入数据的）。整理好的数据可直接通过键盘输入系统进行处理，也可以先录入软盘或磁带等介质，待需要时再统一输入系统处理。

（2）数据传输功能。主要有两种传输方式：一是数据通信，即以计算机为中心，通过通信线路与其他设备连接，形成联系系统，或通过通信线路将微机联网；二是介于人工传输与计算机传输之间的磁盘传输，例如，各下级企业向上级主管部门报送各类报表等，将数据录入软盘上报，上级部门可直接利用软盘数据进行汇总处理。

（3）数据存储功能。管理中的大量数据需要被今后的数据处理过程所共享，需要保存下来多次调用。这些数据通常保存在磁盘、磁带等存储设备上，以便需要时随时进行存取和更新。

（4）数据加工处理功能。这是信息系统中一项重要功能，原始数据只有经过适当的方法进行加工处理，才能成为可供各层管理者使用的信息资源，起到辅助决策的作用。数据处理的基本方式大致可分为核对、变换、分类、合并、更新、检索、抽出、分配、生成和计算等。

（5）数据输出功能。根据不同需要，将加工处理后的数据以不同的方式进行输出。例如，输出报表、图形等供管理人员使用，输出磁盘、磁带文件等供计算机进一步处理。

（6）查询功能。信息系统应具有各种查询功能，用户可以进行单项查询、组合查询和模糊查询。并且可以将查询结果打印输出或以文件方式存储起来。查询功能应既可以实现查询本地信息，也可以通过网络系统实行远程信息查询。

（7）统计分析功能。各信息系统一般都具有运用统计理论和概率理论对大量数据进行统计分析的功能。

（8）预测决策功能。根据统计分析的结果和历史数据，应用数学模型对业务活动进行预测，并建立决策支持系统（DSS）或智能决策支持系统（IDSS），对某一问题提供一个或多个方案供使用者参考。

（9）系统管理功能。系统管理功能主要包括系统维护和数据恢复备份功能。数据恢复和备份是指对数据有条件的备份和截取，以防止数据遭遇到意外的丢失或损坏时能迅速有效地恢复。系统维护包括系统参数设置功能和数据字典维护功能。

以企业信息系统体系结构为例，由于企业生产和经营、管理和决策的层次性、多功能性、复杂性，信息技术在企业中的应用并不是单一系统所能够胜任的，而是需要一个信息的支撑体系，即企业信息系统。Kenneth Laudon 和 Jane Laudon 认为企业信息系统是企业针对环境带来的挑战而做出的基于信息技术的解决方案。对于企业信息系统的体系结构，不同的学者给出了不同的结构。

从企业内部来说，企业信息系统由管理信息系统、决策支持系统、专家系统、企业内部网、办公自动化系统组成。

➢知识拓展：信息化与“互联网+”

“信息化”的概念来源于日本。早在 1967 年，日本的一个科学、技术与经济研究小组就依照工业化提出了信息化（Joho-ka）即 Information 的概念。信息化工业社会是向信息社会演进的动态过程，它反映了可触摸的物质产品起主导作用向难以触摸的信息产品起主导作用的根本性转变。

总体来讲，目前国内外对信息化的定义主要有三方面：一是从信息的收集、加工、传递角度界定信息化概念体系。认为信息在收集、加工、传递、储存、利用整体上作为一种资源的质和量，比其他资源（指物质资源和能量资源）的作用相对增大，表现为经济生活形态的变动、社会结构的变动、产业结构的变动。二是强调技术特征。指出信息化是计算机技术现代化、通信技术现代化和网络技术现代化。三是强调对经济和社会的促进过程。认为信息化是各个经济和社会行为领域中广泛、有效地采用先进的信息技术（即信息网络和智能工具），从而全面地、极大地扩展和提高社会生产率。

"互联网+"是创新 2.0 下的互联网发展新形态、新业态，是知识社会创新 2.0 推动下的互联网形态演进及其催生的经济社会发展新形态。"互联网+"是互联网思维的进一步实践成果，它代表一种先进的生产力，推动经济形态不断地发生演变。从而带动社会经济实体的生命力，为改革、创新、发展提供广阔的网络平台。

通俗来说，"互联网+"就是"互联网+各个传统行业"，但这并不是简单的两者相加，而是利用信息通信技术以及互联网平台，让互联网与传统行业进行深度融合，创造新的发展生态。

它代表一种新的社会形态，即充分发挥互联网在社会资源配置中的优化和集成作用，将互联网的创新成果深度融合于经济、社会各领域之中，提升全社会的创新力和生产力，形成更广泛的以互联网为基础设施和实现工具的经济发展新形态。

几十年来，"互联网+"已经改造及影响了多个行业，当前大众耳熟能详的电子商务、互联网金融、在线旅游、在线影视、在线房产等行业都是"互联网+"的杰作。

国内"互联网+"理念的提出，最早可以追溯到 2012 年 11 月于扬在易观第五届移动互联网博览会的发言。易观国际董事长兼首席执行官于扬首次提出"互联网+"理念。他认为"在未来，'互联网+'公式应该是我们所在的行业的产品和服务，在与我们未来看到的多屏全网跨平台用户场景结合之后产生的这样一种化学公式。我们可以按照这样一个思路找到若干这样的想法。而怎么找到你所在行业的'互联网+'，则是企业需要思考的问题。"

2014 年 11 月，李克强总理出席首届世界互联网大会时指出，互联网是大众创业、万众创新的新工具。其中"大众创业、万众创新"正是此次政府工作报告中的重要主题，被称作中国经济提质增效升级的"新引擎"，可见其重要作用。

2015 年 3 月，全国两会上，全国人大代表马化腾提交了《关于以"互联网+"为驱动，推进我国经济社会创新发展的建议》的议案，对经济社会的创新提出了建议和看法。他呼吁，我们需要持续以"互联网+"为驱动，鼓励产业创新、促进跨界融合、惠及社会民生，推动我国经济和社会的创新发展。马化腾表示，"互联网+"是指利用互联网的平台、信息通信技术把互联网和包括传统行业在内的各行各业结合起来，从而在新领域创造一种新生态。他希望这种生态战略能够被国家采纳，成为国家战略。

2015 年 3 月 5 日上午十二届全国人大三次会议上，李克强总理在政府工作报告中首次提出“互联网+”行动计划。李克强在政府工作报告中提出，制订“互联网+”行动计划，推动移动互联网、云计算、大数据、物联网等与现代制造业结合，促进电子商务、工业互联网和互联网金融健康发展，引导互联网企业拓展国际市场。

从现状来看，“互联网+”尚处于初级阶段，各领域对“互联网+”还在做论证与探索，特别是那些非常传统的行业，他们正努力借助互联网平台增加自身利益。例如，传统行业开始尝试营销的互联网化，借助 B2B、B2C 等电商平台来实现网络营销渠道的扩建，增强线上推广与宣传力度，逐步尝试网络营销带来的便利。

与传统企业相反的是，在“全民创业”的常态下，企业与互联网相结合的项目越来越多，诞生之初便具有“互联网+”的形态，因此它们不需要再像传统企业一样转型与升级。“互联网+”正是要促进更多互联网创业项目的诞生，从而无需再耗费人力、物力及财力去研究与实施行业转型。可以说，每一个社会及商业阶段都有一个常态以及发展趋势，“互联网+”的发展趋势则是大量“互联网+”模式的爆发以及传统企业的“破与立”。

伴随知识社会的来临，驱动当今社会变革的不仅仅是无所不在的网络，还有无所不在的计算、无所不在的数据、无所不在的知识。“互联网+”不仅仅是互联网移动了、泛在了、应用于某个传统行业了，更加入了无所不在的计算、数据、知识，造就了无所不在的创新，推动了知识社会以用户创新、开放创新、大众创新、协同创新为特点的创新 2.0，改变了我们的生产、工作、生活方式，也引领了创新驱动发展的“新常态”。

“互联网+”是中国工业和信息化深度融合的成果与标志，也是进一步促进信息消费的重要抓手。

思考题

1. 什么是管理信息系统？它和一般的计算机应用有什么不同？
2. 管理信息系统是否是一门学科？其性质是什么？
3. 管理的定义是什么？管理和其他学科在性质上的区别是什么？
4. 信息与数据的关系？
5. 什么是信息？有哪些属性？
6. 什么是系统？系统分解和集成的思想是什么？
7. 信息系统有哪些功能？

上机作业题

上网调研并举例说明管理信息系统在企业中的应用情况。

小组讨论题

1. 什么是管理信息系统？它对社会中的作用和意义是什么？
2. 请讨论互联网+的实际应用及发展趋势。

第 2 章

管理信息系统的技术基础

2.1 计算机硬件和软件

2.1.1 计算机硬件

硬件设备是计算机物理设备的总称，通常指电子的、机械的、磁性的或光的元器件或装置。计算机硬件一般包括中央处理器、存储器、输入设备、输出设备和其他设备等，如图 2-1 所示。

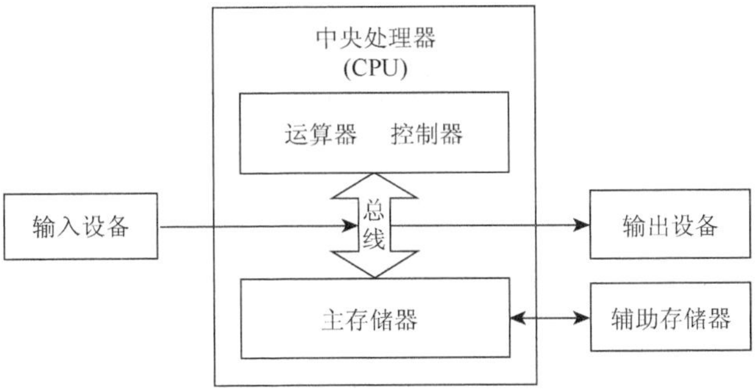

图 2-1 计算机的硬件

1. 中央处理器

中央处理器（Central Processing Unit，CPU）是计算机系统最主要的部件，它由运算器和控制器两个主要部分组成。运算器是计算机的运算单元，主要用于完成算术运算和逻辑运算。控制器是计算机的控制中心，它按照主频的节拍发出各种控制信息，以指挥整个计算机工作。

CPU 运算速度是决定计算机系统性能的重要指标。

2. 存储器

存储器是计算机系统必备的主要部件，主要分为主存储器和辅助存储器两类。

主存储器是计算机运行过程中用来存储数据和程序指令的，主要由半导体存储器组成。通常，主存储器按照性能和用途又分为只读存储器（Read Only Memory，ROM）和随机存储器（Random Access Memory，RAM）两大类。ROM 是指只能从中读出信息，不能写入信息的存储器，ROM 常用来存放计算机的启动程序、自检程序及磁盘引导程序等。RAM 是指任意时刻可以从任意存储单元读出信息，或者将信息写入任意存储单元的存储器，RAM 常用来存放计算机运行过程中所需要的程序和数据。主存储器的容量是决定计算机处理速度和处理能力的重要指标。

辅助存储器又称外部存储器，是位于 CPU 与主存储器之外，不需要电力维持的、可长期存储资料的记忆部件。辅助存储器主要用于数据和程序的长久保存。常用的辅助存储器有磁盘、光盘、移动硬盘、闪存等。

3. 输入设备

输入设备是向计算机提供数据与信息的设备。承载数据与信息的媒体并不仅限于数字与文字，还包括符号、图形、声音、图像等。常见的输入设备有计算机键盘、鼠标、图文扫描仪、条形码阅读器、触摸屏、语音输入设备、手写体输入设备、磁盘（带）等。

4. 输出设备

输出设备是将计算机输出的二进制信号转换成人们可以识别的文字和图形的设备。常见的输出设备有显示器、打印机、绘图仪、磁盘（带）、语音合成与输出设备等。

5. 其他设备

计算机硬件还包括一些其他设备，如机箱、主板、系统功能扩展卡（声卡、显卡、网卡等）、光驱等。

2.1.2 计算机软件

计算机软件是计算机系统构成的重要组成部分，其最重要的功能之一是指挥计算机硬件的工作。计算机软件主要分为系统软件和应用软件，如图 2-2 所示。

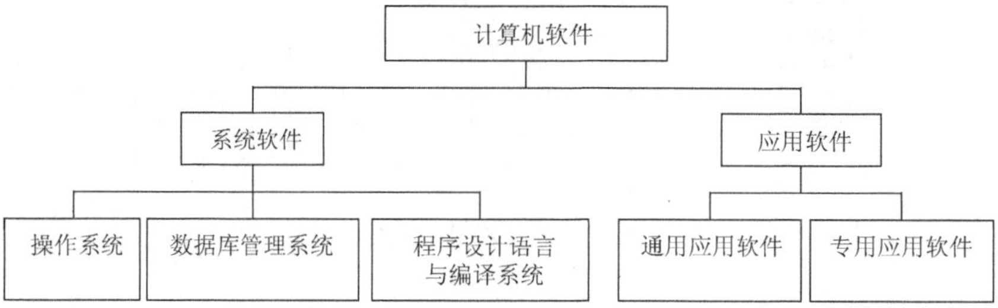

图 2-2 计算机系统的软件

1. 系统软件

系统软件（System Software）是一组程序的集合，它用来管理和支持计算机资源及其信息处理活动的程序，其主要作用是管理和控制计算机系统的各个部分，使之协调运行，并为各种数据处理提供基础功能。通常系统软件又分为操作系统、数据库管理系统、程序设计语言和编译系统等。

1）操作系统

操作系统（Operation System，OS）是计算机最基本最重要的软件包。它管理 CPU 的操作，控制计算机系统的输入/输出，存储资源的分配及一切活动，当计算机执行用户应用时提供各种服务。操作系统具有用户界面、资源管理、任务管理、文件管理、实用服务程序管理等功能。

操作系统管理计算机系统的所有资源。通过 CPU 管理、存储管理、设备管理及作业管理对各种资源进行合理的调度与分配，改善资源的共享和利用状况，最大限度地提高计算机在单位时间内处理工作的能力。

常见的操作系统有：Windows 9X、Windows 2000、Windows XP、Linux、UNIX、Novell NetWare、Windows NT 等。

2）数据库管理系统

数据库管理系统（Database Management System，DBMS）是专门对数据记录进行综合管理的软件，以数据文件结构的定义、数据记录的更新、数据记录的查询以及对数据记录的各种运算提供全面的支持。

3）程序设计语言与编译系统

程序设计语言是人与计算机进行交流的工具，其基本功能是给计算机系统提供指令，使其能执行相应的处理活动。程序设计语言的发展通常分为机器语言、汇编语言、高级语言和第四代语言等阶段。

机器语言是随计算机的发明而产生的第一代计算机语言，是一种在计算机上可以直接执行的二进制代码指令。机器语言的指令代码由操作码和操作数的绝对地址构成，指令无需翻译和解释，可以直接执行，因此程序执行速度很快。但是这种二进制码组成的程序序列太长，不够直观，并且机器语言往往与其运行的机器相对应，不同的机器语言不同，只有少数计算机专业人员才能掌握。因此，机器语言只是在计算机的早期使用过，现在已经很少使用机器语言编写程序。

汇编语言是第二代语言，它使用便于人们记忆的助记符作为操作指令，一种十分接近机器语言的符号语言，因其编译过程称为汇编，因此也称为汇编语言。汇编语言与机器语言指令之间基本上是一一对应的关系，某些宏汇编语言的宏指令可以与一串特定的机器指令相对应，用以表达某些常用的操作。用汇编语言编写的程序保持了机器语言执行速度快的优点，但它送入计算机后，必须被翻译成机器语言形式表示的程序（称为目标程序），才能由计算机识别和执行，完成这种翻译工作的程序叫汇编程序，汇编语言的执行过程如图 2-3 所示。由于汇编语言要涉及机器的硬件细节，难学难用，容易出错，不易维护，因此现在只是在特殊需要的时候才直接使用汇编语言。

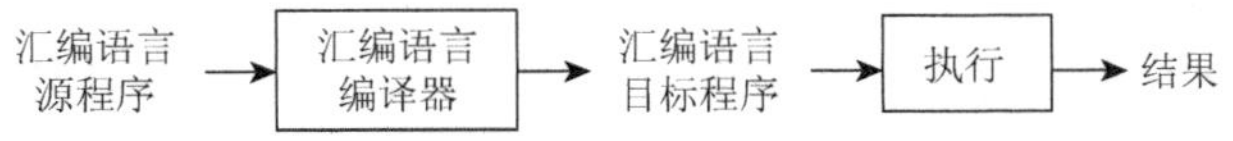

图 2-3　汇编语言的执行过程

高级语言是第三代语言（3GL），它是采用英语词汇作为指令关键词，按照规定的语义和语法结构要求编写程序。高级语言中每一条语句的功能相当于汇编语言的多条指令的功能，甚至相当于一小段汇编语言程序，它不依赖于特定的机器，对于不同类型的机器，其符号、概念、语义形势和语法规则等基本上是一致的，从而使软件具有了一定的可移植性。高级语言也是不能被计算机直接识别和执行的，必须翻译成机器指令的目标程序才能执行。翻译的方式通常有两种：一是解释方式，二是编译方式。

解释方式使用的翻译软件是解释器，它把高级语言程序一句句地翻译为机器指令，每译完一句就执行一句，当源程序翻译完成后，目标程序也执行完毕，高级语言源程序的解释执行方式如图 2-4（a）所示。解释方式具有灵活、占用内存少等优点，但需要占用更多的机器时间，并且执行过程也离不开翻译程序。

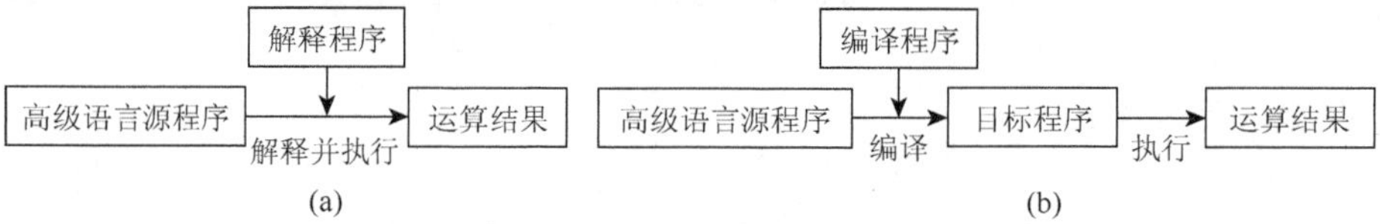

图 2-4 高级语言的执行方式

编译方式使用的翻译软件是编译器，它把高级语言源程序整个地翻译为机器指令的目标程序，然后执行目标程序，得到运算结果，高级语言源程序的编译方式如图 2-4（b）所示。编译方式具有执行速度快的优点，但占用内存多，并且不灵活，一旦源程序有错误，必须将错误全部修正后再重新编译和执行，要求程序员具有较高的程序设计水平。

第四代语言（4GL）是为降低程序开发难度和提高程序开发效率而设计的通用语言。使用 4GL 编写的程序是非过程化的，即程序指令只要告诉计算机需要“做什么”，而不必详述“怎样做”的具体过程，因此有助于简化程序设计的过程，提高应用软件的开发效率。由于 4GL 具有功能强大、用户友好的特点，因此 4GL 目前已经成为应用软件开发的主流工具。

2. 应用软件

应用软件是直接面向最终用户的具体应用，它以操作系统为基础，用程序设计语言编写或用数据库管理系统构造，用于满足用户的各种具体要求。应用软件通常分为通用应用软件和专用应用软件。

1）通用应用软件

通用应用软件是指某些具有通用信息处理功能的商品化软件。它的特点是通用性，因此可以被许多类似应用需求的用户所使用。它所提供的功能往往可以由用户通过选择、设置和调配来满足用户的特定需求。比较典型的通用软件有文字处理软件、表格处理软件、财务核算软件等。

2）专用应用软件

专用应用软件是指满足用户特定要求的应用软件。因为某些情况下，用户对数据处理的功能需求存在很大的差异性，通用软件不能满足要求时，需要由专业人士采取单独开发的方法，为用户开发具有特定要求的专门应用软件。

通用应用软件和专用应用软件的优缺点如表 2-1 所示。

表 2-1　通用应用软件和专用应用软件比较

	优　点	缺　点
通用应用软件	初始成本较低，时间比较短 质量较高，许多软件产品都经过严格测试	软件满足用户特殊需求能力差，需要进一步修改或定制 软件可能不符合当前的工作流程和数据标准 软件修改灵活性差
专用应用软件	可以精确获得所需要的功能 参加开发活动可以进一步控制开发结果 软件修改灵活	开发成本高，时间比较长 待开发软件在功能和性能方面存在较大风险

2.2　计算机网络技术

2.2.1　计算机网络的概念

1. 计算机网络的定义

计算机网络（Computer Network）是计算机技术和通信技术结合的产物，也是硬件技术和软件技术结合的产物。根据美国著名计算机网络权威 A.S.坦南鲍姆的定义：计算机网络是互联起来的独立自主的计算机集合。通常，计算机网络就是利用通信设备和传输介质，将不同地理位置的具有独立功能的多台计算机系统和其他外部设备互连起来，以网络通信协议和功能完善的网络软件实现网络中资源共享和信息传递的整个系统。

计算机网络系统由主计算机系统、终端设备、通信设备和通信线路四大部分构成，主计算机系统是网络的资源，通信设备和通信线路是网络进行数据通信的手段和途径，终端设备是用户应用网络的窗口，是使用者和网络打交道的接口。

2. 计算机网络的功能

计算机网络自 20 世纪 60 年代末诞生以来，以异常迅猛的速度发展起来，被越来越广泛地应用于政治、经济、军事、生产及科学技术的各个领域。计算机网络的主要功能包括如下几个方面。

（1）资源共享。资源共享包括硬件资源的共享，如打印机、代理服务器等；也包括软件资源的共享，如程序、数据等，用户通过网络可以共享这些分散于不同地点的资源。资源共享可避免重复投资和重复劳动，可提高资源的利用率。

（2）数据通信。利用网络可以实现计算机与计算机或计算机与外设之间相互通信，如发送电子邮件、协同工作、网上聊天、网络会议等功能，使网络用户可以进行跨越地区的交流与合作。

（3）均衡负荷及分布处理。当网络系统中某台计算机负担过重时，或该计算机正在处理某项任务时，网络可将新任务转交给网络上空闲的计算机来完成，这样处理能均衡网络中各计算机的负载，提高处理问题的实时性。另外，对大型综合性问题，可将问题各部分交给不同的计算机分头处理，充分利用网络资源，扩大计算机的处理能力。

（4）提高可靠性与可用性。在计算机网络中，每种资源可以存放在多个地点，当网络中一台计算机或一条传输线路出现故障时，可通过其他无故障线路传递信息，在无故障的计算机上运行需要的处理，从而避免了单点失效对用户产生的影响。分布广阔的计算机网络的处理能力，对不可抗拒的自然灾害有着较强的应付能力。

（5）信息的快速传输与集中处理。通过网络可实现方便、快速及低成本的信息传输，以便于数据的分散采集、集中处理。

（6）综合信息服务。通过网络向全社会提供多种网络增值服务，如信息查询、咨询服务。综合业务数字网可将计算机、电话、传真、有线电视等多种手段组合，提供数字、文本、语音、图形、图像等多种媒体的信息服务。

3. 计算机网络的分类

计算机网络是由各自独立的计算机用通信媒体互联起来的系统，对计算机网络可以从不同的角度进行分类。

（1）按传输技术划分。从网络的物理结构按传输技术可分为点对点式网络和广播式网络。点对点式网络拓扑结构又分为星型、环型、树型、完全互联型、相交环型和不规则型；广播式网络又分为总线型、环型和卫星网。

（2）按网络的覆盖范围划分。从网络的覆盖范围可分为局域网、城域网、广域网。局域网是指用高速通信线路将某建筑区域或单位内的计算机联在一起的专用网络，其作用范围一般只有几公里，工作速率大于 10Mbit/s，甚至 1Gbit/s。城域网可以认为是一种大型的局域网，其作用范围在 100 公里左右，能覆盖一个城市，其主干的工作速率可达数百 Mbit/s。广域网又称为远程网，它的作用范围通常是几十到几千公里，其工作速率可从 1.2Kbit/s 到上百 Mbit/s。

（3）按网络的使用范围划分。按网络的使用范围可分为公用网和专用网。例如，中国的 ChinaNet 为公用网；而中国教育科研网 Cernet 就是专用网。

（4）按传输介质划分。按传输介质可分为有线网和无线网。有线网是通过电缆或光缆将主机连接在一起的，无线网是通过自然空间的电磁波连接在一起的。

2.2.2 网络的拓扑结构

连接在网络上的计算机、高速打印机等部件，均可看作网络上的一个节点，又称工作站。所谓网络的拓扑结构是指网络中的节点与通信线路之间的几何关系，反映网络中各实体间的结构关系。计算机网络中常见的拓扑结构有：星型结构、总线结构、环型结构、树型结构及网状结构。

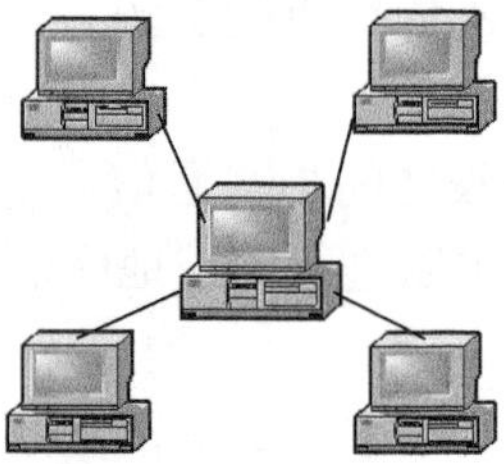

图 2-5 星型结构

1. 星型结构

在星型结构中，网络有一个中心节点，其他节点都与中心节点直接相连，如图 2-5 所示。中心节点一般是集线器或交换机，它控制全网的通信，任何两节点之间的通信必须通过中心节点。由于各节点都有自己的通路，数据在通信线上的传输不会发生碰撞，也较容易扩充。但对大型配置所需线缆较多，并存在通信的管理与调度问题。一旦中心节点发生故障，这种结构的整个网络便会处于瘫痪状态。

2. 总线结构

在总线结构中，各个节点均与一根总线相连，如图 2-6 所示。各节点发出的信息包都带有目的地址在网络中传输，各节点都对网上的信息包地址进行检查，与自己的地址相符，便会把信息包接收下来。总线型结构使用的线缆较少，且容易安装，两节点之间的通信通过总线进行，与其他节点无关，系统中某个节点出现故障不会影响其他节点之间的通信。因此，总线结构的系统可靠性比较高，是局域网中普遍采用的形式。由于网上所有节点都共享总线这条线缆，在高流量时，传输线缆成为网络的瓶颈，而且总线线缆的任何故障都可能导致整个网络瘫痪。

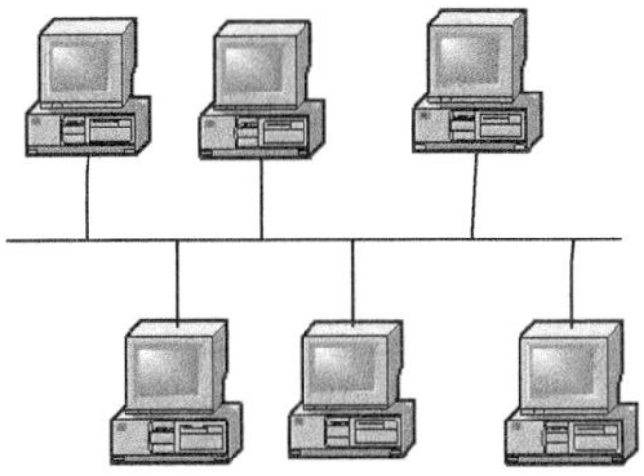

图 2-6　总线结构

3. 环型结构

在环型结构中，系统使用公共传输线缆组成闭环连接，各节点通过中继器连接到闭环上，多个设备共享一个环，如图 2-7 所示。环型结构中任意两个节点间都要通过环路互相通信，数据信息携带着地址在环路中沿着一个方向在各节点间传输。采用这种结构，网络可以延伸到较远的距离，线缆连接费用较低。但当节点过多时，影响传输效率，此外，由于连接的自我闭合，某处断接也会导致整个系统失效，因此常采用光纤为其传输介质。

4. 树型结构

在树型结构中，主节点和非主节点可以是交换机或集线器，叶子节点（终端节点）是主机或打印机等外设，主机和交换机之间用双绞线连在一起，如图 2-8 所示。树型结构中信息沿着树型的分支传送，直到送达目的地。该结构的特点是：与星型相比通信线路总长度短，成本较低，节点扩充灵活，寻址比较方便；但除叶子节点及其相连的线路外，非主节点或其相连的线路故障都会使网络局部受到影响，且一旦主节点发生故障会导致整个网络瘫痪。

5. 网状结构

网状结构是一种无规则的连接方式，网状结构的每个节点均可能与任何节点相连，如图 2-9 所示。这种网络的优点是节点间路径多，碰撞和阻塞可大大减少，局部的故障不会影响整个网络的正常工作，可靠性高；网络扩充和主机入网比较灵活、简单。但这种网络关系复杂，建网不易，网络控制机制复杂。网状型网络结构是广域网中最常采用的一种网络形式。

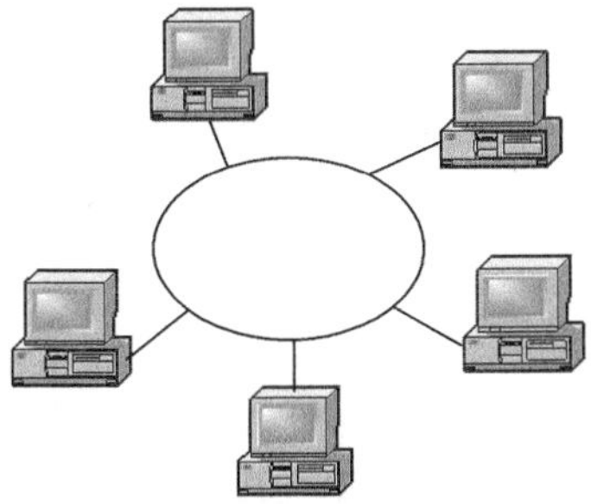

图 2-7　环型结构

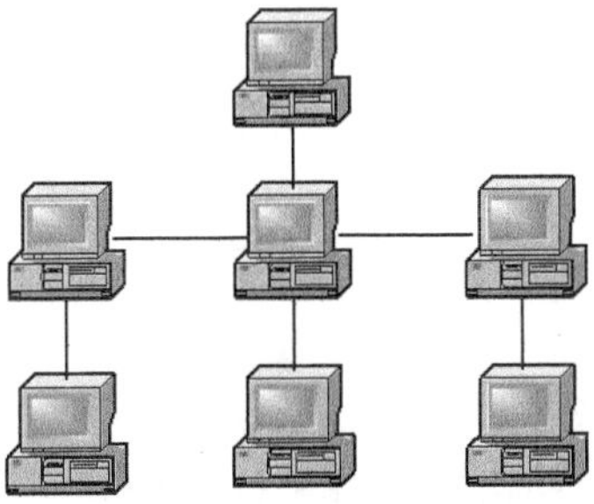

图 2-8　树型结构

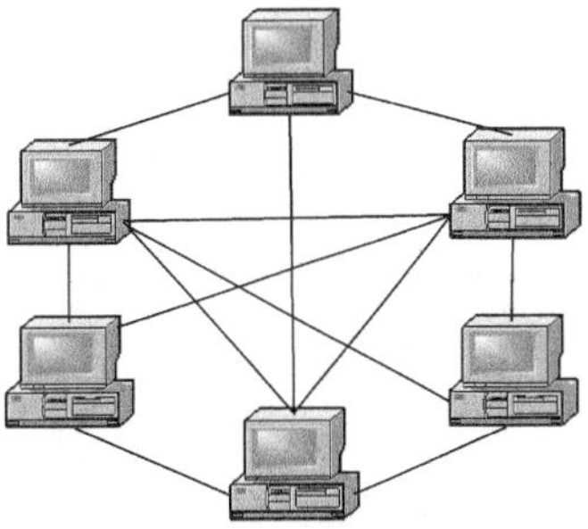

图 2-9　网状结构

2.2.3　网络硬件系统与网络软件

完整的计算机网络系统是由网络硬件系统和网络软件系统组成的。根据不同应用的需要，网络有不同的软、硬件配置。

1. 网络硬件系统

网络硬件系统是计算机网络系统的物质基础。构成一个计算机网络，首先要将计算机及其附属硬件设备与网络中的其他计算机系统连接起来。网络硬件系统包括：服务器、工作站、网络传输介质、网络连接设备、防火墙和外部设备等。

（1）服务器（Server）。服务器通常是一台高性能的计算机（如微机服务器、小型机、大型机），它的功能是提供网络通信和网络资源管理，根据网络工作站提出的请求，对网络用户提供服务。服务器对服务请求的响应速度和质量主要取决于网络服务器的性能，专用服务器有较强的输入、输出处理能力、较大的磁盘存储容量和快速的设备接口，所以工作效率更高。

（2）工作站（Station）。工作站也可称为客户机（Client），它是指连接在网络上的一台个人计算机。对于一般网络应用系统来说，工作站的配置较低，因为它们可以访问网络服务器中的共享资源。

（3）网络传输介质。网络的传输介质就是计算机网络中信息发送端与信息接收端之间的信息通道所使用的连接材料。传输介质分为有线传输和无线传输两种。在有线传输介质中，电磁波或光波被导向沿着固体媒体传播，主要有：双绞线、同轴电缆和光纤等。而无线传输介质就是指自由空间，主要有：微波传输、红外线传输、卫星通信等。

（4）网络连接设备。计算机网络传输除了必需的传输介质和计算机外，还必须用连接设备将这些分离的传输介质和计算机连接在一起。常见的网络连接设备有：调网卡、调制解调器、中继器、集线器、交换机、网桥、路由器和网关等。

（5）防火墙。防火墙是在内联网和互联网之间构筑的一道屏障，它是在内外有别及在需要区分处设置有条件的隔离设备，用以保护内联网中的信息、资源等不受来自互联网中非法用户的侵犯。

（6）外部设备。外部设备是可被网络用户共享的、常用的硬件资源，通常情况下指一些大型的、昂贵的外部设备，如大型激光打印机、大容量存储系统等。

2. 网络软件系统

网络软件是一种在网络环境下使用、运行或者控制和管理网络工作的计算机软件，它包括网络协议软件、通信软件和网络操作系统。协议软件主要用于实现物理层和数据链路层的某些功能，如网卡中的驱动程序。通信软件用于管理多工作站的信息传输。网络操作系统管理整个网络范围内的任务管理和资源的管理与分配，监控网络的运行状态，对网络用户进行管理，并为网络用户提供各种网络服务。

1）网络操作系统的概念

网络功能主要是通过网络软件特别是网络操作系统而体现的。网络操作系统可实现操作系统的所有功能，并且能够对网络中资源进行管理和共享。网络操作系统作为网络用户和计算机之间的接口，通常具有复杂性、并行性、高效性和安全性等特点。一般要求网络操作系统具有如下功能。

（1）支持多任务。要求操作系统在同一时间能够处理多个应用程序，每个应用程序在不同的内存空间运行。

（2）支持大内存。要求操作系统支持较大的物理内存，以便应用程序能够更好地运行。

（3）支持对称多处理。要求操作系统支持多个 CPU，减少事务处理时间，提高系统性能。

（4）支持网络负载平衡。要求操作系统能够与其他计算机构成一个虚拟系统，满足多用户访问时的需要。

（5）支持远程管理。要求操作系统能够支持用户通过 Internet 远程管理和维护。

2）常见网络操作系统

目前应用较为广泛的网络操作系统有：Microsoft 公司的 Windows NT/Windows Server 系列、Novell 公司的 NetWare、UNIX 和 Linux 等。

（1）Windows NT 操作系统。Microsoft Windows NT 是一个被广泛采用的网络操作系统，它内部集成了网络通信、应用软件服务器和文件打印机共享服务器等，并提供了一个综合的 Internet/Intranet 解决方案，是为需要实现所谓关键任务管理的商业组织设计的，一般用作局域网服务器，比较适合于组建中、小型企业网络。Windows NT 具有：良好的可移植性、良好的扩充性、高安全性、对称多处理技术（SMP）、内置的网络功能等特点，其版本从 3.1 版、3.50 版、3.51 版发展到 4.0 版。

（2）Windows Server 2003 操作系统。Windows Server 2003 操作系统是微软公司 2003 年推出一个企业级服务器操作系统，是目前微软所有操作系统最稳定、安全和功能最为强大的操作系统。Windows Server 2003 具有：高可靠性、可扩展性、可操作性、高安全性等特点。

（3）UNIX 网络操作系统。UNIX 是一个强大的操作系统，是目前功能最强、安全性和稳定性最高的网络操作系统，它既可以运行于大、中、小型机上，建立分布式环境，进行集中式数据处理，也可以运行于微机或微机服务器上，支持资源共享或客户/服务器网络计算模式。UNIX 具有：多用户和多任务、可移植性和开放性、强大的功能和完善性、面向网络等特点，目前常用的 UNIX 系统版本主要有：IBM AIX、HP-UX、SUN Solaris 等。

（4）NetWare 操作系统。NetWare 操作系统是由 Novell 公司研制的一种可以在计算机网络上运行的操作系统。NetWare 具有：基于服务器的网络系统、采用模块化的设计、高效的文件系统、网络目录服务 NDS 将所有对象统一进行管理等特点，目前常用的 NetWare 版本有 3.11、3.12、4.10、4.11、5.0、6.0 等中英文版本。

（5）Linux 操作系统。Linux 是芬兰赫尔辛基大学的学生 Linux Torvalds 开发的具有 UNIX 操作系统特征的新一代网络操作系统。Linux 操作系统具有：可完全免费获得、可在任何基于 X86 的平台和 RISC 体系结构的计算机系统上运行、可实现 UNIX 操作系统的所有功能、具有强大的网络功能、完全开放源代码等特点。

3）如何选择最合适的操作系统

操作系统是网络中不可缺少的组成部分之一，必须根据企业网络的应用规模、应用层次等实际情况选择合适的操作系统。Windows NT/2000/2003 Server 是简单易用的操作系统，适合中小型企业网站建设；Linux 具有高的安全性和稳定性，一般用作网站的服务器和邮件服务器；NetWare 是工业控制、生产企业、证券系统比较理想的操作系统；UNIX 具有非常好的安全性和实时性，广泛用在金融、银行、军事及大型企业网络上。

2.2.4 网络类型

从网络应用的角度来说，通常按照网络的覆盖范围来讨论网络的类型。这部分主要介绍局域网、城域网、广域网和互联网的构成及特点，其中重点介绍局域网。

1. 局域网

1）局域网的概念与特点

局域网，简称 LAN（Local Area Network），是在小范围内将许多数据通信设备以高速线路互连，进行数据通信的计算机网络。被连接的数据通信设备可以是微型机、小型机或中大型计算机，也可以是终端、打印机、大容量外存储器等外围设备。一般来说局域网是一种提供较高数据传输速率和较低误码率的数据通信。局域网的主要特点如下。

（1）覆盖地理范围比较小，如一栋楼、一个院落、一个社区，范围一般在几十公里以内。

（2）数据传输率高，一般为 Mbit/s（兆位每秒）数量级，如光纤网可达 100Mbit/s，因而可以支持计算机之间的高速通信。

（3）成本低，便于安装和维护，可靠性高。特别是在微机局域网中，采用微型机作为网络工作站，以双绞线或同轴电缆作为传输介质，具有很高的性能价格比。

2）局域网的构成

局域网一般由传输介质、网卡、网络服务器、网络（用户）工作站和网络软件等组成。局域网使用的传输介质主要是双绞线、同轴电缆和光纤；此外还有一些传输介质附属设备，主要指将传输介质与传输介质、通信设备进行连接的网络配件，如线缆接头、T 型接头、终端适配器等。

在局域网中要实现资源共享，可以通过不同的网络架设方式来实现。常见的架设方式有：对等网、基于服务器的网络和无盘工作站网。

（1）对等网。在对等网络模式中，没有设置专门为客户机访问的服务器，连在网上的计算机既是客户机又是服务器，网上的每一台计算机以相同的地位访问其他计算机和处理数据，如图 2-10 所示。对等网也称为工作组网，由于每台计算机独立管理自己的资源，所以很难集中控制网络中的资源和用户，不具备足够的安全性。此外，对等网速度较慢，维护起来较困难。

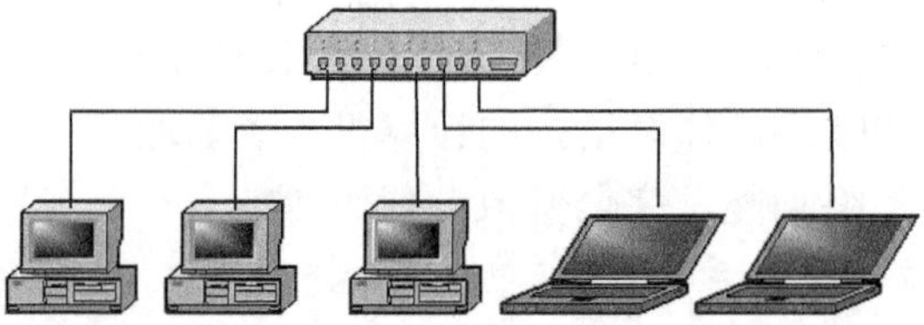

图 2-10 对等网

（2）基于服务器的网络。基于服务器的网络中，一般有一台或多台单独的、高性能的微机或大、中、小型计算机作为服务器，为网络上的用户提供共享资源，其他计算机仅作为客户机访问网络上的共享资源。基于服务器的网络如图 2-11 所示。

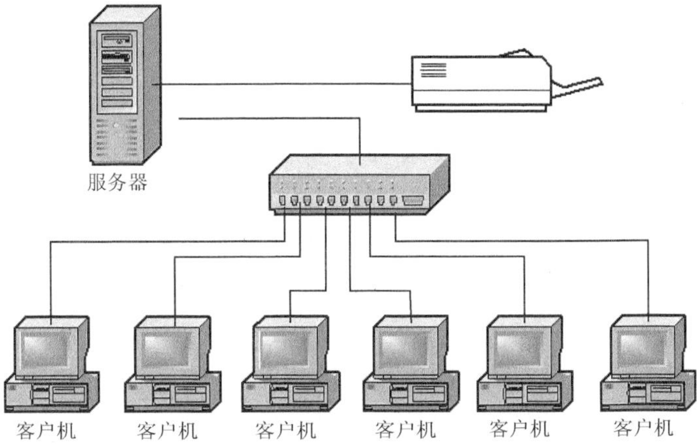

图 2-11　客户机 / 服务器网络模式

基于服务器的网络可以集中管理网络中的共享资源和网络用户，具有较好的安全性；存放重要资源的服务器还可以集中存放，所以容易管理和维护；这种网络还可以对网络用户进行分级管理，可以集中授予单个用户或用户组对多个共享资源的访问权限。在实际应用中，基于服务器的网络可应用于大中型企业，它可以实现数据共享，对财务、人事等工作进行网络化管理，还可以提供 Internet/Intranet 信息服务，是一种完善的局域网构架方案。但它需要一台或多台高档计算机做服务器，所以成本较高。

（3）无盘工作站网。没有硬盘和软驱的无盘工作站利用网卡上的启动芯片与服务器连接，使用服务器的硬盘空间进行资源共享。无盘工作站网络可以实现基于服务器的网络的所有功能，由于每台工作站都需要从远程服务器启动，所以对服务器的配置要求较高，因而成本并不比基于服务器的网络成本低多少，但它的稳定性、安全性一直为大众所看好，特别是被一些安全系数要求较高的企业所喜爱。

2. 城域网

城域网，简称 MAN（Metropolitan Area Network），是从所覆盖的地理位置来说，通常不超过一个城市或地区的范围，距离为数十公里。城域网采用局域网的技术，实质上是将分布在一个城市内不同地点的局域网互连起来的较大范围内的网络。在一个城域网中，多数情况下有几种传输介质并存，并被多个单位共同使用，因此用户的数目也比局域网更多。

3. 广域网

广域网（Wide Area Network，WAN），是指能够将地理位置相距较远的多个计算机系统通过通信线路连接起来实现数据通信的计算机网络，也可以说是将分散于各地的局域网或城域网互连而形成的跨越地区的大型网络。广域网一般由计算机、终端、通信处理机和通信设备等网络单元经通信线路连接组成。其根本特点是网络中的计算机分布范围很广，从数十公里到数千公里，针对这个特点，单独为每个系统建造一个广域网是极其昂贵和不现实的，因此只能采用公共的网络数据线路来实现。最初的广域网络通信就是采用传统的公共电话网实现的，但对于大量数据传输来讲，这种方式性能差、效率低，速率最高不超过 64Kbit/s，并且误码率很高。随着计算机远程通信需求的不断提高和通信技术的发展，广域网大多采用以分组交换为基础的数据通信网实现。

4. 互联网

网际互联即通过主干网络把不同标准、不同结构甚至不同协议类型的局域网在一定的网络协议的支持下连接起来，从而实现更大范围的信息资源共享。为了实现网络互联，国际标准化组织（ISO）提出了开放系统互联（OSI）参考模型，凡是按照该模型建立起来的网络就可以互联。现在的网络互联协议已经或多或少地遵循了 OSI 的模式。Internet 就是在 TCP/IP 协议下实现的全球性的互联网络，它跨越了国界，几乎覆盖了整个地球。Internet 包括以下内容：基于 TCP/IP 协议的网间网、使用和开发这些网络的用户群和可以从网络上获得的资源集。Internet 可以连接各种各样的计算机系统和计算机网络，不论是微型计算机还是大中小型计算机，不论是局域网还是广域网，不管它们在世界上任何地方，只要共同遵循 TCP/IP 协议，就可以连入 Internet。

相比任何其他的发展，互联网对基于计算机的通信的影响要大得多，相应地，产生了内部网和外部网的专业化应用。

Intranet（企业内部网）是指在现有的局域网基础上，运用 Internet 网络技术，在企业内部所建立的网络系统。Intranet 的信息存取只限于企业内部，只有企业内部的人员可以使用，并在安全的控制下连接 Internet。Intranet 除了能提供 Internet 上提供的基本服务外，还应增添企业计算机应用需要的一些功能，如数据库系统、事务处理，以及 CAD、GIS 等应用。

Extranet（企业外部网）不再局限于单个企业内部，而是把相互合作的企业连接在一起。Extranet 采用 Internet 的技术和 Web 的应用系统，赋予与企业有密切业务往来的企业和客户以较大的权限，允许他们访问公司的信息库，使各参与企业可以在权限范围内自由访问其他企业中的数据。

2.2.5 网络技术的发展趋势

计算机网络并不是计算机和通信系统的简单结合，也不是计算机或通信系统的简单扩展或延伸，而是融合了信息采集、存储、传输、处理和利用等一切先进信息技术，是具有新功能的新系统。因此，对于现代计算机网络的研究和分析，应该特别强调“计算机网络是系统”的观点，站在更高的高度来重新认识计算机网络结构、性能及网络工程技术和网络实际应用中的重要问题，便于把握计算机网络的发展趋势。

1. 计算机网络的关键技术

从系统的层次结构来看，计算机网络架构的发展方向将是 IP 技术+光网络。从网络的服务层面上看将是一个 IP 的世界；从传送层面上看将是一个光的世界；从接入层面上看将是一个有线和无线多元化的世界。因此，目前比较关键的技术主要有软交换技术、IPv6 技术、光交换与智能光网络技术、宽带接入技术、3G 以上的移动通信系统技术等。

（1）软交换技术。为了把服务控制功能和网络资源控制功能与传送功能完全分开，需要应用软交换技术。根据新的网络功能模型分层，计算机网络将分为接入与传输层、媒体层、控制层、业务/应用层四层，从而可对各种功能作不同程度的集成。通过软交换技术能把网络的功能层分开，并通过各种接口标准，使业务提供者可以非常灵活地将业务传送和控制规约结合，实现业务融合与业务转移，非常适用于不同网络并存互通的需要。

（2）IPv6 技术。未来的计算机网络是基于 IPv6 技术的网络。现有的 IPv4 技术在地址空间方面有很大的局限性，已成为网络发展的最大障碍。此外，IPv4 在服务质量、传送速度、安全性、支持移动性等方面也有局限性，这些局限性妨碍着网络的发展，使许多服务与应用难以开展。

（3）宽带接入技术。计算机网络必须要有宽带接入技术的支持，各种宽带服务与应用才有可能开展。因为只有接入网的带宽瓶颈被打开，核心网和城域网的容量潜力才能真正发挥。尽管当前宽带接入技术有很多种，但只要不和光纤或光结合的技术，就是过渡的技术，而不是下一代网络应用的技术。

（4）3G 以上的移动通信系统技术。3G 系统比现用的 2G 和 2.5G 系统传输容量更大，灵活性更高，它以多媒体业务为基础，已形成世界家族式的标准，并将引入新的商业模式；当前正处于大规模商用的关键时刻。3G 以上系统将以宽带多媒体业务为基础，使用更高更宽的频带，传输容量会更大。它们在不同网络间无缝的连接，提供满意的服务，网络可以自行组织，终端可以重新配置和随身携带，是一个包括卫星通信在内的端到端的 IP 系统，可与其他技术共享一个 IP 核心网。它们都是构成下一代移动互联网的基础设施。

2. 计算机网络研究热点

在以上技术的带动下，计算机通信网将是一个包括地下的光缆、地面的微波和蜂窝移动通信，地面以上数百至数千公里的低轨道卫星通信，一万公里左右的中轨道卫星通信，以及三点六万公里高的静止轨道通信卫星系统组成的一个混合系统。在这样一个复杂的系统的支持下，并由人们实际需求的推动，以下五个方面将成为计算机网络发展的热点。

（1）下一代 Web 研究。下一代的 Web 研究涉及四个重要方向：语义互联网、Web 服务、Web 数据管理和网格。语义互联网是对当前 Web 的一种扩展，其目标是通过使用本体和标准化语言，如 XML、RDF 和 DAML，使 Web 资源的内容能被机器理解，为用户提供智能索引，基于语义内容检索和知识管理等服务。Web 服务的目标是基于现有的 Web 标准，如 XML、SOAP、WSDL 和 UDDI，为用户提供开发配置、交互和管理全球分布的电子资源的开放平台。Web 数据管理建立在广义数据库理解的基础上，在 Web 环境下，对复杂信息进行有效组织与集成，方便而准确地进行信息查询与发布。从技术上讲，Web 数据管理融合了 WWW 技术、数据库技术、信息检索技术、移动计算技术、多媒体技术以及数据挖掘技术，是一门综合性很强的新兴研究领域。网格计算初期主要集中在高性能科学计算领域，提升计算能力，并不关心资源的语义，故不能有效地管理知识，目前网格已从计算网络发展成为面向服务的网格，语义就成为提供有效服务的主要依据。

（2）网络计算。Internet 上汇集了大量的数据资源、软件资源和计算资源，各种数字化设备和控制系统共同构成了生产、传播和使用知识的重要载体，信息处理也已步入网络计算的时代。目前，网络计算还处于发展阶段。网络计算有四种典型的形式：企业计算、网格计算、对等计算和普适计算。其中对等计算与分布式已成为当今计算机网络发展的两大主流，通过分布式，将分布在世界各地的计算机联系起来；通过对等计算又使通过分布式联系起来的计算机可以方便地相互访问，这样就充分利用了所有的计算资源。

（3）业务综合化。所谓业务综合化，是指计算机网络不仅可以提供数据通信和数据处理业务，而且还可提供声音、图形、图像等通信和处理业务。业务综合化要求网络支持所有的不同类型和不同速率的业务，例如，话音、传真等窄带业务；广播电视，高清晰度电视等分配型宽带业务；可视电话、交互式电视、视频会议等交互型宽带业务；高速数据传输等突发型宽带业务等。为了满足这些要求，计算机网络需要有很高的速度和很宽的频带。

（4）移动通信。便携式智能终端（PCS）可以使用无线技术，在任何地方以各种速率与网络保持联络。用户利用 PCS 进行个人通信，可在任何地方接收发给自己的呼叫。PCS 系统可以支持语音、数据和报文等各种业务。PCS 网络和无线技术将改进移动通信水平，成为未来信息高速公路的重要组成部分。

（5）网络安全与管理。当前网络与信息的安全受到严重的威胁，一方面是由于 Internet 的开放性和安全性不足，另一方面是由于众多的攻击手段的出现，如病毒、拒绝服务、侦听、欺骗、口令攻击、路由攻击、中继攻击、会话窃取攻击等。以破坏系统为目标的系统犯罪，以窃取、篡改信息，传播非法信息为目标的信息犯罪，对国家的政治、军事、经济、文化都会造成严重的损害。为了保证网络系统的安全，需要完整的安全保障体系和完善的网络管理机制，使其具有保护功能、检测手段、攻击的反应以及事故恢复功能。

2.3 数据库技术

数据库技术是计算机科学的一个重要分支。20 世纪 50 年代以来，计算机应用由科学研究逐步扩展到企业、政府部门和社会的各个领域，数据处理很快上升为计算机应用的一个最重要的方面。自 1968 年第一个商品化数据管理系统问世以来，数据库技术得到迅速发展。近年来，随着网络技术和多媒体技术的发展，基于互联网的融合多媒体技术的数据库技术显示出更为广阔的技术前景，成为信息管理、办公自动化的主要技术支持手段。

2.3.1 数据的处理

1. 数据处理的概念

数据处理就是指把来自科学研究、生产实践和社会经济活动等领域的原始数据，用一定的设备和手段，按一定的使用要求加工成另一种形式的数据的过程。

进行数据处理的主要目的如下。

（1）把数据转换为便于观察分析、传送或进一步处理的形式。

（2）从大量的原始数据中抽取部分数据，推导出对人们有价值的信息以便作为行动和决策的依据。

（3）利用计算机科学地保存和管理经过处理的大量数据，以便人们能方便地利用这些宝贵的信息资源。

2. 数据处理的内容

数据处理的基本内容如下。

（1）数据收集。根据系统自身的需求和用户的需求收集相关的数据。

（2）数据转换。为了使收集的数据适用于计算机处理的形式，需要设计各种代码来描述实际数据，这种将实际数据采用代码表述的方法称为数据的转换。

（3）数据存储。将收集到的数据转换后保存在计算机系统中。

（4）数据的筛选、分组和排序。对数据进行综合处理，满足管理和决策的使用。

（5）数据的组织。将具有某种逻辑关系的一批数据组织起来，按一定的存储方式配置在计算机的存储器中，目的是使计算机处理时能够符合速度快、占用存储器的容量少、成本低等方面的要求。

（6）数据输出。将处理后的数据按照用户的需求输出。

2.3.2 数据的组织结构

在管理信息系统中，大量数据以一定的形式存放在各种存储介质中，数据的组织方式和内在联系的表示方式决定着数据处理的效率。不论使用多么优秀的硬件和软件，如果数据组织和管理不好，都会导致管理信息系统的失效。

1. 数据组织的层次

一个计算机系统通常是按层次组织数据的，从计算机所使用的最小单元开始，一层层发展到数据库，如图 2-12 所示。

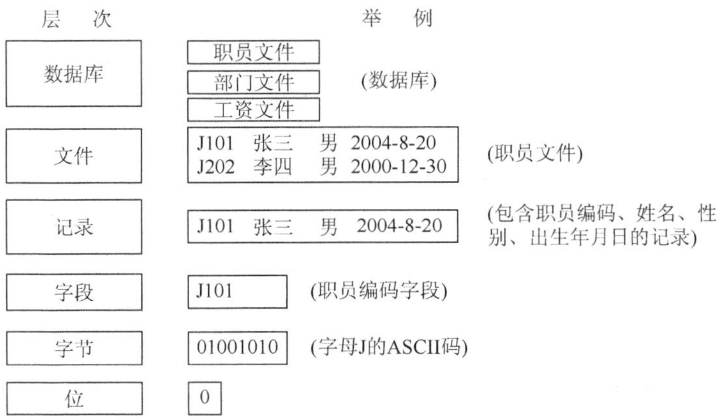

图 2-12 计算机系统中数据的层次组织

第一层次是位，位是计算机中最小的数据单元，其值为二进制 0 或 1；第二层次是字节，通常一个字节由八个位组成；第三层次是字段，由字符的集合组成，它描述业务对象或业务活动的一个方面特征；第四层次是记录，由若干个字段组成，它将某一对象或活动各方面的描述组合起来，就能得到有关该对象或活动的更完备的描述；第五层次是文件，由若干个同类型的记录组成；第六层次是数据库，由若干个相关的文件组成。

2. 数据组织的方式

1）数据结构

数据结构是计算机信息处理中的一个重要概念，包括数据的存储结构及结构上的运算或操作。数据结构又分为数据的逻辑结构和物理结构。数据的逻辑结构是指数据之间的逻辑关系，通常逻辑结构包括两大类：线性结构和非线性结构。线性表、栈、队列及串为线性结构，而树和图则为非线性结构。物理结构又称存储结构，指数据元素在计算机存储器中的存储方式，存储方式一般有四种：顺序存储、链接存储、索引存储及散列存储。同一种逻辑结构采用不同的存储方式可以得到不同的数据结构。

2）数据文件

在管理信息系统中，数据组织一般采用文件组织和数据库组织。把数据按照某种数据结构组织起来存放在外部设备上，就构成数据文件。一般来说，数据文件是为某一目的而形成的同类记录的集合，记录是文件中数据组织的基本单位，由若干数据项组成，数据项又是数据处理的最小单位。

常用的文件的组织方式有顺序文件和索引文件。顺序文件是指文件中的记录是按照某些关键字排序的文件。在顺序文件中，记录的物理次序与连接次序一致，因此顺序文件具有连续存取、速度快等优点，常常用于进行顺序存取、批量修改的情况。索引文件是为了便于检索，除文件本身外，另外建立一张指示逻辑记录和物理记录之间的对应关系的索引表，这类包括文件数据区和索引表两部分的文件称为索引文件。索引表的索引项应当按顺序排列，而数据文件本身可以按顺序排列，也可以不按顺序排列。索引文件可以保证记录地址的唯一性，不产生重号，存储机制比较简单，但是索引表本身占用一定空间，并且是一种静态索引，修改不方便，每次修改都要索引。

3）数据库

数据库是比文件系统更高级的一种数据组织方式，在文件系统中，文件由记录构成，数据的存取以记录为单位。由于文件系统的结构只限于记录内部，因而仅能适用于单项应用的场合，对于一个组织的管理信息系统而言，需要从总体上解决问题，不仅要考虑某个应用的数据，而且要考虑全局数据结构，要在组织数据结构中不仅能够描述数据本身，还要能描述数据之间的关系，这种复杂的应用需要采用数据库组织数据的方式。

2.3.3 数据库技术

1. 数据管理的发展阶段

数据处理的首要任务是数据管理。数据管理技术经历了人工管理、文件管理、数据库系统三个阶段。

1）人工管理阶段

从1946年计算机诞生至20世纪50年代中期，计算机主要用于科学计算。计算机除硬件设备外没有任何软件可用，使用的外存只有磁带、卡片和纸带，没有磁盘等直接存取设备。软件中只有汇编语言，没有操作系统，对数据的处理完全由人工进行管理。人工管理阶段的数据模型如图2-13所示，图中显示程序和数据是一体化的，虽然以虚线将程序和数据分成两部分，事实上，它们之间是混为一体的。

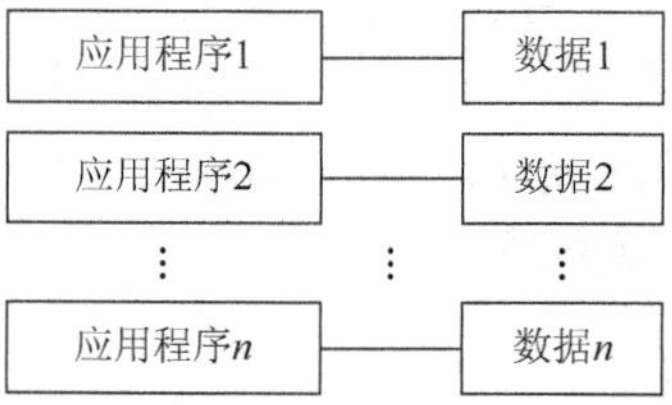

图2-13 数据人工管理模型

在人工管理阶段，数据管理呈现如下特点。

（1）数据不保存。一组数据对应于一个应用程序，应用程序与其处理的数据结合成一个整体。在进行计算时，系统将应用程序和数据一起装入，程序运行结束后，释放内存空间，程序和数据同时被撤销。

（2）没有软件对数据进行管理。应用程序设计者不仅要考虑数据之间的逻辑关系，还要考虑存储结构、存取方法以及输入方式等。如果存储结构发生变化，程序中读写数据的程序也要发生改变，数据没有独立性。

（3）没有文件概念。数据的组织方法由程序设计人员自行设计和安排。

（4）数据面向应用。数据附属于程序，即使两个应用程序使用相同的数据，也必须各自定义数据的存储和存取方式，不能共享相同的数据定义，因此，程序与程序之间可能有大量的重复数据。

2）文件管理阶段

20 世纪 50 年代后期到 60 年代中期，计算机不仅用于科学计算，也大量用于经营管理活动。硬件设备有了磁盘、磁鼓等直接存储设备；软件出现了操作系统、文件管理系统和多用户的分时系统，以及多种高级语言。文件系统的模型如图 2-14 所示，通过文件系统，程序和数据之间有了比较清晰的边界。不同的程序可以使用相同的文件，反过来，一个程序也可以访问不同的文件。

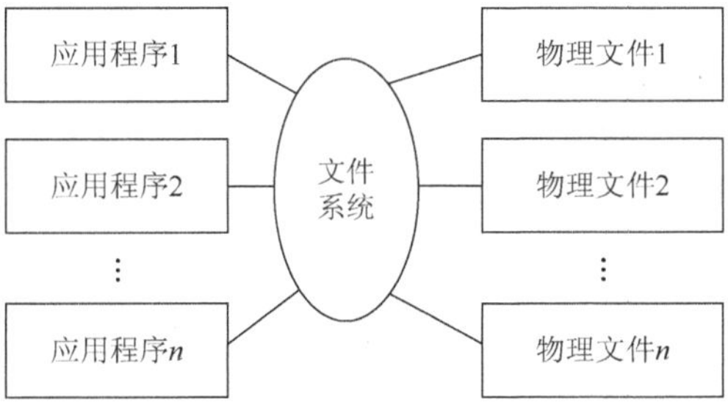

图 2-14　文件系统模型

文件系统阶段数据管理有如下特点。

（1）数据可长期保存在磁盘上，用户可通过程序对文件进行查询、修改、插入或删除操作。文件管理系统是应用程序与数据文件之间的一个接口，应用程序通过文件管理系统建立和存储文件；反之，应用程序要存取文件中的数据，必须通过文件管理系统实现。用户不必关心数据的物理位置，程序和数据之间有了一定的独立性。

（2）文件形式多样化。因为有了直接存取设备，所以可以建立索引文件、链接文件和直接存取文件等。对文件的记录可顺序访问和随机访问。文件之间是相互独立的，文件与文件之间的联系需要用程序实现。

（3）数据的存取基本上以记录为单位。

文件系统的缺陷如下。

（1）数据冗余大，因为文件是为特定的用途设计的，所以会造成数据在多个文件中重复存储。

（2）数据的不一致。这是由数据冗余和文件之间的独立性造成的，在更新数据时，很难保证同一数据在不同文件中的统一。

（3）程序与数据之间的独立性差。修改文件的存储结构后，相关的程序也要修改。

3）数据库管理阶段

20 世纪 60 年代后期，计算机在管理中的应用更加广泛，数据量急剧增大，对数据共享的要求越来越迫切；为了解决多用户、多应用共享数据的需求，人们着手开发和研制更加有效的数据管理模式，并由此提出了数据库的概念。数据库系统的数据存取模型如图 2-15 所示。

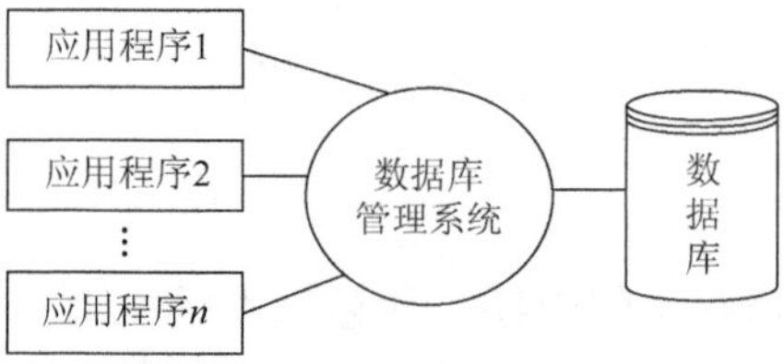

图 2-15 数据库系统模型

与文件管理相比，数据库技术有了很大的改进，主要表现如下。

（1）数据库中的数据是结构化的。在文件系统中，数据是无结构的，即不同文件中的记录之间应用程序没有联系，它只在数据项之间有联系。数据库系统不仅考虑数据项之间的联系，还要考虑记录之间的联系，这种联系是通过存储路径来实现的。

（2）数据库中的数据是面向系统的，对于任何一个系统来说，数据库中的数据结构是透明的。任何应用程序都可以通过标准化接口访问数据库。

（3）数据库系统比文件系统有较高的数据独立性。数据库系统为用户提供了方便统一的接口。用户可以用数据库系统提供的查询语言和交互式命令操纵数据库。用户也可以用高级语言编写程序来访问数据库，扩展了数据库的应用范围。

（4）数据完整性。保证数据库存储数据的正确性。例如，预定同一班飞机的旅客不能超过飞机的定员数；订购货物中，订货日期不能大于发货日期。使用数据库系统提供的存取方法，设计一些完整性规则，对数据值之间的联系进行校验，可以保证数据库中数据的正确性。

（5）数据安全性。并非每个应用都可以存取数据库中的全部数据。例如，在一个人事档案数据库中，只有被授权的访问者才可以读取数据，并进行修改；其他访问者的权限一般限于浏览特定的数据项，而不是全部数据。

（6）并发控制。当多个用户同时存取、修改数据库中的数据时，可能会发生相互干扰，使数据库中的数据完整性受到破坏，而导致数据的不一致。数据库并发控制防止了这种现象的发生，提高了数据库的访问效率。

（7）数据库的恢复。任何系统都不可能永远正确无误地工作，数据库系统也是如此。运行过程中，会出现硬件或软件的故障。数据库系统具有恢复能力，能把数据库恢复到最近某个时刻的正确状态。

2. 数据库系统的构成

数据库系统是由计算机系统、数据库管理系统和相关人员组成的具有高度组织的总体。数据库系统主要部分有：计算机系统、数据库、数据库管理系统和人员。

1）计算机系统

计算机系统是指用于数据库管理的计算机软硬件及网络系统。带有数据库的计算机系统对其硬件的性能要求更高，要有足够的内存以存放操作系统、数据库管理系统的例行程序、应用软件、系统缓冲区中的数据库的各种表格等内容，需要有大容量的直接存取的外存储设备。此外，系统应具有较强的网络功能。

2）数据库

数据库既包括存放实际数据的物理数据库，也包括存放数据逻辑结构的描述数据库。

3）数据库管理系统

数据库管理系统（DBMS）是一组对数据库进行管理的软件，通常包括数据定义语言及其编译程序、数据操作语言及其编译程序、数据管理例行程序等功能。数据库管理系统的主要功能如下。

（1）数据库定义功能。DBMS 提供数据描述语言（DDL），定义数据库的模式、数据的完整性约束和用户的权限等。

（2）数据操纵功能。DBMS 提供的数据操纵语言（DML）可实现对数据的插入、删除和修改等操作。

（3）数据库的控制功能。数据库的控制功能包括并发控制、数据的安全性控制、数据的完备性控制和权限控制，保证数据库系统的正确有效运行。

（4）数据库的维护功能。已经建立好的数据库，在运行过程中需要进行维护。维护功能包括数据库出现故障后的恢复、数据库的重组、性能的监视等。这些功能大部分由实用程序来完成。

（5）数据字典。数据字典中存放着数据库体系结构的描述。对于应用的操作，DBMS 都要通过查阅数据字典进行。

4）人员

数据库系统中的人员主要有：用户、系统分析员、数据库管理员等。

用户分为应用程序员和最终用户（End User）两类，他们通过数据库系统提供的接口和开发工具软件使用数据库。应用程序员负责编制和维护应用程序，最终用户主要是使用数据库的相关人员。

系统分析员负责应用系统的需求分析和规范说明。系统分析员要与用户和数据库管理员配合好，确定系统的软硬件配置，共同做好数据库系统的具体构成。

数据库管理员（Data Base Administrator，DBA）可以是一个人，也可以是由几个人组成的小组。他们全面负责管理、维护和控制数据库系统，一般来说由业务水平较高和资历较深的人员担任。他们的主要工作：决定数据库的信息内容、决定数据库的存储结构和存取策略、定义存取权限和有效性检验、建立数据库、监督数据库的运行、重组和改进数据库。

3. 数据库设计

1）信息的转换

信息是人们提供现实世界客观存在事物的反映，数据则是用来表示信息的一种符号。若要将反映客观事物状态的数据，经过一定的组织成为计算机内的数据，实际上经历了三个不同的状态领域：现实世界、信息世界和计算机世界，如图 2-16 所示。

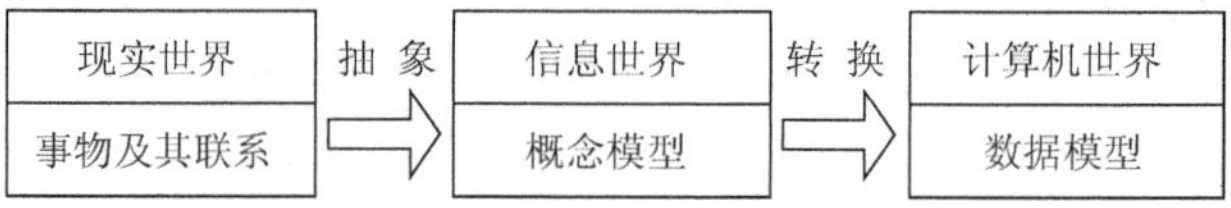

图 2-16 信息的三个不同世界

信息的现实世界是指我们要管理的客观存在的各种事物、事物之间的相互联系及事物的发生、变化过程。为了用数据库系统解决现实世界中的问题，必须先深入实际，把要解决的问题调查清楚，分析与问题有关的事物及其联系。

信息世界是指现实世界在人们头脑中的反映。数据库设计者必须对用户提供的原始数据进行综合，抽象出所需要的数据，将现实世界中的事物及其联系，转换成信息世界中的实体及其联系。这种联系用概念模型描述，概念模型是一种独立于计算机系统的模型，它是按用户的观点组织所关心的信息结构，是对现实世界中的第一层抽象。

计算机世界是指信息世界中的信息在计算机中的数据存储，信息世界中的实体及其联系将被转换成计算机世界中的数据及其联系，这种联系是用数据模型表示的。数据模型是基于计算机系统和数据库系统的数学模型，它直接面向的是数据库的逻辑结构，它是对现实世界的第二层抽象。

2）概念模型

在概念模型中，现实世界的事物被抽象为“实体”，主要涉及基本概念如下。

实体：是客观存在且可区别其他对象的事物。实体可以是具体的对象，如一门课程等；实体也可以是抽象的事件，如一次考试、一次选课。

实体集：是具有相同类型和相同性质的实体的集合，如某学校的所有学生等。

属性：为实体的某一方面特征的抽象表示。

域：属性的取值范围。例如，年龄：16～30。

主键：唯一标识实体的属性集。

联系：实体的内部联系和实体之间的联系。

现实世界中事物相互之间的联系，在概念模型中表现为实体之间的相互关联。两个不同实体集的实体间的联系，它有以下几种情形。

一对一联系（1∶1）：实体集 A 中的一个实体至多与实体集 B 中的一个实体相对应，反之亦然。例如，国家与首都。

一对多联系（1∶n）：实体集 A 中的一个实体与实体集 B 中的多个实体相对应，实体集 B 中的一个实体至多与实体集 A 中的一个实体相对应。例如，车间与职工。

多对多联系（n∶n）：实体集 A 中的一个实体与实体集 B 中的多个实体相对应，实体集 B 中的一个实体与实体集 A 中的多个实体相对应。例如，教师与课程。

有了概念模型中这些基本概念，下面讨论概念模型的表示方法。通常，使用实体-关系图（E-R 图）来表示概念模型。

E-R 图使用的基本规则如下。

用长方形表示实体集，长方形内写明实体集名。

用椭圆形表示实体集的属性，并用线段将其与相应的实体集连接起来。

用菱形表示实体集间的联系，菱形内写上联系名，并用线段分别与有关实体集连接起来，在线段旁标出联系的类型。如果联系具有属性，用线段将属性与联系连接。

例如，某学院学生和选修课程的 E-R 图如图 2-17 所示。

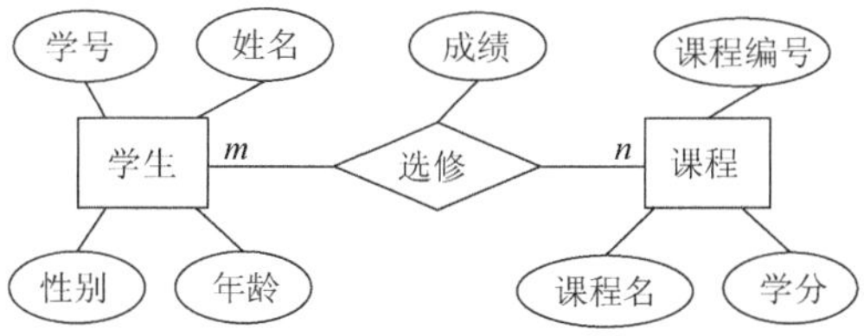

图 2-17　学生和选修课程的 E-R 图

3）数据模型

数据模型是从计算机系统的观点对数据建模，主要用于数据库管理系统的实现。常见的数据模型有层次模型、关系模型、网状模型和面向对象模型等。层次模型是指将数据库的数据按树结构的形式进行组织的模型；网状模型是指将数据库的数据按图结构的形式进行组织的模型；关系模型是指将数据库的数据按表结构的形式进行组织的模型。

关系模型是当今数据库中最主要的数据模型，它是建立在严格的数学基础上的，在关系模型中数据逻辑结构是一张二维表，由行和列组成。一个关系对应通常所说的一张二维表；表中的一行称为一个元组；表中的一列称为一个属性；表中的某个属性或属性组的值可以唯一地确定一个元组，且属性组中不含多余的属性，这样的属性或属性组称为关系的主码；属性的取值范围称为域；元组中的一个属性值称为分量，如图 2-18 所示。

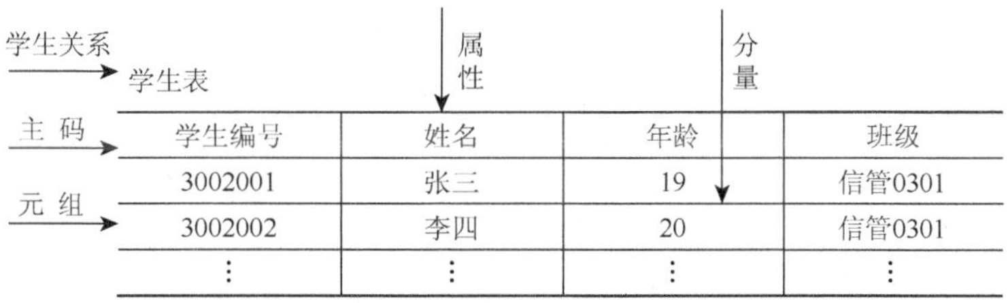

图 2-18　学生关系

通常，关系模型表示为：关系名（属性 1，属性 2，…，属性 n）。

4）E-R 图转化为关系

E-R 图转化为关系规则如下。

（1）每一个实体，分别用它们建立一个“关系”，关系的属性要包括对应实体所具有的全部属性。

（2）对于“联系集”，根据联系方式不同，采取不同手段以使被它联系的实体所对应的关系彼此实现某种联系。对于 1∶n，分别让 1 方的关键字进入 n 方作为外部关键字。

联系本身具有属性，也让它们进入 n 方作为外部关键字。对于 $m:n$ 联系，需要为这些联系建立一个“关系”，关系的属性要包括对应联系自身的全部属性。

例如，图 2-17 的学生和选修课程 E-R 图转换为关系模型如下。

学生关系（学号，姓名，性别，年龄）

课程关系（课程编号，课程名，学分）

学生与课程关系（学号，课程编号，成绩）

5）规范化设计理论

E.F.Codd 于 1971 年提出规范化理论。他定义了五种规范化模式（Normal Form，NF），简称范式。范式表示的是关系模式的规范化程序，也即满足某种约束条件的关系模式，根据满足的约束条件的不同来确定范式。如满足最低要求，则为第一范式（First Normal Form，1NF）。符合 1NF 而又进一步满足一些约束条件的成为第二范式（2NF），等等。在五种范式中，通常只用到前三种。

第一范式（1NF）：元组中每一个分量都必须是不可分割的数据项。

第二范式（2NF）：不仅满足第一范式，而且所有非主属性完全依赖于其主码。

第三范式（3NF）：不仅满足第二范式，而且它的任何一个非主属性都不传递于任何主关键字。

例如，表 2-2 的关系不符合第一范式的关系。

表 2-2　不符合第一范式的示例表

教师代码	教师姓名	职称	研究课题	
			课题号	课题名
001	张三	副教授	科 001	科协 001 课题
002	李四	副教授	自科 012	自科 012 课题
003	王五	教授	自科 020	自科 020 课题
001	张三	副教授	企 005	企业 005 课题

将其规范化为 1NF，如表 2-3 所示。

表 2-3　不符合第二范式的示例表

教师代码	教师姓名	职称	研究课题号	研究课题名
001	张三	副教授	科 001	科协 001 课题
002	李四	副教授	自科 012	自科 012 课题
003	王五	教授	自科 020	自科 020 课题
001	张三	副教授	企 005	企业 005 课题

表 2-3 中关系满足 1NF，但不满足 2NF。在表中，“教师代码”和“研究课题号”共同组成主关键字，“教师姓名”“职称”和“研究课题名”是非主属性。非主属性（教师姓名、职称、研究课题名）不完全依赖于由教师和课题代码组成的主关键字。其中，“教师姓名”和“职称”只依赖于主关键字的一个分量——“教师代码”，而“研究课题名”只

依赖于主关键字的另一个分量——“研究课题号”。这种关系会引发下列问题。

（1）数据冗余：当某个教师有多项研究课题时，必须有多条记录，而这多条记录中，该教师的姓名和职称数据项完全相同。

（2）插入异常：当新调入一个教师时，只有教师代码、教师姓名、职称的信息，没有研究课题的信息，而研究课题号是主关键字之一，缺少时无法输入该教师信息。反之，当插入一个新的研究课题时也往往缺少相应的教师代码，以致无法插入。

（3）删除异常：当删除某个教师的信息时，常会丢失研究课题的信息。

解决的方法是将一个非 2NF 的关系模式分解为多个 2NF 的关系模式。在本例中，可分解为如下三个关系：

教师关系（教师代码，教师姓名，职称）

课题关系（研究课题号，研究课题名）

教师与课题关系（教师代码，研究课题号）

请读者思考：上述关系是否符合 3NF？

2.3.4　数据仓库技术

1. 数据仓库的概念

随着数据库技术的应用和发展，人们尝试对数据库中的数据进行再加工，形成一个综合的，面向分析的环境，以更好地支持决策分析，从而形成了数据仓库（Data Warehousing，DW）技术。

数据仓库概念创始人 W.H.Inmon 在《建立数据仓库》一书中对数据仓库的定义是：数据仓库就是面向主题的、集成的、相对稳定的、随时间不断变化（不同时间）的数据集合，用以支持经营管理中的决策制定过程、数据仓库中的数据面向主题，与传统数据库面向应用相对应。主题是一个在较高层次上将数据归类的标准，每一个主题对应一个宏观的分析领域；数据仓库的集成特性是指在数据进入数据仓库之前，必须经过数据加工和集成，这是建立数据仓库的关键步骤，首先要统一原始数据中的矛盾之处，还要将原始数据结构做一个从面向应用向面向主题的转变；数据仓库的稳定性是指数据仓库反映的是历史数据，而不是日常事务处理产生的数据，数据经加工和集成进入数据仓库后是极少或根本不修改的；数据仓库是不同时间的数据集合，它要求数据仓库中的数据保存时限能满足进行决策分析的需要，而且数据仓库中的数据都要标明该数据的历史时期。

数据仓库最根本的特点是物理地存放数据，而且这些数据并不是最新的、专有的，而是来源于其他数据库的。数据仓库的建立并不是要取代数据库，它要建立在一个较全面和完善的信息应用的基础上，用于支持高层决策分析，而事务处理数据库在企业的信息环境中承担的是日常操作性的任务。数据仓库是数据库技术的一种新的应用，而且到目前为止，数据仓库还是用关系数据库管理系统来管理其中的数据。

数据仓库的基本特征如下。

（1）面向主题。与传统数据库面向应用进行数据组织的特点相对应，数据仓库中的数据是面向主题进行组织的。面向主题的数据组织方式，就是在较高层次上对分析对象的数据的一个完整、一致的描述，能完整、统一地刻画各个分析对象所涉及的各项数据及数据间的联系。

（2）集成化特性。数据仓库中的数据是从原有分散的数据库中抽取出来的，由于数据仓库的每一主题所对应的源数据在原有分散的数据库中可能有重复或不一致的地方，加上综合数据不能从原有数据库中直接得到。因此数据在进入数据仓库之前必须要经过统一和综合形成集成化的数据。

（3）不可更新性。数据仓库的数据主要供分析决策之用，所涉及的操作主要是查询，一般不进行修改操作。

（4）随时间不断变化。数据仓库中数据的不可更新性是针对应用来说的，即用户进行分析处理时是不进行数据更新操作的；但并不是说，从数据集成入库到最终被删除的整个数据生成周期中，所有数据仓库中的数据都永远不变，而是随时间不断变化的。

2. 数据仓库的实现方式

数据仓库系统是一个信息提供平台，它从业务处理系统获得数据，并为用户提供各种手段从数据中获取信息和知识。从功能结构看，数据仓库系统至少应该包含数据抽取、数据清理、数据存储、数据使用等部分。如图 2-19 所示。

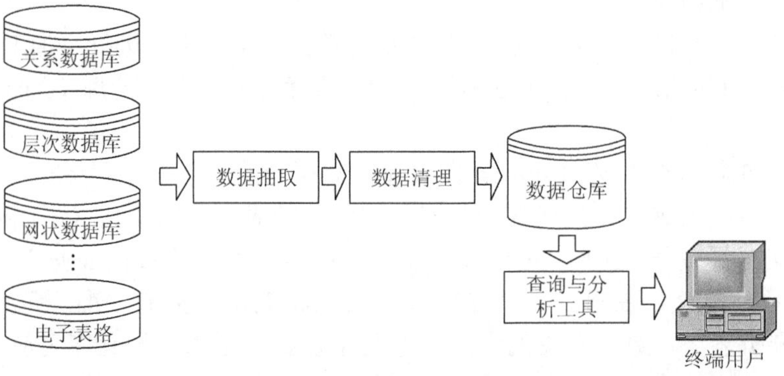

图 2-19 数据仓库的实现方式

企业数据仓库的建设，是以现有业务系统和大量业务数据的积累为基础的。数据仓库中存储了从业务系统和外部数据源中抽取的历史数据，这些业务数据和外部数据都经过数据清理阶段的“净化”，消除了数据不一致性，并加以集成，创建了一个新的更适合于业务分析的数据库。

数据仓库不是静态的概念，只有把信息及时交给需要这些信息的使用者，供他们做出改善其业务经营的决策，信息才能发挥作用，信息才有意义。为了保持最新及准确的状态，必须定期对数据仓库进行更新，把信息加以整理并及时提供给相应的管理决策人员，这是数据仓库的根本任务。

3. 数据仓库与数据库的区别

数据仓库的出现，并不是要取代数据库。目前，大部分数据仓库还是用关系数据库管理系统来管理的。可以说，数据库、数据仓库相辅相成、各有特色。数据库与数据仓库的关系如表 2-4 所示。

表 2-4　数据库与数据仓库的比较表

特征	数据库	数据仓库
目的	支持事务处理	支持决策支持
数据源	业务数据	多个文件和数据库，数据来自公司内部或外部
允许用户进行数据库访问	读和写	只读
基本数据访问模式	简单的数据库更新和查询	简单的和复杂的数据库查询，越来越多的使用数据挖掘
使用基本数据库模型	关系型	关系型
详细程度	详细的事务	常常是汇总的数据
是否提供历史数据	非常有限	很多年
更新处理	在线，当事务发生时处理	定期处理，每周或每月一次
更新的容易程度	日常的，容易的	复杂，必须结合多个数据源的数据，数据经过清理过程
数据完整性问题	每一个单独的事务必须彻底编辑	主要工作在于清理和集成来自多个数据源的数据

2.3.5　数据库技术的发展趋势

随着现代企业业务流程的重组，企业管理者对日常信息需求更加广泛，要求更高；用户对信息的需求也从单维发展到多维；信息来源从内部向外部扩展；信息表现形式多样化。因此，除了发展数据仓库等技术外，目前还有如下发展方向。

1. 分布式数据库

随着计算机通信网络的发展和应用，数据库系统越来越多地应用到网络环境中，数据库技术与分布处理技术的结合导致了分布式数据库的产生。

所谓分布式数据库是这样的一个数据集合，这些数据分布在一个计算机网络的不同计算机中，此网络的每个站点都具有独立性，即拥有自己的数据库系统，能够为本地的应用提供数据服务，同时每个站点的数据库系统还能够通过网络与其他的站点的数据库系统一道为至少一个全局的应用提供数据服务。分布式数据库的一个主要目标是向用户屏蔽数据在物理上分布存储的细节，使得在用户看来，整个数据库系统仍然是一个集中式系统，即数据在物理上分布，而在逻辑上集中。对于用户来说，并不需要知道任何一块数据在物理上具体存储在何处，分布的实现完全由数据库系统来完成。分布式数据库系统可以通过网络将相关的数据库组合起来进行合理的数据分布，使处于不同地理位置的用户能够透明地和方便地访问所需的数据，从而能够有效地提高系统效率和实现最大程度的共享数据。由此可见，分布式数据库既能实现不同地点的用户对数据库系统数据的共享，又能减少使用集中式数据库时难以避免的通信开销。

2. 面向对象数据库技术

面向对象的方法和技术的出现，对计算机各个领域，包括程序设计语言、软件工程、信息系统设计，以及计算机硬件设计等都产生了深远的影响。因此，把面向对象的思想方法和数据库技术相结合实现面向对象的数据库系统（OODBS），无疑是满足数据库各种新应用需求的最有希望的方法。

面向对象数据库管理系统提供给用户一种使用更加方便的技术，它能将各种媒体上的数据连接起来，也提供了开发应用程序的可重用技术，以更新对象及对象的应用。因此，这种高效率的技术已被越来越多的企业应用。

3. Web 数据库技术

Web 是 Internet 技术中发展最为迅速的一种，极大地影响和推动数据库技术的发展。Web 数据库系统是指以 HTML 为代表的 Web 页面与位于底层的数据库集成，Internet 用户可以通过 Web 页面来访问数据库中的数据，从而使得 WWW 上的数据资源得到充分利用。

➢知识拓展：数据挖掘与大数据

数据挖掘是一种新的信息处理技术，其主要特点是对企业数据库中的大量业务数据进行抽取、转换、分析和其他模型化处理，从中提取辅助企业决策的关键性数据。简而言之，数据挖掘其实是一类深层次的数据分析方法。由于企业业务自动化的实现，其业务过程产生了大量的业务数据，这些数据不再是为了分析而收集的，而是为了商业运作而产生的。分析这些数据也不再是简单为了研究的需要，更主要是为企业决策提供真正有价值的信息，进而获得利润。但所有企业面临的一个共同问题是：企业数据量非常大，而其中真正有价值的信息却很少，因此需要从大量的数据中经过深层分析，获得有利于企业运作、提高竞争力的信息，数据挖掘也因此而得名。

因此，数据挖掘可以描述为：按企业既定业务目标，对大量的企业数据进行探索和分析，揭示隐藏的、未知的或验证已知的规律性，并进一步将其模型化的先进有效的方法。

利用数据挖掘进行数据分析常用的方法主要有分类、回归分析、聚类、关联规则、特征、变化和偏差分析、Web 页挖掘等，它们分别从不同的角度对数据进行挖掘。

（1）分类。分类是找出数据库中一组数据对象的共同特点并按照分类模式将其划分为不同的类，其目的是通过分类模型，将数据库中的数据项映射到某个给定的类别。它可以应用到客户的分类、客户的属性和特征分析、客户满意度分析、客户的购买趋势预测等，例如，一个汽车零售商将客户按照对汽车的喜好划分成不同的类，这样营销人员就可以将新型汽车的广告手册直接邮寄到有这种喜好的客户手中，从而大大增加了商业机会。

（2）回归分析。回归分析方法反映的是事务数据库中属性值在时间上的特征，产生一个将数据项映射到一个实值预测变量的函数，发现变量或属性间的依赖关系，其主要研究问题包括数据序列的趋势特征、数据序列的预测以及数据间的相关关系等。它可以应用到市场营销的各个方面，如客户寻求、保持和预防客户流失活动、产品生命周期分析、销售趋势预测及有针对性的促销活动等。

（3）聚类。聚类分析是把一组数据按照相似性和差异性分为几个类别，其目的是使属于同一类别的数据间的相似性尽可能大，不同类别中的数据间的相似性尽可能小。它可以应用到客户群体的分类、客户背景分析、客户购买趋势预测、市场的细分等。

（4）关联规则。关联规则是描述数据库中数据项之间所存在的关系的规则，即根据一个事务中某些项的出现可导出另一些项在同一事务中也出现，即隐藏在数据间的关联或相互关系。在客户关系管理中，通过对企业的客户数据库里的大量数据进行挖掘，可以从大量的记录中发现有趣的关联关系，找出影响市场营销效果的关键因素，为产品定位、定价与定制客户群，客户寻求、细分与保持，市场营销与推销，营销风险评估和诈骗预测等决策支持提供参考依据。

（5）特征。特征分析是从数据库中的一组数据中提取出关于这些数据的特征式，这些特征式表达了该数据集的总体特征。如营销人员通过对客户流失因素的特征提取，可以得到导致客户流失的一系列原因和主要特征，利用这些特征可以有效地预防客户的流失。

（6）变化和偏差分析。偏差包括很大一类潜在有趣的知识，如分类中的反常实例，模式的例外，观察结果对期望的偏差等，其目的是寻找观察结果与参照量之间有意义的差别。在企业危机管理及其预警中，管理者更感兴趣的是那些意外规则。意外规则的挖掘可以应用到各种异常信息的发现、分析、识别、评价和预警等方面。

（7）Web 页挖掘。随着 Internet 的迅速发展及 Web 的全球普及，使得 Web 上的信息量无比丰富，通过对 Web 的挖掘，可以利用 Web 的海量数据进行分析，收集政治、经济、政策、科技、金融、各种市场、竞争对手、供求信息、客户等有关的信息，集中精力分析和处理那些对企业有重大或潜在重大影响的外部环境信息和内部经营信息，并根据分析结果找出企业管理过程中出现的各种问题和可能引起危机的先兆，对这些信息进行分析和处理，以便识别、分析、评价和管理危机。

数据挖掘的目标是从数据库中发现隐含的、有意义的知识，主要有以下五类功能。

（1）自动预测趋势和行为。数据挖掘自动在大型数据库中寻找预测性信息，以往需要进行大量手工分析的问题如今可以迅速直接由数据本身得出结论。一个典型的例子是市场预测问题，数据挖掘使用过去有关促销的数据来寻找未来投资中回报最大的用户，其他可预测的问题包括预报破产以及认定对指定事件最可能作出反应的群体。

（2）关联分析。数据关联是数据库中存在的一类重要的可被发现的知识。若两个或多个变量的取值之间存在某种规律性，就称为关联。关联可分为简单关联、时序关联、因果关联。关联分析的目的是找出数据库中隐藏的关联网。有时并不知道数据库中数据的关联函数，即使知道也是不确定的，因此关联分析生成的规则带有可信度。

（3）聚类。数据库中的记录可被化分为一系列有意义的子集，即聚类。聚类增强了人们对客观现实的认识，是概念描述和偏差分析的先决条件。聚类技术主要包括传统的模式识别方法和数学分类学。20 世纪 80 年代初，Mchalski 提出了概念聚类技术，其要点是，在划分对象时不仅考虑对象之间的距离，还要求划分出的类具有某种内涵描述，从而避免了传统技术的某些片面性。

（4）概念描述。概念描述就是对某类对象的内涵进行描述，并概括这类对象的有关特征。概念描述分为特征性描述和区别性描述，前者描述某类对象的共同特征，后者描述不同类对象之间的区别。生成一个类的特征性描述只涉及该类对象中所有对象的共性。生成区别性描述的方法很多，如决策树方法、遗传算法等。

（5）偏差检测。数据库中的数据常有一些异常记录，从数据库中检测这些偏差很有意义。偏差包括很多潜在的知识，如分类中的反常实例、不满足规则的特例、观测结果与模型预测值的偏差、量值随时间的变化等。偏差检测的基本方法是，寻找观测结果与参照值之间有意义的差别。

进行数据挖掘的步骤如下。

（1）确定业务对象。清晰地定义出业务问题，认清数据挖掘的目的是数据挖掘的重要一步，挖掘的最后结构是不可预测的，但要探索的问题应是有预见的，为了数据挖掘而数据挖掘则带有盲目性，是不会成功的。

（2）数据准备。首先需要进行数据的选择，即搜索所有与业务对象有关的内部和外部数据信息，并从中选择出适用于数据挖掘应用的数据；其次进行数据的预处理，即研究数据的质量，为进一步的分析作准备，并确定将要进行的挖掘操作的类型；最后进行数据的转换，即将数据转换成一个分析模型，这个分析模型是针对挖掘算法建立的，建立一个真正适合挖掘算法的分析模型是数据挖掘成功的关键。

（3）数据挖掘。对所得到的经过转换的数据进行挖掘。除了完善合适的挖掘算法外，其余一切工作都能自动地完成。

（4）结果分析。解释并评估结果。其使用的分析方法一般应作数据挖掘操作而定，通常会用到可视化技术。

（5）知识的同化。将分析所得到的知识集成到业务信息系统的组织结构中。

对于"大数据"（Big Data），研究机构 Gartner 给出了这样的定义："大数据"是需要新处理模式才能具有更强的决策力、洞察发现力和流程优化能力的海量、高增长率和多样化的信息资产。

从某种程度上说，大数据是数据分析的前沿技术。简言之，从各种各样类型的数据中，快速获得有价值信息的能力，就是大数据技术。以往大数据通常用来形容一个公司创造的大量非结构化和半结构化数据，而现在提及"大数据"，通常是指解决问题的一种方法，即通过收集、整理生活中方方面面的数据，并对其进行分析挖掘，进而从中获得有价值信息，最终衍化出一种新的商业模式。

大数据呈现出"4V+1C"的特点：①Variety，大数据种类繁多，在编码方式、数据格式、应用特征等多个方面存在差异性，多信息源并发形成大量的异构数据；②Volume，通过各种设备产生的海量数据，其数据规模极为庞大，远大于目前互联网上的信息流量，PB 级别将是常态；③Velocity，涉及感知、传输、决策、控制开放式循环的大数据，对数据实时处理有着极高的要求，通过传统数据库查询方式得到的"当前结果"很可能已经没有价值；④Vitality，数据持续到达，并且只有在特定时间和空间中才有意义；⑤Complexity，通过数据库处理持久存储的数据不再适用于大数据处理，需要有新的方法来满足异构数据统一接入和实时数据处理的需求。

大的数据需要特殊的技术，以有效地处理大量的容忍经过时间内的数据。适用于大数据的技术，包括大规模并行处理（MPP）数据库、数据挖掘电网、分布式文件系统、分布式数据库、云计算平台、互联网和可扩展的存储系统。

虽然大数据目前在国内还处于初级阶段，但是商业价值已经显现出来。首先，手中握有数据的公司站在金矿上，基于数据交易即可产生很好的效益；其次，基于数据挖掘会有很多商业模式诞生，定位角度不同，或侧重数据分析，例如，帮企业做内部数据挖掘，或侧重优化，帮企业更精准找到用户，降低营销成本，提高企业销售率，增加利润。未来，数据可能成为最大的交易商品。但数据量大并不能算是大数据，大数据的特征是数据量大、数据种类多、非标准化数据的价值最大化。因此，大数据的价值是通过数据共享、交叉复用后获取最大的数据价值。未来大数据将会如基础设施一样，有数据提供方、管理者、监管者，数据的交叉复用将大数据变成一大产业。

思考题

1. 计算机系统由哪几部分组成？
2. 主存储器和辅助存储器的区别是什么？
3. 列出并说明主要的输入和输出设备。
4. 软件的主要类型有哪些？
5. 什么是系统软件？包括哪些软件？并且举例说明其用途。
6. 什么是操作系统？操作系统有哪些功能？
7. 第四代语言有什么特点？
8. 举例说明应用软件对企业信息化建设的重要性。
9. 简述计算机网络与信息系统的关系。
10. 什么是网络？网络有哪些功能？
11. 什么是网络的拓扑结构？常见的网络拓扑结构有哪几种？
12. 简述局域网的组成与模式。
13. 常用的通信介质、网络互联设备各有哪些？
14. 什么是网络操作系统？网络操作系统有哪些功能？
15. 计算机在数据处理各个阶段有哪些基本特点？
16. 什么是数据库管理系统？有哪些功能？
17. 为什么说数据库系统具有程序和数据的独立性？
18. E-R 图的作用是什么？

上机作业题

1. 某图书馆业务中，现有如下三张表格。

借书证

借书证号	姓名	性别	电话	签发年月	是否有效
1001	张丽	女	12340019	1983-1-19	是
1002	李洋	男	12340020	1984-4-28	是
1003	王阳	男	12340021	1985-2-5	是
1004	赵蕊	女	12340023	1982-10-1	否
1005	刘莘	女	12340045	1987-3-22	是

图书

书号	书名	类型	单价/元
ENG01	英语精读	优秀	14.40
ENG02	英语听力	六级	23.00
CMP01	计算机文化	普及	34.43
CIN01	中国语文	休闲	12.70
CMP02	ACCESS 使用	高手	33.00

借阅登记

借阅流水号	借书证号	书号	借阅日期	还书日期
1	1001	ENG01	1985-1-9	1985-2-9
2	1002	ENG01	1984-4-8	1984-5-8
3	1003	CMP01	1985-12-5	1986-1-5
4	1001	CMP02	1983-10-10	1983-11-10
⋮	⋮	⋮		

要求：

（1）将每张表作为一个实体，写出每个实体包含的属性。

（2）指出每个实体的主关键字。

（3）画出这三个实体之间 E-R 图，标出实体之间的关联。

2. 某汽车公司的配件信息一览表如下，请把它化为符合 3NF 的关系。

配件编号	配件名称	型号	供应商名称	供应商地址	单价	库存量

小组讨论题

1. 输入设备、输出设备和存储设备是如何影响信息系统性能的？

2. 选择微机软件时应该考虑哪些因素？

3. 有人说“数据库的环境不需要包括数据库管理软件”，就这一看法进行讨论。

4. 企业能够通过跟供应商共享基于计算机的信息和系统来获得竞争优势。然而，通过互联网来获取企业的计算资源，这样的共享也存在风险。小组讨论通过互联网和供应商进行基于计算机的信息共享的风险和好处。

第3章

管理信息系统的结构

管理信息系统是企业信息系统的核心，贯穿于企业管理的全过程，同时又覆盖了管理业务的各个层面，因而也必然具有一个更加广泛的结构。本章从管理信息系统的功能结构和管理信息系统的空间分布结构来分别阐述管理信息系统的结构。

3.1 管理信息系统的功能结构

3.1.1 信息处理的技术结构

从信息处理角度看，管理信息系统由四大部件组成：信息源、信息处理器、信息用户和信息管理者，如图3-1所示。其中信息源是信息产生基地；信息处理器担负信息的传输、加工、保存等任务；信息用户是信息的使用者，应用信息进行决策；信息管理者负责信息系统设计的实现、系统的运行和协调。

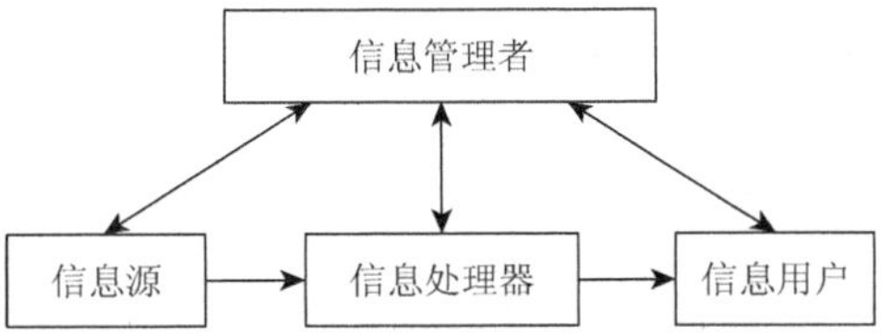

图3-1 信息处理的技术结构

按照以上四大部件及其内部组织方式，我们可以把信息系统分为开环结构和闭环结构。开环结构是指系统在执行一个决策的过程中不收集外部信息，并不根据信息情况改变决策，直至产生本次决策的结果，事后的评价只供以后的决策作参考。闭环结构是系统在执行一个决策过程中不断收集信息，不断送给决策者，不断调整决策，如图3-2所示。一般来说，计算机实时处理的系统均属于闭环系统，而批处理系统均属于开环系统，但对于一些较长的决策过程来说批处理系统也能构成闭环系统。

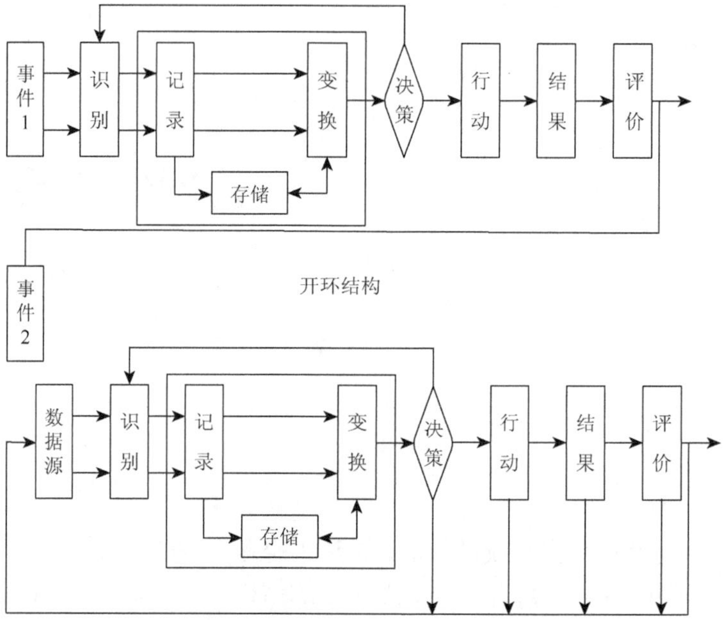

图 3-2 开环与闭环结构

随着信息技术特别是计算机网络技术的发展，现代的管理信息系统除了包含信息源、信息处理器、信息用户和信息管理者等四大部件外，还必须以计算机网络、数据库管理系统，以及相关的组织机构和管理制度为基础条件，否则很难构成一个具有实用价值的管理信息系统。对管理信息系统而言，计算机网络是信息共享的基础，数据库是信息的战略储备和供给机构，而组织协调则为管理信息系统有效运行提供了“一颗奔腾的芯”。

1. 计算机网络：信息共享的基础

管理信息系统是人机集成的信息系统，它以计算机为信息处理工具，以管理信息的收集、加工处理为主要目标，因此，要构建一个管理信息系统至少要具备计算机硬件、软件以及管理人员，三者缺一不可。在管理信息系统应用的早期，一个单位只要有一台微机、一个操作人员再辅以相应的软件，就基本上能够组建一个小规模的管理信息系统了。但这种管理系统多是一些简单的事务型数据处理系统，有些甚至只能称为“报表打印系统”，或称“自动制表系统”，而不能称作真正意义上的管理信息系统。

随着社会生产力的发展，知识经济时代已初见端倪，信息经济、信息社会已不是梦想，且伴随着信息高速公路的兴建，计算机网络已经进入了社会各个角落，国际互联网（Internet）、企业内部网（Intranet）、电子商务（EC）等技术方法日趋成熟并得到了广泛的应用，此种大环境下，如果再局限于一张办公桌、一台计算机、一个操作员的方式构建管理信息系统，不但有悖时代的发展，而且也不可能完成信息的采集、传送、储存、加工和维护。

管理信息系统的主要任务是从大量的数据中提炼有用的信息，以辅助各级管理者的决策。要完成这一任务，一个重要的途径就是使得信息资源在不同部门、不同子系统间充分共享，从这个意义上讲，只有以计算机网络为基础，才可能实现现代企业中分工协作所需的信息流的及时性、准确性、一致性和可靠性，才能真正做到下情上达、上情下传，保持企业信息通道的通畅，以利于管理活动的顺利实施。

归纳起来，管理信息系统之所以要以计算机网络为基础，主要有以下几个原因。

（1）便于上下级间的信息交流。下级管理部门需要向上级主管部门汇报执行情况，上级主管部门需要向下级布置工作、传达命令，只有计算机网络才能真正做到“足不出户，万事皆知”。

（2）便于横向部门间的信息交流。这一方面可以避免信息的重复采集，不但节省了大量的人力物力，而且保证了信息的一致性、可靠性；另一方面有利于部门间的交流，充分发挥协同效应。

（3）节省投资。计算机网络的最大特点就是资源的共享，这意味着在资金有限的情况下，不必为每个人、每个部门均配备打印机、高档计算机，以及相互独立的软件和数据库系统，因为网络上几乎所有资源均可在企业内充分共享。

（4）有利于信息的安全存储。信息是企业的生命，如果在物理介质上将信息集中存储在一台机器上，则将不利于信息资源的安全，一旦出现火灾或人为的破坏，后果可想而知。现代信息安全理论认为，将信息资源分散存储于多台计算机中便于信息的安全保密，但这样做的前提是必须有网络为依托，使企业信息互通互达，从逻辑上成为一体。

2. 数据库：信息的战略储备与供给

信息只有集中在一起才能成为可以利用的资源，但由于对随时随地访问任何信息的要求是永无止境的，因此就需要一个体系结构来容纳各种格式的内部和外部数据，其中必须包括经营数据、历史数据、现行数据、订阅数据及来自 Internet 服务商的数据，还必须包括易于访问的元数据。今天的企业不仅要求访问并综合来自各种数据源的数据，能够对其进行复杂的数据分析，并创建代表业务分析员对数据的看法的多维数据视图，而且还需要概括、细化展示、多层次/多视角查看跨主题和业务范围的信息。这就需要利用数据库将企业的内部和外部数据存储起来，以便信息的加工、提炼。

3. 组织协调：“一颗奔腾的芯”

从 20 世纪 80 年代初，我国一些企事业单位开始着手管理信息系统的建设工作，取得了一些成绩，但也存在许许多多的问题。管理信息系统的道路曲折坎坷，其中的酸甜苦辣并非一句话能说得清楚。管理信息系统开发中遇到的问题基本上均与管理问题有关，可归结为以下几点。

（1）管理信息系统的开发多是模仿原有的人工流程，停留于简单的事务处理，主要目的是减轻执行层管理人员的体力劳动，而没有真正做到为中高层管理者提供决策支持服务。例如，我国的会计管理信息系统已有 20 多年的历史，至目前为止，全国有一定规模的会计商品化软件有几百种，然而，这些软件多是为会计的财务处理、工资管理、固定资产管理、报表打印、成本核算等提供程序支持的，用计算机替代手工劳动，即一般所说的电算化，除了界面风格、数据结构、数据库类型有所差别外，系统功能及流程基本上大同小异。这些会计电算系统，对于减轻基本财务人员的工作强度所起的作用，值得肯定，但对高层的决策的支持程度却远远不够。大家知道，财会数据是企业最重要、最宝贵的基础信息，如果没有在此基础上开发资金预决算管理软件和实用的财务分析软件，就不可能体现现代化管理方法，当然对企业改革及全面信息化工作也很难起推动作用。

（2）企业领导层尤其是厂长、经理等一把手对管理信息系统的作用和意义缺乏认识。国内外的统计资料表明，一个企业全面信息化至少需要 15 年的时间。管理信息系统的开发周期较长，期间经常会遇到领导换届，新领导上任后会碰到一系列有关企业生存的大事要去处理，往往无暇顾及，甚至会冷落管理信息系统的开发，不但严重影响了企业全面信息化进程，而且还使早已投入的资金成为沉落成本，不能充分发挥效益，造成人、财、物的浪费。

（3）开发经费有限。管理信息系统的开发期间需要投入大量的资金、设备、人力，运行期间则需要专职技术人员日常维护、完善、升级。由于种种原因，一些企业技术力量不足，技术人员不受重视，待遇较低，这些均很难保障管理信息系统及企业全面信息化的进程。

归纳起来，管理信息系统开发过程中存在的问题主要是管理问题，而且核心是企业高层领导对管理信息系统的意识和重视程度。一句话，“组织管理”是管理信息系统工程启动和顺利实施的动力，是“一颗奔腾的芯”。

管理信息系统在技术上依靠计算机网络和数据库，但是管理信息系统不单纯是一个技术系统，而是一个一体化的“人—机”合成系统，需要在不同的人之间协调，需要管理者的积极参与，需要强有力的组织领导，并制定合理的管理制度和考核办法，建立统一的信息标准。从管理信息系统的定义可以看出，这个系统是广大管理者使用的工具，是为管理者服务的，尤其是为决策层的管理者服务。

国内外正反两方面的大量实践和经验证明，只有管理者包括各级领导进入角色，在管理信息系统建设和使用中起主导地位，系统的建设才会成功。管理信息系统的建设，三分靠技术，七分靠管理，意思是说计算机软硬件的开发调试、计算机网络与数据库的调试与实施对管理信息系统的成功只起百分之三十的作用，而管理、组织协调工作要起百分之七十的作用，因此在管理信息系统建设过程中，始终要坚持“一把手”原则，即企业高层领导参与的原则。主要原因在于：一方面企业管理过程存在着极其复杂的内部关系，而这种关系不是一般工作人员或系统开发人员能够协调、解决的；另一方面管理信息系统的建设需要投入大量的资金、人力，而其收益是无法用简单的加减法衡量的。此外，管理信息系统建成并投入使用后，会使企业现有的人员、组织机构发生重组，一些管理人员可能会面临下岗或转岗的问题，因此，管理信息系统建设过程中会遇到来自各个方面的阻力，而这也不是一般工作人员或系统开发人员所能解决的，同样需要企业高层领导出面协调。

信息技术在管理工作中的应用范围非常广阔，如果没有强有力的领导、组织进行有效的管理，没有明确的通盘考虑和长远规划，会造成项目开发周期长、水平低、效果差，在人力、物力、财力和时间上造成浪费。事实上，人们常常把企业信息化失败的主要原因归罪于企业的一把手，因而不少人把管理信息系统建设称为一把手工程。

在管理信息系统建设过程中坚持一把手原则是系统成功与否的关键所在，但这并不是说要企业的一把手亲自参与管理信息系统的组织管理，而是要经理、厂长等重视并推动这项工作，协调、处理副手无法解决的问题，并在人、财、物方面给予充分保证。

3.1.2　管理决策的层次结构

管理信息系统的层次结构来源于组织的管理层次。管理组织从纵向看是分层次的，因此相应的管理活动也可以划分为若干层次。一般将管理活动分为高层、中层、基层三个层次，即战略计划层、管理控制层和执行控制层，针对不同的管理层次建立不同的管理信息系统有：战略计划子系统、管理控制子系统和执行控制子系统，如图 3-3 所示，这就构成了管理信息系统的层次结构。

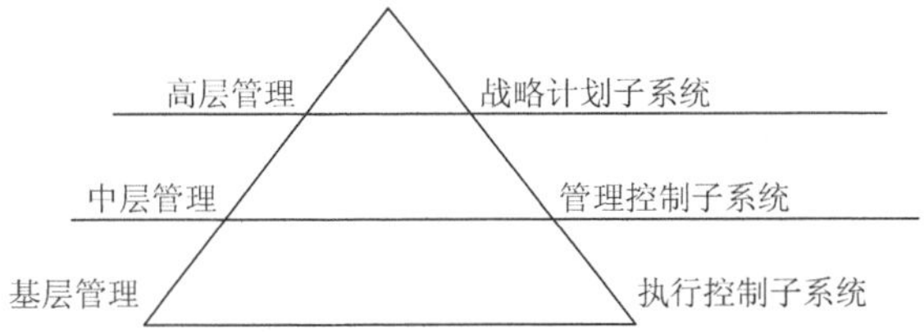

图 3-3　管理决策的层次结构

由于不同的管理层所需要的决策支持信息是不相同的，因此按这三个管理层次构成的管理信息系统的任务也是不一样的，下面我们针对这三个管理层次的系统分别做介绍。

1. 战略计划子系统

战略计划子系统的主要任务是，为企业战略计划的制订和调整提供辅助决策功能。该子系统所需要的数据一般都是经过执行控制子系统或管理控制子系统加工处理的，还有一些来自企业外部。其中外部数据所占的比例较大。例如，企业当前和未来活动领域内的经济形势展望、未来市场预测、竞争对手的市场占有率和实力分析等。战略计划子系统所需数据的收集相对困难，而且也不可能很精确。另外，该子系统所采用的数据处理方法，通常很难用简单的过程或程序来实现，需要采用模拟或概率模型等方法来近似实现。因此，战略计划子系统只能给高层管理者提供近似的参考信息，而企业战略计划的制订，在很大程度上仍取决于管理者长期积累的丰富经验。

2. 管理控制子系统

管理控制子系统的任务是为企业各职能部门管理人员，提供用于衡量企业效益、控制企业生产经营活动、制订企业资源分配方案等活动所需要的信息。它从执行控制子系统中取出信息进行汇总及其他处理。该子系统所需的数据有各项业务提供的资料，各种计划、标准和预算，以及成本指标等。该子系统的主要功能如下。

（1）使用计划或预算模型来帮助管理人员编制计划和调整计划与预算执行情况。

（2）定期生成企业生产经营执行情况的综合报告。

（3）使用数学方法来分析计划执行的偏差情况，并提供最佳的或满意的处理方案。

（4）为管理人员提供各种查询功能。

3. 执行控制子系统

执行控制子系统的任务是确保基层的生产经营活动正常、有效地进行。在执行控制中，通常使用预定的过程和决策规则，其过程一般是很稳定的，即决策规则和处理过程都是程序化、结构化的，处理和决策的周期都比较短。支持执行控制的处理通常有三种：事物处理、报表处理、查询处理。

3.1.3 管理信息系统的职能结构

从横向来看，一个组织或企业，其管理活动又是按职能分解的，因此任何一个企业都可以按照各个管理组织或机构的职能（如生产管理、销售管理、物资管理、财务管理和人事管理等）组成管理信息系统的横向结构。从横向分解就构成了管理信息系统的几个基于管理业务的职能子系统，如生产管理子系统、销售管理子系统、物资管理子系统、财务管理子系统和人力资源管理子系统等，如图 3-4 所示，这就构成了管理信息系统的职能结构。

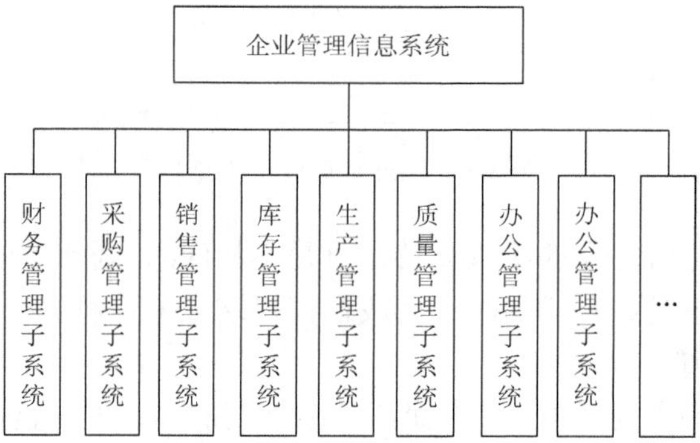

图 3-4 管理信息系统的职能结构

由于管理信息系统的职能结构是基于管理业务划分的，因此各子系统具有独特的目的和任务，下面分别介绍。

（1）生产管理子系统。企业经营的目的是制造产品和提供服务，满足市场需要，因此生产是企业的主要活动之一。生产管理部门的主要职能是计划、调度和统计。根据市场预测的信息、企业目标和生产能力，对企业的人力、材料、设备、资金等进行全面合理的安排，按产品的品种和规格制订生产进度计划和物资、人力、资金需求计划。进行每日的生产统计，如产品产值、质量物耗指标、设备运行情况的统计，并编制相应的报表，以实现对生产情况的检查和监督。

（2）销售管理子系统。市场销售部门是现代企业中一个十分重要的职能部门，这是因为企业必须强调市场观念，根据市场需要组织生产经营活动。销售管理子系统功能通常包括产品的销售、推销以及售后服务的全部活动。其中业务处理有销售订单的处理、推销订单的处理。运行控制活动包括雇佣和培训销售人员、编制销售计划和按区域、产品、顾客的销售量定期分析。管理控制涉及总的成果与市场计划的比较，它要用到有关客户、竞争者、竞争产品和销售力量等方面的数据。在战略管理方面包括新市场的开拓和新市场的战略，它使用的信息有顾客分析、竞争者分析、顾客调查信息、收入预测和技术预测等。

（3）物资管理子系统。物资管理子系统包括采购、收货、库存控制、发放等管理活动。业务处理数据涉及购货申请、购货订单、收货报告、库存票、提货单等；运行控制要求把物资供应情况与计划进行比较，产生库存水平、采购成本和库存等分析报告。管理控制信息包括计划库存与实际库存的比较、外购项目的成本、缺货情况及库存周转率等。战略管理主要涉及新的物资供应战略、对供应商的新政策以及自制与外购的比较分析等，此外，可能还有新供应方案等信息。

（4）财务管理子系统。财务部门的职能主要是以资金形式来反映企业的财务状况；对各类资金进行管理和控制，以加速流动资金周转，提高资金的使用效率；进行利润管理，为企业提供准确的利润信息；制订合理可行的财务收支计划，为企业资金的筹集和运用提供可靠依据。

财务管理子系统所需的数据来源很多，但主要是来自企业内部的，并且大部分均可通过各种单据、票证获得，数据加工处理的方法比较规范，容易用计算机程序实现。因此，国内许多企业计算机管理信息系统的开发，往往首先从财务部门做起。

（5）人力资源管理子系统。企业把各种人员按照某种关系组织在一起从事生产经营活动，为社会提供产品或服务，为企业增加经济效益，为职工增加收入。作为一个现代企业的人事劳资部门，不仅进行人事档案和劳动工资定额的日常管理，还应把人才资源的合理使用，合理发挥人才资源的潜力作为目标来实现，将一般传统意义上的人事管理上升到人力资源管理的高度上来。

（6）高层管理子系统。每个组织都有一个最高领导层，如由公司总经理和各职能领域的副总经理组成的委员会。高层管理子系统为高层领导服务，它的业务处理活动主要是信息的查询和决策的支持，处理的文件常常是信函、备忘录和高层领导向各职能部门发送的指示等。运行控制主要负责会议安排、信函管理和会晤记录文档。管理控制要求各功能子系统执行计划的当前综合报告。战略管理活动包括组织的经营方针和必要的资源计划等，它要综合外部和内部的信息。这里的外部信息可能包括：竞争者信息、区域经济指数、顾客偏好、提供服务的质量等。

（7）信息处理子系统。信息处理子系统的作用是保证各职能部门获得必要的信息资源和信息处理服务。该子系统典型的业务处理工作包括工作请求、采集数据的请求、改变数据的请求、软硬件情况的报告以及设计方面的建议。信息处理的运行控制包括日常任务的调度、差错率和设备故障信息等。对于新项目的开发，还包括程序员的工作进展情况和调试时间的安排。管理控制主要是对计划情况和实际情况进行比较，如对设备费用、程序员的能力、项目开发的实施计划等情况的比较。战略管理则主要关心功能的组织，如采用集中式还是分散式管理，制定信息系统的总体规划，确定硬件和软件的总体结构等。

管理信息系统的应用离不开办公自动化技术，该技术的主要作用是支持知识工作和文书工作，如字符处理、电子信件的收发、电子文件的制作等。办公自动化可以看作与信息处理系统合一的子系统，也可以作为一个独立的子系统而存在。

在实际工作中，一个企业或组织的管理职能远不止这些，可能还有后勤管理、工程管理等职能。因此在管理信息系统开发过程中，为了准确地了解一个企业的管理职能，需要对企业的组织结构进行详细的调查分析。

3.1.4 信息的集成结构

以上从管理任务和组织职能两方面对管理信息系统的结构进行了描述。由于组织管理和决策支持的要求，往往需要对各子系统的信息进行集成，从而形成一个集成化的管理信息系统。具体的形式有如下几种。

（1）横向综合。横向综合就是把同一管理层次的各种职能综合在一起，如运行控制层的人事、工资等子系统，使基层的业务处理一体化。横向综合正向着资源综合的方向发展，如按人把人员的信息综合到一个系统，按物料把采购、进货、库存控制等综合到一起。

（2）纵向综合。纵向综合就是把不同层次的管理业务按职能综合起来。这种综合沟通了上下级之间的关系，便于决策者掌握情况，进行正确分析，如把各部门和总公司的各级财务系统综合起来，构成综合财务子系统。

（3）纵横综合。纵横综合也可以称为总的综合，它使一个完全一体化的系统得以形成，能够做到信息集中统一管理，程序模块共享，各子系统功能无缝集成。

通过对管理信息系统进行综合可知，管理信息系统是由各功能子系统组成的，每一个子系统又可以分为三个主要信息处理部分：执行控制、管理控制和战略计划。管理信息系统的每个功能子系统都有自己的文件，还有由各子系统公用的数据组成的数据库，由数据库管理系统进行管理。在系统中，除了有为每个子系统专门设计的应用程序，也有为多个职能部门服务的公用程序，有关的子系统都与这些公用程序连接。此外，还有为多个应用程序共用的分析与决策模型，这些公用软件构成了信息系统的模型库，如图 3-5 所示。

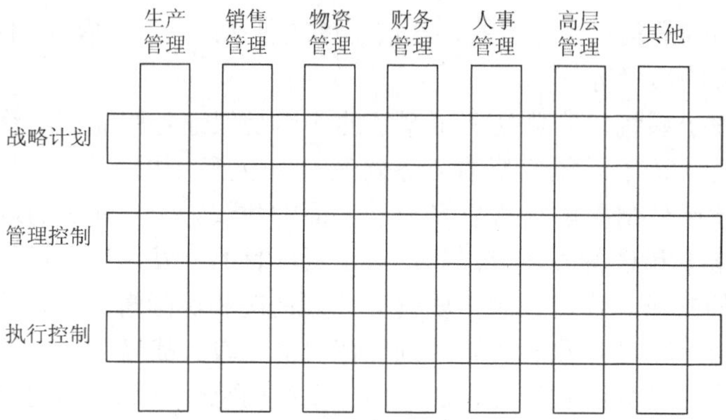

图 3-5 信息的集成结构

图 3-5 的每列表示按层次划分的管理活动，每行表示一种组织职能，行与列的交叉表示一种功能子系统。按照这种方式划分子系统，有时同一个职能部门的业务就可能属于不同层次的子系统，但是每个子系统所考虑的问题是不同的。例如，库存控制问题，在执行控制子系统中最关心的是日常业务处理的正确性；在管理控制子系统中需在总结执行

控制数据基础上确定安全库存水平和重订货频率；而在战略计划子系统中，则关心战略目标和竞争者的行为等。为了加深理解管理层次的子系统和管理职能的子系统之间的关系，表 3-1 中列举了一些信息需求的例子。

表 3-1　管理层次与管理职能的子系统

管理层次 / 管理职能	基层（执行控制层）	中层（管理控制层）	高层（战略计划层）
	执行控制子系统	管理控制子系统	战略计划子系统
生产管理	未完成的生产订货	对现有订货安排的设备	设备的最优配置
销售管理	销售订单信息	精确的市场预测	新市场的长期预测
物资管理	现有库存量	周期性库存综合报表	减少库存量的模型
财务管理	成本记录	各部门周期财务报表	五年财务状况预测
人力资源管理	人事档案	人员结构安排	预测人员需求

3.2　管理信息系统的空间分布结构

3.2.1　集中式与分布式

集中式计算是指所有的处理均发生在单个位置或单个设备中，这种方法提供了最高程度的控制。例如，集中式处理对金融机构十分有用，因为金融机构需要高度的安全性。

集中式计算几乎完全依赖于一台大型的中心计算机的处理能力，这台中心机称为主机，和它相连的终端（用户设备）具有各不相同的智能程度。实际上大多数终端完全不具有处理能力，仅仅作为一台输入输出设备使用。

与集中式计算正好相反，分布式计算是指计算机分布在各个远距离的位置，但相互之间通过远程通信设备连接。例如，一家集团公司，其许多分公司和工厂都分布在其他省市，而总部在北京。每个地区的分公司或工厂都有自己的计算机系统，将这些计算机系统连接成一个大系统，形成一个分布式处理系统。

分布式计算中主机处理的大多是其内部任务，大量的任务由智能的终端完成。网络上所有计算机都有处理能力，每个新加入的用户都对网络处理能力的提高有贡献，可以使用网上多台计算机来完成一个共同的处理任务。如果某一台计算机脱离了网络（发生故障或关机），对网上的其他用户不会有大的影响。

协同式计算可以看作一种协作式的分布计算。在这种模式中，计算机之间不仅仅像在分布式计算中那样互相传递数据，实现信息共享，而且要进行更深层次的共享，也就是说用两台或更多的计算机来共同完成一个处理任务。协同式计算是实现真正网络协同的重要一步。网络协同是指网络的处理能力要比网络中所有处理器处理能力的直接相加的和更大。协同式计算的两个最重要的特征是对称处理和并行处理。对称处理是由多个处理器协同地进行某一过程，各处理器之间的负载是平衡的，当然由于对称处理实现的困难性，目前还没有哪一种网络完全实现对称处理。并行处理，即多任务处理，是指几个不同的任务在联网的处理器之中同时地，即并行地，进行处理。

3.2.2 客户机/服务器计算模式

随着计算机微型化的进一步发展，企业开始在整个组织中分布小型机和微型机，分布式处理逐渐取代分时处理从而成为主流方式。20 世纪 80 年代末以来，客户机/服务器模式（Client/Server，C/S）成为最流行的网络系统模式。客户机/服务器模式是将一个复杂的网络应用的用户交互界面、业务应用处理与数据库访问和处理相分离，服务器和客户端之间通过消息传递机制进行对话。由客户端发出请求给服务器，服务器进行相应处理后经传递机制送回到客户端。这样就将信息处理工作分为两部分，一部分由服务器来实现，另一部分由客户机本身来完成，如图 3-6 所示。

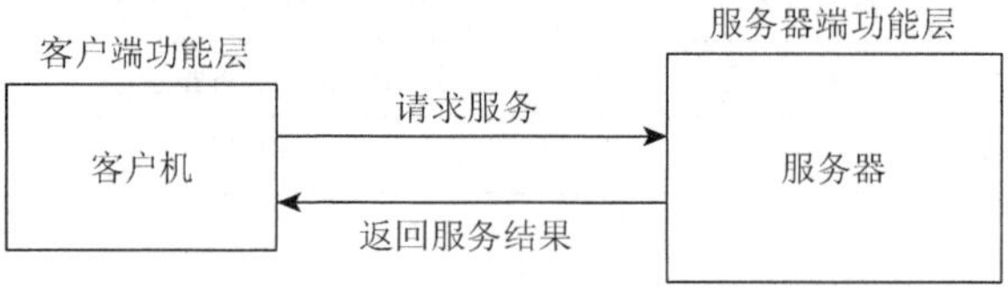

图 3-6 客户机/服务器模式

从物理上看，客户机/服务器系统是由服务端和客户端构成的一种异种机网络系统，计算机之间通过严格定义的标准程序接口和远程调用相互通信。在局域网中，客户端多为 PC，而服务端为高档的 PC 或专用的服务器，其硬件组成及网络拓扑结构与文件服务器系统完全一样。

从逻辑上看，客户机/服务器模式是指进程间的“请求”（Client）和“服务”（Server）的上下级关系，它将网络上的应用划分成服务端和客户端两大部分。客户端运行前端处理软件，服务端则运行后端处理软件，依据不同的用途提供不同的服务，如数据库服务（SQL Server）、邮件信息服务（Mail Information Service）及传真服务（Fax Service）等。客户机/服务器模式在逻辑上将数据管理与业务应用分离开来，从而在物理上可以将这两类程序在服务器与工作站间合理分布，充分发挥网络各组成部分的功能。

一般的客户机/服务器模式是指上面所说的两层结构，即在工作站上安装客户端软件，而在服务器端安装数据库服务系统，但这种模式也可以扩展到多层，即通常所说的 N 层结构，其中每相邻两层互为“请求”和“服务”的关系。N 层结构中比较常见的是三层客户机/服务器模式，即将系统按逻辑分为应用层、业务层和数据层，如图 3-7 所示。

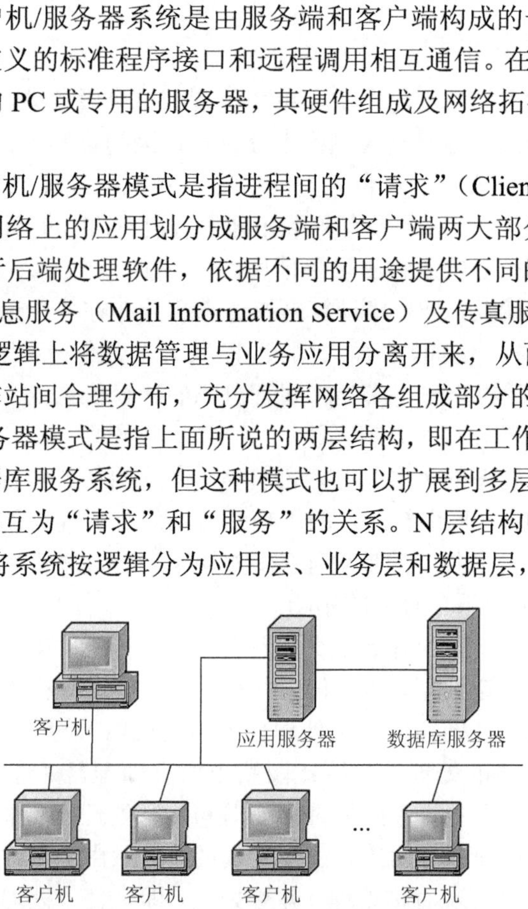

图 3-7 三层客户机/服务器模式

上述结构中，应用层为客户端服务，主要完成输入/输出界面，发出各种处理请求；业务层主要完成各种业务处理；数据层主要完成对共享数据的操作。因此，三层客户机/服务器模式主要特点是：将客户端的应用程序又分解成两个逻辑部分，一个是与业务规则无关的表示层，其主要内容是一些面向最终用户的可视化接口，另一个是执行业务处理的应用服务层，它是表示层和数据层之间的桥梁，将相应表示层的用户发来的请求，执行某种业务任务，如果需要访问共享数据库，则在向数据层提出服务请求。

客户机/服务器计算模式优点如下。

（1）提高系统的安全性、可靠性。对共享数据进行了集中管理，增加了数据的安全性、可靠性、一致性，增加了系统的稳定性。

（2）提高了系统的运行效率。在网络上只是传递请求服务和结构数据的信息，大大减轻了通信线路的负荷，提高系统的运行效率。

（3）较强的开放性。客户端和服务器可以选择不同的平台，具有较强的开放性。

客户机/服务器计算模式缺点如下。

（1）系统复杂性高。客户机/服务器计算模式采用分散的模式，每台客户机上都可能分布着不同的软件，系统由各自独立开发、制造和管理的各种硬件和软件组成，从而造成系统复杂性高，增大了管理的难度。

（2）维护难度大，维护成本高。当客户端应用处理复杂或访问数据量增大时，容易造成网络瓶颈；在二层结构下，随着客户端功能的增大及配置复杂，系统地维护管理难度增大；当客户端增多时，系统维护成本会随之提高。

（3）局限性大。在二层客户机/服务器系统下，客户端配置复杂，随着功能的扩展，客户端越来越复杂，系统维护管理越来越复杂。

3.2.3 浏览器/服务器模式

互联网的迅猛发展与广泛应用，为管理信息系统的建设与应用提供了新的机遇。越来越多的组织，特别是企业利用互联网的技术建设自己的管理信息系统，一种新的模式——浏览器/服务器模式（Browser/Server，B/S）产生并获得了飞速的发展。这里的浏览器又称为 Web 浏览器，是客户端用来访问 Web 服务器的通用软件。浏览器/服务器模式是随着 Internet 技术的兴起，对客户机/服务器模式的一种完善或者改进。B/S 三层体系结构采用三层客户机/服务器结构，在数据管理层（Server）和用户界面层（Client）增加了一层结构，称为中间件（Middleware），使整个体系结构成为三层。三层结构是伴随着中间件技术的成熟而兴起的，核心概念是利用中间件将应用分为表示层、业务逻辑层和数据存储层三个不同的处理层次。三个层次是从逻辑上划分的，具体的物理分法可以有多种组合。中间件作为构造三层结构应用系统的基础平台，提供了以下主要功能：负责客户机与服务器、服务器与服务器间的连接和通信；实现应用与数据库的高效连接；提供一个三层结构应用的开发、运行、部署和管理的平台。这种三层结构在层与层之间相互独立，任何一层的改变不会影响其他层的功能。浏览器/服务器模式如图 3-8 所示。

浏览器/服务器模式将表示层和功能层分离成各自独立的程序，一般情况是只将表示层配置在客户机中，再将功能层和数据层分别放在不同的服务器中。由于在这种形态中

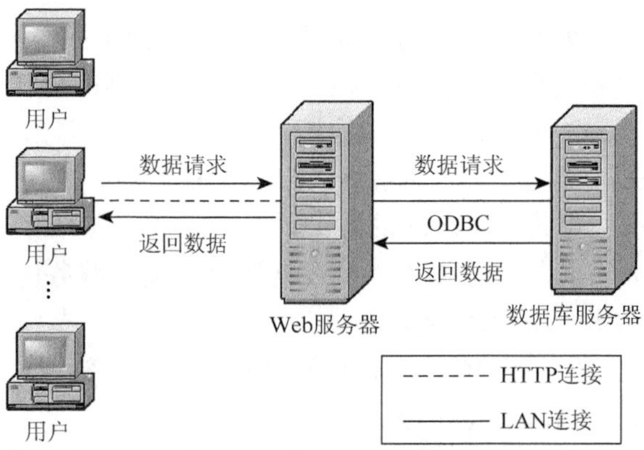

图 3-8 浏览器/服务器模式

三个层次是分别放在各自不同的硬件系统上的，所以灵活性很高，能够适应客户机数目的增加和处理负荷的变动。因此，系统规模越大，这种形态的优点就越显著。

客户端由 PC 或 NC（网络计算机）承担，在浏览器/服务器模式下，客户端只承担浏览器的功能，这使得客户端无论从硬件还是软件上都变得简单易行。硬件上主要只需要具备输入输出功能，软件只需要安装通信软件和浏览软件。由于浏览软件的普及性和简单性，用户几乎可以在任何具备网络条件的机器上实现系统浏览的功能。

服务器端承担功能层和数据层的任务，在浏览器/服务器模式下，又进一步把功能层和数据层分为两个独立的部分，在硬件上一般由不同的服务器承担。在功能层中包含系统的事务处理逻辑，这一层的服务器称为 Web 服务器端。它的任务是接受用户的请求，执行相应的扩展应用程序与数据库进行连接，通过结构化查询语言等方式向数据库服务器提出数据处理申请，再将数据处理的结果传送回客户端。在数据层中包含系统的数据处理逻辑，这一层的服务器称为数据库服务器。它的任务是接受 Web 服务器对数据库操作的请求，实现对数据库的查询、修改、更新等功能，并把运行结果提交给 Web 服务器。

浏览器/服务器模式是把二层客户机/服务器结构的事务处理逻辑模块从客户机的任务中分离出来，由单独组成的一层来负担其任务，这样客户机的压力就大大减轻了。把负荷均衡地分配给了 Web 服务器，于是由原来的二层客户机服务器结构转变成三层的浏览器/服务器结构。

需要注意的是：三层浏览器/服务器结构各层间的通信效率若不高，即使分配给各层的硬件能力很强，其作为整体来说也达不到所要求的性能。此外，设计时必须慎重考虑三层间的通信方法、通信频度及数据量，这和提高各层的独立性一样是三层浏览器/服务器结构的关键问题。

浏览器/服务器模式具有以下优点。

（1）采用基于超文本协议（HTTP）的 Web 服务器和可以对 Web 服务器上超文本文件进行操作的浏览器，使得管理信息系统在信息处理技术上实现了集格式化文本、图形、声音、视频信息为一体的高度交互式环境，使信息处理的广度和深度大为增加。

（2）由于 Internet 技术采用统一的与平台无关的跨平台通信协议，浏览器和 Web 服务器及相关的接口软件应用程序也独立于计算机的软、硬件平台，整个系统的开发性和可移植性好，在 Internet 网络环境下，既可以建立独立于 Internet 的为某个组织服务的管理信息系统，必要时又可以很方便地连接上 Internet，和 Internet 上各站点实现通信。

（3）由于浏览器、Web 服务器及其有关接口软件都有现成的商品软件可供选择，并且在服务器端以及必要时在客户端进行应用系统开发所用的工具为 HTML 语言、Java 语言、C++语言等，使用方便、界面友好，可大大节省应用系统开发的成本，缩短开发周期。

（4）维护和升级方便。软件系统的改进和升级越来越频繁，浏览器/服务器模式架构的产品明显体现了更方便的特性。无论用户的规模有多大、有多少分支机构都不会增加任何维护升级的工作量，所有的操作只需要针对服务器进行。如果是异地则只需要把服务器连接上网，即可立即进行维护和升级，这对人力、时间、费用的节省都是相当惊人的。

（5）面向电子商务时代的技术。将来所有的应用系统几乎都要在互联网上运行，企业发展电子商务也是不可避免的，而浏览器/服务器模式架构的软件则代表了未来的技术，只要连上互联网或内部广域网就可以与全球的客户相连，与各地的分支机构相连。

（6）实现移动办公。在办公室内移动的时候可以使用任何一台电脑办公，而传统的办公自动化则是每台电脑对应指定的用户，别的用户不能使用该电脑，而且还需要安装调试软件，相当不方便。在浏览器/服务器模式下，回家或离开办公室或出差到其他地方，只要有可以上网的电脑就可以使用办公系统。分公司也可以通过互联网、专线、电话网等连接使用共享资源，协同办公。

（7）实现系统整合。无论是办公自动化管理系统、人力资源管理系统、客户关系管理系统，还是企业资源计划，发展的趋势都是不断融合，采用统一的浏览器/服务器模式结构开发的产品无论是现在还是将来都是最好的选择。

浏览器/服务器模式缺点：数据安全性问题、对服务器要求过高、数据传输速度慢、软件的个性化特点明显降低，这些缺点是有目共睹的，难以实现传统模式下的特殊功能要求。例如，通过浏览器进行大量的数据输入或进行报表的应答、专用性打印输出都比较困难和不便。此外，实现复杂的应用构造有较大的困难。虽然可以用 ActiveX、Java 等技术开发较为复杂的应用，但是相对于发展已非常成熟 C/S 的一系列应用工具来说，这些技术的开发复杂，并没有完全成熟的技术工具供使用。

3.2.4 C/S 与 B/S 综合模式

由 C/S 和 B/S 计算模式可见，B/S 与 C/S 这两种计算模式各有利弊。C/S 技术是 20 世纪八九十年代的主流开发技术，它主要局限于内部局域网的需要。因而缺乏作为应用平台的一些特性，难以扩展到互联网这样的环境上，而且要求开发者自己去处理事务管理、消息队列、数据的复制和同步、通信安全等系统级的问题。这对应用开发者提出了较高的要求，而且迫使应用开发者投入很多精力来解决应用程序以外的问题。这使得应用程序的维护、移植和互操作变得复杂，成了 C/S 的一大缺陷。但是，与 B/S 结构相比，C/S 技术发展历史更为“悠久”。从技术成熟度及软件设计、开发人员的掌握水平来看，C/S 技术更成熟、更可靠。在某些情况下，采用完全的 B/S 方式将造成系统响应速度慢、服务器开销大、通信带宽要求高、安全性差、总投资增加等问题。而且，对于一些复杂的应用，B/S

方式目前尚没有合适方式进行开发。客观地分析 C/S、B/S 的优劣，建立 C/S 与 B/S 结构相结合的网络构架已成为必然趋势。

下面以学校学生管理系统为实例说明这种设计方法。该系统采用 B/S+C/S 体系结构，结合了 ASP 技术，并将组件技术 COM+和 ActiveX 技术分别应用在服务器端和客户端。该系统的实现主要分为三个部分：ASP 页面、COM+组件和数据库，是一个三层结构。表示层由 ASP 页面组成，用以实现 Web 页面显示和调用 COM+组件，业务逻辑和数据访问由一组用 VC 实现的 COM+组件构成。为了便于维护、升级和实现分布式应用，在实现过程中，又将业务逻辑层和数据访问层分离开，ASP 页面不直接调用数据访问层，而是通过业务逻辑层调用数据库。一些需要用 Web 处理的、满足大多数访问者请求的功能界面采用 B/S 结构，例如，任课教师可以通过浏览器查询所教班级学生各种相关信息；学校管理人员通过浏览器对学校的学生、教师等信息进行管理与维护以及查询统计；领导层可通过浏览器进行数据的查询和决策。这样客户端比较灵活。而后台只需少数人使用的功能则采用 C/S 结构，如数据库管理维护界面。如此处理，可充分发挥各种模式的优越性——避免了 B/S 结构在安全性、保密性和响应速度等方面的缺点以及 C/S 结构在维护和灵活性等方面的缺点。COM+的实现可分为三个步骤：COM+组件的设计、COM+应用程序的生成和编程。COM+组件位于 Web 应用程序中，客户端发出请求到 Web Server。Web Server 将请求传给 Web 应用程序。Web 应用程序将数据请求传送给数据库服务器，数据库服务器将数据返回 Web 应用程序。然后再由 Web Server 将数据传送给客户端。对于一些较难实现的功能通过在页面中嵌入 ActiveX 控件来实现。

采用这种结构优点如下。

（1）充分发挥了 B/S 与 C/S 体系结构的优势，弥补了二者的不足。充分考虑用户利益，保证浏览查询者方便操作的同时也使得系统更新简单、维护简单灵活、易于操作。

（2）信息发布采用 B/S 结构，保持了瘦客户端的优点。装入客户机的软件可以采用统一的 WWW 浏览器。而且由于 WWW 浏览器和网络综合服务器都是基于工业标准的，可以在所有的平台上工作。

（3）数据库端采用 C/S 结构，通过 ODBC/JDBC 连接。这一部分只涉及系统维护、数据更新等，不存在完全采用 C/S 结构带来的客户端维护工作量大等缺点。并且在客户端可以构造非常复杂的应用，界面友好灵活，易于操作，能解决许多 B/S 存在的固有缺点。

（4）对于原有的基于 C/S 体系结构的应用，只需开发用于发布的 WWW 界面，就可非常容易地升级到这种体系结构，并保留原来的某些子系统。这样就充分地利用现有系统的资源。

（5）通过在浏览器中嵌入 ActiveX 控件可以实现在浏览器中不能实现或实现起来比较困难的功能。例如，通过浏览器进行报表的应答。

（6）将服务器端划分为 Web 服务器和 Web 应用程序两部分。Web 应用程序采用组件技术实现三层体系结构中的逻辑部分，达到封装的目的。

B/S 结构与 C/S 结构各具优缺点，怎样结合 B/S 与 C/S 开发系统是开发管理信息系统普遍关注的问题。在应用过程中，应结合实际情况，并根据实际情况进行系统的选型与构建，从而开发出高效、安全的应用系统。

3.3　管理信息系统的类型

3.3.1　面向业务运作的系统

在企业运作中应用最为广泛的就是业务处理系统（TPS）。所谓业务，指的是企业运作中发生的业务和交易，如产品的购买和销售。

举例来说，存货控制系统就是处理企业存货业务数据的信息系统，包括按照订单要求对货物装运或购买后货物收据信息的处理等。一个存货控制系统对企业仓库中现存的产品进行记录，这是系统的状态之一，当收到或装运某批次的货物时，这个状态就会改变，而此时该系统会对存货的原记录作修改。系统还将定期打印出本周期里装船和收货记录的清单，以及每种产品现存数量的统计报告，最后，当存货数量减到很少时（低于警戒线），系统会生成要求订货的货品清单，这也是业务的一种。

业务处理系统的目的主要有以下三点：一是跟踪记录系统的状态；二是处理这些相关的数据；三是生成并输出已经发生的业务报表、系统状态报告和业务发生的原因。业务处理系统可以存在于企业的各个领域，包括录入客户订单的系统及客户开单、存货跟踪和其他基本系统，可用于几乎所有企业的日常数据处理，而这些系统构成了其他信息系统的基础。

和其他信息系统一样，业务处理系统主要有四个功能：输入、存储、处理和输出。输入功能是接收系统外的数据，然后在系统内处理；存储则指存储和补充用于处理过程中的数据；处理功能是使用某处理系统内输入和已存储的数据完成系统功能；输出则是将处理过程的结果送到系统外。下面具体分析这几种功能的特点。

1. 输入功能

在将数据引入 TPS 系统以前，必须从来源获取这些数据，这个过程叫做数据捕获。一般地，这些数据都是由职员写在纸上或者来自源文档的。一旦数据被捕获，它将被输入系统，这个步骤称为数据录入，通常，这些数据都是由人员直接键入系统的。当资料输入系统时，会有一个程序检查输入是否有效，即进行数据有效性的检查，不正确的数据信息必须被排除在外。这个数据有效性检查囊括了所有在输入数据时可能出现的错误，每一项输入的数据都会被检查，这些数据资料包括数字、名称、代号、数量等。例如，在存货控制系统中，某项存货的数量输入就应只包括阿拉伯数字，或者输入的客户名称只能包含字母或文字；再如，在输入支付方式的代码时，系统就会检查代号的正确性，或者输入数量时检查其是否在指定的范围内。所以这些数据有效性的检查过程都是用以确保数据的正确和有效的。

2. 输出功能

业务处理系统中输出的大部分是报表，它们或是打印出的数据列表，或是只出现在计算机屏幕上，几乎所有的业务处理系统能都生成几种不同的报表。一个详细报告可以列出处理结果的详细信息，而且可以包含某些数据的总值，例如，一个服装专卖店的存货控制系统生成的详细报告不仅列出了上一周发生的某项商品库存的增加或减少的数量，同时也列出了各项的合计数字；一个综合报表则包含了各组数据的总计数目；一个特殊报表可能包含了关于超出某些标准的产品的数据，如某些库存已低于特定水平而需要增加订货的商品的报表，此时，其他有足够存货的商品则不被列入该报表，这类报表会引起其他相关业务的发生，如追加订货。

3. 存储功能

有时在业务处理系统访问存储的数据之前，此系统必须要以另外的方法整理数据，这个以特定顺序整理数据的过程叫做数据资料排序。在存货控制系统中，当存货主数据并不以操作者希望看到的顺序排列时，就会用到资料排序。例如，操作者也许会希望存货记录以字母顺序排列，如果记录在最开始并不是以此顺序排列的，那么在准备报表的时候，这些记录就会被以合适的顺序重新排列。

在数据库里或者数据文档里的数据资料会随着时间的流逝而失去时效性，因此，业务处理系统会定期修改这些数据，这个过程叫做资料更新。以服装专卖店的存货控制系统为例，当存货清单里增加或减少了存货时，在存货主数据里每项产品的现有数据都会受到影响；当有一项新产品加入存货清单里时，存货清单的主文档里就应该包括产品代码、名称、单位成本和现有数量；最后，如果存货清单里有某项产品要取消，该项产品的所有资料就都必须从存货清单主文档里删除。

4. 处理功能

处理过程指的是在系统里对数据的操作。在某种意义上，业务处理系统所有的功能中都包括了数据的处理，但有一项是只包括了数据处理而不包括其他任何过程的功能，即系统的计算功能。在业务处理系统生成计算结果之前，系统必须经历计算过程，为了输出所需要的结果，在计算过程里会用到输入和存储的资料。此外，另一个处理功能是决策。例如，一个系统必须就某项产品是否需要追加订货的问题做出决策，以生成并打印出存货追加订货的报表。

3.3.2 面向管理决策的系统

面向管理决策的系统包括决策支持系统和经理信息系统等。

决策支持系统是能参与、支持人的决策过程的一类管理信息系统。它通过与决策者的一系列对话过程，为决策者提供各种可行方案，检验决策者的要求和设想，从而达到支持决策的目的。这里强调的是支持，而不是决策自动化。决策支持系统所支持的决策可以是任何管理层次上的。

决策支持系统（Decision Support System，DSS）一词，最早是由 Keen 和 Scott Morton 在 20 世纪 70 年代中期提出的，到了 70 年代末，DSS 大都由模型库、数据库以及人机交互系统三个部件组成。20 世纪 80 年代初，DSS 增加了知识库和方法库。DSS 的结构组成如图 3-9 所示，在某些具体的决策支持系统中，也可以没有单独的知识库及其管理系统，但模型库和方法库通常则是必需的。

决策支持系统一般有以下特点。

（1）系统只是支持用户而不是代替用户决策。因此，系统并不能提供所谓的“最优”解，而是给出一类满意解，让用户自行决断。同时，系统并不要求用户给出一个预先定义好的决策过程。

（2）系统所支持的主要对象是半结构化的决策（即不能完全用数学模型、数学公式来求解的决策）。它的一部分分析可由计算机自动进行，但需要用户的监视和及时参与。

（3）采用人机对话的有效形式解决问题，充分利用人的丰富经验、计算机的高速处理及存储量大的特点，各取所长，有利于问题的解决。

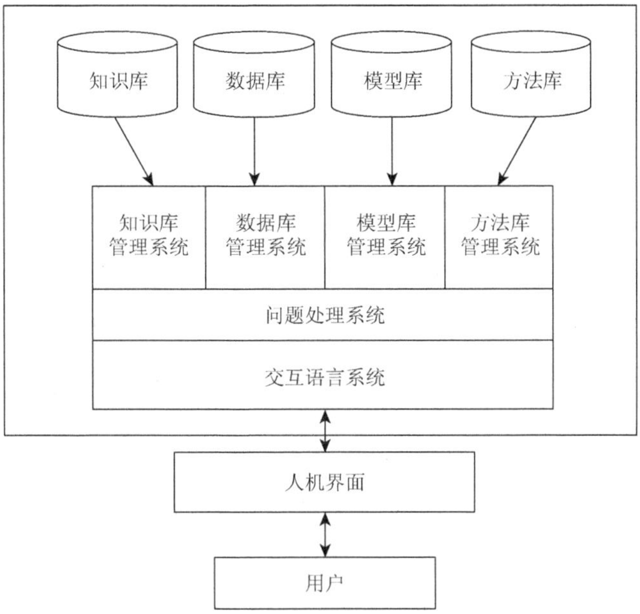

图 3-9 决策支持系统的结构组成

经理信息系统（Executive Information System，EIS）是服务于组织的战略层，通过先进的图形技术和通信技术帮助高层管理人员对非结构化决策问题进行解决，并由高层管理人员亲自使用的计算机系统。EIS 的结构组成如图 3-10 所示，EIS 除了需要从组织内部 MIS 和 DSS 中抽取概括性数据外，还必须使用大量的外部环境中的数据，如税法的改变信息、竞争对手的信息等。

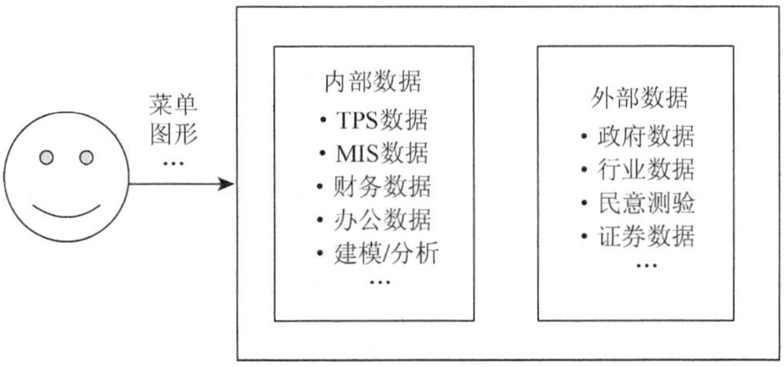

图 3-10 经理信息系统的结构组成

经理信息系统的开发是为了抽取、筛选和跟踪组织内部和外部环境中的关键信息，系统侧重于减少经理获得有用信息的时间和精力，能够将多个信息的数据和图形快速传送到经理办公室或董事的会议室。同时，系统还应能给经理的电子通信、时间日程的安排等提供支持。此外，EIS 应具有非常友好的用户界面，以使经理不需培训或接受很少的培训就能直接使用系统。

经理信息系统一般具有以下几方面的功能。

（1）提供所需的外部信息。目前成功实现的 EIS 在取得内部数据和监测内部状态上已颇有成效，但其对外部数据的取得十分有限。由于外部环境的复杂多变和外部数据的高度非结构化，因此，在现阶段的技术水平支持下，对外部的状态监测和数据访问比对内部的状态监测和数据访问更加难以实现。随着信息技术的发展和新的数据获取与处理技术，如数据仓库、数据挖掘和数据集市的出现，EIS 中的数据外部化和智能化方面的能力将有所加强。

（2）提供灵活的结构。逐步提高组织信息系统的柔性及适应能力已经成为组织提升应变能力的必由之路，柔性是组织在剧变的环境中持续发展并立于不败之地的不可缺少的能力，而柔性的企业就需要柔性化的信息系统。EIS 集中于满足高层经理对战略决策信息的需求，侧重于对外部信息与内部信息的提炼以及对高层经理办公业务的辅助，其特点在于根据高层经理的需要和习惯裁剪信息产品以及形成自己的视图，其处理的信息对象是高度非结构化的。由此可见，EIS 的本质决定了对该系统柔性化和灵活化的要求。

（3）提供系统协作功能。传统意义上的 EIS 定义为仅供少数高层管理者使用的系统，其目前的应用仅限于组织中的关键人物，由此导致的应用上的非经济性也是显而易见的。由此看来，使这种面向少数组织成员的信息系统扩展到其他的知识工作者是十分必要的。许多情况下，只要能使组织成员的工作表现有显著的进步，EIS 就完全可以扩展到组织的较低层次。EIS 开发技术的成熟化将降低成本，从而可以扩大用户层面。在未来扁平化、网络化的组织结构中，EIS 的协作化和分部化将是必然的趋势。

3.3.3 面向协作与交流的系统

面向协作与交流的系统有办公自动化系统、知识管理系统等。

办公自动化（Office Automation，OA）是指在办公室的职能中应用计算机和通信技术。办公自动化的初期主要解决秘书级事务，如用文字处理机提高打印、修改、编辑、复制和存储文件的效率。中期的标志是解决经理级事务，如信息检索、辅助决策等。再进一步则是发展各种现代化的办公设备，组合成办公自动化系统。目前，办公自动化已经取得不少成果。例如，智能电话机可以记录电话内容、回答简单问题；电子邮件可以及时实现信息的沟通；电子会议系统可以通过卫星通信把不同城市甚至不同国家的会议室联结起来，出席会议的人都可在屏幕上显示，可以相互自由交谈等。

知识管理系统（Knowledge Management System，KMS）给知识管理人员提供支持，虽然知识管理人员也广泛使用办公自动化系统，但办公自动化系统主要是为组织中的数据处理人员开发的。知识管理人员的工作主要是进行新知识和新信息的创造，知识管理系统帮助知识管理人员加快知识的创造并保证新知识和技术经验正确地应用到组织中。相应地，数据处理人员的主要工作是进行信息的处理，而不是进行新信息的创造。

通常，知识管理系统一般具有以下功能。

（1）经验知识管理。在组织中，人才流动是不可避免的。但是，技术人才的流失可能会带走技术开发的方法、经验甚至成果；营销人才的流失则会带走客户信息、客户交流的方法和经验；管理人才流失带走的则是管理的方法和经验。这些方法、经验、信息等的损失是企业经营的最主要风险之一。显然，管理这种风险，弱化这种风险就是要把人才在工作中掌握的经验、方法、信息都沉淀下来，管理起来，让大家共享，让新来的员工迅速掌握并成长为企业的人才。知识管理系统就是通过知识沉淀与共享的方式，用“案例管理”“工作总结”“知识文档”等形式来实现这些目标。

（2）规范协作管理。沉淀员工以往总结的经验、教训和办事方法等，优化工作流程并遵循之，将会事半功倍；通过沟通及时发现障碍，暴露问题，通过协作跨越障碍，解决问题，这些则是提高工作效率的有效途径。知识管理系统通过规范协作管理，运用“规范制度”“任务分派”“审批流程”“项目协作”等来实现这一目标。

（3）行政办公管理。新一代办公室自动化的核心是知识。与传统 OA 相比，新一代 OA 不仅模拟和实现了工作流的自动化，更模拟和实现了工作流中每一个单元和每一个工作人员运用知识的过程。

（4）组织文化管理。以人为本的现代管理模式不仅仅是一句口号，更要落到实处，其实质就是从企业文化建设着手来切实提高员工的工作热情，实现共同目标。知识管理系统通过搭建企业文化管理平台，用“内部论坛”“员工活动”“文化窗口”“电子期刊”等来营造良好的企业工作氛围。

（5）系统门户。知识管理系统提供了单一入口，输入一次用户名和密码就可以访问知识管理系统中的所有子系统。为各个部门提供个性化的知识管理工作平台，甚至可以做到针对个人的定制。通过本系统，管理员可以在一定程度上进行定制主页布局、挂接常用资料、备份主页、恢复主页等操作。系统可以动态发布文档的最新信息、显示论坛的最新主题和个人待办事宜等。公司员工可以通过主页导航进入各模块和相应的文档。

（6）其他扩展系统。系统还可以包括以下的扩展系统，即短信与移动支持、团队协作、实时协作、竞争情报系统等。

➢知识拓展：当今社会的 IT 新技术——云计算

狭义云计算是指 IT 基础设施的交付和使用模式，指通过网络以按需、易扩展的方式获得所需的资源（硬件、平台、软件）。提供资源的网络被称为“云”。“云”中的资源在使用者看来是可以无限扩展的，并且可以随时获取、按需使用、随时扩展、按使用付费。这种特性经常被称为像水、电一样使用 IT 基础设施。

广义云计算是指服务的交付和使用模式，指通过网络以按需、易扩展的方式获得所需的服务。这种服务可以是 IT 和软件、互联网相关的，也可以是任意其他的服务。

“云”是一些可以自我维护和管理的虚拟计算资源，通常为一些大型服务器集群，包括计算服务器、存储服务器、宽带资源等。云计算将所有的计算资源集中起来，并由软件实现自动管理，无需人为参与。这使得应用提供者无需为烦琐的细节而烦恼，能够更加专注于自己的业务，有利于创新和降低成本。

有人打了个比方：这就好比是从古老的单台发电机模式转向了电厂集中供电的模式。它意味着计算能力也可以作为一种商品进行流通，就像煤气、水、电一样，取用方便，费用低廉。最大的不同在于，它是通过互联网进行传输的。

云计算是并行计算（Parallel Computing）、分布式计算（Distributed Computing）和网格计算（Grid Computing）的发展，或者说是这些计算机科学概念的商业实现。云计算是虚拟化（Virtualization）、效用计算（Utility Computing）、IaaS（基础设施即服务）、PaaS（平台即服务）、SaaS（软件即服务）等概念混合演进并跃升的结果。

总的来说，云计算可以算作网格计算的一个商业演化版。早在2002年，我国刘鹏就针对传统网格计算思路存在不实用问题，提出计算池的概念："把分散在各地的高性能计算机用高速网络连接起来，用专门设计的中间件软件有机地黏合在一起，以Web界面接受各地科学工作者提出的计算请求，并将之分配到合适的节点上运行。计算池能大大提高资源的服务质量和利用率，同时避免跨节点划分应用程序所带来的低效性和复杂性，能够在目前条件下达到实用化要求。"如果将文中的"高性能计算机"换成"服务器集群"，将"科学工作者"换成"商业用户"，就与当前的云计算非常接近了。

云计算具有以下特点。

（1）超大规模。"云"具有相当的规模，Google云计算已经拥有100多万台服务器，Amazon、IBM、微软、Yahoo等的"云"均拥有几十万台服务器。企业私有云一般拥有数百上千台服务器。"云"能赋予用户前所未有的计算能力。

（2）虚拟化。云计算支持用户在任意位置、使用各种终端获取应用服务。所请求的资源来自"云"，而不是固定的有形的实体。应用在"云"中某处运行，但实际上用户无需了解，也不用担心应用运行的具体位置。只需要一台笔记本或者一部手机，就可以通过网络服务来实现我们需要的一切，甚至包括超级计算这样的任务。

（3）高可靠性。"云"使用了数据多副本容错、计算节点同构可互换等措施来保障服务的高可靠性，使用云计算比使用本地计算机更可靠。

（4）通用性。云计算不针对特定的应用，在"云"的支撑下可以构造出千变万化的应用，同一个"云"可以同时支撑不同的应用运行。

（5）高可扩展性。"云"的规模可以动态伸缩，满足应用和用户规模增长的需要。

（6）按需服务。"云"是一个庞大的资源池，按需购买；云可以像自来水、电、煤气那样计费。

（7）极其廉价。由于"云"的特殊容错措施可以采用极其廉价的节点来构成云，"云"的自动化集中式管理使大量企业无需负担日益高昂的数据中心管理成本，"云"的通用性使资源的利用率较之传统系统大幅提升，因此用户可以充分享受"云"的低成本优势，经常只要花费几百美元、几天时间就能完成以前需要数万美元、数月时间才能完成的任务。

云计算可以彻底改变人们未来的生活，这样才能真正为人类进步作贡献，而不是简单的技术提升。

云计算的几大形式如下。

（1）SaaS（软件即服务）。这种类型的云计算通过浏览器把程序传给成千上万的用户。在用户眼中看来，这样会省去在服务器和软件授权上的开支；从供应商角度来看，这样只需要维持一个程序就够了，这样能够减少成本。Salesforce是迄今为止这类服务最为出名的公司。SaaS在人力资源管理程序和ERP中比较常用。Google App和Zoho Office也是类似的服务。

（2）实用计算（Utility Computing）。这个主意很早就有了，但是直到最近才在 Amazon、Sun、IBM 和其他提供存储服务和虚拟服务器的公司中新生。这种云计算为 IT 行业创造虚拟的数据中心，使得其能够把内存、I/O 设备、存储和计算能力集中起来成为一个虚拟的资源池来为整个网络提供服务。

（3）网络服务。同 SaaS 关系密切，网络服务提供者能够提供 API 让开发者开发更多基于互联网的应用，而不是提供单机程序。

（4）平台即服务。另一种 SaaS，这种形式的云计算把开发环境作为一种服务来提供。你可以使用中间商的设备来开发自己的程序并通过互联网和其服务器传到用户手中。

（5）MSP（管理服务提供商）。最古老的云计算运用之一。这种应用更多的是面向 IT 行业而不是终端用户，常用于邮件病毒扫描、程序监控等。

（6）商业服务平台。SaaS 和 MSP 的混合应用，该类云计算为用户和提供商之间的互动提供了一个平台。如用户个人开支管理系统，能够根据用户的设置来管理其开支并协调其订购的各种服务。

（7）互联网整合。将互联网上提供类似服务的公司整合起来，以便用户能够更方便地比较和选择自己的服务供应商。

云计算是个热度很高的新名词。由于它是多种技术混合演进的结果，其成熟度较高，又有大公司推动，发展极为迅速。Amazon、Google、IBM、微软和 Yahoo 等大公司是云计算的先行者。云计算领域的众多成功公司还包括 Salesforce、Facebook、Youtube、Myspace 等。

思考题

1. 试述管理信息系统的信息处理结构。
2. 闭环结构和开环结构的特点是什么？试举例说明。
3. 组织中的信息系统有哪几个层次？各层次的信息系统类型是什么？
4. 支持 MIS 各种功能的子系统有哪些？
5. C/S 计算模式的优缺点有哪些？
6. B/S 计算模式的优缺点有哪些？

上机作业题

请上机调研 C/S 与 B/S 模式在企业管理信息系统中的应用情况。

小组讨论题

1. 对应不同层次的信息，MIS 的差别有哪些？
2. 集中式与分布式优缺点有哪些？
3. 有人说“构建企业管理信息系统不是采用 C/S 结构，就是采用 B/S 结构”，就这一看法进行讨论。

第4章

管理信息系统的应用

4.1 企业资源计划系统

企业资源规划（Enterprise Resource Planning，ERP）这一概念最初是由美国的 Gartner Group 公司在 20 世纪 90 年代提出的，并对其功能标准作出了界定。作为企业管理思想，它是一种新型的管理模式；而作为一种管理工具，它同时又是一套先进的计算机管理系统。

4.1.1 ERP 的基本概念

ERP 是一种基于“供应链”的管理思想，它在 MRP、MRPⅡ的基础上扩展了管理范围，给出了新的结构，把客户需求和企业内部的制造活动以及供应商的制造资源整合在一起，以提高企业对各种资源的运作能力。

ERP 的基本思想是将企业的业务流程看作一个紧密连接的供应链，其中包括供应商、制造工厂、分销网络和客户等；并将企业内部划分成几个相互协同作业的支持子系统，如财务、市场营销、生产制造、质量控制、服务维护、工程技术等，还包括对竞争对手的监视管理。

理解 ERP 概念要注意以下几点。

（1）ERP 不止是一个软件系统，还是一个集组织模型、企业规范、信息技术、实施方法于一体的综合管理应用体系。

（2）ERP 使得企业的管理核心从“在正确的时间制造和销售正确的产品”转移到了“在最佳的时间和地点，获得企业的最大利润”。这种管理方法和手段的应用范围也从制造企业扩展到了其他行业。

（3）ERP 从满足动态监控，发展到引入商务智能，使得以往简单的事务处理系统变成了真正具有智能化的管理控制系统。

（4）从软件结构而言，现在的 ERP 必须能够适应互联网，可以支持跨平台、多组织的应用，并和电子商务的应用具有广泛的数据、业务、逻辑接口。

综上所述，我们现在说的 ERP，就是要通过信息技术等手段，实现企业内部资源的共享和协同，克服企业中的制约，使得各业务流程无缝平滑地衔接，从而提高管理的效率和业务的精确程度，降低交易成本，提高企业的营利能力。就本质而言，ERP 是企业管理发展到一定阶段的核心理念和技术。

4.1.2　ERP 系统的主要功能模块

ERP 系统的主要功能包括财务管理、物流管理、生产管理、人力资源管理。

1. 财务管理

一般财务管理功能包括会计核算和财务管理两部分。

1）会计核算

会计核算主要是记录、核算、反映和分析资金在企业经济活动中的变动过程及其结果。它由总账、应收账、应付账、现金管理、固定资产核算、多币制等部分构成。

总账模块。它处理记账凭证输入、登记、输出日记账、一般明细账及总分类账，编制主要会计报表。它是整个会计核算的核心，应收账、应付账、固定资产核算、现金管理、工资核算、多币制等各模块都以其为中心来互相传递信息。

应收账模块。它是指企业应收的由于商品赊欠而产生的正常客户欠款账。它包括发票管理、客户管理、付款管理、账龄分析等功能。它和客户订单、发票处理业务相联系，同时将各项事件自动生成记账凭证，过入总账。

应付账模块。会计里的应付账是企业应付购货款等账，它包括了发票管理、供应商管理、支票管理、账龄分析等。它能够和采购模块、库存模块完全集成以替代过去烦琐的手工操作，同时将各项事件自动生成记账凭证，过入总账。

现金管理模块。它主要是对现金流入流出的控制以及零用现金及银行存款的核算。包括对硬币、纸币、支票、汇票和银行存款的管理。在 ERP 中提供了票据维护、票据打印、付款维护、银行清单打印、付款查询和支票查询等和现金有关的功能。此外，它还和应收账、应付账、总账等模块集成，自动产生凭证，过入总账。

固定资产核算模块。它完成对固定资产的增减变动以及折旧有关基金计提和分配的核算工作。它能够帮助管理者对目前固定资产的现状有所了解，并能通过该模块提供的各种方法来管理资产，以及进行相应的会计处理。它的具体功能有：登录固定资产卡片和明细账，计算折旧，编制报表，以及自动编制转账凭证，并过入总账。它和应付款、成本、总账模块集成。

多币制模块。这是为了适应当今企业的国际化经营，对外币结算业务的要求增多而产生的。多币制将企业整个财务系统的各项功能以各种币制来表示和结算，且客户订单、库存管理及采购管理等也能使用多币制进行交易管理。多币制和应收账、应付账、总账、客户订单、采购等模块都有接口，可自动生成所需数据。

工资核算模块。它自动进行企业员工的工资结算、分配、核算以及各项相关经费的计提。它能够登录工资、打印工资清单及各类汇总报表，计算计提各项与工资有关的费用，自动做出凭证，过入总账。这一模块是和总账、成本模块集成的。

成本模块。它依据产品结构、工作中心、工序、采购等信息进行产品的各种成本的计算，以便进行成本分析和规划。还能用标准成本或平均成本按地点维护成本。

2）财务管理

财务管理的功能主要是基于会计核算的数据，再加以分析，从而进行相应的预测、管理和控制活动。它侧重于财务计划、控制、分析和预测。

财务计划。根据前期财务分析做出下期的财务计划、预算等。

财务分析。提供查询功能和通过用户定义的差异数据的图形显示进行财务绩效评估，账户分析等。

财务决策。它是财务管理的核心部分，中心内容是做出有关资金的决策，包括资金筹集、投放及资金管理。

2. 物流管理

1）销售管理

销售管理是从产品的销售计划开始，对其销售产品、销售地区、销售客户各种信息的管理和统计，并可对销售数量、金额、利润、绩效、客户服务做出全面的分析，这样在销售管理模块中大致有以下几方面的功能。

（1）客户信息的管理和服务。建立客户信息档案，对其进行分类管理，进而对其进行针对性的客户服务，以达到最高效率地保留老客户、争取新客户。

（2）销售订单的管理。销售订单是 ERP 的入口，所有的生产计划都是根据它下达并进行排产的。销售订单的管理贯穿了产品生产的整个流程。它包括：①客户信用审核及查询；②产品库存查询；③产品报价；④订单输入、变更及跟踪；⑤交货期的确认及交货处理。

（3）销售的统计和分析。系统根据销售订单的完成情况，依据各种指标做出统计，如客户分类统计、销售代理分类统计等，然后就这些统计结果对企业实际销售效果进行评价。

2）库存控制

用来控制存储物料的数量，以保证稳定的物流支持正常的生产，但又最小限度地占用资本。它是一种相关的、动态的以及真实的库存控制系统。它能够结合、满足相关部门的需求，随时间变化动态地调整库存，精确地反映库存现状。

具体包括以下几方面的功能：①为所有的物料建立库存，决定何时订货采购，同时作为采购部门采购、生产部门做生产计划的依据。②收到订购物料，经过质量检验入库，生产的产品也同样要经过检验入库。③收发料的日常业务处理工作。

3）采购管理

用来确定合理的订货量、优秀的供应商和保持最佳的安全储备，并能够随时提供订购、验收的信息，跟踪和催促外购或委外加工的物料，保证货物及时到达。建立供应商的档案，用最新的成本信息来调整库存的成本。具体包括：①供应商信息查询；②催货；③采购与委外加工统计；④价格分析。

3. 生产计划和控制管理

（1）主生产计划。它是根据生产计划、预测和客户订单的输入安排未来各周期中提供的产品种类和数量，将生产计划转为产品计划，在平衡了物料和能力的需要后，精确到时间、数量的详细的进度计划，是企业在一段时期内的总活动的安排，是一个稳定的计划，是根据生产计划、实际订单和对历史销售分析得来的预测产生的。

（2）物料需求计划。在主生产计划决定生产多少最终产品后，再根据物料清单，把整个企业要生产的产品的数量转变为所需生产的零部件的数量，并对照现有的库存量，得到还需加工多少，采购多少的最终数量。这才是整个部门真正依照的计划。

（3）能力需求计划。是在得出初步的物料需求计划之后，将所有工作中心的总工作负荷，在与工作中心的能力平衡后产生的详细工作计划，用以确定生成的物料需求计划是否是企业生产能力上可行的需求计划。能力需求计划是一种短期的、当前实际应用的计划。

（4）车间控制。这是随时间变化的动态作业计划，是将作业分配到具体各个车间，再进行作业排序、作业管理、作业监控。

（5）制造标准。在编制计划中需要许多生产基本信息，这些基本信息就是制造标准，包括零件、产品结构、工序和工作中心，都用唯一的代码在计算机识别。

4. 人力资源管理

近年来，企业内部的人力资源开始越来越受到企业的关注，被视为企业的资源之本。于是人力资源管理作为一个独立的模块，加入 ERP 系统。和 ERP 中的财务、生产系统组成了一个高效的、具有高度集成性的企业资源系统。

1）人力资源规划的辅助决策

对于企业人员、组织结构编制的多种方案，进行模拟比较和运行分析，并辅之以图形的直观评估，辅助管理者做出最终决策。

制定职务模型，包括职位要求、升迁路径和培训计划，根据担任该职位员工的资格和条件，系统会提出针对该员工的一系列培训建议，一旦机构改组或职位变动，系统会提出一系列的职位变动或升迁建议。

进行人员成本分析，可以对过去、现在、将来的人员成本做出分析及预测，并通过 ERP 集成环境，为企业成本分析提供依据。

2）招聘管理

对招聘过程进行管理，优化招聘过程，减少业务工作量；对招聘的成本进行科学管理，从而降低招聘成本；为选择聘用人员的岗位提供辅助信息，并有效地帮助企业进行人才资源的挖掘。

3）工资核算

根据公司跨地区、跨部门、跨工种的不同薪资结构及处理流程，制定与之相适应的薪资核算方法；与时间管理直接集成，能够及时更新，对员工的薪资核算动态化；通过和其他模块的集成，自动根据要求调整薪资结构及数据。

4）工时管理

根据本国或当地的日历，安排企业的运作时间以及劳动力的作息时间表；运用远程考勤系统，可以将员工的实际出勤状况记录到主系统中，并把与员工薪资、奖金有关的时间数据导入薪资系统和成本核算中。

5）差旅核算

系统能够自动控制从差旅申请、差旅批准到差旅报销整个流程，并且通过集成环境将核算数据导入财务成本核算模块中。

4.1.3 ERP 的主要特征

ERP 实现了广泛的管理功能，在环境上支持多种生产类型、多种经营方式、多种业务；在应用上采用了图形、模拟、决策等多种方法；在技术上支持开放的客户机/服务器（C/S）系统。

ERP 的主要特征表现在以下几个方面。

（1）体现了供应链管理的思想。ERP 除了 MRPII 系统的制造、分销、财务管理功能外，还支持整个供应链上物料流通体系中供、产、需各个环节之间的运输管理和仓库管理，支持生产保障体系的质量管理、实验室管理、设备维修和备品备件管理，支持对工作流的管理。

（2）扩充了生产方式的支持范围。一般可将企业归类为几种典型的生产方式进行管理，如重复制造、批量生产、按订单生产、按订单装配、按库存生产等，每一种类型都有一套相应的管理标准。而在 20 世纪 80 年代末期和 90 年代初期，为了适应市场的变化，多品种、小批量生产以及看板式生产等则成了企业采用的主要生产方式，由单一的生产方式向混合型生产发展，而 ERP 则能很好地支持和管理混合型制造环境，满足了企业多角化经营的需求。

（3）加强对企业的控制。MRP Ⅱ 是通过计划的及时滚动来控制整个生产过程的，实时性较差，一般只能实现事中控制。而 ERP 系统则支持在线分析处理、售后服务及质量反馈，强调企业的事前控制能力，它可以通过对设计、制造、销售、运输等的集成来并行地进行各种相关作业，为企业提供了对质量、市场变化、客户满意、绩效等关键问题的实时分析功能。

（4）实现跨国经营和管理。现在企业的发展，使得企业内部各个组织单元之间、企业与外部业务单元之间的协调变得越来越多、越来越重要。ERP 系统应用完整的组织架构，可以支持跨国经营多国家（地区）、多工厂、多语种、多币制的应用需求。

（5）使用先进的信息技术。IT 技术的飞速发展，网络通信技术的应用，使得 ERP 系统可以对整个供应链信息进行集成管理。ERP 系统采用客户机/服务器（C/S）体系结构和分布式数据处理技术，可以支持 Internet/Intranet/Extranet、电子商务、电子数据交换的应用。此外，它还能实现在不同平台上的交互操作。

4.2 客户关系管理系统

对企业来说，客户关系管理（Customer Relationship Management，CRM），是一个既古老又充满新意的话题。作为一个古老的话题，实际上自人类有商务活动以来，客户关系就一直是商务活动中的一个核心问题，也是商务活动成功与否的关键之一。作为充满新意的话题，对企业来说，客户关系是现代企业商务活动的巨大信息资源，企业所有商务活动所需要的信息几乎都来自于 CRM，同时，面对经济全球化趋势，CRM 已经成为企业信息技术和管理技术的核心。

4.2.1　客户关系管理概念的提出

到底是谁提出了 CRM 这个概念，目前大家普遍接受的是“CRM 是在 1997 年由美国著名研究咨询机构 Gartner Group 提出来的”。但是，也有一些机构和个人发表不同的看法。

（1）Aberdeen 公司的 Hugh Bishop 创立了 CRM 这个词。他现在还在这个领域进行研究和实践。

（2）这个名词是在 20 世纪 80 年代初由很多的商业学院的研究人员提出的。如 Atlanta 的 Emory 大学。Oizeta 商业学院的 Jagdish Sheth 博士。他的网址是 http://www.jagsheth.com/。

（3）匹兹堡的 Innovative Systems 公司已经用这个词 10 年了。作为数据质量方面的专业公司，它一直关注于开发直接的客户关系，并作为全面客户关系管理的一部分。

（4）著名的 CRM 专家 Dick Lee 认为，CRM 是 DCI 在 1988 年所赞助和举办的一次竞赛的产物。当时，他刚刚出版自己的第一本书《Sales Automation Survival Guide》。在这本书中，他用了关系管理（Relationship Management）这个词。

（5）在 20 世纪 90 年代前期，有很多在销售自动化方面领先的企业（如 Brock Control System，现在已经更名为 FirstWave）。90 年代中期，Siebel 加入了竞争行列，它在使得 CRM 成为一个术语和软件名词方面发挥了很大的作用。

4.2.2　客户关系管理的概念

自从 Gartner Group 提出 CRM 的概念以来，许多研究机构和生产厂商都基于自己的理解提出了 CRM 的不同定义，比较典型的就有十多种。

（1）CRM 的首创者 Gartner Group 认为，CRM 是迄今为止规模最大的 IT 概念，它将看待客户的概念从独立分散的单个部门提升到了企业的层面，虽然与每个客户的具体交互行为是由每个部门来完成的，但是却是企业对客户负全面的责任。为了实现 CRM，企业与客户联系的每一个环节都应实现自动化管理。营销自动化在此扮演着重要的角色，它是连接企业前台和后台办公以及企业级共享客户信息的最根本环节，它与销售、客户服务以及后台办公一起构成了企业的 CRM，从而为企业提供全方位的管理视角；赋予企业更完善的客户交流能力，最大化客户的收益率。

（2）著名咨询机构 Hurwitz group 认为，CRM 的焦点是自动化并改善与销售、市场营销、客户服务和支持等领域的客户关系有关的商业流程。CRM 既是一套原则制度，也是一套软件和技术。它的目标是缩减销售周期和销售成本，增加收入，寻找扩展业务所需的新的市场和渠道以及提高客户的价值、满意度、赢利性和忠实度。CRM 应用软件将最佳的实践具体化并使用了先进的技术来协助各企业实现这些目标。CRM 在整个客户生命期中都以客户为中心，这意味着 CRM 应用软件将客户当作企业运作的核心。CRM 应用软件简化协调了各类业务功能（如销售、市场营销、服务和支持）的过程并将其注意力集中于满足客户的需要上。CRM 应用还将多种与客户交流的渠道，如面对面、电话接洽以及 Web 访问协调为一体，这样，企业就可以按客户的喜好使用适当的渠道与之进行交流。

（3）蓝色巨人 IBM 对 CRM 的定义包括两个层面的内容。首先是企业的商务目标。

企业实施 CRM 的目的，就是通过一系列的技术手段了解客户目前的需求和潜在客户的需求。企业牢牢抓住这两点，就能够适时地为客户提供产品和服务。CRM 不是一个“看上去很美”的空洞目标，它是有一系列技术手段作为支持的。其次，企业要整合各方面的信息，使得企业对某一个客户的信息了解，达到完整性和一致性。企业对分布于不同的部门，存在于客户所有接触点上的信息进行分析和挖掘，分析客户的所有行为，预测客户下一步对产品和服务的需求。分析的结果又反馈给企业内的相关部门，相关部门根据客户的需求，进行一对一的个性化服务。IBM 所理解的客户关系管理包括企业识别、挑选、获取、发展和保持客户的整个商业过程。IBM 把客户关系管理分为三类：关系管理、流程管理和接入管理。

（4）惠普公司认为，CRM 不仅仅是一个软件，CRM 对企业来讲，首先是一个商业战略，是帮助企业实现管理理念变化的工具。很多人认为 CRM 就是销售自动化，或者是对市场活动的管理，或者说是呼叫中心，所有这些看法都是片面的。CRM 实际上是给企业提供了一种工具，通过这种工具，企业可以透过多种的渠道为客户提供全方位的服务，这些渠道包括电话的方式、电子邮件的方式、无线通信的方式（如手机、PDA）或者是面对面的方式。所提供的活动既涉及市场部门，涉及销售部门，同时还涉及技术支持和服务等部门。CRM 是一个复杂的系统集成工程，需要进行复杂的集成，需要与 ERP 系统集成，需要与财务系统集成，也需要与订单管理系统集成。实施 CRM 的最终目的是帮助企业增加收入，提高利润，提高客户满意度。

（5）Oracle 认为，CRM 是一种旨在改善企业与客户之间关系的新型管理机制，它实施于企业的市场营销、销售、服务与技术支持等与客户有关的领域。CRM 的目标是一方面通过提供更快速和周到的优质服务吸引和保持更多的客户：另一方面通过对业务流程的全面管理减低企业的成本。CRM 既是一种概念，也是一套管理软件和技术。利用 CRM 系统，企业能搜集、追踪和分析每一个客户的信息，从而知道他们是谁，他们需要什么，并把客户想要的送到他们手中。CRM 还能观察和分析客户行为对企业收益的影响，使企业与客户的关系及企业盈利都得到最优化。

（6）数据仓库业务的全球领导者 NCR 认为，客户关系管理是企业的一种机制。企业通过与客户不断地互动，为客户提供信息，与客户进行交流，可以了解客户和影响客户的行为，进而留住客户，不断增加企业的利润。通过实施客户关系管理，能够分析和了解处于动态过程中的客户状况，从而搞清楚不同客户的利润贡献度，便于选择应该供应何种产品给何种客户，以便在合适的时间，通过合适的渠道去和客户进行交易。在客户关系管理中，管理机制是主要的，技术只是一个部分，是实现管理机制的手段而已。实施客户关系管理，主要是企业的组织、流程以及企业文化方面的变革。

（7）美国艾克通过长期以来总结的经验认为，“‘客户关系管理’，就是把‘用心’和‘科技’结合起来”。真正的 CM 只有做到 CCPR，才能更好地维系客户关系。CCPR 即让客户更方便（Convenient）、对客户更亲切（Care）、个人化（Personalized）与立即反应（Real-time）。

（8）资源管理研究中心（AMT）的 CRM 研究小组认为，CRM 是通过采用信息技术，使企业市场营销、销售管理、客户服务和支持等经营流程信息化，实现客户资源有效利用的管理软件系统。其核心思想是以“客户为中心”，提高客户满意度，改善客户关系，从而提高企业的竞争力。

（9）CRM 源于“以客户为中心”的商业模式，是一种旨在改善企业与客户之间关系的管理机制。它实施于企业的市场、销售、技术支持等与客户有关的工作部门。目标在于通过提供快速、周到、优质的服务来吸引和保持更多的客户，通过优化面对客户的工作流程以减少获取客户和保留客户的成本。

（10）也有学者从静态层面和动态层面两个角度定义 CRM。他们认为，在静态层面，可以将CRM概括为一种管理思想在管理软件系统中的体现。其目标是通过采用信息技术，使企业市场营销、销售管理、客户关怀、服务和支持等经营环节的信息有序地、充分地、及时地在企业内部和客户之间流动，实现客户资源的有效利用。其核心思想是将客户群体看作企业宝贵的外部资源，并第一次将客户的所有权提升到企业一级而不是单个部门。

从动态的方面考察，CRM 的生命周期又包括数据集成、客户分析、面向客户的战略决策三个阶段，其中 CRM 实施成功与否的关键是第二步，即要用先进理念和精准模型对集成化数据进行模拟和分析，从而挖掘客户潜在价值，发展潜在客户。

归纳上述中国国外著名机构和跨国公司以及国内学者对客户关系管理的诠释，我们观点如下。

CRM 始终强调以客户为中心，是一种顾客驱动的模式。通过先进的计算机应用技术同优化的管理方法相结合，建立、收集、使用和分析客户信息的系统，这个系统的信息由企业各部门共享，以便统一对客户进行系统的研究，研究的中心不是建立模型，而是建立关系，使他们能够协同建立和维护一系列与客户之间卓有成效的“一对一关系”，建立有关老客户、新客户、潜在客户的档案，从中找出有价值的客户，并且不断挖掘客户的潜力，开拓企业的市场，以取得最大的利润。

CRM 是一个充满着与客户交往、利用客户信息作决策的动态的过程，包括三个阶段：①客户获取。即识别企业最有价值的客户是谁，并考虑以适当的途径去吸引他们，而不是采用无差别策略对待每一个客户。②客户开发。即了解客户的需求，如他们喜欢什么，愿意用什么方式什么时间得到，并根据企业的能力考虑怎么满足他们的需求。③客户保持。即实际执行方案，为客户提供满意服务，从而与客户建立起牢固的关系，维持和提升客户的重要程度。在 CRM 中，客户信息的管理是实施 CRM 的基础内容。

同时 CRM 也是一种信息技术，它将数据挖掘、数据仓库、一对一营销、销售自动化以及其他信息技术与最佳的商业实践紧密结合在一起，为企业的销售、客户服务和决策支持等领域提供了一个业务自动化的解决方案，使企业有了一个基于电子商务的面对客户的前沿，从而顺利实现由传统企业模式到以电子商务为基础的现代企业模式的转化。

对于现代企业来说，CRM 不仅是一种改善企业与客户之间关系的管理机制，更是一种现代企业活动的管理机制。它用于企业的市场营销、销售、服务与支持各个与客户有关的方面。这种管理机制能使企业在营销、销售、服务与支持各个方面形成一种协调的关系，通过信息共享和优化商业流程来有效地降低企业经营成本。

CRM 本身是一种管理方法，它借助于信息技术，迅速地发展成为软件。CRM 软件体现、糅合了 CRM 的思想、观念、技术，并以软件形式加以体现。由于 CRM 所带来的效益的诱惑力和增强市场竞争力的良好前景，使 CRM 软件一出现就受到各行业的青睐，CRM 软件的应用遍及制造、金融、保险、软件、科技等各个行业。

4.2.3 客户关系管理系统的主要功能

客户关系管理系统具有销售管理、营销管理、客户服务与支持和商务智能等功能。

1. 销售管理

主要功能包括商业机会和传递渠道管理、日程安排、客户账户管理、销售预测和额度管理、销售队伍及领域管理、商品信息及报价管理、费用和佣金管理等。

（1）商业机会管理。对潜在的机会进行测评分析和比较，将结果以开放的形式允许销售人员进行浏览——允许销售人员随时获得关于所有潜在客户的参与人、产品预期利润、价格以及联络、交易历史和机会价值等信息。机会管理过滤掉潜在客户中机会价值小的，并对机会生命周期中的各个细节进行监控，从而提高了销售人员的工作有效性和经济性。

（2）日程安排管理。根据销售活动的具体信息协助销售人员制订相应的计划，并通过业务流的形式对计划进行审批、执行跟踪、信息反馈和控制。而销售人员会得到具体的行动安排，以及完成销售活动的多项信息提示。系统还会对目标客户发布新产品信息和企业信息以及问候，密切企业与客户之间的关系，形成良性的、有价值的客户关系。

（3）客户账户管理。为每个客户及其他利益相关者建立账户档案，记录其详细信息供销售人员浏览，使销售人员及时掌握市场动态和客户资料，便于有针对性地开展销售活动。

（4）销售预测与目标管理。根据对以往销售数据信息及当前市场的统计分析，预测当年的销售情况，制订相应的销售额度。

（5）销售队伍及领域管理。对销售队伍的分派及区域的划分；对领域（省市、邮编、地区、行业、相关客户、联系人等）进行划分、维护、重新设置。

（6）商品信息及报价管理。包括商品特性及价格维护、查询及组合报价，以统一企业的市场行为。销售人员通过该功能，可以了解产品，对多项产品进行组合报价，极大减少人工计算量。

（7）费用和佣金管理。根据销售计划中的预算计划，对销售活动费用进行总体控制和明细控制，实现远程财务结算。同时，该模块创建和管理销售队伍的奖励和佣金计划，提高奖励和佣金的透明度。

典型功能模块是销售过程自动化（Sales Force Automation，SFA）。SFA 主要是提高专业销售人员的大部分活动的自动化程度。它包含一系列的功能，来使得销售过程自动化，并向销售人员提供工具，提高其工作效率。它的功能一般包括日历和日程安排、联系和账户管理、佣金管理、商业机会和传递渠道管理、销售预测、建议的产生和管理、定价、领域划分、费用报告等。

2. 营销管理

主要功能包括：项目管理、客户线索分配、自动客户追踪管理、市场分析报告。

（1）项目管理。用户可以对项目进行跟踪管理，从而可以很清楚地知道哪些活动是有效的，并及时调整那些无效的工作。并通过图表分析了解哪些是最具价值的用户，从而可以进一步精确制订市场计划。

（2）客户线索分配。用户制定规则，然后可以按照这个规则自动地将客户线索分配给市场人员。并可跟踪管理这条线索，如果发现市场人员并没有跟踪这条线索，则可以及时做出相应的调整。

（3）自动客户追踪管理。用户可以根据吸引用户注意的市场推广活动来制定自动的市场活动流程，如果客户购买了产品，则系统会自动将他添加到有价值客户名单中，并在下次市场推广活动中将其列为重点对象。

（4）市场分析报告。根据综合的数据产生报告，分析获得这个客户的途径、所需成本及本次市场活动产生的客户线索的数量，以便用户分析投入的回报率，为今后市场决策提供支持。

典型功能模块是营销自动化（Marketing Automation，MA）。MA 系统直接与客户进行通信，直接了解客户的需求。MA 系统必须确保产生的客户数据和相关的支持资料能够以各种有效的形式散发到各种销售渠道。反过来，销售渠道也必须及时返回同客户交互操作的数据，以便系统及时地对本次营销战役进行评估和改进。对于已经建立固定联系的客户，MA 系统应该紧密地集成到销售和服务项目中，从而实现下列目标：一是同具有特殊要求客户进行交互操作（个性化营销）；二是在一个 B2B 模式的环境中，确保不同产品间关系的清晰；在一个 B2C 环境中，要尽可能发现 B2C 和 B2B 之间的可能关系。

3. 客户服务与支持

主要功能包括：客户信息管理、安装产品的跟踪、服务合同管理、求助电话管理、退货和检修管理、投诉管理和知识库、客户关怀等。

（1）客户信息管理。它记录、集成和整合了企业各部门、每个人所接触的所有客户相关资料，为业务流程运行和决策提供了基础信息和原始数据。包括对客户类型的划分、客户基本信息；客户联系人信息；企业销售人员的跟踪记录；客户状态；客户购买行为特征；客户服务记录；客户维修记录；客户订单记录；客户对企业及竞争对手的产品服务评价；客户建议及意见等。

（2）安装产品的跟踪。服务与支持是根据产品发货，自动更新销售或保修产品记录，以及购买者信息来进行管理的。它是按照保修项目规定的服务内容和条件进行服务的。

（3）服务合同管理。在客户服务与支持中，预设置了各种服务合同的样本，规定了服务条件、服务方式（热线电话、现场维修等）、服务人员、产品费用及有效范围各项内容，并且协助缩短收账周期，并可以与销售管理的开发票作业线联系，开出发票。

（4）求助电话管理。求助电话是一种较为常见的服务方式。对于客户的求助电话，都应按照制订的优先权规则得到及时的处理，并且及时地进行服务人员的分派，以确保客户能尽快地得到回音。求助电话管理可以记下求助所需的配件和人工，按配件价格和服务费用开出订单，可以为补充服务配件的储存量下订单，也可以根据预设的标准检修程序，记录配件和人员信息，开出发票。

（5）退货和检修管理。如果产品有问题而需要退货，利用物料审核功能进行退货审核。当收到退货时，可以发出替代物品，或者在检修之后入库。

（6）投诉管理和知识库。当客户提出投诉问题时，投诉接待员将投诉的有关内容记录在计算机中，同时这部分投诉内容将作为客户管理中客户信息的一部分。如果是常见的问题可以通过知识库迅速地找到常见问题的标准解决方案，这样就缩短了解决问题的时间，使客户满意度上升。如果投诉问题的解决过程比较长，投诉管理系统可以给相关人员分配任务，并跟踪投诉的处理过程。

（7）客户关怀。依据分析工具对客户的满意度、销售额、忠诚度、利润贡献进行分析，然后根据分析结果制订客户关系计划。由于客户关怀和其他 CRM 的功能集成，所以制订的客户关系计划可以自动执行，相应的任务步骤可以在其中描述和设置，并且可以自动分配到各个责任人。

4. 商务智能

当销售功能、营销功能和客户服务与支持三方面的功能实现之后，将会产生大量客户和潜在客户的各方面的信息，这些信息是宝贵的资源，利用这些信息可以进行各种分析，以便产生涉及客户关系方面的商务智能方案，供决策者及时做出正确的决策。因此，除了以上三方面功能之外，还有商务智能（Business Intelligence，BI）功能。

商务智能包括：销售智能、营销智能、客户智能等内容。CRM 的商务智能是一种通过数据挖掘产生报表，并对报表进行分析和决策支持的工具。商务智能的概念是由 IBM 公司提出的。IBM 推出了帮助企业规划、执行、修正并跟踪企业市场营销活动的全新商业智能软件 Decision Edge for Campaign Management（DECM）。DECM 软件是端到端客户关系管理解决方案中的重要部分。它不但能够对来自事务处理系统、呼叫中心、网站的顾客信息进行处理，使公司的所有部门共享这些信息，而且可以通过顾客选择的渠道发送信息。这样，市场经理就可以更加全面地了解顾客关系状况，并有效地评价市场营销活动的结果。商务智能包括专家系统、神经网络、遗传算法和智能代理几个方面。

4.3 供应链管理（SCM）系统

4.3.1 供应链管理的概念

1. 供应链的概念

所谓供应链（Supply Chain）是一种业务流程模型，是指产品在到达消费者手中之前所涉及的原材料供应商、生产商、批发商、零售商以及最终消费者组成的供需网络，它包括物料来源、产品生产、运输管理、仓库管理甚至需求管理，通过这些功能的集合把产品和服务提供给最终消费者。它是围绕核心企业，通过对物流、资金流、信息流的控制，从采购原材料开始，到中间产品以及最终产品，最后由分销网络把产品送到消费者手中，全过程涉及供应商、制造商、分销商、零售商、最终消费者连成的一个功能网链结构模式。供应链的概念是从生产扩大化概念发展而来的，它将企业的生产经营活动进行了前伸和后延。前伸是指，将供应商的活动视为生产经营活动的有机组成部分而加以控制和协调；后延是指，将生产经营活动延伸至产品的销售和服务阶段。

供应链也是一条需求链，因为它是企业之间为满足消费者的需求而进行的业务上的联合，通过计划、获得、存储、分销、服务等一系列活动，上游为下游供应物料，下游对上游产生物料需求。

同时供应链又是一条增值链，因为从原材料加工、产品流通，直至产品送到消费者手中的整个过程中，各相关企业可以提供附加的增值产品和增值服务，为供应链增加了价值，物料在供应链上因加工、包装、运输等过程而增加其价值，给相关企业和消费者带来收益。所以，美国管理学家迈克尔·E. 波特又称它为价值链。

供应链一般分为内部供应链和外部供应链。内部供应链是指企业内部产品生产和流通过程中所涉及的采购部门、生产部门、仓储部门、销售部门等组成的供需网络。而外部供应链则是指涵盖企业的与企业相关的产品生产和流通过程中所涉及的供应商、生产商、储运商、零售商以及最终消费者组成的供需网络。

供应链的发展经历了从初期的单纯企业内部供应链，发展为包含企业内部供应链，以及围绕核心企业，包括上游供应商的供应商、下游客户的客户的集成供应链两个阶段。

集成供应链（Intergrated Supply Chain），是指把供应商、制造商、分销商、零售商等在一条网链上的所有环节都联系起来并进行优化，其实质在于企业与其相关企业形成融会贯通的网络整体，对市场进行快速反应。供应链的集成，其实质就是将上、下游的企业有机地连在一起，形成同步的网络体系，使企业与其上、下游之间建立有形或无形的联系，对市场需求作出快速反应（Quick Response，QR）。供应链的集成，改变了过去仅仅在供应链中将费用从一个口袋转移到另一个口袋的做法，它优化了整个供应链的执行，给最终客户提供了最优的价值。另外，它还多方位地影响了市场，如形成了宽口径、短渠道的流通体系，大大提高了流通效率；促进了流通现代化和信息技术在各领域的广泛应用；还使产品竞争压力由消费者通过流通体系向生产者快速传递，迫使生产者提高产品品质，降低成本，以满足市场需求。

2. 供应链管理的概念

供应链管理（Supply Chain Management，SCM）一词在 20 世纪 80 年代中期的一些物流文献中开始使用时，着眼的是面向削减在库的产品流程改善，以及供给者与需求者之间的供需调整，特别是对于像零售业、食品行业等需要较多在库的产业，通过上游企业和下游企业的整合，集中管理整个流通渠道的物质流，可以取得强大的竞争优势，此后供应链管理的观念逐渐向计算机、复印机等各种产业延伸。供应链管理兴起的原因，主要在于企业所面临的市场及竞争环境发生的巨大变化及其相应的战略调整要求。进入 20 世纪 80 年代以来，顾客在买卖关系中基本占据了主导地位，市场由卖方市场转变为买方市场，为适应这种转变，许多企业开始实行由“以产品为中心”到“以顾客为中心”，企业的生产方式变企业“推动”为顾客需求“拉动”，采取“敏捷制造”。日本企业开始采用全面质量管理（TQC）、物料需求计划（MRP）、制造资源计划（MRP Ⅱ）、准时生产制（JIT）、柔性制造系统（FMS），提高了企业应变能力，使得制造业得以迅猛发展，产品和资本向欧美大举挺进。欧美企业为了对付这种国际化竞争，就向日本学习精细生产方式，提出了“敏捷制造”（AM）的概念，以及基于敏捷制造的虚拟企业（VE）概念和供应链管理这一新的经营与运作模式。

供应链管理是指对整个供应链系统进行计划、协调、操作、控制和优化的各种活动和过程。其目标是将满足客户需要的产品在正确的时间，按照正确的数量、正确的质量和正确的状态送到正确的地点，并使总成本最小或总收益最大。它是一种集成的管理思想和方法，它执行供应链中从供应商到最终消费者的物流的计划与控制等职能。它也是一种管理策略，主张把不同企业集成起来以增加供应链的效率，注重企业之间的合作，它把供应链上的各个企业作为一个不可分割的整体，使供应链上各个企业分担的采购、分销和销售的职能成为一个协调发展的有机体。供应链管理的范围包括从最初的原材料直到最终产品到达最终消费者手中的全过程，管理对象是在此过程中所有与物资流动及信息流动有关的活动和相互之间的关系。

要成功地构筑并实施供应链管理，使供应链管理真正成为有竞争力的武器，就要抛弃传统的管理思想，要把企业内部以及节点企业的采购、生产、财务、市场营销、分销看作一个整体功能过程，来开发集成化的供应链管理。通过信息、制造和现代管理技术，将企业生产经营过程中有关的人、技术、经营管理三要素有机地集成并优化运行，通过对生产经营过程的物料流、管理过程的信息流和决策过程的决策流进行有效的控制和协调，将企业内部的供应链与企业外部的供应链有机地集成起来进行管理，达到全局动态最优目标，以适应新的竞争环境下市场对生产和管理过程提出的高质量、高柔性、低成本要求。

供应链管理利用现代信息技术，通过改造和集成业务流程、与供应商以及客户建立协同的业务伙伴联盟、实施电子商务，简化了供应链或商务环节，缩短了工作时间，降低了管理成本，大大提高了企业的竞争力，使企业在复杂的市场环境下立于不败之地。从基础设施的角度看，传统的供应链管理一般是建立在私有专用网络上的，这需要投入大量的资金，只有一些大型的企业才有能力进行自己的供应链建设，并且这种供应链缺乏柔性。而电子商务使供应链可以共享全球化网络，使中小型企业以较低的成本加入全球化供应链中。从通信的角度看，通过先进的电子商务技术（如 XML、OBI 等）和网络平台，可以灵活地建立起多种组织间的电子连接，如组织间的系统（Inter-Organization System，IOS）、企业网站、企业外部网（Extranet）、电子化市场等，从而改善商务伙伴间的通信方式，将供应链上企业各个业务环节孤岛连接在一起，使业务和信息实施集成和共享，使一些先进的供应链管理方法变得切实可行。根据有关资料统计，供应链管理的实施可以使企业总成本下降 10%；供应链上的节点企业按时交货率提高 15%以上；订货-生产的周期时间缩短 25%～35%；供应链上的节点企业生产率增值提高 10%以上，等等。这些数据说明，供应链企业在不同程度上都取得了发展，其中以“订货-生产的周期时间缩短”最为明显。能取得这样的成果，完全得益于供应链企业的相互合作、相互利用对方资源的经营策略。

随着电子商务的推广，集成供应链管理（Intergrated Supply Chain Management）已成为供应链管理发展的新方向。所谓集成供应链管理是指跨越供应链多个环节或功能来协调计划的内在机制。具有这种内在机制的供应链管理系统称为集成供应链管理系统。它能够及时传递信息、准确协调决策者与系统的行为，与原来的供应链管理相比，具有敏捷性和灵活性。优化供应链管理系统的功能，使供应链的各环节、各功能实现最佳配合与协调，共同保证供应链目标的实现，这是集成供应链管理的目标。集成供应链管理系统研究的内容主要包括：供应链的需求和资源预测、供应链的服务水平、供应链运作的多层次计划、供应链控制机制、供应链的分析诊断咨询、供应链的设计开发和改进、供应链计划的执行、供应链活动的指挥协调、供应链效益评价、供应链的竞争力分析等。基于电子商务的供应链管理信息组织与集成模式如图 4-1 所示。

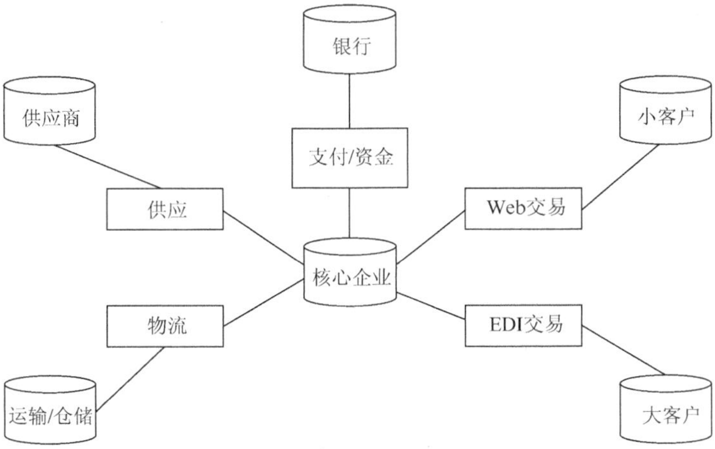

图 4-1 基于电子商务的供应链管理信息组织与集成模式

4.3.2 供应链管理系统的功能

按照 SCM 的发展可将 SCM 系统的功能分为两种情况：一种是初期的 SCM 系统的功能，另一种是集成的 SCM 系统的功能。

1. 初期的 SCM 功能

1）供需管理

供需管理是 SCM 的重要功能，包括供应商和客户的信息和进度管理，如图 4-2 所示。从图中可以看出供应链的需求是由客户、分销中心、仓库、工厂 *B*、工厂 *A* 流向供应商的，也可以直接由客户、公司流向供应商。供应链的供应是由供应商、工厂 *A* 或 *B*、仓库、分销中心流向客户的。

供应商的信息和进度由采购功能来管理，客户信息和进度由销售功能来管理，企业内部供应与需求由制造、库存、运输功能模块来管理。所有的供需信息可以通过不同的节点来进行收集，供需信息自动在数据库之间传递。

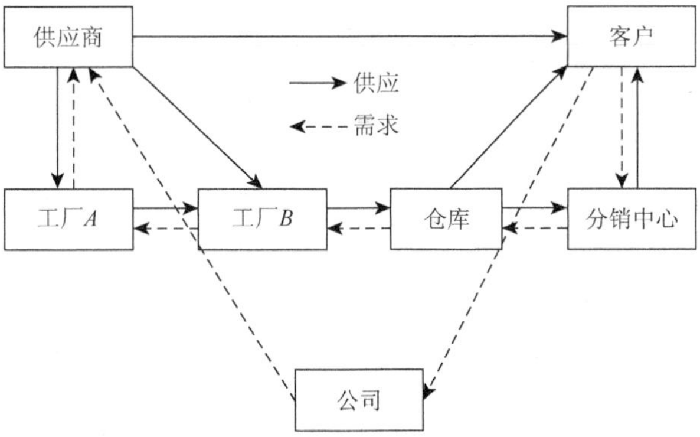

图 4-2 供应链的供需管理

2）物料管理

在具备了供需信息之后，可以根据这些信息来编制计划和执行计划。制造工厂可以通过物料清单、库存控制、加工单、质量管理等来管理自身的生产过程。

3）财务管理

供应链的财务管理主要是管理供应商、制造商和客户之间资金往来情况，即应收账与应付账。同时制造商也要对内部资金的往来情况进行管理，控制现金流量和降低成本。

2. 集成的 SCM 功能

到了 SCM 的发展阶段，SCM 的内容更为深入和广泛。不仅供应链管理的短期计划得到重视，供应链管理的长期计划也引起了重视。从短期看，管理者关心的是何时采购何种原材料；如何充分地利用生产资源安排好生产；怎样合理安排运输路线；如何编制履行合同的计划；怎样履行对客户的承诺……从长期来看，管理者关心的是选用怎样的策略与供应商建立关系；在何处设立工厂为宜；怎样才能建立国际运输网络；如何开展网络营销；如何应对产品供不应求的局面……这一切都是 SCM 需要解决的问题，而这些问题的解决不仅依赖于企业之间的信息系统，还需要有企业内部的信息系统、决策支持系统 DSS 的支持，供应链中的 DSS 又称为高级计划排程（Advanced Planning and Scheduling，APS）。利用 APS 可以帮助进行物流网络设计，存货的配置，配送中心选址，库存产品管理，运输的调度，资源的分配，运输路线的安排，需求计划的预测，供应计划的制订，产品产量的确定，仓库的数量及大小的决定等工作。

1）采购管理

集成 SCM 的采购管理，即 Internet 采购，包含采购自助服务，采购内容管理，供货来源的分配，供应商的协作，收货及付款，采购智能等功能。集成 SCM 的采购与传统采购管理不同，它是由交易关系转变为合作伙伴关系；由为避免缺料的采购管理转变为满足订货而采购；由被动供应链转变为主动供应；由制造商管理库存转变为供应商管理库存。

在采购管理中，可以运用及时系统的原理，做到及时采购，实现零库存。以最低的价格来获得所有的物料，以最大限度来降低成本。

2）销售管理

集成 SCM 的销售订单管理具有客户自助服务，订单配置，需求获取，订单履行，开票，以及销售智能等功能。集成 SCM 的销售与传统销售管理不同，它是由推式市场模式转变为拉式市场模式；由以制造商为中心转变为以客户为中心；由等待型销售转变为创造性销售；由一般渠道销售转变为网络营销。

在销售订单管理中，运用客户价值的管理，利用由传统的虚拟的信息源所获得的需求信息，对客户要求迅速作出反应，以便达到扩大销售、提高利润的目标。

3）高级计划排程（APS）

高级计划排程是实现集成 SCM 的重要部分，它包括综合预测，供应链计划、需求计划、制造计划和排程、供应链智能等功能。高级计划排程是传统管理中所缺少的功能。高级计划排程功能可以发展多设备分布和生产计划，利用 Internet 优化企业在全球的供应链业务。可以通过分销需求计划（DPR），供应链计划（SCP）帮助企业得到快捷无缝的计划系统。没有 APS，SCM 只能作为一种管理理念，而不能成为计划和协同的工具，更不可能形成可推广的软件。

SCM的敏捷制造是集成化SCM的一部分。它包括多模式制造、混合制造、国际化、质量与成本管理以及运作智能等功能。敏捷制造使用最佳的制造方案来提高运营效率和加速业务周转。

4）交易平台

除了以上功能之外，集成SCM还为用户提供交易平台，它具有订单目录、现货购买、来源分配、拍卖、付款、后勤管理、协作计划与排程、关键绩效指标等功能。

在集成SCM中，有各种形式的交易平台。包括：一对一模式，即一个企业与另一个企业相链接，它们的信息系统也链接；一对多模式，即一个企业通过交易平台与多个企业链接，从信息系统角度来看，可以是一个企业的一个或多个应用系统通过交易平台与多个企业链接；多对多模式，即多个企业与多个企业通过交易平台链接。无论是一对一模式或是一对多模式，还是多对多的模式，在交易平台中企业与客户、供应商交换的是制造、财务、需求计划、服务等信息。

通过交易平台可以建立一种会员制，各企业可以以会员身份支付一定会费来参加交易活动。供应链上需要增加何种功能，什么时间增加也由会员企业投票来决定。

4.3.3 供应链管理的实施

SCM的实施与ERP的实施不一样，实施SCM的难度比较高。这是因为ERP的实施只涉及一个企业，而SCM的实施涉及企业外部，它包含了上游及下游的许多企业。因此，这是一个需要由较高的集成度才能完成的事业。当然，建立一套切实可行而完美的实施方案就是一项必不可少的工作了。SCM的实施包括以下环节。

（1）明确企业自身在供应链中的定位。供应链由原材料供应商、制造商、分销商、零售商、物流与配送商及消费者组成。一条富于竞争力的供应链要求组成供应链的各成员都具有较强的竞争力，不管每个成员为整个供应链做什么，都应该是专业化的，而专业化就是优势。在供应链中总会有处于从属地位的企业。任何企业都不可能包揽供应链的所有环节，它必须根据自身的优势来确定自身的位置，制定相关的发展战略。比如，对自己的业务活动进行调整和取舍，着重培养自己的业务优势等。

（2）分析业务目标。供应链上的成员是为了共同的目标而走到一起来的，这个共同的目标就是降低成本，提高利润，加强竞争力。为了达到这个目标，必须研究销售、产品等各方面的问题。如供需信息如何快速传递；新产品开发速度如何掌握；怎样联合控制成本；如何共同参与质量的控制；准时交货如何做到……可以将各种目标按照重要程度进行排列。

（3）分析现有供应链。从计划、约束条件、运作以及业绩等方面来分析现有供应链中各节点所存在的问题。这些问题可以分为企业内部的，供应链方面的，与其他供应链竞争方面的。

在以上分析的基础上，可以确定SCM的战略目标，决定改革的方案，以及拟定SCM的设想。

（4）组建实施团队。实施团队由SCM有关的人员所组成。他们是掌握一定产品知识的技术人员、管理部门和供应商之间联系的组织人员；具有决策权利的企业高层管理者。

这个团队需要有一位充分了解各企业和供应链的领导者，他应该具有一定的组织能力和协调能力，能够处理好各方面的关系。

（5）选择合作伙伴。合作伙伴的选择也是SCM设计的首要工作。因为合作伙伴选择得是否恰当将会对SCM产生很大的影响。合作伙伴的选择是有原则的，这些原则是合作伙伴能增加产品的价值，提高销售水平，有效利用资源，加速运转过程，具有互补作用，增进技术合作。在选择供应商时还可以对以上原则进一步具体化。如供应商是否能长期合作，供应的产品质量如何，供应商在行业中的经验如何，供应商的服务水平如何，供应商的信息系统是否建立……通过调查研究可以选择理想的合作伙伴。

（6）广泛采用信息技术。目前，我国大量的生产企业处于由消费者引导生产的阶段，因此应该尽可能全面地收集消费信息，零售店铺的POS系统可以收集一部分信息，物流、配送环节的信息就比较难收集，这时可以通过应用条形码及其他一些自动数据采集系统进行采集，而且应该建立整个供应链管理的信息系统。

（7）建立物流、配送网络，组建供应链。企业的产品能否通过供应链快速地分销到目标市场上，这取决于供应链上物流、配送网络的健全程度及市场开发状况等，物流、配送网络是供应链存在的基础。一个供应链组建物流、配送网络时应该最大限度地谋求专业化。当供应链各伙伴统一了认识，愿意建立合作关系之后，建立供应链的条件也就成熟了，接下来可以组织组建供应链的各方签订协议。协议中要强调目标一致，信息共享和利益分享。

（8）对供应链进行绩效评价。国内许许多多实例证明：建立控制一个包括广泛销售渠道在内的供应链不容易，而维护对整个供应链长久的领导力量更不容易。因此，需要对供应链进行绩效评价。包括三个方面：①对整个供应链的运行效果做出评价。主要考虑到供应链之间的竞争，为供应链在市场中的生存、组建、运行、撤销的决策提供客观依据。目的是通过绩效评价而获得对整个供应链的运行状况的了解，找出供应链运营中的问题，及时给予纠正。②对供应链内各企业做出评价。主要考虑供应链对其企业的激励，吸收优秀企业加盟，剔除不良企业。③对供应链内企业之间的合作关系做出评价。主要评价上、下游企业之间的合作伙伴关系。

4.4 电子商务与电子政务

4.4.1 电子商务的概念

互联网尽管在20世纪70年代已经用于科学研究，但真正普及还是在90年代。从1995年以后，随着Internet的使用，互联网开始被应用在企业内部的信息共享和沟通，后来又被广泛使用在企业与企业的联系、企业与顾客的联系等方面，由此发展成为电子商务。因此电子商务是信息化社会的商务模式，是商务的未来。那么，什么是电子商务呢？

事实上，到今天为止，还没有一个较为全面、具有权威性的、能够为大多数人接受的电子商务的定义。各种组织、政府、公司、学术团体……所有人都是依据自己的理解和需要为电子商务定义的。下面是一些具有代表性的定义，供大家参考。

（1）《中国电子商务蓝皮书（2001）》认为，电子商务指通过Internet网完成的商务交易。交易的内容可分为商品交易和服务交易，交易是指货币和商品的易位，交易要有信息流、资金流和物流的支持。

（2）经济合作和发展组织（OECD）对电子商务的定义：电子商务是发生在开放网络上的包含企业之间（Business to Business）、企业和消费者之间（Business to Customer）的商业交易。

（3）世界贸易组织（WTO）认为：电子商务是通过电子方式进行货物和服务的生产、销售、买卖和传递。这一定义奠定了审查与贸易有关的电子商务的基础，也就是继承关贸总协定（GATT）的多边贸易体系框架。

（4）全球信息基础设施委员会（GIIC）电子商务工作委员会报告草案中对电子商务定义如下：电子商务是运用电子通信作为手段的经济活动，通过这种方式人们可以对带有经济价值产品和服务进行宣传、购买和结算。这种交易的方式不受地理位置、资金多少或零售渠道的所有权影响，公有私有企业、公司、政府组织、各种社会团体、一般公民、企业家都能自由参加的广泛的经济活动，其中包括农业、林业、渔业、工业、私营和政府的服务业。电子商务能使产品在世界范围内进行交易并向消费者提供多种多样的选择。

（5）欧洲经济委员在比利时举办的全球信息社会标准大会上明确提出电子商务的定义是：电子商务是各参与方之间以电子方式而不是以物理交换或直接物理接触方式完成任何形式的业务交易。这里的电子方式包括电子数据交换（EDI）、电子支付手段、电子订货系统、电子邮件、传真、网络、电子公告系统条码、图像处理、智能卡等。

（6）加拿大电子商务协会给出的定义为：电子商务是通过数字通信进行商品和服务的买卖以及资金的转账，它还包括公司间和公司内利用 E-mail、EDI、文件传输、传真、电视会议、远程计算机联网所能实现的全部功能（如市场营销、金融结算、销售以及商务谈判）。

（7）美国政府在其《全球电子商务纲要》中比较笼统地指出：电子商务是通过 Internet 进行的各项商务活动，包括广告、交易、支付、服务等活动，全球电子商务将会涉及各个国家。

（8）IBM 公司的电子商务（E-Business）概念包括三个部分：企业内部网（Intranet）、企业外部网（Extranet）、电子商务（E-Commerce）。它所强调的是在网络计算环境下的商业化应用，不仅仅是硬件和软件的结合，也不仅仅是通常意义下的强调交易的狭义的电子商务（E-Commerce），而是把买方、卖方、厂商及其合作伙伴在因特网（Internet）、企业内部网（Intranet）和企业外部网（Extranet）结合起来的应用。它同时强调这三部分是有层次的：只有先建立良好的 Intranet，建立好比较完善的标准和各种信息基础设施，才能扩展到 Extranet，最后扩展到 E-Commerce。

（9）HP 公司提出电子商务（E-Commerce）、电子业务（E-Business）、电子消费（E-Consumer）和电子化世界的概念。它对电子商务的定义是：通过电子化手段来完成商务贸易活动的一种方式。电子商务使我们能够以电子交易为手段完成物品和服务等的交换，是商家和客户之间的联系纽带。它包括两种基本形式：商家之间的电子商务及商界与最终消费者之间的电子商务。对电子业务的定义是：一种新型的业务开展手段。通过基于 Internet 的信息结构，使得公司、供应商、合作伙伴和客户之间，利用电子业务共享信息，E-Business 不仅能够有效地增强现有业务进程的实施，而且能够对市场等动态因素作出快速响应并及时调整当前的业务进程。更重要的是，E-Business 本身也为企业创造出了更多、更新的业务运作模式。对电子消费的定义是：人们使用信息技术进行娱乐、学习、工作、购物等一系列活动，使家庭的娱乐方式越来越多地从传统电视向 Internet 转变。

（10）通用电气公司（GE）对电子商务的定义是：电子商务是通过电子方式进行商业交易，分为企业与企业间的电子商务和企业与消费者之间的电子商务。企业与企业间的电子商务：以电子数据交换（EDI）为核心技术，增值网（VAN）和互联网（Internet）为主要手段，实现企业间业务流程的电子化，配合企业内部的电子化生产管理系统，提高企业从生产、库存、流通（包括物资和资金）各个环节的效率。企业与消费者之间的电子商务：以 Internet 为主要服务提供手段，实现公众消费和服务提供方式以及相关的付款方式的电子化。

上述定义以不同角度，从广义和狭义上各抒己见，其中 GIIC 和 HP 给出的概念最广，它们强调电子商务包括一切使用电子手段进行的商业活动。但大多数定义还是将电子商务限制在使用计算机网络进行的商业活动。因为计算机网络特别是 Internet 的普及使得电子商务得到如此广泛的应用，也使得商业模式发生了根本性的改变。因此可以说，从宏观角度讲，电子商务是计算机网络带来的又一次革命，旨在通过电子手段建立一种新的经济秩序。它不仅涉及电子技术和商业交易本身，而且涉及如金融、税务、教育等其他社会层面；从微观角度来说，电子商务是指各种具有商业活动能力的实体（生产企业、商贸企业、金融机构、政府机构、个人消费者等）利用网络和先进的数字化传媒技术进行的各项商业贸易活动。

4.4.2 电子商务的基本模式

按照交易主体的不同，可以将电子商务分为以下几种模式。

（1）企业-企业模式（B2B 模式）。企业对企业（Business to Business）的电子商务指的是企业与企业之间依托 Internet 等现代信息技术手段进行的商务活动。例如，工商企业利用 Internet 等向供应商采购或利用网络付款等。对一个生产领域的生产企业来说，它的商务过程大致可以描述为：需求调查→材料采购→生产→商品销售→收款→货币结算→商品交割。当引入电子商务时，这个过程描述为电子查询→进行需求调查→以电子单证的形式调查原材料信息→确定采购方案→生产→通过电子广告促进商品销售→以电子货币的形式进行资金接收→同电子银行进行货币结算→商品交割。而对于一个流通领域的商贸企业来说，由于它没有生产环节，电子商务活动几乎涵盖了整个企业的经营管理活动，是利用电子商务最多的企业。通过电子商务，商贸企业可以更及时地准确地获取消费者信息，从而准确订货、减少库存，并通过网络进行促销活动，以提高效率，降低成本，获得更大利润。

（2）企业-消费者模式（B2C 模式）。企业对消费者（Business to Consumer）的电子商务指的是企业与消费者之间依托 Internet 等现代信息技术手段进行的商务活动。也可以这样说，“它是以 Internet 为手段，实现公众消费及提供服务，并保证与其相关的付款方式的电子化。它是随着 WWW 的出现而迅速发展的，可以将其看作一种电子化的零售”。目前，在 Internet 网上遍布各种类型的商业中心，提供从鲜花、书籍、食品、饮料、玩具到计算机、汽车等各种消费商品和服务，几乎包括了所有的消费品。目前在 Internet 的 WWW

网上有很多这一类型电子商务成功应用的例子，如全球最大的虚拟书店 Amazon，顾客可以自己管理和跟踪货物的快递公司 Federal Express，网上预订外卖食品的 Pizza Hut 等。

（3）企业-政府模式（B2G 模式）。企业对政府（Business to Government）的电子商务指的是企业与政府机构之间依托 Internet 等现代信息技术手段进行的商务和业务活动。政府与企业之间的各项事务都可以涵盖在此模式中，如电子采购与招投标系统、电子税务系统、电子工商行政管理系统、综合信息服务系统等内容。

（4）消费者-政府模式（C2G 模式）。消费者对政府（Consumer to Government）的电子商务指的是政府对个人之间依托 Internet 等现代信息技术手段进行的商务和业务活动。这类的电子商务活动目前还不多，但应用前景广阔，如电子身份认证、电子社会保障服务，电子民主管理、电子就业市场、电子医疗服务等。

（5）消费者-消费者模式（C2C 模式）。消费者对消费者（Consumer to Consumer）的电子商务指的是个人之间依托 Internet 等现代信息技术手段进行的商务和业务活动。因特网为个人经商提供了便利，任何人都可以“过把瘾”，各种个人拍卖网站层出不穷，形式类似西方的“跳蚤市场”——旧货市场。其中最成功、影响最大的应该算是 eBay。

（6）政府部门-政府部门模式（G2G 模式）。政府对政府（Government to Government）的电子商务指的是政府与政府（包括政府内部、政府上下级之间、不同地区和不同职能部门之间）依托 Internet 等现代信息技术手段进行的商务和业务活动。政府与政府之间的各项事务都可以涵盖在此模式中，如政府内部办公自动化、垂直网络化管理系统、横向协调系统、电子政策法规系统、电子公文系统、电子财政管理系统、电子司法档案系统、电子培训系统、业绩评价系统等内容。

4.4.3　电子商务的功能

（1）网上电子邮件。商家企业在网上可以和客户进行网上电子邮件（E-mail）的收发。商家企业利用电子邮件可以在用户或用户组之间通过计算机网络进行收发信息的服务，也就是在客户计算机和商家企业计算机之间传送电子消息。

（2）网上订购。电子商务可借助 Web 中的邮件或表单交互传递实现网上的订购。企业可以在产品介绍的页面上提供友好的订购提示信息和订购交互格式框，当客户填完订购单后，通常系统会回复确认来保证订购信息收悉和处理。订购信息也可采用加密的方式使客户和商家的商业信息不至泄露。

（3）网上营销。商家企业上网立即可以进行网上营销。商家和企业开展联机售前和售后服务，在电子商务的实际业务中非常重要，电子商务在线交易系统为商家和企业提供了有效获取交易活动的全部历史信息、向购买者提供联机顾客（消费者）服务的信息、方便快捷地进行顾客（消费者）服务管理，降低系统负荷，增强处理和解决电子商务系统中出现的各种问题的能力。网上订购和网上营销是密切相关的。

（4）服务传递。对于已付款客户，应将其订购的货物尽快传递到他们的手中。若有些货物在本地，有些货物在异地，电子邮件和其他电子工具可以在网络中进行物流的调配。而适合在网上直接传递的信息产品，如软件、电子读物、信息服务等，则可以直接从电子仓库发到用户端。

（5）咨询洽谈。电子商务可借助非实时的电子邮件、新闻组和实时的讨论组来了解市场和商品信息，洽谈交易事务，如有进一步的需求，还可用网上的白板会议来互动交流有关图形信息。网上的咨询和洽谈能降低交易成本，而且往往能突破人们面对面洽谈所受的一些局限，网络能提供多种方便的异地交谈形式，如三地、四地参加的多方洽谈。

（6）网上支付。电子商务要成为一个完整的过程，网上支付是重要的环节。客户和商家之间可采用多种支付方式，保证交易的可靠性，节省费用，加快资金周转。网上支付需要更可靠的信息传输安全性控制，以防止诈骗、窃听、冒用等非法行为。网上支付必须要有电子金融中介的支持，如网络银行、信用卡公司等提供网上操作的金融服务。

（7）网络银行与网上电子账户。网络银行的突出特点是银行业务虚拟化、金融业务虚拟化。企业上网即可以与网络银行联系，建立网上电子账户。在当今瞬息万变的商业贸易社会中，商家和企业必须不断地适应新的市场、新的竞争，利用新的技术，提供新的吸引顾客（消费者）的方法，以便维护自己的生存和发展。建立网上电子账户可以提高企业品牌形象，密切客户关系，提高支付效率。

（8）网上广告。电子商务可凭借企业的 Web 服务器，在 Internet 上发布各类商业信息，利用网页和电子邮件在全球范围内做广告宣传，客户也可借助网上的检索工具迅速地找到所需商品信息，与以往的各类广告方式相比，网上广告成本最为低廉，给顾客的信息量却相当丰富。

（9）意见征询。电子商务能十分方便地采用网页上的“选择”“填空”等格式文件来收集用户对销售商品或服务的反馈意见，使企业的市场运营能形成一个快速有效的信息回路。客户的反馈意见不仅能提高售后服务的水平，更能使企业获得改进产品的宝贵信息，发现新的商业机会。

（10）业务管理。企业或政府机构的业务管理包括人、财、物等多个方面，涉及与相关部门和单位、个人的复杂关系，如企业和企业、企业和消费者及企业内部等各方面的协调和管理。电子商务技术为提高各项业务管理的效率创造了重要的基础条件。

4.4.4 电子政务的含义与内容

1. 电子政务的含义

电子政务是一个系统工程，包含以下几个方面的含义。

（1）电子政务是必须借助于电子信息化硬件系统、数字网络技术和相关软件技术的综合服务系统。其中，硬件部分包括内部局域网、外部互联网、系统通信系统和专用网路等；软件部分包括大型数据库管理系统、信息传输平台、权限管理平台、文件形成和审批上传系统、新闻发布系统、服务管理系统、政策法规发布系统、用户服务和管理系统、人事及档案管理系统、福利及住房公积金管理系统等数十个系统。

（2）电子政务是处理与政府有关的公开事务、内部事务以及其他一些公共组织的管理事务，如检务、审务、社区事务等。

（3）电子政务是新型的、先进的、革命性的政务管理系统。电子政务并不是简单地将传统的政府管理事务原封不动地搬到互联网上，而是要对其进行组织结构的重组和业务流程的再造。因此，电子政府在管理方面与传统政府管理之间有显著的区别。

2. 电子政务的内容

电子政务的内容非常广泛，国内外也有不同的内容规范。从国家政府所规划的项目来看，电子政务主要包括这样几个方面：政府间的电子政务；政府对企业的电子政务；政府对公民的电子政务。

1）政府间的电子政务

政府间的电子政务是上下级政府、不同地方政府、不同政府部门之间的电子政务。它主要包括以下内容。

（1）电子法规政策系统。对所有政府部门和工作人员提供相关的现行有效的各项法律、法规、规章、行政命令和政策规范，使所有政府机关和工作人员真正做到有法可依、有法必依。

（2）电子公文系统。在保证信息安全的前提下在政府上下级、部门之间传送有关的政府公文，如报告、请示、批复、公告、通知、通报等，使政务信息十分快捷地在政府间和政府内流转，提高政府公文的处理速度。

（3）电子司法档案系统。在政府司法机关之间共享司法信息，如公安机关的刑事犯罪记录、审判机关的审判案例、检察机关的检察案例等，通过信息共享来改善司法工作效率并提高司法人员综合能力。

（4）电子政务管理系统。向各级国家权力机关、审计部门和相关机构提供分级、分部门历年的政府财政预算及其执行情况，包括从明细到汇总的财政收入、开支、拨付款数据以及相关的文字说明和图表，便于有关领导和部门及时掌握和监控财政状况。

（5）电子办公系统。通过电子网络完成机关工作人员的许多事务性的工作，节约时间和费用，提高工作效率，如工作人员通过网络申请出差、请假、文件复制、使用办公设施和设备、下载政府机关经常使用的各种表格、报销出差费用等。

（6）电子培训系统。对政府工作人员提供各种综合性和专业性的网络教育课程，特别是适应信息时代对政府的要求，加强对员工与信息技术有关的专业培训，员工可以通过网络随时随地注册参加培训课程、接受培训或参加考试等。

（7）业绩评价系统。按照设定的任务目标、工作标准和完成情况对政府各部门业绩进行科学的测量和评估。

2）政府对企业的电子政务

政府对企业的电子政务是指政府通过电子网络系统进行电子采购与招标，精简管理业务流程，快捷迅速地为企业提供各种信息服务。它主要包括以下几项。

（1）电子采购与招标。通过网络公布政府采购的有关政策和程序，使政府采购成为阳光作业，减少徇私舞弊和暗箱操作，降低企业的交易成本，节约政府采购支出。

（2）电子税务。使企业通过政府税务网络系统，在家里或企业办公室就能完成税务登记、税务申报、税款划拨、查询税收公报、了解税收政策等业务，既方便了企业，也减少了政府的开支。

（3）电子证照办理。让企业通过互联网申请办理各种证件和执照，缩短办证周期，减轻企业负担，如企业营业执照的申请、受理、审核、发放、年检，登记项目变更、核销，以及统计证、土地和房产证、建筑许可证、环境评估报告等证件、执照和审批事项的办理。

（4）信息咨询服务。政府将拥有的各种数据库信息对企业开放，以方便企业利用，如法律、法规规章政策数据库，政府经济白皮书，国际贸易统计资料等信息。

（5）中小企业电子服务。政府利用宏观管理优势和集合优势，为提高中小企业国际竞争力和知名度提供各种帮助。包括为中小企业提供统一政府网站入口，帮助中小企业同电子商务供应商争取有利的能够负担的电子商务应用解决方案。

3）政府对公民的电子政务

政府对公民的电子政务是指政府通过电子网络系统为公民提供的各种服务。主要包括以下几项。

（1）教育培训服务。建立全国性的教育平台，并资助所有的学校和图书馆接入互联网和政府教育平台；政府出资购买教育资源然后提供给学校和学生；重点加强对信息技术能力的教育和培训，以适应信息时代的挑战。

（2）就业服务。通过电话、互联网或其他媒体向公民提供工作机会和就业培训，促进就业。如开设网上人才市场或劳动市场，提供与就业有关的工作职位缺口数据库和求职数据库信息；在就业管理和劳动部门所在地或其他公共场所建立网站入口，为没有计算机的公民提供接入互联网寻找工作职位的机会；为求职者提供网上就业培训，就业形式分析，指导就业方向。

（3）电子医疗服务。通过政府网站提供医疗保险政策信息、医药信息、职业医生信息，为公民提供全面的医疗服务，公民可通过网络查询自己的医疗保险个人账户余额和当地公共医疗账户的情况；查询国家新审批的药品的成分、功效、试验数据、使用方法及其他详细数据，提高自我保健的能力；查询当地医院的级别和执业医生的资格情况，选择合适的医生和医院。

（4）社会保险网络服务。通过电子网络建立覆盖地区甚至国家的社会保险网络，使公民通过网络及时全面地了解自己的养老、失业、工伤、医疗等社会保险账户的明细情况，有利于加深社会保障体系的建立和普及；通过网络公布最低收入家庭补助，增加透明度；还可以通过网络直接办理有关的社会保障理赔手续。

（5）公民信息服务。使公民得以方便、容易、费用低廉地接入政府法律、法规规章数据库；通过网络提供被选举人背景资料，促进公民对被选举人的了解；通过在线评论和意见反馈了解公民对政府工作的意见，改进政府工作。

（6）交通管理服务。通过建立电子交通网站提供对交通工具和司机的管理与服务。

（7）公民电子税务。允许公民个人通过电子报税系统申报个人所得税、财产税等个人税务。

（8）电子证件服务。允许居民通过网络办理结婚证、离婚证、出生证、死亡证明等有效证书。

4.5 物联网

4.5.1 物联网的基本概念

物联网的概念分为广义和狭义两方面。广义来讲，物联网是一个未来发展的愿景，等同于“未来的互联网”或者“泛在网络”，能够实现人在任何时间、地点，使用任何网络与任何人与物的信息交换以及物与物之间的信息交换；狭义来讲，物联网是物品之间通过传感器连接起来的局域网，不论接入互联网与否，都属于物联网的范畴。

物联网的一种定义是：通过射频识别（RFID）、红外感应器、全球定位系统（GPS）、激光扫描器等信息传感设备，按约定的协议，把任何物品与互联网连接起来，进行信息交换和通信，以实现智能化识别、定位、跟踪、监控和管理的一种网络。显然，物联网的这一概念来自于同互联网的类比。根据物联网与互联网的关系分类，不同的专家学者对物联网给出了各自的定义，归纳起来有如下四种类型。

（1）物联网是传感网而不接入互联网。有的专家认为，物联网就是传感网，只是给人们生活环境中的物体安装传感器，这些传感器可以更好地帮助我们认识环境，这个传感器网不接入互联网。例如，上海浦东机场的传感器网络，其本身并不接入互联网，却号称是中国第一个物联网。物联网与互联网的关系是相对独立的两张网。

（2）物联网是互联网的一部分。物联网并不是一张全新的网，实际上早就存在了，它是互联网发展的自然延伸和扩张，是互联网的一部分。互联网是可包容一切的网络，将会有更多的物品加入这张网中。也就是说，物联网是包含于互联网之内的。

（3）物联网是互联网的补充网络。通常所说的互联网是指人与人之间通过计算机结成的全球性网络，服务于人与人之间的信息交换。而物联网的主体则是各种各样的物品，通过物品间传递信息从而达到最终服务于人的目的，两张网的主体是不同的，因此物联网是互联网的扩展和补充。互联网好比是人类信息交换的动脉，物联网就是毛细血管，两者相互联通，且物联网是互联网的有益补充。

（4）物联网是未来的互联网。从宏观的概念上讲，未来的物联网将使人置身于无所不在的网络之中，在不知不觉中，人可以随时随地与周围的人或物进行信息的交换，这时物联网也就等同于泛在网络，或者说未来的互联网。物联网、泛在网络、未来的互联网，它们的名字虽然不同，但表达的都是同一个愿景，那就是人类可以随时、随地、使用任何网络、联系任何人或物，达到信息自由交换的目的。

总而言之，不论是哪一种类型的概念，物联网都需要对物体具有全面感知能力，对信息具有可靠传送和智能处理能力，从而形成一个连接物体与物体的信息网络。也就是说，全面感知、可靠传送、智能处理是物联网的基本特征。“全面感知”是指利用 RFID、二维码、GPS、摄像头、传感器、传感器网络等感知、捕获、测量的技术手段，随时随地对物体进行信息采集和获取；“可靠传送”是指通过各种通信网络与互联网的融合，将物体接入信息网络，随时随地进行可靠的信息交互和共享；“智能处理”是指利用云计算、模糊识别等各种智能计算技术，对海量的跨地域、跨行业、跨部门的数据和信息进行分析处理，提升对物理世界、经济社会各种活动和变化的洞察力，实现智能化的决策和控制。因此，“物联网”概念的问世，打破了之前的传统思维。过去的思路一直是将物理基础设施和 IT 基础设施分开：一方面是机场、公路、建筑物等，而另一方面是数据中心、个人电脑、宽带等。在“物联网”时代，钢筋混凝土、电缆将与芯片、宽带整合为统一的基础设施，换句话说，基础设施更像是一块新的地球工地，世界的运转就在它上面进行，其中包括经济管理、生产运行、社会管理乃至个人生活。具体地说，就是把感应器嵌入和装备到电网、铁路、桥梁、隧道、公路、建筑、供水系统、大坝、油气管道等各种物体中，通过现有的互联网整合起来，实现人类社会与物理系统的整合。在这个整合的网络当中，存在能力超级强大的中心计算机群，能够对整个网络内的人员、机器、设备和基础设施进行实时的管理和控制。在此基础上，人类可以用更加精细和动态的方式管理生产和生活，达到“智慧”状态，提高资源利用率和生产力水平，改善人与自然间的关系。

4.5.2 物联网的体系架构

物联网应该具备三个特征：一是全面感知，即利用 RFID、传感器、二维码等随时随地获取物体的信息；二是可靠传递，通过各种电信网络与互联网的融合，将物体的信息实时准确地传递出去；三是智能处理，利用云计算、模糊识别等各种智能计算技术，对海量数据和信息进行分析和处理，对物体实施智能化的控制。

在业界，物联网大致被公认为有三个层次，底层是用来感知数据的感知层，第二层是数据传输的网络层，最上面则是内容应用层。其结构如图 4-3 所示。

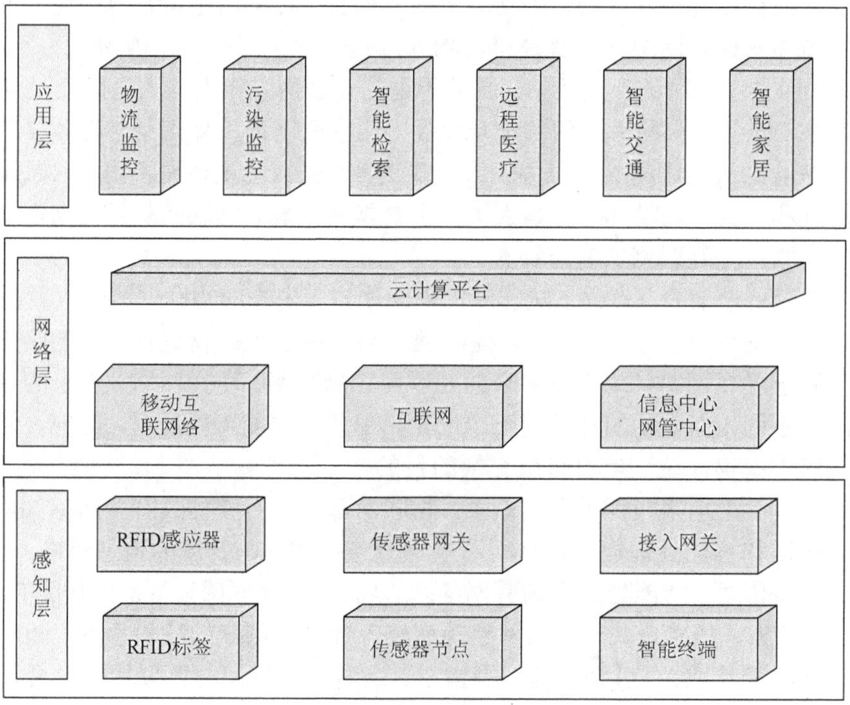

图 4-3 物联网体系结构

1. 感知层

感知层包括传感器等数据采集设备，包括数据接入网关之前传感器网络。对于目前关注和应用较多的 RFID 网络来说，张贴安装在设备上的 RFID 标签和用来识别 RFID 信息的扫描仪、感应器属于物联网的感知层，如图 4-4 所示。在这一类物联网中被检测的信息是 RFID 标签内容，高速公路不停车收费系统、超市仓储管理系统等都是基于这一类结构的物联网。

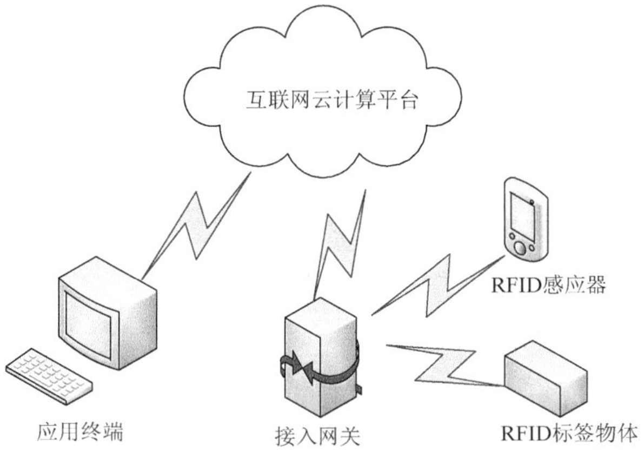

图 4-4　物联网感知层结构——RFID 感知方式

用于战场环境信息收集的智能微尘（Smart Dust）网络，感知层由智能传感节点和接入网关组成，智能节点感知信息（温度、湿度、图像等），并自行组网传递到上层网关接入点，由网关将收集到的感应信息通过网络层提交到后台处理，如图 4-5 所示。环境监控、污染监控等应用是基于这一类结构的物联网。

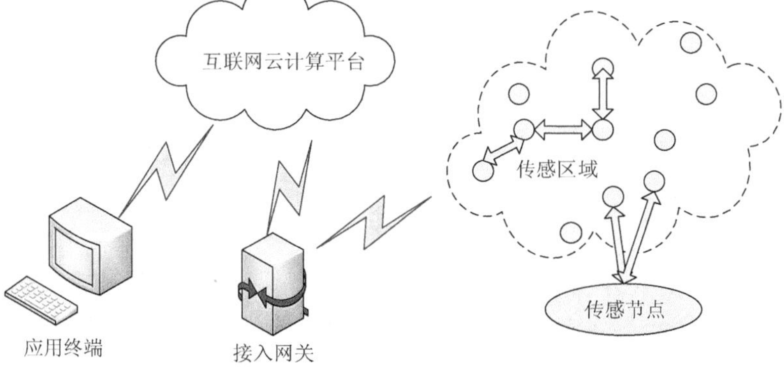

图 4-5　物联网感知层结构——自组网多跳方式

感知层是物联网发展和应用的基础，RFID 技术、传感和控制技术、短距离无线通信技术是感知层涉及的主要技术。其中又包括芯片研发、通信协议研究、RFID 材料、智能节点供电等细分技术。通信协议的研究机构主要有加州大学伯克利分校等。在芯片研发方面，西安优势微电子公司自主研发了国内的首片短距离物联网通信芯片"唐芯一号"，Perpetuum 公司针对无线节点的自主供电已经研发出通过采集振动能供电的产品，而 Powermat 公司也推出了一种无线充电平台。

2. 网络层

物联网的网络层将建立在现有的移动通信网和互联网基础上。物联网通过各种接入设备与移动通信网和互联网相连，如手机付费系统中由刷卡设备将内置手机的 RFID 信息采集上、分析、传到互联网，网络层完成后台鉴权认证并从银行网络划账。

网络层中应有的功能包括信息存储查询、网络管理等。但是，感知数据管理与处理技术是实现以数据为中心的物联网的核心技术。感知数据管理与处理技术包括传感网数据的存储、查询挖掘、理解以及基于感知数据决策和行为的理论和技术，如图 4-6 所示。云计算平台作为海量感知数据的存储、分析平台，将是物联网网络层的重要组成部分，也是应用层众多应用的基础。

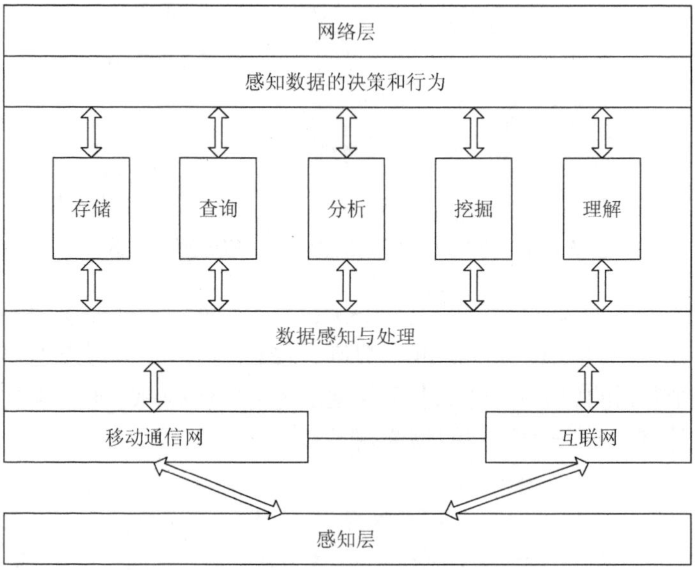

图 4-6 网络层结构

在产业链中，通信网络运营商将在物联网网络层占据重要的地位。而正在高速发展的云计算平台将是物联网发展的又一助力。

3. 应用层

物联网应用层利用经过分析处理的感知数据，为用户提供丰富的特定服务。物联网的应用可分为监控型（物流监控、污染监控），查询型（智能检索、远程抄表），控制型（智能交通、智能家居、路灯控制），扫描型（手机钱包、高速公路不停车收费）等。

应用层是物联网发展的目的，软件开发、智能控制技术将会为用户提供丰富多彩的物联网应用。各种行业和家庭应用的开发将会推动物联网的普及，也给整个物联网产业链带来利润。

目前已经有不少物联网范畴的应用，例如，通过一种感应器感应到某个物体触发信息，然后按设定通过网络完成一系列动作。当你早上拿车钥匙出门上班，在电脑旁待命的感应器检测到之后就会通过互联网络自动发起一系列事件：通过短信或者喇叭自动报今天的天气，在电脑上显示快捷通畅的开车路径并估算路上所花时间，同时通过短信或者即时聊天工具告知你的同事你将马上到达（VIOLET 公司的 Mir.ror 就是类似于上述应用的产品）。又如，已经投入试点运营的高速公路不停车收费系统，基于 RFID 的手机钱包付费应用等。

4.5.3 物联网的技术体系

ITU 在 2005 年的物联网报告中重点描述了物联网的 4 个关键性应用技术——标签事

物的 RFID 技术、感知事物的传感器技术、思考事物的智能技术、微缩事物的纳米技术。目前，国内物联网技术的关注热点主要集中在传感器、RFID、云计算及普适服务等领域。物联网技术涉及多个领域，这些技术在不同的行业往往具有不同的应用需求和技术形态。参照如图 4-7 所示的体系框架，对物联网涉及的核心技术进行归类和梳理，可以形成如图所示的物联网技术体系模型。在这个技术体系中，物联网的技术构成主要包括感知与标识技术、网络与通信技术、计算与服务技术、管理与支撑技术四大体系。

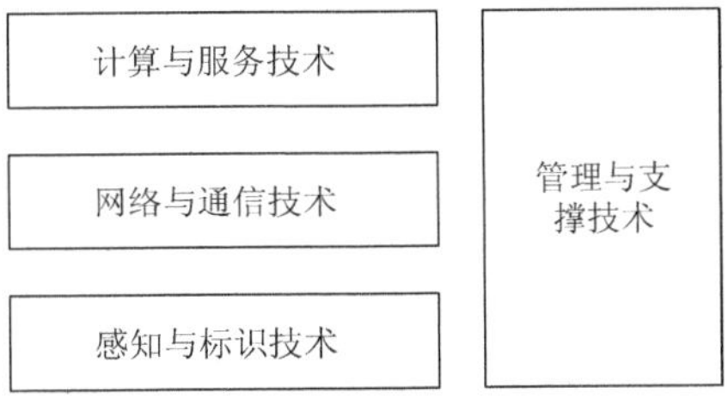

图 4-7　物联网的技术体系模型

1. 感知与标识技术

感知和标识技术是物联网的基础，负责采集物理世界中发生的物理事件和数据，实现外部世界信息的感知和识别，包括多种发展成熟度差异性很大的技术，如传感器、RFID、二维码等。

（1）传感技术。传感技术利用传感器和多跳自组织传感器网络，协作感知、采集网络覆盖区域中被感知对象的信息。传感器技术依附于敏感机理、敏感材料、工艺设备和计测技术，对基础技术和综合技术要求非常高。目前，传感器在被检测量类型和精度、稳定性可靠性、低成本、低功耗方面还没有达到规模应用水平，是物联网产业化发展的重要瓶颈之一。

（2）识别技术。识别技术涵盖物体识别、位置识别和地理识别，对物理世界的识别是实现全面感知的基础。物联网标识技术是以二维码、RFID 标识为基础的，对象标识体系是物联网的一个重要技术点。从应用需求的角度，识别技术首先要解决的是对象的全局标识问题，需要研究物联网的标准化物体标识体系，进一步融合及适当兼容现有各种传感器和标识方法，并支持现有的和未来的识别方案。

2. 网络与通信技术

网络是物联网信息传递和服务支撑的基础设施，通过泛在的互联功能，实现感知信息高可靠性、高安全性传送。

（1）接入与组网。物联网的网络技术涵盖泛在接入和骨干传输等多个层面的内容。以互联网协议版本 6（IPv6）为核心的下一代网络，为物联网的发展创造了良好的基础网条件。以传感器网络为代表的末梢网络在规模化应用后，面临与骨干网络的接入问题，并且其网络技术需要与骨干网络进行充分协同，这些都将面临着新的挑战，需要研究固定、无线和移动网及 Ad-hoc 网技术、自治计算与连网技术等。

（2）通信与频管。物联网需要综合各种有线及无线通信技术，其中近距离无线通信技术将是物联网的研究重点。由于物联网终端一般使用工业科学医疗（ISM）频段进行通信

(免许可证的 2.4 GHz ISM 频段全世界都可通用),频段内包括大量的物联网设备以及现有的无线保真(WiFi)、超宽带(UWB)、ZigBee、蓝牙等设备,频谱空间将极其拥挤,制约物联网的实际大规模应用。为提升频谱资源的利用率,让更多物联网业务能实现空间并存,需切实提高物联网规模化应用的频谱保障能力,保证异种物联网的共存,并实现其互联互通互操作。

3. 计算与服务技术

海量感知信息的计算与处理是物联网的核心支撑。服务和应用则是物联网的最终价值体现。

(1)信息计算。海量感知信息计算与处理技术是物联网应用大规模发展后,面临的重大挑战之一。需要研究海量感知信息的数据融合、高效存储、语义集成、并行处理、知识发现和数据挖掘等关键技术,攻克物联网"云计算"中的虚拟化、网格计算、服务化和智能化技术。核心是采用云计算技术实现信息存储资源和计算能力的分布式共享,为海量信息的高效利用提供支撑。

(2)服务计算。物联网的发展应以应用为导向,在"物联网"的语境下,服务的内涵将得到革命性扩展,不断涌现的新型应用将使物联网的服务模式与应用开发受到巨大挑战,如果继续沿用传统的技术路线必定束缚物联网应用的创新。从适应未来应用环境变化和服务模式变化的角度出发,需要面向物联网在典型行业中的应用需求,提炼行业普遍存在或要求的核心共性支撑技术,研究针对不同应用需求的规范化、通用化服务体系结构以及应用支撑环境、面向服务的计算技术等。

4. 管理与支撑技术

随着物联网网络规模的扩大、承载业务的多元化和服务质量要求的提高以及影响网络正常运行因素的增多,管理与支撑技术是保证物联网实现"可运行-可管理-可控制"的关键,包括测量分析、网络管理和安全保障等方面。

(1)测量分析。测量是解决网络可知性问题的基本方法,可测性是网络研究中的基本问题。随着网络复杂性的提高与新型业务的不断涌现,需研究高效的物联网测量分析关键技术,建立面向服务感知的物联网测量机制与方法。

(2)网络管理。物联网具有"自治、开放、多样"的自然特性,这些自然特性与网络运行管理的基本需求存在着突出矛盾,需研究新的物联网管理模型与关键技术,保证网络系统正常高效的运行。

(3)安全保障。安全是基于网络的各种系统运行的重要基础之一,物联网的开放性、包容性和匿名性也决定了不可避免地存在信息安全隐患。需要研究物联网安全关键技术,满足机密性、真实性、完整性、抗抵赖性的四大要求,同时还需解决好物联网中的用户隐私保护与信任管理问题。

4.5.4 物联网的应用

物联网用途广泛,遍及智能交通、环境保护、政府工作、公共安全、平安家居、智能消防、工业监测、农业管理、老人护理、个人健康等多个领域。在国家大力推动工业化与信息化两化融合的大背景下,物联网将是工业乃至更多行业信息化过程中一个比较现实的突破口。一旦物联网大规模普及，无数的物品需要加装更加小巧智能的传感器，用于动物、植物、机器等物品的传感器与电子标签及配套的接口装置数量将大大超过目前的手机数量。按照目前对物联网的需求，在近年内就需要按亿计的传感器和电子标签。专家预计，2013 年，内嵌芯片、传感器、无线射频的“智能物件”将超过 1 万亿个，物联网将会发展成为一个上万亿元规模的高科技市场，这将大大推进信息技术元件的生产，给市场带来巨大商机。物联网目前已经在行业信息化、家庭保健、城市安防等方面有实际应用。图 4-8 展示了未来物联网的应用场景。

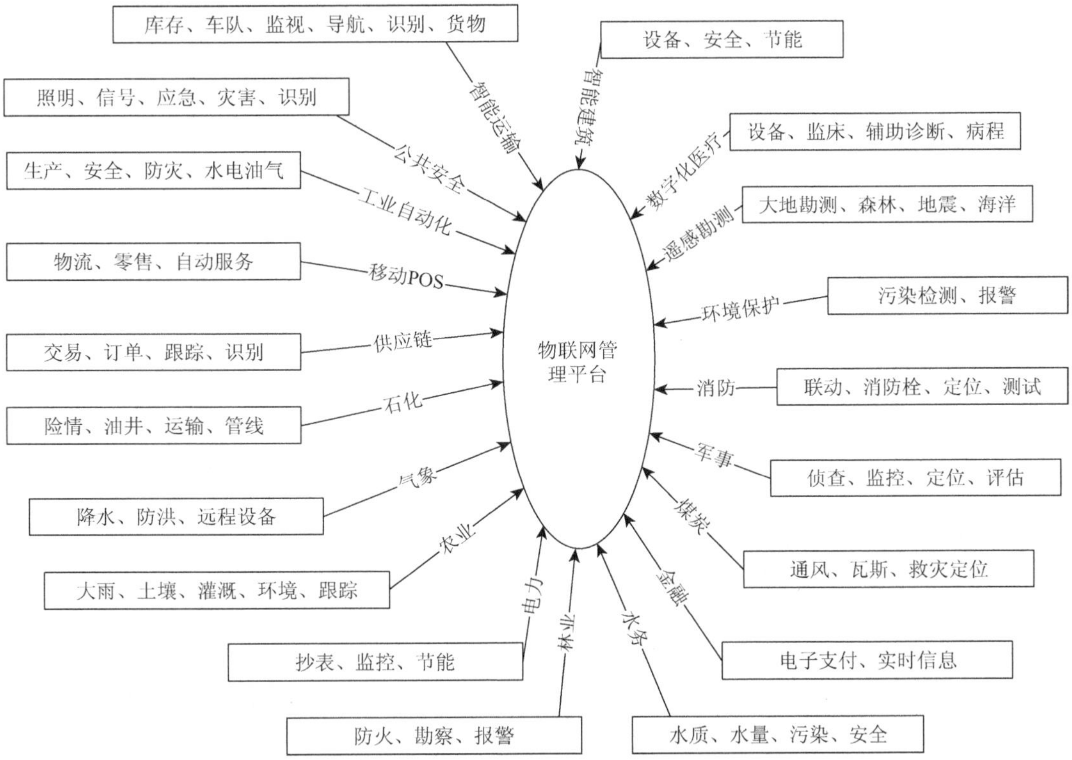

图 4-8 物联网的应用

（1）交通领域。通过使用不同的传感器和 RFID 可以对交通工具进行感知和定位，及时了解车辆的运行状态和路线；方便地实现车辆通行费的支付；显著提高交通管理效率，减少道路拥堵。上海移动的车务通在 2010 年世博会期间全面运用于上海公共交通系统，以最先进的技术保障世博园区周边大流量交通的顺畅。上海浦东国际机场防入侵系统铺设了 3 万多个传感节点，覆盖了地面、栅栏和低空探测，多种传感手段组成一个协同系统后，可以防止人员的翻越、偷渡、恐怖袭击等攻击性入侵。

（2）医疗领域。通过在患者身上放置不同的传感器，对人的健康参数进行监控，及时获知患者的生理特征，提前进行疾病的诊断和预防，并且实时传送到相关的医疗保健中心，如果有异常，保健中心通过手机，提醒您去医院检查身体；通过 RFID 标识与患者绑定，及时了解患者的病历以及各种检查结果。

（3）农业应用。通过使用不同的传感器对农业情况进行探测，帮助进行精确管理。在牲畜溯源方面，给放养牲畜中的每一只羊都贴上一个二维码，这个二维码会一直保持到超市出售的肉品上，消费者可通过手机阅读二维码，知道牲畜的成长历史，确保食品安全。我国已有 10 亿存栏动物贴上了这种二维码。

（4）零售行业。如沃尔玛等大的零售企业要求采购的所有商品上都贴上 RFID 标签，以替代传统的条形码，促进了物流的信息化。

（5）电力管理。江西省电网对分布在全省范围内的 2 万台配电变压器安装传感装置，对运行状态进行实时监测，实现用电检查、电能质量监测、负荷管理、线损管理、需求管理等高效一体化管理，一年来降低电损 1.2 亿千瓦时。

（6）数字家庭。数字家庭以计算机技术和网络技术为基础，包括各类消费电子产品、通信产品、信息家电及智能家居等，通过不同的互联方式进行通信及数据交换，实现家庭网络中各类电子产品之间的“互联互通”的一种服务。数字家庭提供信息、通信、娱乐和生活等功能。

从现有的一些应用系统来看，普遍属于封闭式的专用系统，在每个应用系统中配置的 RFID 等标识设备，缺乏统一的编码标准和用于解码的读写器，因此从应用范围来看，要么属于局域内的小规模专用应用，要么属于广域内具备一定规模的专业应用。对于电信运营商而言，参与度较低，一般作为传输通道提供者提供网络数据传递功能。

➢知识拓展：互联网思维与互联网商业模式

互联网思维，就是在（移动）互联网+、大数据、云计算等科技不断发展的背景下，对市场、用户、产品、企业价值链乃至对整个商业生态进行重新审视的思考方式。

最早提出互联网思维的是百度公司创始人李彦宏。在百度的一个大型活动上，与传统产业的老板、企业家探讨发展问题时，李彦宏首次提到“互联网思维”这个词。他说，我们这些企业家今后要有互联网思维，可能你做的事情不是互联网，但你的思维方式要逐渐像互联网的方式去想问题。现在几年过去了，这种观念已经逐步被越来越多的企业家、甚至企业以外的各行各业、各个领域的人所认可了。但“互联网思维”这个词也演变成多个不同的解释。

互联网时代的思考方式，不局限在互联网产品、互联网企业。这里指的互联网，不单指桌面互联网或者移动互联网，是泛互联网，因为未来的网络形态一定是跨越各种终端设备的，台式机、笔记本、平板、手机、手表、眼镜等。

互联网思维是怎么产生的？生产力决定生产关系，互联网技术特征在一定程度上会影响其在商业层面的逻辑。工业社会的构成单元是有形的原子，而构成互联网世界的基本介质则是无形的比特。这意味着，工业文明时代的经济学是一种稀缺经济学，而互联网时代则是丰饶经济学。根据摩尔定律等理论，互联网的三大基础要件——带宽、存储、服务器都将无限指向免费。在互联网经济中，垄断生产、销售以及传播将不再可能。

而且，一个网状结构的互联网，是没有中心节点的，它不是一个层级结构。虽然不同的点有不同的权重，但没有一个点是绝对的权威。所以互联网的技术结构决定了它内在的精神，是去中心化，是分布式，是平等。平等是互联网非常重要的基本原则。

在一个网状社会，一个“个人”跟一个“企业”的价值，是由连接点的广度跟厚度决定的。你的连接越广、连接越厚，你的价值越大，这也是纯信息社会的基本特征，你的信息含量决定你的价值。所以开放变成一种生存的必须手段，你不开放，你就没有办法去获得更多的连接。

所以，互联网商业模式必然是建立在平等、开放基础之上，互联网思维也必然体现着平等、开放的特征。平等、开放意味着民主，意味着人性化。从这个意义上讲，互联网经济是真正的以人为本的经济。

农业文明时代，最重要的资产是土地跟农民，工业时代最重要的资产是资本、机器（机器是固化的资本）、流水线上被异化了的人。工业时代早期考虑最多的是异化的人，因为人也被当作机器在处理。人只是流水线当中的螺丝钉。

到了知识经济的时代，最核心的资源，一个是数据，一个是知识工作者，就是德鲁克在 20 世纪末讲的 KnowledgeWorker。企业的管理也会从传统的多层次走向更加扁平、更加网络、更加生态的方式。让 KnowledgeWorker 真正能够创造价值，变成任何一个组织和整个社会最重要、最需要突破的地方。

商业模式是企业管理领域的术语，第一次出现在 1957 年，直到 20 世纪 90 年代才开始被广泛使用和传播。商业模式的定义很多，但目前最为管理学界接受的是 Osterwalder、Pigneur 和 Tucci 在 2005 年发表的《商业模式分类：概念起源、现状和未来》一文中提出的定义：“商业模式是一种包含了一系列要素及其关系的概念性工具，用以阐明某个特定实体的商业逻辑。它描述了公司所能为客户提供的价值，以及公司的内部结构、合作伙伴网络和关系资本等用以实现（创造、营销和应付）这一价值并产生可持续、可盈利性收入的要素。”

随着互联网技术的飞速发展，越来越多的企业日益关注与企业在网络环境的生存与发展。很多现实中的经营活动正复制到虚拟世界中，如网络银行、网络教育、网络购物、网络拍卖等。这些以无店铺经营、与客户直接双向沟通等为特征的商业模式，将会大幅度地降低企业的流通费用和经营成本，提高运作效率。

目前，对于网络环境下商业模式的分类，无论业界还是学术界都众说纷纭。目前主要有基于价值链的分类、基于原模式的分类、基于新旧模式差异的分类、基于控制方的分类、基于 Internet 商务功用的分类以及基于盈利模式的分类。其中基于价值链的分类相对最早，上面举例提到的商业模式，就是基于价值链的分类形式。下面仅就目前最常见的盈利模式分类加以详述。

1）在线广告盈利模式

目前最主要最常见的网络在线盈利模式，其形式繁多，从 Banner（旗帜）、LOGO（图标）广告，到 Flash 多媒体动画、在线影视、文本链接广告、电子邮件广告、赞助、与内容的结合、Rich Media 等多种多样；从收费的方式来看，现在比较受欢迎的是按点击次数收费，Google 和百度等搜索引擎网站都是主要采取此类广告方式，基本都来源于此类广告方式。广告收入也是大多数个人网站的盈利模式，只要你有较多的浏览群体（最好是某一类型的专业浏览群体），就具备了网站广告收费的条件，当然，也可以作大型网站的广告合作伙伴获得一定的盈利。现在比较流行一种“窄广告”的概念，就是针对更专业的浏览群体，而不是泛泛的流量，这样其有效的用户比例会大幅提高。新兴的在线短视频网站，通过影音载入前后的等待时间播放广告主的在线广告。典型的例子如国外的 youtube，国内的 56、土豆、六间房等。

现在比较多的网络媒体主要依赖此盈利模式，但是网络广告模式还有一些限制因素。对于大多数的网站使用者，其对网络广告如同对电视广告持同样的反感程度，这会影响网站在使用者心里的认可度，对于诸多相似网站不断涌现，网站逐渐会失去吸引力和关注度。其次对于广告主来说，没有测量网站访问的统计方法，因为网络支持多种测量法，如访问者数量、非重复访问者数量、点击率和访问者行为的其他属性，广告主就很难确定网络广告的收费标准。

2）增值业务盈利模式

最赚钱的网络盈利模式之一，几乎每个进入全球排名前 10 万位的商业性网站和个人网站都是通过增值业务来获取经济回报的，这些增值业务主要包括彩铃彩信下载、短信发送、电子杂志订阅等电信增值形式。目前由于增值业务受到中国移动等运营商的限制，盈利率有些下降，以此类盈利模式为主的上市公司市值较以前有缩水。典型例子有：门户网站、空中网、3G 门户。

3）网上零售盈利模式

谈到网上的零售可能您的第一感觉就会想起亚马逊，亚马逊应该说是世界上最大的网上零售商店，去年销售额高大 69 亿多美元。国内也有许多的 B2C 零售网站，如当当网、卓越网等，并且各大网站也基本都拥有自己的网上商城。

通常分为三种情形，一种是提供平台，让商家通过此平台销售他们的产品。第二种是通过网站销售别人的产品，这个包括 C2C 和 B2C 模式。例如，淘宝、易趣 C2C 在线竞拍，从成功交易中抽取佣金；B2C 网上零售大概有两种操作方法，一是通过互联网销售自己经销的产品，二是建立一个网上零售的平台，让更多的商家通过此平台销售他们的产品。另外还可以通过网站销售自己的产品。大多数外貌网站和国内中小企业网站均如此。

在国内，网上零售的方式依然存在一些瓶颈，如资金流的信任问题、物流的欠发达因素等，所以很多国内的网上零售都处于信息流阶段，具体实现常常是“网上撮合，网下交易”。

鲜花类网站在国内的具体情况下，找到了非常可行的运营模式，就是互联网站与各地的鲜花店合作嫁接，成功地解决了物流本地化的问题，并且，鲜花网站与各地花店已经形成了比较成熟规范的内部结算机制，为用户提供了更好的异地送花平台，甚至有些网站已推出全球范围的送花服务。

4）数字内容盈利模式

如果您经常上网浏览，会时常遇到有些网站的信息必须是注册用户才能阅读，有些甚至必须是收费用户，这就是网站特殊信息收费服务类型。

例如，化工类网站，有许多的信息是非用户所不能阅读的，这与化工行业特性有关，其产品丰富、价格变化频繁、企业资金实力比较强等特性奠定了许多化工企业愿意付款阅读一些对行情有关的信息或历史资料。

另外还有一些人才网站、电子图书、交友网站、在线电影等许多的关键信息也都是仅仅面向收费用户的。

5）软件下载盈利模式

软件下载可以说是网上零售的一部分，只是其销售的产品为软件，可以在线直接下载，而无需物流的运输过程。现在国内的软件下载多为免费的形式，有许多的软件公司更是利用互联网的优势进行在线升级服务，这也是促进与用户互动的良好方法。由于消费能力和消费习惯的不同，英文网站的软件下载较大比例都是收费软件，即使是共享也是有使用期限的，这为许多的实用性小软件提供了良好的销售平台。

思考题

1. ERP 系统的主要特点是什么？它与企业管理之间具有什么关系？
2. ERP 系统的主要功能是什么？
3. 客户关系管理产生的背景是什么？有哪些重要的因素？
4. CRM 系统的主要功能有哪些？
5. SCM 系统的主要功能有哪些？
6. 实施 SCM 的主要因素有哪些？
7. 什么是电子商务？电子商务的基本模式有哪些？
8. 什么是电子政务？电子政务包含哪些内容？
9. 什么是物联网？物联网的应用有哪些？

上机作业题

1. 上网调研当前市场上 ERP 软件的主要厂商和产品，以及市场占有率，并比较它们的联系与区别。
2. 上网调研当前市场上 CRM 软件的主要厂商和产品，以及市场占有率，并比较它们的联系与区别。
3. 上网调研当前市场上 SCM 软件的主要厂商和产品，以及市场占有率，并比较它们的联系与区别。
4. 上网选择典型的 B2B 与 B2C 模式网站，比较其功能的差异。

小组讨论题

1. ERP、CRM、SCM 三种软件功能之间有哪些联系，如何集成？
2. 开发电子商务和电子政府网站会用到哪些信息技术？

第5章

管理信息系统的开发

5.1 系统开发的条件与原则

5.1.1 系统开发的条件

管理信息系统的开发，必须在具备一定条件的基础上才能着手进行，否则，盲目开发将会浪费大量的人力和物力，系统是难以成功的。一般说来，开发管理信息系统之前，企业应该具备以下基本条件。

1. 企业高层领导应重视和介入

用户企业高层领导是否重视，对管理信息系统开发和使用的成败起着决定性的作用。由于管理信息系统是一个涉及整个企业的管理体制、管理方法和人员安排等诸多因素的全局性问题，这一切单靠系统开发人员是无法统一协调和解决的。此外，在系统开发的各个时期和系统投入运行以后，都需要投入相应的人力、资金和物力等资源，这些问题都必须在高层领导的重视下，才能得到顺利解决。

企业高层领导仅仅对管理信息系统的开发给予一般性的支持是不够的，而应该亲自介入系统开发过程中，及时解决遇到的问题和困难。做到这一点，就要求企业高层领导对于即将开发的管理信息系统，从总体规划到基本内容上都有明确的意图和要求。企业高层领导重视和介入的主要意义在于，只有企业最高层领导才有权力和权威在企业宣布建立管理信息系统的决定以及落实组织机构，动员全企业支持系统开发。

2. 企业业务人员要有积极性

建立管理信息系统时，业务人员的积极性是不容忽视的因素，在系统开发过程中，需要由他们积极配合并提供有关数据。在系统建成投入使用后，他们是系统的直接操作者，系统运行效果的好坏，很大程度上取决于他们的使用和配合。

3. 企业要有一定的科学管理基础

在企业中，没有科学管理的基础，就无法建成有效的计算机管理信息系统，计算机能将大批数据高速、准确地进行各种加工处理，产生对企业管理有用的信息，但是它的前提是输入的数据准确、完整，否则便成了“假数真算”，根本不可能得到具有指导意义的信息。

4. 要有一定的投资保证

管理信息系统的建立是一项资金耗费较大的工程项目，计算机设备、管理信息系统的软件、机房设备等都需要投入不少资金。在国内来说，设备的投资通常占了主要部分，其投资额也随着设备档次和规模的增长而增加。在某种意义上来看，管理信息系统的规模较大程度地取决于企业的投资额，当然，系统的规模也必须根据实际需求而定，并非越大越好。

在管理信息系统投入使用以后，系统的维护工作将是一项长期而重要的任务，因而系统的维护费用也要占总投资中的重要部分，这一点必须预先加以考虑。

管理信息系统的投资通常可在统一规划的基础上分期进行，在开发过程和运行期间不断投入，也即在逐渐取得阶段成果的基础上，才得到更多的补充资源。

5.1.2 系统开发的原则

为了保证 MIS 的成功开发，在 MIS 开发中应遵循一定的原则。

（1）完整性。MIS 是由各子系统组成的整体，具有系统的整体性特征。手工方式下，由于处理手段的限制，信息处理采用各职能部门分别收集和保存信息、分散处理信息的形式。计算机化的 MIS 必须从系统总体出发，克服手工信息分散处理的弊病，各子系统的功能要尽可能规范，数据采集要统一，语言描述要一致，信息资源要共享。保证各子系统协调一致地工作，避免信息的大量重复（冗余），寻求系统的整体优化。

（2）相关性。组成 MIS 的各子系统各有其独立功能，同时又相互联系，相互作用。通过信息流把它们的功能联系起来，某一子系统发生了变化，其他子系统也要相应地进行调整和改变，因此，在 MIS 开发中，不能不考虑系统的相关性，即不能不考虑其他子系统而孤立地设计某一子系统。

（3）适应性。MIS 应对外界条件的变化有较强的适应能力。不能适应环境变化的系统是没有生命力的。由于 MIS 是一个很复杂的系统工程，故要求系统的结构具有较好的灵活性和可塑性。这样，当组织管理模式或计算机软硬件等发生变化时，系统才能够容易地进行修改、扩充等功能。

（4）可靠性。只有可靠的系统才能得到用户的信任。因此在设计系统时，要保证系统软硬件设备的稳定性；要保证数据采集的质量；要有数据校验功能；要有一套系统的安全措施。只有这样，系统的可靠性才能得到充分保证。系统的可靠性是检验系统成败的主要指标之一。

（5）经济性。经济性是衡量系统值不值得开发的重要依据。开发过程中，尽可能节省开支和缩短开发周期。新系统投入运行后，尽快回收投资，以提高系统的经济效益和社会效益。

5.2 系统开发的方式

5.2.1 自行开发

自行开发方式是一种完全依靠用户单位自身的开发力量，由用户单位自身的员工组成项目组，根据用户单位的特点来开发管理信息系统。

采取此开发方式的企业须具有较强的信息技术队伍。自主开发有开发费用少、开发的系统能够适用本单位的需求且满意度较高、便于维护的优点；缺点是由于不是专业开发队伍，容易受业务工作的限制，系统优化不够，开发水平较低，且由于开发人员是临时从下属各单位抽调出来进行信息系统的开发工作，这些人员在其原部门还有其他工作，所以精力有限，容易造成系统开发时间长，系统整体优化较弱，开发人员调动后，系统维护工作没有保证的情况。因此，一方面可向专业开发人士或公司进行咨询，或聘请他们作开发顾问；另一方面需要大力加强领导，实行“一把手”原则。

专门的第四代软件工具和信息系统生成器的发展使越来越多的企业进行自行开发成为可能，尽管这些工具与常规的编程语言相比，运行速度较慢，但由于目前硬件的成本越来越低，完全可以弥补软件运行速度的不足，使该方法在经济上可行。但是这种开发方式需要用户自身具有知识结构完整的、具有系统开发经验的专业人才。而对于大多数用户来说还不具备这样的条件。即使用户单位有过自行开发的经历，但是可能会由于经历太有限，也很难有经验丰富的系统分析员，系统的开发缺乏全面的系统分析，大多数的资源消耗在程序的反复修改过程中，从而导致开发时间较长。

这种方式一般适合系统不大的开发，或者是满足用户特有需求的系统开发。

5.2.2 委托开发

委托开发方式适合于资金较为充足但物流信息系统的开发队伍力量薄弱的单位。委托开发方式具有省时、省事、开发的系统技术水平较高的优点；缺点是费用高，系统维护需要开发单位的长期支持。需要企业的业务骨干参与系统的论证工作，开发过程中需要企业和开发单位双方经常沟通，及时进行协调和检查。

业务外包是委托开发的形式，这时不需依靠企业内部资源建立信息系统，可以聘请专门从事开发服务的外部开发商负责信息系统的建设，甚至是日常管理的方式。可见，委托开发多是就一次性项目来签委托合同，而业务外包则有可能是签订一个长期的服务合同，对企业有关信息技术的业务进行日常支持。

业务外包的流行，是因为有企业发现业务外包方式建立信息比企业维持内部计算机中心和信息系统工作人员更能控制成本，因为负责系统开发服务的外部开发商能从规模经济中（相同的知识、技能和能力有许多不同的用户共享）降低成本，从而获得收益，并能以具有竞争力的价格收费。因为一些企业内部的信息系统人员对知识的掌握无法与技术变化同步，所以企业可以借助业务外包进行开发。但是，也不是所有企业都能从资源外包中获得好处，一旦不能对系统很好地理解和管理，那么业务外包的缺点也有可能给组织带来严重的问题。

5.2.3 联合开发

联合开发由用户单位与用户单位外的单位共同做成系统开发小组，由对方负责，针对企业具体的情况和要求，共同完成系统开发任务。

该方式不仅所开发出的系统能满足企业特定的要求，而且用户单位的参加者掌握了系统的各阶段的模型，因此系统易于维护，能满足经常变化的需求。在系统开发初期，用户单位可以不具有一支完整的开发任务。通过联合开发，可以使企业在较短的时间内，培养自己的专业人员。

采用该方式，需要支付对方的开发费用，因此与自行开发相比较，费用要高些，但是开发时间要短许多。由于联合伙伴具有知识结构完整的、具有经验的专业人才，因此可以保证所开发的系统不仅从功能上能满足企业现行的需要，系统还具有良好的结构，当出现新需求时，所构建系统的结构不作修改或稍作修改就能满足。系统不仅能“基于原系统”，还能更好地做到“高于原系统”。

采用联合开发，要选择合适的合作伙伴、加强双方的合作。选择合作伙伴时，不仅要考察其信息技术的知识与能力如何，例如，程序员如何、是否组建过计算机网络等，更重要的还要考察它是否有管理的理论知识以及知晓企业实际运作与管理的人员。在开发过程中，要注意任务分工明确，责任明确，注意双方人员之间的协调与配合，尤其是各种文档的交流。

该方法一般适合期望建立自身管理信息系统开发队伍的用户单位。

5.2.4 直接购买软件包

具有不同功能的管理信息系统作为一种商品越来越多，用户单位可以像购买其他物品一样，到市场购买所需要的管理信息系统，这就要采取采购方式。采取这种方式获得管理信息系统的主要优势是时间短、费用低，且系统可靠性高，但是不能满足用户单位特有的需求，系统应用软件部分的维护困难较大（一般供应商不会提供系统的源程序、数据字典等文档）。买来的软件产品一般是通用型的，不可能全部满足用户的要求，有的可能需要做些接口，有的要做二次开发，才能与企业内其他信息系统相连。但是具有竞争力的管理信息系统是在货架上买不到的。

直接购买方式只是获得管理信息系统的时间短，其实施时间不可能很短。这是因为用户单位要通过各种各样参数的设置，使其实例化，才能成为满足需要的系统，即用户单位的运作平台。

一般管理信息系统的商品软件都比较庞大，因此除了基本功能外，供应商是以菜单的方式，让用户单位购买系统的可选功能。购买管理信息系统不同于购买其他商品，这是因为不仅要看系统的功能，更重要的是要考察系统蕴涵了什么管理思想/理念，支持哪些流程，它所包含的运作与管理规则，其内部的结构（数据模型、编码模型）等，不能将其视为操作系统、数据库管理系统类软件。因此用户单位应该由精通业务的人员、系统分析员来选购市场上的软件商品。

5.2.5 选择开发方式需要考虑的因素

不同的开发方式有不同的优势和劣势，有各自适应的场合（表 5-1）。而企业的管理信息系统不是一个庞大的系统，覆盖企业的各个方面。尽管其主要运行在操作层，但是其功能可能向战术层、战略层拓展，故覆盖企业的各个层次。对于企业来说，管理信息系统是一个覆盖企业各部门、各层次，功能复杂的大系统。企业的管理信息系统由多个子系统组成，不同的子系统解决的问题又不同。因此企业的管理信息系统并不仅限于一种开发方式。在选择方式时，应综合考虑企业的资源、技术力量、企业的环境条件，信息处理技术的发展水平以及技术人员的合理配置等因素。开发方式的选择应该考虑如下主要因素。

1. 企业自身对管理信息系统采取的战略

信息作为企业的一种重要战略资源，管理信息系统是完成信息处理的重要系统，因此企业必定对信息的管理、信息的利用以及管理信息系统开发有相应的战略。例如，是以企业自身为主，还是全部依赖外部资源等，若是前者，则应该更多地考虑联合开发和自行开发，若是后者，则应更多地考虑委托开发或直接购买软件包。

2. 需要解决问题的特点

企业管理信息系统的不同子系统解决的企业运作与管理的问题有不同，如会计管理、基于 ERP 的制造资源管理等。企业运作与管理有的是较为规范的或者是相同的，而有的则是不规范的或者是个性化的。例如，我国相关部门对企业的会计工作有严格的要求，不同的企业应该遵循同样的会计规则，而对成本核算不同的企业差异则很大。从业务运作平台来分析，其支持的层次不同，企业运作与管理中的信息处理有的是相同的，有的则是不同的。例如，进销存是企业物品管理中的重要业务，若信息处理只是简单地将相关的数据收集和存储，那么系统的功能是很相似的，但是若考虑到要真正实现物品的进销存流程，不同的企业则可能有较大的差异，因为物品的进销存流程中，不同的企业有不同的规则。

因此若要开发的系统所包括的运作与管理具有较强一般性，则可以考虑采购方式；否则可以考虑采取其他开发方式。企业所用的会计管理信息系统一般是采购获得的，但是要通过采购获得真正意义上的客户关系管理系统却是很难的。

3. 相应的专业人才

不同的开发方式需要不同的专业人员，因此在决定采用合适的开发方式时，企业要考虑能否用合适的成本获得需要的专业人才。

表 5-1 各种开发方式比较

要求及说明	自行开发	委托开发	联合开发	购买现成软件
开发费用	少	多	较少	较少
分析设计能力的要求	较高	一般	逐渐培养	较低
编程能力的要求	较高	不需要	需要	较低
系统维护难易程度	容易	较困难	较容易	较困难
注意事项	可得到适合本企业的系统，并培养了自己的系统开发人员，但开发时间较长。该方式需要强有力的领导及进行一定的咨询	开发费用高，省事，但必须配备精通业务的人员，需要经常进行监督、检查和协调	双方的沟通非常重要。通常在具有一定编程力量的基础上进行联合开发，合作方有培训义务且成果共享	现成软件即使完全符合本企业业务处理要求，仍需要编制一定的接口软件。因此要有鉴别与校验软件包功能及适应条件的能力

不论选用哪种方式，都必须有本企业的领导和业务人员参加。有目标地、真正主动地利用管理信息系统，对于企业 CIO、系统分析员以及系统维护人员都是不可缺少的。随着信息新技术在企业运作与管理中的应用向广度和深度发展，企业的信息系统必由数据管理向信息管理发展，逐步实现知识管理，企业还需要信息分析的专业人员。

5.3　系统开发的方法

5.3.1　生命周期法

正如一个生物体有从胚胎形成到发育成熟、死亡的生长过程一样，管理信息系统乃至任何一个系统都有其产生、发展和报废的“生命”历程，这个过程符合自然界中事物发展的客观规律，被称作系统的生命周期。

为了有效地进行系统开发与管理，我们将管理信息系统的生命周期划分为总体规划、系统分析、系统设计、系统实施和运行维护等五个阶段，其中每个阶段都有明确的任务，并需产生一定规格的文档资料交付给下一阶段，而下阶段则在上阶段所交付的文档的基础上继续进行开发过程。对于每个阶段的工作，都有明确的进度安排和工作的截止日期，一旦在某个阶段发现问题就转入其上一个阶段进行修正。

生命周期法又称为结构化开发方法，是一种传统的信息系统开发方法。

1. 结构化开发思想

结构化方法是“结构化分析”（Structured Analysis，SA）和“结构化设计”（Structured Design，SD）的统称。

1）结构化分析

结构化分析方法是由美国 Yourdon 公司在 20 世纪 70 年代提出的，是一个简单明了、使用很广的方法，适用于分析各种大型管理信息系统。其基本思想可以概括为一句话：“自顶向下，由粗到细，逐步求精”，也有些学者称为“自顶向下，逐层分解”。

“分解”和“抽象”是结构化方法解决复杂问题的两个基本手段。把大问题分解成若干个小问题，然后再分别解决，这就是“分解”。抓住主要问题，忽略次要问题，集中精力先解决主要问题这就是“抽象”。

“自顶向下，逐步求精”是结构化方法按上述思想解决问题的一种策略。按照这种策略，不论系统的复杂程度和规模有多大，分析工作都可以有条不紊地开展。对于大的系统只需要多分解几层，分析的复杂程度并不会随之增加。这也是结构化分析的特点。

结构化分析方法在描述方式上的特点是将分析结果用图形表示，优点是简明易懂，所表达的意义也比较明确。

一般用结构化分析方法获得的系统说明书由四部分构成。

（1）一套分层的数据流图。用图形描述系统的分解，即系统由哪几部分组成、各部分间有什么联系等。

（2）一本数据词典。说明数据流图中的数据流，以及系统中的每一个数据项。

（3）一组加工（处理）说明。结合数据流图，用文字详细描述系统中的每一个基本加工和处理。

（4）补充材料。用以辅助进行系统的明确描述。

2）结构化设计

结构化设计方法是使用最广的一种程序设计方法，由美国 IBM 公司提出。该方法适合于软件系统的总体设计，具有以下特点。

（1）相对独立、功能单一的模块结构。结构化设计的基本思想是将系统设计成由相对独立、单一功能的模块组成的结构。由于模块之间相对独立，每一模块就可以单独地被理解、编写、测试、排错和修改。从而有效地防止错误在模块之间扩散蔓延，提高了系统的质量（可维护性、可靠性），同时，系统研制工作也大大简化。

（2）块内联系大、块间联系小。模块内部联系要大，模块之间联系要小，这是结构化设计衡量“相对独立”性能的标准。事实上，块内联系和块间联系是同一件事的两个方面，系统中各组成成分之间是有联系的。若把联系密切的成分组织在同一模块中，块内联系高了，则块间联系也少了。反之，若把密切相关的一些成分分散在各个模块中，势必造成很高的块间联系。

（3）采用模块结构图的描述方式。结构化设计方法使用的描述方式是模块结构图。模块结构图不仅描述了系统的分层模块结构，清楚地表示了每个模块的功能，而且直观地反映了块内联系和块间联系等特性。

结构化设计可分两步进行。第一步，建立一个满足系统说明书的初始结构图。第二步，对结构图作逐步改进。即在图中找出块间联系和块内联系尚可改进之处，然后对有关部分作适当修改和调整。

2. 结构化开发周期

正如前面所说，结构化系统开发方法是把开发过程分成几个阶段，就像人的生命周期一样。结构化系统开发的生命周期通常分为以下几个阶段：总体规划阶段、系统分析阶段、系统设计阶段、系统实施阶段和系统维护阶段（图 5-1），并且每个阶段都有相应的文档产生。

1）总体规划阶段

总体规划阶段是管理信息系统生命周期的第一阶段，主要任务是从总体上明确现行系统中所面临的问题或潜在的机会，制定出管理信息系统的长期发展战略，决定管理信息系统在整个生命周期内的发展方向、规模和发展进程。

总体规划阶段主要回答现行系统中存在的问题是什么，它是否值得解决。该阶段设计一个详细定义了的管理信息系统架构解决方案，以便总体上把握系统的目标和功能框架，同时论证其可行性。

总体规划阶段的主要工作是：

首先，对当前系统进行初步调查，确定初步的需求分析；

其次，分析与确定系统目标，确定子系统的组成及功能，拟定实施方案；

最后，对方案加以分析和选择，进行可行性分析；编写可行性报告。

2）系统分析阶段

系统分析阶段的主要任务是对现行系统进行详细调查和分析，充分理解新系统的目标，并提出管理信息系统架构解决方案的逻辑模型。

系统分析阶段主要回答针对现行系统存在的问题，新系统将如何解决的问题。该阶段主要侧重于从业务全过程的角度对组织内部整体管理状况和信息处理过程进行分析，最终将用户的需求及其解决方案确定下来。

系统分析阶段主要的工作是：

首先，在系统详细调查的基础上，定义详细的用户需求；

其次，描述新系统的逻辑模型；

最后，编制系统分析说明书。

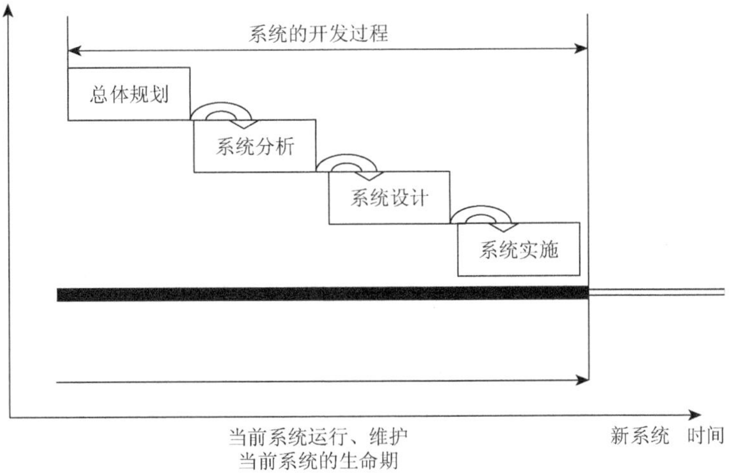

图 5-1　管理信息系统的生命期模型

3）系统设计阶段

系统设计阶段的主要任务是将系统分析阶段所得到的逻辑模型转化为物理模型，为下一阶段的系统实施制定蓝图。

系统设计阶段主要回答新系统具体怎么干的问题。该阶段主要在各种技术和实施方法中权衡利弊，精心设计，合理地使用各种资源，最终勾画出新系统的详细设计方案。

系统设计阶段主要分为总体设计和详细设计两个阶段。总体设计阶段主要进行子系统或模块的划分，确定模块结构，并画出模块结构图。详细设计阶段确定每个模块内部的详细执行过程，并进行代码设计、输出设计、输入设计、处理过程设计、数据库设计和网络通信、通信产品的设计等。

系统设计阶段的主要成果是系统设计说明书，包括模块结构图和说明书两部分。模块结构图表达了系统由哪些模块组成和模块间的调用关系，各个模块的结构图及其说明则标明了每个模块的输入、输出以及处理功能的详细实现方案。系统设计说明书则主要描述了信息通的计算机实现方案，是物理地实现一个信息系统的重要基础。

4）系统实施阶段

系统实施阶段的主要任务是在系统分析和系统设计的基础上，完成对系统的编码、测试和系统转换。系统实施阶段既是成功地实现新系统的阶段，又是取得用户对系统信任的关键阶段。

系统实施阶段的主要工作是计算机系统的安装与调试、程序设计与调试、系统测试与试运行、文档编写、人员培训和系统转换。

系统实施阶段主要的文档是用户手册，以便为日后系统正常运行时的日常管理提供参考。

5）系统维护阶段

系统投入使用后，除了对系统的日常运行进行管理以外，还要对系统进行修改、完善或升级，以使系统不断适应新的功能需求和环境变化。

系统维护阶段的主要工作是对系统进行使用和评价，不断地改进和升级系统。在系统维护阶段提交的文档有操作说明和维护手册。

5.3.2 原型化方法

传统的结构化方法过分强调系统开发每一阶段的严谨性，要求在系统设计和实施阶段之前预先严格定义出完整准确的功能需求和规格说明。然而，对于规模较大或结构较复杂的系统，在系统开发前期，用户往往对未来的新系统仅有一个比较模糊的想法。由于专业知识所限，系统开发人员对某些涉及具体领域的功能需求也不太清楚。虽然可以通过详细的系统分析和定义得到一份较好的规格说明书，却很难做到将整个管理信息系统描述完整，且与实际环境完全相符，很难通过逻辑推断看出新系统的运行效果。因此当新系统建成之后，用户对系统的功能或运行效果往往觉得不满意。同时随着开发工作的进行，用户会产生新的要求或因环境变化希望系统也随之作相应更改，系统开发人员也可能因碰到某些意料之外的问题希望在用户需求中有所权衡。总之，规格说明的难以完善和用户需求的模糊性已成为传统结构化开发方法的重大障碍，原型化（Prototyping）方法正是对上述问题进行变通的一种新的系统开发方法。

1. 原型化方法的基本思想

在建筑学和机械设计学中，“原型”指的是其结构、大小和功能都与某个物体相类似的模拟该物体的原始模型。在管理信息系统开发中，用“原型”来形象地表示系统的一个早期可运行版本，它能反映新系统的部分重要功能和特征。原型化方法则是利用原型辅助开发系统的一种新方法。

原型化方法要求在获得一组基本的用户需求后，快速地实现新系统的一个原型，用户、开发者及其他有关人员在试用原型的过程中，加强通信和反馈，通过反复评价和反复修改原型系统，逐步确定各种需求的细节，适应需求的变化，从而最终提高新系统的质量。因此可以认为原型化方法是确定用户需求的策略，它对用户需求的定义采用启发的方式，引导用户在对系统逐渐加深理解的过程中作出响应。

2. 原型化方法的三种运用方式

原型化方法虽然是在研究用户需求的过程中产生的，但更主要的是针对传统结构化方法所面临的困难，因而也面向系统开发的其他阶段和整个过程。

由于软件项目的特点，运用原型的目的和开发策略的不同，原型化方法可表现为不同的运用方式，一般可分为三类。

（1）探索型（Exploratory Prototyping），主要是针对开发目标模糊、用户和开发人员对项目都缺乏经验的情况，其目的是弄清对目标系统的要求，确定所期望的特性并探讨多种方案的可行性。

（2）实验型（Experimental Prototyping），用于大规模开发和实现之前考核、验证方案是否合适，规格说明是否可靠。

（3）演化型（Evolutionary Prototyping），其目的不在于改进规格说明和用户需求，而是将系统造得易于变化，在改变原型的过程中将原型演化成最终系统。它将原型化方法的思想贯穿到系统开发全过程，对满足需求的改动较为适合。

3. 原型化方法的开发过程

采用原型化方法开发系统通常包括：识别基本需求，开发初始原型，原型验证，修改原型四个过程。

（1）识别基本需求。此阶段主要工作是开发者和用户共同定义基本的信息需求，即开发者设计出若干个关键问题向用户询问，通过对问题答案的分析得到用户对系统的基本需求，同时估计开发原型的成本。

（2）开发初始原型。此阶段主要工作是开发者建立一个能运行的交互式应用系统来满足用户的基本需求。这种原型系统并不是一个完整的软件系统，功能和数据都很不完善，它主要的目的是反映开发者对用户需求的理解程度。

（3）原型验证。此阶段主要是将开发出的初始模型交给用户使用，让用户在实际操作中对模型作出评价，以求找出系统与用户所期望的系统之间的偏差之处，发现不正确或漏掉的功能，提出进一步的建议。

（4）修改原型。此阶段主要是按照用户的反馈意见对原型进行修改或完善，然后让用户重新进行评价，如此反复，使整个系统不断细化、不断完善，越来越接近用户的期望要求。

5.3.3　面向对象方法

如上所述，传统的结构化方法在实际应用过程中遇到了各种各样的问题，传统的开发过程严格地按阶段划分，即使用户本身对企业信息需求的理解并没有导致这种不一致性，那么在系统分析阶段，也必然会导致这种不一致性。一方面，用户即使能将自己的信息需求表达出来，开发人员对这种表达的理解也并不是完全的，毕竟开发人员对业务流程不是很熟悉；另一方面，即使开发人员对企业的业务需求很熟悉，在分析阶段将组织的业务流程图转化为目标系统的逻辑模型，即分层的数据流图的过程中也必然会产生不一致性。事实上，实际中的业务流程和抽象出的数据流之间的对应关系并不是完全映射关系，因此即使是最好的分析员，也不能保证所开发的系统与实际的功能需求是一致的。

尽管原型化方法也可以作为一种系统开发方法应用于管理信息系统开发的全过程，但应该看到，原型化方法的产生只是一种权宜之举，实际上，原型法一般只作为确定用户需求的一种策略，用以辅助其他开发方法，而很少作为一种单独的方法使用。为了克服结构化开发方法的不足，一种全新的面向对象的系统开发方法应运而生。

1. 面向对象的基本思想

传统的管理信息系统结构化开发方法存在着许多缺陷主要表现在：人们认识问题域的过程同构建系统的方法（包括建模理论和表示法）不一致，这种不一致性导致了现实世界（即问题域空间）与计算机世界（即解域空间）之间的语义断层，从而使建模者与用户之间的信息通信出现严重障碍，一方面使得从问题域向解空间变换过程中信息大量丢失，使系统开发过程出现偏差甚至错误;另一方面按这类方法建立的管理信息系统的结构不太灵活，不易随问题域一同改变。从理论上讲，面向对象的方法能最大限度地解决管理信息系统建立过程中出现的语义断层问题。

从认知科学角度看，面向对象理论是思维科学的一项技术工程学，它遵循了认识论的一些基本概念，能够比较自然地模拟人类认识客观世界的方式和客观世界本身。它最大的优点是：具有一种自然的模型表示能力，能按人们通常的思维方式建立整个问题空间的模型体系，认识问题域的过程与问题域求解过程在思维方式、形式描述等方面具有一致性和连贯性，并且从现实问题空间到计算机解域空间的变换过程中，信息损耗量非常少，真正做到了模型对现实的直接模拟和近似表示。

从模型角度看，面向对象理论比较适合复杂系统及动态系统建模，它不但为计算机建模人员提供了一种全新的、接近自然的模型表示方法，而且由于解空间（计算机空间）是由一些相互关联的方法和数据属性的模块封装体（即对象）组成的，具有较少的冗余、较高的灵活性。图 5-2 展示了由现实空间（问题域）到计算机空间（解域空间）的面向对象变换。

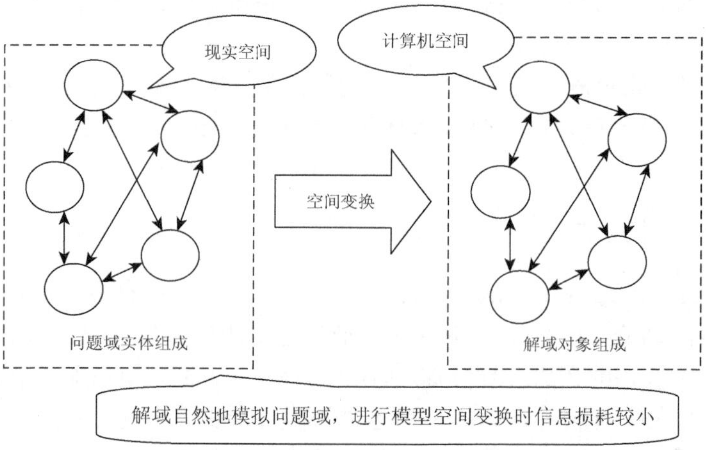

图 5-2　现实空间到计算机空间的面向对象变换

2. 面向对象的基本概念

面向对象方法学以“对象”为基石，可形式化表示为：

OO = Object + Class + Inheritance + Communication with messages

上式表明，面向对象方法学主要包括：①对象（Object）；②类（Class）；③继承（Inheritance）；④消息传递（Communication with messages）四个方面内容。

以上四个方面进一步引申出许多基本概念或机制，但在实际应用中，这些概念或机制并不一定全部用到。通常，若只使用了对象和消息，称这种方法为基于对象的方法（Objcet-Based），如果进一步用到了类的概念则称为基于类的方法（Class-Based）。

目前，在管理信息系统的开发过程中，主要使用基于类的方法，这将涉及下列一些基本机制和主要特征。

（1）对象（Object）：是指一些相互关联的实体（Entity），它是面向对象理论的基石，由对象的标识（ID）、对象中的操作集合（MS）、对象的数据结构（DS），及对象对外消息接口（MS）等四部分组成，即对象∷＝{ID，MS，DS，MI}。由于对象具有“封装”和“能动”两种特性，因此对问题域研究的出发点便是“我希望对象做些什么”或“对象能做什么”而不再是传统的“我能为对象做些什么”或“我如何把数据变成信息”。换言之，对象是数据结构以及作用于此结构上的数据操作的封装体，这个封装体具有自身行动能力。

（2）类和实例（Class&Instance）：类是对象的抽象描述，它概括了具有共同性质的一组对象的方法和数据。类的概念不但反映了对象的本质属性，而且提供了实现对象共享机制的理论根据，既可以由对象抽象出类，也可以从众多的子类中抽象出超类，这意味着可将重用代码放在公共区域中，而不再一遍遍地重复表示，减少了建立模型过程中的信息冗余，提高了重用性及建模效率。类是创建对象的蓝图，从这种意义上讲，对象是类的实例，由类到对象的过程称为实例化过程。

（3）消息与方法（Message&Method）：方法使对象具有了处理封装数据的功能，而消息则激活了这种功能并建立了对象间通信的桥梁。消息由消息的标识、接收消息的对象、若干个变元组成。方法一方面描述了对象执行操作的算法，另一方面定义了响应消息的机制。

（4）继承（Inheritance）：是自动共享超类中的方法和数据的机制，描述了人类由一般到特殊、自顶向下的演绎能力。它使管理信息系统的体系结构具有了开放性。对于超类，继承意味着“遗传”，子类可以自动地共享其中的数据和方法；对于子类，继承又意味着“变异”，子类可以放弃超类中的一部分数据和方法，并增加新的方法和数据，或对原有部分进行重载变形。在建模过程中，继承机制提供了层次构模法，即开发一个模型不必从零开始，允许在已有模型类的基础上构建新的模型类，一方面节省了建模的时间，另一方面共享了问题域的知识。

（5）封装（Encapsulation）：是一种信息隐蔽技术。封装机制使对象成为数据与方法的集成体，外部视图显示的只是对象封装界面上的信息。封装向外界提供了一个具有多个“触角”的集成模块（图 5-3），对象间只能通过封装界面上的触角按预定义方式通信，彼此不知内部结构。封装使对象内部模块的改变不会对其他对象产生致命的后果，这在模型体系集成时非常有用。

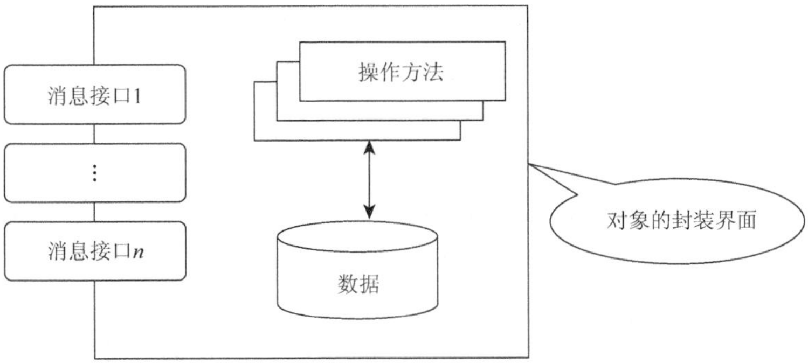

图 5-3　面向对象的封装机制

（6）多态性与重载（Polymorphism & Overloading）：多态性一词源于希腊语，意味着一个名字可以具有多种语义，它提供了一种与人类在解决问题时的思维方式相容的能力。在类继承树中，类的不同层次可以共享一个方法的名字，而又按各自的需要实现这个方法，一个消息可以在发送给父类对象的同时发送给它的子类对象。当对象接收到发送给它的消息时，各自根据需要动态地选择类属中定义的方法。在进行管理信息系统设计与实施时，不同的程序设计语言实现多态性的机制可能不同，但它们在原理上却是相同的，即都可以预先定义出相同函数的多个特定版本，在运行时再根据接收消息的具体对象所属的类，决定执行哪个版本。重载在功能及使用方法上与多态性有许多相似的方面，但重载是通过静态连接实现的，而多态性则采用动态连接。重载多指下列两情况：①函数重载，指同一作用域的若干参数特征不同的函数可以使用相同的名字；②运算符重载，指同一个运算符可以施加于不同类型的操作上。重载与多态性增加了管理信息系统体系的简洁性、灵活性、可读性、重用性及可扩充性，提高了系统开发的效率。

3. 面向对象方法的开发过程

面向对象方法的开发过程虽然不像结构化方法那样被严格划分为几个阶段，但按照开发内容和顺序仍然可以将其分成面向对象分析、面向对象设计、面向对象程序设计、面向对象测试四个部分。

（1）面向对象分析（Object-Oriented Analysis，OOA）。面向对象分析根据系统的需求，识别分析对象、类、属性和结构并对其进行描述。面向对象分析着重识别问题域中的所有对象，通过对对象共性的分析（包括对象的方法、分类、聚合、概括和细化、联合），定义对象的抽象机制，即定义类；并组织类间关系，建立一个与实现细节无关的目标系统模型，即逻辑模型。面向对象分析主要是采用类描述语言（CDL），或类图（Class Diagram，CD）以及辅以少量文字说明来表达系统的逻辑模型。

面向对象分析采用一个完整的类图的子图（称类图子图）集中地反映逻辑模型种类之间的特定关系，其中包括类层次结构图、类组合结构图和消息流图，分别描述类之间的继承关系、类之间的聚合关系和反映消息在各类方法之间的传递，即得到管理信息系统的逻辑模型。在逻辑模型中，不存在具体的对象，只存在描述对象共性的类。

（2）面向对象设计（Object-Oriented Design，OOD）。对分析的结果进行进一步的抽象、归类和整理，并设计人-机界面、数据库及任务管理系统。面向对象设计以面向对象分析中设计的逻辑模型为任务，在一定的语言与系统平台上，精细化逻辑模型中的类，以及增加与系统通信需要的附加类，着重考虑与系统实现有关的因素，进行问题域部分的设计，以帮助用户从数据、控制和交互控制等方面对具体的实现进行补充描述。

（3）面向对象程序设计。面向对象程序设计（Object-Oriented Programming，OOP）以 OOD 设计的物理模型为任务，采用一定的程序设计语言（如 C++、Java 等）或开发工具（如 Microsoft 的 Visual Studio.Net、JBuilder 等）完成对类及对象中各属性的说明，实现各服务的代码，以及对其他有关内容进行编码，生成面向对象的源程序，产生计算机可执行模型。

（4）面向对象测试（Object-Oriented Testing，OOT）。对程序进行集成和测试。由于面向对象的程序设计采用的方法是构件组装及对象定义，程序对属性和操作进行封装，所以在测试中，一般采用的是黑箱技术。黑箱测试是指在对象入口处或出口处，也即消息流入和流出处测试，即测试输入是否被正确接受，输出是否正确地产出，外部信息是否完整。

在进行程序测试中，一般遵守以下原则：以对象为单位建立测试用例；测试用例应包括流入消息和流出消息两部分；测试用例不仅由程序员提供，而且用户参加编写；保存所有的测试用例；要注意分析程序是否产生了副作用。

4. 面向对象方法的模型表示

开发一个管理信息系统并非易事，一是新系统高于原系统，二是开发者对需求的认识难以完整，三是用户需求会发生变化，因此采用面向对象方法来开发并不像理论上的那么简单。人们在不断探索、总结出面向对象的典型方法，如 Booch 法、面向对象的建模技术（Object Modeling Technique，OMT）、统一建模语言（Unified Modeling Language，UML）就是三种典型的面向对象可视化建模方法。不同的方法，其用于表达逻辑模型、物理模型、计算机可执行模型也有不同。

Booch 方法的面向对象开发模型可分为静态模型和动态模型两部分。静态模型侧重于系统的构成和结构，而动态模型则侧重于系统在执行过程中的行为。Booch 方法中通常用状态迁移图和时序图来描述系统的动态行为。Booch 方法的面向对象开发模型还可分为逻辑设计和物理设计两个部分，逻辑设计部分中，通常用类图和对象图来描述类和对象的定义；物理设计部分中，通常用模块图和进程图来描述软件系统的结构。

OMT 是美国通用电气公司在总结内部多年采用面向对象方法实践的基础上总结的一种方法。逻辑模型包括反映数据结构的对象模型、描述时间顺序操作的动态模型，以及描述有操作而改变值的功能模型，这三个模型分别描述对象的静态结构、交互顺序、数据转换。物理模型是对逻辑模型的不断提炼、求精、优化，明确各类的定义和相互的关系，以及各类的操作，在考虑重用效率的基础上加入新的类和关系。

UML 是一种基于实例（Use Case）的面向对象方法，在不同的开发阶段，提出了相应的模型表示系统的不同侧面。系统的逻辑模型包括实例、概念模型、系统行为模型和状态模型。物理模型包括设计实例模型、体系结构模型、对象行为模型、类模型和状态模型。

5.3.4　CASE 计算机辅助软件工具

计算机辅助开发是一种自动化和半自动化的方法。它集图形处理技术、程序生成技术、关系数据库技术和各类开发工具于一身，全面支持系统调查以外的每个开发步骤，严格地讲 CASE 并不是真正意义上的独立方法。目前，CASE 仍是一个发展中的概念，各种 CASE 软件也较多，没有统一的模式和标准。就 CASE 工具的发展和对整个开发过程所支持的程度来看，又不失为一种实用的系统开发方法。

1. CASE 方法的基本思路

采用 CASE 工具进行系统开发，必须结合一种具体的开发方法，如结构化开发方法、面向对象的开发方法或原型化方法等。CASE 方法只是为具体的开发方法提供支持每一过程的专门工具，也就是把原先手工完成的开发过程，转变为以自动化工具和支撑环境支持的自动化开发过程。

如果从对象系统调查后，系统开发过程中的每步都可以在一定程度上形成对应关系，则完全可以借助专门研制的软件工具，实现上述各种开发方法的开发过程。这些系统开发过程中的对应关系包括结构化方法中业务流程分析，数据/过程分析，数据分布和数据库设计，数据库系统等；面向对象方法中的问题抽象、属性结构和方法定义、对象分类、确定范式、程序实现等。由于在实际开发过程中上述几个过程很可能只是在一定程度上对应，故这种专门研制的软件工具暂时还不能一次“映射”出最终结果，还必须实现其中间过程，即对于不完全一致的地方由系统开发人员再作具体修改。

2. CASE 的特点

与其他方法相比，CASE 方法具有如下五个特点。

（1）解决了从客观对象对软件系统的映射问题，支持系统开发全过程。

（2）自动检测方法提高了软件质量和软件重用性。

（3）简化了软件开发的管理和维护。

（4）加速系统开发过程，功能进一步完善。

（5）自动生成开发过程中的各种文档。

从方法学的特点来看，它具有前面所述方法的各种特点，同时又具有其自身的独特之处，即高度自动化。值得注意的是，在这个方法的应用以及 CASE 工具自身的设计中，自顶向下、模块化、结构化是贯穿始终的。这从 CASE 自身的文档和其生成系统的文档中都可以看出。

3. CASE 工具介绍

CASE 工具与系统开发阶段相对应，主要有以下一些工具。

（1）在需求分析阶段，CASE 工具包括：带分析功能的结构化图形工具箱，如 DED 图形工具、实体关系图（E-R）图形工具等；面向对象模型化工具和分析工具；原型化工具；共享信息资源中心库等。

（2）在设计阶段，CASE 工具包括：图形及其他描述工具箱，如系统控制流图形工具、系统结构图形工具、N-S 图支持工具、PAD 图支持工具等；文档编辑工具；数据设计工具；原型化工具；共享信息资源中心库等。

（3）在程序设计与实现阶段，CASE 工具包括：Jackson 程序结构图，N-S 图，PAD 图等结构化图形工具；源代码生成工具；源代码分析工具；测试数据生成工具；测试覆盖率分析工具；异常结果查错工具等。

（4）在测试阶段，CASE 工具包括：测试环境模拟工具、集成测试支持工具等。

（5）在维护阶段，CASE 工具包括：现存系统评价工具、分析和重新设计工具、移植工具、重新结构化工具和逆向软件工程工具等。

市场上的 CASE 工具种类繁多，但至今还没有一个 CASE 工具可提供全套服务，系统开发过程离完全自动化程度的目标还相距甚远。选择合适的 CASE 工具是增强管理信息系统开发过程自动化程度的一个重要手段，进行选择时应该综合考虑系统的规模、开发人员的情况、开发方法及 CASE 工具本身的特性等。

5.3.5 几种系统开发方法的比较与选择

1. 原型化方法与结构化方法的比较

传统的结构化开发方法是研制和使用时间最长、理论体系发展比较完善的一种方法，是在当前存在的软件系统中使用最多的方法。结构化方法强调严谨性，要求在系统建立之前就对系统需求进行严格定义，通过结构化分析和设计的结构确定系统的结构与功能。这种开发方法在满足其开发基本假设的情况下无疑是十分有效的，但在系统开发前期，用户往往对未来的新系统只有一个比较模糊的看法，而开发人员也由于对用户领域的专业知识不甚了解，造成需求调查的困难，使得分析和设计的内容与用户的最终需求不能统一，大大增加了后期修改的工作量。

为了克服这种用户需求与调查结果不符的缺陷，人们研制出了一种新的开发方法——原型法，这种方法在获得一组基本的（而不是详细的）用户需求后，快速地实现新系统的一个“原型”，用户、开发人员在使用原型的过程中进行有效的交流和反馈，通过反复评价和修改原型，逐步确定详细的需求。从原型化方法的工作过程中可以看出，它一方面通过给用户一个“实物”使用户对新系统有更加清醒的认识，另一方面通过不断修改需求来适应需求的变化，从而提高新系统的质量。原型化方法是一种迭代、循环型的系统开发方法，它能使用户在系统开发初期，就看到最终系统的一个实际工作模型，并允许用户通过实际应用理解和评价系统，提出改进意见。从而加强了用户在系统开发活动中的参与作用，克服了传统的结构化方法面临的困难，大大提高最终系统的成功率。

从以上的简单介绍中我们可以得出以下几点结论。

（1）原型化方法是一种迭代、循环型的系统开发方法，而结构化方法则是一种严格、顺序型的方法。

（2）原型化方法可以使用户在系统开发初期就能看到最终系统的一个实际工作雏形，而结构化方法只有在系统开发完毕时才能让用户看到。

（3）原型化方法的用户参与程度比较高，而结构化方法在这方面显然存在不足。

（4）原型化方法由于要快速实现新系统的一个原型，因而对开发环境、软件工具要求比较高，结构化方法则几乎用何种语言都可以进行开发。

（5）原型化方法由于要对原型进行不断修改，因而对开发过程的管理和控制比较困难，而结构化方法各个阶段划分比较明确，只有完成上一阶段的任务才能进入下一阶段，因而比较容易管理。

任何一种技术和方法都不可能是十全十美的。原型法和结构化方法也不例外，它们都有着各自的长处和不足。在管理信息系统的开发实践中，应该根据具体情况，结合使用这两种方法，以便取长补短，开发出更高质量的系统。

2. 面向对象方法与结构化方法、原型法的比较

在面向对象的方法出现之前，系统编制人员的主要任务之一是把用户提出的问题与内容要求转化成系统开发的内容和要求，虽然这两者最后要做到的事情是一致的，但程序开发人员却不得不把用户的要求“翻译”成难懂、抽象的事件和过程，例如，需求中的一个销售计划在开发中变成了 20 个变量控制的一个过程，无论是修改还是把它读懂都是很困难的。而面向对象方法则强调系统开发直接面对“客观世界”，把客观世界看成是由各种各样的对象组成的，系统开发的过程就是对这些对象的分析设计和实现过程，大大增强了系统的易修改、易维护性和可重用性。

面向对象方法与结构化方法、原型化方法有以下不同之处。

（1）面向对象方法处理的内容是与客观世界相一致的对象，而结构化方法、原型化方法处理的内容是经过分析提炼后的过程和事件。

（2）面向对象方法的分析与设计之间是一致的，即设计是对分析的进一步细化，而结构化方法、原型化方法从分析结果转化成设计结果变化较大，且具有一定的难度。

（3）面向对象方法开发过程虽然也可以分成分析、设计、实施等几个阶段，但它们之间的界限并不像结构化方法那样明显，开发过程的管理和控制也不如结构化方法简单易行。

3. 开发方法的选择

实际中使用的开发方法远远不止这三种，开发者可以依据项目的实际情况以及各种方法使用的条件和环境选用合适的方法。

（1）结构化方法最突出的特点是强调系统开发过程的整体性和全局性，开发过程划分清晰，要求明确，容易进行控制，但结构化方法也有其缺点和不足，如对前期错误反馈较慢、文档量太大等。因而我们认为结构化方法比较适合于较大项目可开发，因为对这类项目而言，能否管理和控制好整个项目是开发成败的关键，文档也是后期维护修改必不可少的工具，而且对于一个大型的系统，如果不经过系统分析来进行整体性划分，想要直接用屏幕来一个一个地模拟（原型化方法）或合理完整地确定系统的对象（面向对象方法）是很困难的。所以，对规模较大、功能比较复杂的系统最好采用结构化方法，可以实现对整个系统的合理规划和过程控制。

（2）原型化方法比较适用于小型系统和某些局部系统的开发，特别适合于对系统功能要求不高但用户界面丰富的系统。原型化方法本身的特点决定了将其应用于开发一个大的信息系统是不可能的，它的特点和长处是对用户要求的多次模拟和修改，因而除了可以被单独应用在小型系统中外，还可以与结构化方法结合在一起使用，作为前期调查用户需求的工具，对结构化开发方法的发展和补充。

（3）面向对象方法以对象为基础，利用特定的软件工具直接完成从对象课题的描述到软件结构之间的转换。这是面向对象方法最主要的特点和成就。面向对象方法的应用解决了传统结构化开发方法中客观世界描述工具与软件结构的不一致性问题，缩短了开发周期，解决了从分析和设计到软件模块结构之间多次转换映射的繁杂过程，是一种很有发展前途的系统开发方法，可以被用于各种信息系统的开发。但是同原型方法一样，面向对象方法需要一定的软件基础支持才可以应用，另外在大型的 MIS 开发中如果不经自顶向下的整体划分，而是一开始就自底向上地采用面向对象方法开发系统，同样也会造成系统结构不合理、各部门关系失调等问题。

通过以上的比较分析可知，面向对象方法、原型化方法、结构化方法各有其不同的特点和适用方式，它们之间的关系是相互依存、不可替代的。

5.4 系统开发的过程管理

5.4.1 系统开发的组织

系统开发涉及的人员较多，为了确保领导与协调有力、分工与职责明确，需要建立相应的组织机构。通常的做法是成立两个小组，即系统开发领导小组和系统开发工作小组。

1. 系统开发领导小组

系统开发领导小组的任务是制订管理信息系统规划；在开发过程中，根据客观发展情况进行决策，协调各方面的关系，控制开发进度。小组成员应包括一名企业领导，系统开发项目负责人，有经验的系统分析师，以及用户主要部门的业务负责人。领导小组不负责开发的具体技术工作，其组成成员中有的可能并不具备计算机应用的知识和经验。领导小组的职责如下。

（1）提出建立新系统的目标、规划和总的开发策略；

（2）保证满足企业不同部门对新系统的需求；

（3）对开发工作进行监督与控制，对开发项目的目标、预算、进度、工作质量进行监督与控制，审查和批准系统开发各阶段的工作报告，组织阶段验收，提出继续开发或暂停开发的建议；

（4）协调系统开发中有关的各项工作；

（5）向上级组织报告系统开发工作的进展情况；

（6）负责主要成员的任用和规定各成员的职责范围等。

2. 系统开发工作小组

系统开发工作小组由系统分析员，即系统工程师负责。其任务是根据系统目标和系统开发领导小组的指导开展具体工作。这些工作包括开发方法的选择，各类调查的设计和实施，调查结果的分析，撰写可行性报告，系统的逻辑设计，系统的物理设计，系统的具体编程和实施，制订新旧系统的交接方案，监控新系统的运行；如果需要，协助组织进行新的组织机构变革和新的管理规章制度的制定。这个小组的成员主要由负责开发的一方组成，即若干系统分析和设计人员。组织总应该有一个通晓全局的管理者参加，负责具体的联络和沟通。小组的生命周期应该是从系统的设想提出之日起直至系统正式交付运行。

5.4.2 系统开发的项目管理

多年来，项目管理一直被认为是工程项目所涉猎的范畴，数十年来，它只被应用在航天航空及工程建筑等大型的、高度专业化的行业。目前项目管理几乎被应用到所有地方。

在竞争性商业环境日益激烈的今天，项目经理都在试图研究一种能够使项目最大限度获得成功的方法，这个方法能够帮助他了解项目运作中所涉及的方方面面，从成功完成项目目标，到如何提高员工主观能动性，如何正确预防并规避风险，都是项目管理所涉猎的范围。

近年来大规模崛起的 IT 行业，更是由于它的复杂及众多的变数，引起了业内人士对其极度的重视，如何解决 IT 项目中的三大问题：成本、进度和质量，便成了 IT 项目管理所研究的课题。

我们通常给出项目管理的定义为：是在一个连续的过程中为达到项目目标，对项目所有方面所进行的规划、组织、监测和控制。美国项目管理学会《项目管理知识体系（PMBOK）指南》给出了项目管理的明确定义，项目管理是指“在项目活动中运用专门的知识、技能、方法和工具，使项目能够实现或超过项目相关方的需要和期望”。它在强调了项目实现过程中运用专门的知识体系的同时，还特别强调了参与人的重要性。

IT 项目管理在现代项目管理中是最重要，也是运用最好的一个领域，因为由于信息技术行业的特点，使得它的项目管理“在知识、技能、方法和工具”上远远领先于其他行业，近年来，项目管理的工具也被广泛运用到IT项目管理中，我们常用的有MS Project、Visual SourceSafe等。

1. 系统开发项目管理的内容

在系统开发过程中，如何在有限的资源约束下，运用系统的观点、方法和理论，对项目涉及的全部工作进行有效的管理，从项目的投资决策开始到项目结束的全过程进行计划、组织、指挥、协调、控制和评价，以实现项目的目标，这是项目经理的主要工作任务。

一般而言，系统开发项目管理的内容包括以下几个方面。

（1）项目计划管理。是为了确保项目按进度完成。它包括：制订总体计划，确定系统开发范围，估算开发所需资源，划分系统开发阶段，分步实施，同时明确系统开发重点；制订阶段计划，分解阶段任务，估算阶段工作，规划阶段工作进度；工程计划执行情况检查，找出无法按计划完成的原因并且提出相应建议，以对计划作出相应调整。

（2）项目时间管理。是为了确保项目最终按时完成的一系列管理过程。它包括具体活动界定、活动排序、时间估计、进度安排及时间控制等项工作。

（3）项目成本管理。是为了保证完成项目的实际成本、费用不超过预算成本、费用的管理过程。它包括资源的配置，成本、费用的预算以及费用的控制等项工作。

（4）项目质量管理。是为了确保项目达到客户所规定的质量要求所实施的一系列管理过程。它包括质量规划、质量控制和质量保证等，具体为：贯彻系统开发过程质量管理原则；确定系统质量管理指标体系；保证系统的可使用性、正确性、适用性、可维护性以及文档完整性；系统开发周期内的质量管理，分阶段确认工作质量指标，实行质量责任制；对各项任务进行质量检查，分阶段质量评审，分析影响阶段质量的原因。

（5）项目人力资源管理。是为了保证所有项目关系人的能力和积极性都得到最有效的发挥和利用所做的一系列管理措施。它包括组织的规划、团队的建设、人员的选聘和项目的班子建设等一系列工作。

（6）项目沟通管理。是为了确保项目的信息的合理收集和传输所需要实施的一系列措施，它包括沟通规划、信息传输和进度报告等。

（7）项目风险管理。涉及项目可能遇到各种不确定因素。它包括风险识别、风险量化、制定对策和风险控制等。

2. 系统开发项目管理的特征

归纳起来，项目管理具有以下几方面的特性。

（1）创新性。项目管理的创新性取决于项目的特性及管理方面。项目的创新决定了项目管理的创新，因为项目的一次性和创新，导致了每一个项目的项目管理都有其不同于其他项目管理的方面。现代项目管理更强调在项目管理的过程中启用新的管理手段和管理工具，手段和工具的创新决定了项目管理的创新。一个新的系统开发项目，由于时间、技术、人员、规模、需求等与以往同类项目的不同，需要项目管理的创新，而其在管理过程中的文件服务器使用的软件不同，即管理工具的不同产生了管理本身创新。

（2）普遍性。因为在我们的生活工作范畴，要接触到各种不同领域、不同类型、不同大小的项目，我们所应用的产品也是通过项目活动实现的，由于项目的普遍性存在，导致了项目管理的普遍性。

（3）目的性。项目管理的目的是使“项目能够实现或超过项目相关方的需要和期望”，这就表明项目管理的所有工作都是围绕这一最终目标展开的。

（4）集成性。因项目管理要贯穿项目全部进程的不同阶段、项目参与不同的部门、项目的各种不同的资源调配，需要多种专业的管理，如财务管理、运营管理、营销管理等，项目管理要对所有的管理手段进行协调、不同的部门进行沟通，最终实现指标，这就决定了它具有集成特性。

由于每个项目需要多种技能和资源，实际的工作可能由来自不同职能部门的员工或者外部承包商完成。一个项目可能有两条命令链：一条是垂直和职能的，一条是水平和项目的，员工可能需要同时向项目经理和职能部门经理报告。因为项目包含了组织内部和外部的不同单位的工作人员，依赖垂直的命令链来进行授权和交流很花时间，并且引起工作经常的中断和延迟。为了能使工作高效地完成，不同单位不同层次的管理者和员工之间需要直接联系。在项目组织里，这些非正统渠道的作用已经被认可并通过建立一种和垂直阶层相对立的水平阶层来使其程序化。这种混合式的组织形式使得在不同工作单位的员工能够形成高度综合的项目团体。尽管项目组织是暂时的，形成项目组织的职能部门或者承包的部门却是永久的。当一个项目结束时，项目组织被解散，人们又回到各职能部门或承包商那儿，或者被再次分配到新的项目。

项目经理是将所有的工作努力汇集起来并指向单一的项目目标的关键。项目经理负责把为项目工作的各职能部门的人集合成一个整体。项目经理一个人领导着项目组织，并独立于通常的命令链。这种组织反映了项目的职能交叉、面向目标和临时性的特征。传统组织的管理者倾向于专业化并对单个职能部门或者单位负责。这对于优化单个部门的效率的确不错，但是当项目需要许多部门的支持时，没有人来对项目的目标负责。这时需要有一名项目经理对项目负责。

5.4.3　系统开发的有关人员及分工

1. 系统开发相关人员

系统开发首先要做好人员的组织工作。开发过程所需要的人员有：用户、系统分析员、数据库管理员、系统设计员、硬件网络设计员、程序设计员等。这些人员在系统开发过程中所处的地位和作用是不同的。

1）信息主管

信息主管（Chief Information Officer，CIO）是企业高层负责企业信息资源管理的决策者，全面负责企业的信息管理工作。他根据企业战略的需要，考虑和提出企业的信息战略，提出基于信息技术的问题解决方案。CIO 是企业中的高级职位，是决定企业命运的核心人物，辅助企业的高层决策和长远规划，实现企业全面的信息管理。

CIO 不仅要对计算资源的运用、计算中心的正常运行负责，更重要的是参与企业的核心管理层的决策，决定企业的信息战略，保证信息战略与企业战略相配合，并对企业信息化的发展做出长远规划。由于这些工作是在决策层的活动，因此 CIO 必须对企业的发展战略和发展目标有清楚的理解，同时懂得信息技术在企业中的作用，才能做好企业信息战略的设计工作。

CIO 作为企业信息战略的构架者和信息系统的规划者，技术方面的特长为 CIO 的工作做了基本的铺垫。但是，CIO 不单单是技术角色，而是技术加管理的综合角色。CIO 必须了解先进的管理思想和理念，作为企业的决策者之一，从信息的角度为企业提供管理的手段和思路，增加企业高层管理的职能和思想。

CIO 的基本职责不仅包括对信息本身的收集、组织加工、开发利用，而且包括制定完善的信息管理制度，采用现代化信息技术，对涉及信息活动的各种要素进行合理控制，以实现信息资源的合理配置和有效利用。在管理信息系统的开发中，尤其是在可行性研究以及系统分析阶段，CIO 起着非常重要的作用。

2）项目经理

管理信息系统的开发是一项复杂的系统工程，在开发过程涉及多种资源的计划、组织、协调、指挥与控制。项目管理是在一定的预算和计划下，组织、指挥其他人完成计划的任务。将一般项目管理方法，如招标投标法、工程监理法等引入管理信息系统的开发中。软件能力成熟度模型（Capability Maturity Model，CMM）作为大型软件开发管理的专门方法和模式也开始实施。因此需要具有管理能力、项目管理知识和经验、管理信息系统开发管理知识和经验的人员，即项目经理。

3）系统分析员

在管理信息系统的开发中，从事系统逻辑模型的设计者就是系统分析员。系统分析员是利用信息技术提供企业问题解决方案的解决者，而不是程序员。解决问题就是详细分析问题，了解与问题相关的所有事物和关系，提出解决问题的方案。

在系统分析阶段，系统分析员要从不规范的、大量的事务性信息中，获得用户对系统较完整的需求，这是一个复杂的问题。因此系统分析员的价值不在于建立一个特殊的模型，或者完成设计程序，而是其具有分析和解决业务信息问题的能力，这些能力主要表现在如下几个方面。

（1）事实的发现能力。如何高效地理解用户对系统的需求以及发现事实的能力。高效率表现在分析员能够在少打扰用户的前提下，将系统的调查、问题分析、企业流程重组、用户需求分析等需要用户高度配合的工作迅速推进，而有效性表现在完整地、可理解地、正确地获得用户需求。问题分析、用户需求分析不仅只是可见的、当前的，还包括不可见的、潜在的。

（2）问题的抽象能力。到企业进行实际详细调查，人们看到的是一些具体的事物：某产品的加工、库存物品的进出，厚厚地记录着各种数据的各种单据……人们往往会陷入具体的事物中。但是系统分析员不能只看到“树”，而不见“林”，他应该具有从“树”抽象为“林”的能力。对问题的抽象，可以使系统分析员抓住问题的关键，对看似不相似或无关的事物，找到它们的共同点，从表面杂乱的事物中获得它们的规律性。

（3）对信息的高敏感性。在管理信息系统的开发中，系统分析员需要与用户多次沟通，以获取用户的需求。系统分析员要了解的情况，对用户来说是司空见惯的，他会不在意地说出相关信息，若系统分析员对信息不敏感，则可能漏掉了用户的需求。

（4）企业流程建模的能力。管理信息系统作为企业给予信息技术的业务平台，企业运作、管理的规则必须包括在系统中，因此系统分析员识别和抓住业务规则，并且能根据管理的思想与方法、企业运作与管理的需要，建立企业流程的模型，最终建立新系统的逻辑模型。

系统分析员还应该具有协调能力，能与各类人员协同工作，控制与用户调查的时间，以及小组成员定义需求的时间。

因此，系统分析员应该具有一般的管理、企业流程以及重组、系统建模、管理信息系统专业以及信息技术等方面的知识。在开发一个具体的系统时，应该掌握相关领域的管理方法。例如，开发会计管理信息系统时，系统分析员必须从理论上掌握企业会计工作的主要内容、工作规范、工作流程和管理的规则，还必须掌握企业实际运作和管理规则等；开发营销管理信息系统时，他必须掌握企业营销的理论，还必须掌握企业实际的行销模式。这样，他才可能保证所设计的系统既能符合先进管理理论、方法的要求，又能满足企业运作与管理的要求。

4）系统设计员

在管理信息系统的开发中，系统设计员的主要任务是根据系统逻辑模型的要求，完成系统的物理模型设计。

因此，系统设计员应该具有扎实的信息技术方面的知识。对于管理信息系统来说，需要掌握的主要包括计算机网络、系统安全、数据管理技术、软件结构、系统集成等。由于信息技术的快速进步，可用的技术、产品也在不断更新，系统设计员应该及时地掌握。

同时系统设计员也应该具有一般的管理知识，它们应该能在满足新的系统逻辑模型的基础上，以合适的资金投入构建合适的系统平台，而不是只管技术，而不考虑投资效率的技术专家，他们应该具有能在经济和技术之间平衡的能力。

完成从逻辑模型到物理模型的转换，既需要系统结构、应用软件结构的设计等宏观的设计工作，又需要模块划分等微观的设计工作，因此系统设计员还可以分出一类人员——程序分析员，由他们完成模块结构、模块的设计。

5）程序设计员

负责依据系统逻辑方案进行系统的程序设计，实现方案中的各项功能，负责进行用户的使用培训工作，负责系统的测试和试运行。

6）系统维护人员

系统维护人员的主要工作是完成对系统的维护，包括平台、应用软件、系统数据等的维护，其工作目的是保证系统的正常运行。通常系统的维护工作被理解为硬件故障的解决，更多被当作系统的“维修工”，因此该类人员的工作被忽视。但是管理信息系统能满足企业的需求、长期运行，系统维护人员是坚实的保障，许多已投入使用的系统为什么很快夭折？就是因为缺少很好的系统维护。

因此系统维护人员应该具有信息技术的一般知识，了解企业运作与管理流程，所维护系统的逻辑模型、物理模型和计算机模型。

7）硬件网络设计员

负责依据新系统逻辑方案中提出的对硬件网络的基本要求制订硬件网络配置方案，并负责该方案的全部实施工作。

8）数据库管理员

负责依据系统逻辑方案中提出的数据需求进行数据库设计、定义和存储工作，负责在系统运行中监督和控制数据库的运行以及数据库的维护和改进工作。

9）用户

在信息系统开发中，用户是大批的，他们是信息系统建设的参与者和最终使用者，他们懂得具体的管理需求和信息需求，因此，他们既要负责地提出系统需求，又要及时纠正系统开发中的偏差。在系统运行后，能够熟练地运用新的系统为自身的管理工作服务。在开发中要做好广大用户的培训工作，提高他们的参与意识，提高他们使用新系统的积极性。

系统开发必须在上述各类人员的共同努力下才能完成，因此要做好这些开发人员的组织与协调工作。组织与协调工作可以通过一个项目领导小组来实现。有充分理由要求这个领导小组的组长要由企业或组织的高层领导来担任，小组成员由企业或组织中的各项管理专家以及懂得系统开发方法并有组织能力的系统开发专家组成，由这个小组组织各类开发人员从事系统开发工作，并负责协调用户之间、用户与开发人员之间、开发人员之间的各种关系。

2. 项目组的人员结构

在时间维度，管理信息系统的开发分为多个阶段，不同阶段完成系统开发中的不同任务，因此不同阶段所需要的人员从数量和对知识的掌握要求也不同。表 5-2 给出了管理信息系统开发的不同阶段中项目组的主要参加人员。

在系统规划阶段，项目仅包括非常少的人，一般有项目经理以及一至两名具有经验的系统分析员。这个阶段的主要工作是决定系统覆盖的范围以及可行性分析。因此参加的系统分析员应该具有相关的管理经验和知识。

在系统分析阶段，主要参加人员是由具有很强系统分析能力和在问题领域有丰富知识的人员组成的。但是在实际工作中，往往缺少既具有丰富的问题领域知识，又具有很强系统分析能力的人，因此可以补充少数具有丰富的问题领域知识的人员。若问题覆盖面广，则项目子组需要分为若干个项目小组，每个小组负责不同的方面。

在系统设计阶段，应该增加具有很强技术经验（如计算机网络、数据库知识）的人员作为系统设计员。

在系统实施阶段，应该增加程序员和质量控制人员，质量控制人员主要制订系统测试计划以及测试数据。因此在这个阶段，一般项目组的人员很多。在这个阶段的后期，还需要增加一定数量的用户，他们既参加系统的测试，还首先受到培训，今后可以利用他们培训其他用户。

在系统维护阶段，项目组主要由系统维护人员组成。

表 5-2 系统开发不同阶段项目组主要参与人员

开发阶段	主要人员
系统可行性研究	CIO、项目经理、系统分析员
系统分析	系统分析员、终端用户
系统设计	系统设计员、数据库管理员
系统实施	程序设计员、数据库管理员、终端用户
系统维护与评价	系统维护人员、数据库管理员

➢知识拓展：设计科学

设计科学通俗地说就是，新的产品在设计过程中是否有一些创新性的知识产生，如果有，那么就是设计科学，反之就是常规性设计。以 iPhone 为例，将 iPhone 拆开后的各个部件，CPU、内存、显示屏、声卡等，与其他同类产品并没有什么特别的地方，因此这些部件本身只是常规性设计，但是苹果公司的设计者将这些零部件按照新的方式组装在一起，成为一台 iPhone 手机，具有比其他手机更炫丽的人机交互界面、更动听的音质以及更方便的触摸屏操作，此时 iPhone 就可以称为设计科学了。

1. 设计科学在信息系统中的运用和理论

企业研发和使用信息系统的目的是借助信息系统来提升企业运营绩效，信息系统的用途、企业的特征、办公环境、人员以及准备采用的技术和方法等因素共同决定了这个目标能够在多大程度上得到实现。因此，信息系统的设计人员有责任使得企业在应用他们所设计的信息系统后获得了以往所没有的优势，包括市场竞争力的提升或者内部管理水平的提高，而这种以往没有的优势则可以认为是一种创新性的知识。

创新性的知识在设计科学研究中非常重要，也是区分设计科学与常规性设计最基础的标志，而要获得这种创新性的知识则需要两种独立又互补的学科的支撑，分别为：行为科学和设计科学。行为科学来源于自然科学研究方法，它致力于寻求或证明某种理论，并通过这种理论来解释或预测发生在组织中的某种现象，更重要的是，这种理论会告诉设计者和实践者关于组织中的人员、技术和组织本身之间的关系，并指导信息系统的开发和使用，最终实现既定的目标。而设计科学来源于工程学与人工科学，是一门解决问题的学科，通过创造出新的知识来指导信息系统的分析、设计、开发和使用，并最终实现既定的目标。如图 5-4 所示，设计科学更关注的是信息系统的效用而行为科学更关注的是效用背后的真相，行为科学要找到合适的理论用于指导设计而设计科学则要创造新的知识用于解决问题。

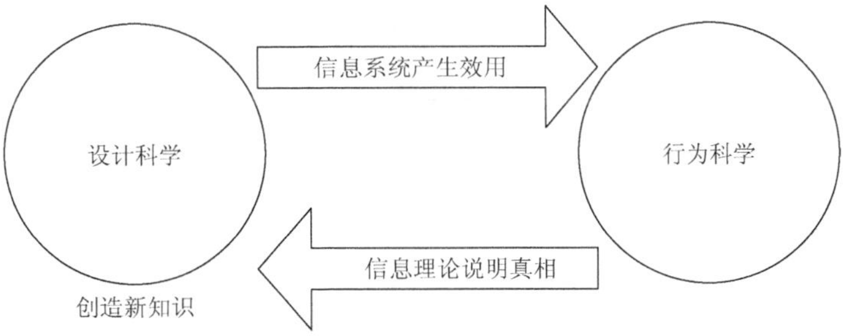

图 5-4　设计科学与行为科学

依据此理论，在信息系统中尤其需要将设计科学与高质量的专业设计或者系统建设区分出来：专业设计或者系统建设的目的是增强信息系统的效用，通过现有知识的应用来解决实际中的某个具体问题，关注的重点是问题的解决而非问题的本质，从这个角度来看是一种行为科学；然而实际问题的解决过程中，往往存在现有知识不足以充分解决该问题的情况，因此需要进一步分析问题的本质，创造新的知识，并将新的知识存储以备后续相关问题的参考，此时则又朝着设计科学方向转变了。可见，设计科学和行为科学是相辅相成的一种循环结构，新的问题需要新的知识来解决，而新的知识又能够进一步发现新的问题。

2. 设计科学的主要框架与研究方法

一般来说，信息系统设计与开发的框架包括五个基本的步骤：构建概念模型、设计系统的基础架构、分析和设计具体系统、建立原型系统、观察和评估系统，如图 5-5 所示。

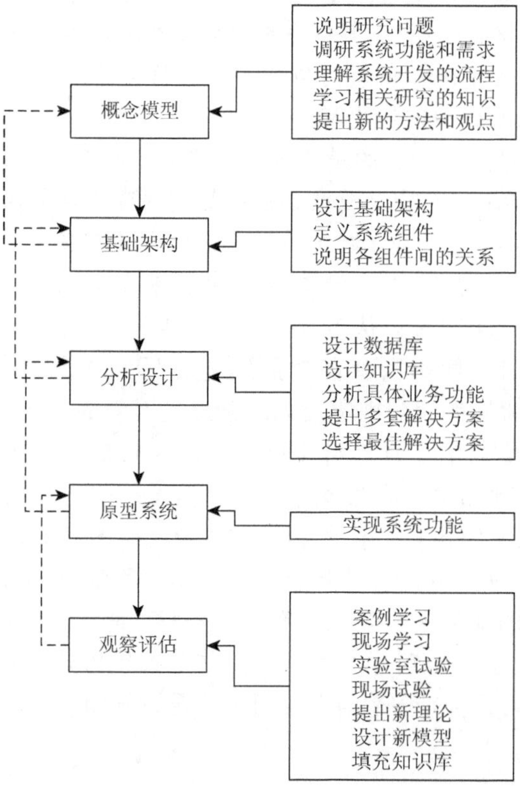

图 5-5　信息系统设计与开发基础框架

Peffers 等在总结前人研究的基础上提出了一套信息系统开发中设计科学研究的方法论，该方法论中包含了一套被普遍接受的研究框架和概念模型。他们将信息系统中的设计科学研究过程分解为六个步骤：明确问题的定位和动机、定义解决方案的目标、设计与开发、演示、评估和交流。

（1）明确问题的定位和动因。信息系统是针对某个具体问题的一套解决方案中的重要部分，通常情况下要解决的问题总是带有较高的复杂性，为此，需要更深入地明确问题的定位和动因，将问题一层层地分解为子问题、将复杂程度一步步降低，从而形成一套合理的解决方案。同时，在这个过程中，能够进一步帮助研究者更好地认识问题、分析问题背后的原因，为后续研究的开展找到或者创造某种理论依据。

（2）定义解决方案的目标。问题明确后，就要定义出解决方案的目标了，即达到了哪些具体的要求或实现哪些具体的功能才能认为这个问题是解决了的。通常目标都要尽可能量化，这样才容易比较多种备选的解决方案后找到最佳方案。

（3）设计与开发。根据既定的解决方案，进行信息系统的设计与开发，这一阶段所形成的成果可以是一种构想、模型、方法或者实例，也可以是一种新的技术或者新的信息资源。

（4）演示。这一阶段主要的工作是展示如何通过设计与开发出来的成果来解决某一个或几个具体的问题，演示的形式可以是试验、案例学习、模拟、实证以及其他的一些方式，通过演示来说明如何将知识转化为解决问题的实际方法。

（5）评估。在第二阶段中得到的最佳解决方案具有一系列可以量化的指标，这一阶段主要是评价成果是否达到了既定的要求，如果没有达到，那么转到第三阶段继续优化设计与开发，如果达到了，那么也可以对达到的指标数据进行进一步的分析，是否仍有提升的空间，进而优化原先的解决方案。

（6）交流。将前五个步骤中积累的知识，包括问题、理论、目标、方案、成果、创新点、试验等，与其他研究者、相关的参与者及用户代表等进行沟通，沟通的方式可以是会议、面谈、发表学术论文等多种形式。通过交流一方面可以知道研究成果是否在行业内具有创新性的贡献以及是否在某些方面仍有不足和需要改进的地方；另一方面也可以将研究中获得的新知识扩充到行业内的知识库中，为该领域其他的研究提供包括的经验和参考价值。

3. 设计科学对信息系统开发的指导原则

Hevner 等把设计科学的本质看作一套用来解决问题的程序流程，注重人工制品设计的过程中知识创造的重要性和必要性，以此为基础总结出了七条设计科学对信息系统开发的指导原则。

（1）设计的成果是一种人工制品。设计科学研究的成果必须以某种具备可行性的人工制品的形式呈现，可以是一种构想、模型、方法或者实例。而在信息系统的设计科学研究中，这种人工制品则是带有明显目的性的、用于解决某种特定组织问题的 IT 制品，它能够在某个合适的范围内得以现实并应用。

（2）问题相关性。设计科学研究的目标是开发出一套基于技术的方案，以解决商业活动相关的具体问题，带有非常明确的问题相关性。在充分理解问题的基础上运用现有的知识及创造新的知识来解决某个问题是信息系统设计与开发的目的，为达到这个目的，一方面行为科学研究通过找到或创新恰当的理论来说明这个问题，而另一方面设计科学研究则在理论的基础上，通过设计与开发某种实际的 IT 人工制品来解决问题，两者相辅相成。

（3）设计评价。需要有一套合适可行的方法，对设计得到的人工制品的功能、质量、效率、效用等方面作出客观严格的评价。对于 IT 人工制品的评价，需要引入一些可以量化的评价指标并在严格的真实数据分析基础上得到这些指标的具体量化值，评价的范围应涵盖功能性、完整性、一致性、准确性、执行效率、可行度等。例如，对于分布式数据库设计算法的性能可以通过预设问题的响应时间进行评价，而对于搜索引擎算法则可以通过搜索的响应时间以及结果的广度与准确度进行评价。

（4）研究的贡献。设计科学研究必须为相关研究领域作出清晰的、可以证实的贡献，不论是在设计的人工制品、设计的基础还是设计的方法等方面。对于任何一种研究的评价最终都必须回答一个问题，即该研究到底具有何种创新的或者有意义的贡献？设计科学研究的贡献体现在创新性、一般性和重要性三个方面。首先，设计科学研究的成果，即人工制品，本身就是一种贡献，这样的人工制品能够为解决迄今为止尚未解决的某个具体问题提出一种可行的解决方案；其次，在人工制品设计与开发的过程中，必然需要在充分了解现有知识的基础上进行创造性工作，因而必定会产生新的知识以扩充现有的知识库；最后，添加到知识库中的构想、模型、方法或实例等新知识，又为领域内的其他研究提供了宝贵的经验，成为相关研究开展借鉴的基础。

（5）研究的严谨性。设计科学研究的成功在很大程度上依赖于在人工制品的构建和评价过程中运用严谨的研究方法。严谨不仅是对研究过程中各个环节的要求，更是研究人员应该具备的一种态度，收集的数据是否真实有效？采用的分析方法是否经过严格的论证？引入的新技术是否能够解决现有问题并被用户接受？对知识库的创新性贡献是否具有类似的成果？这些问题需要在研究工作开展的各个环节中不断地提出。

（6）设计是一个不断探索的过程。迭代性可以说是设计科学研究的固有属性之一，通过构建信息系统来解决某一问题，注定是一个不断探索最优化方案的过程，不仅是因为新技术、新知识的不断更新，更重要的是行为科学与设计科学两者之间，本身就形成一种相互促进的循环体结构，因而某个人工制品只能说是某个时间点上的最优方案。

（7）研究的交流。在设计科学开展的各个阶段，需要将阶段性成果同时向技术相关和管理相关的研究人员进行展示。与技术相关人员进行关于研究成果的全面交流，能够使得成果的最终实现更为顺利，因为通过多次交流以后，技术人员对成果具有了更高层次的了解，结合自身的技术经验，能够反过来为后续研究提供一些切实可行的宝贵意见；而与管理相关人员进行关于研究成果的全面交流，能够使得成果的最终应用带来保障，管理人员能够根据市场情况和组织现有的资源情况，在研究的进展导向方面提出建议。

思考题

1. 管理信息系统的开发方式有哪些？如何选择？
2. 管理信息系统开发方法有哪些？生命周期法有哪几个阶段，每个阶段的主要工作有哪些？
3. 面向对象方法与传统的开发方法有哪些本质区别？
4. 比较管理信息系统开发方法的联系与区别。
5. 管理信息系统的开发小组有哪些角色？他们主要的任务是什么？
6. 管理信息系统的项目管理内容有哪些？

上机作业题

1. 上机调研目前企业开发管理信息系统主要采用的开发方式和开发方法是什么？
2. 上机调研市场上常用的 CASE 工具种类有哪些？

小组讨论题

分析系统开发中不同人员的作用。从系统规划角度分析 CIO 的作用。

第 6 章

系 统 规 划

6.1 系统规划概述

6.1.1 系统规划的目的

总体规划是管理信息系统生命期中的第一个阶段，也是系统开发过程的第一步，它的主要任务是明确“系统是什么”的问题，也就是对目标系统提出完整、准确、清晰、具体的要求。由于我们开发的管理信息系统是一个大系统，复杂程度高、投资大、开发周期长，因而在开发的初期必须以整个系统为分析对象，确定这个系统的总体目标、主要功能和约束条件。也就是从总体上来把握系统的目标和功能的框架，继而研究论证这个总体方案的可行性，这样就给今后的系统分析和设计打好了基础。

管理信息系统是由众多的子系统所组成的，为了对它们的组成和关系有初步了解，以便于进一步的分析工作，就必须先从总体上提出方案。

为了使领导对系统的开发与否做出决策，并筹集大量的费用，需要有一个概略的投资方案。在实际进行系统分析之前，应拿出一个有说服力的系统可行性说明，对系统的效果做出论证。由于财力限制，用户往往需要分期分批的实施子系统，因而需要事先做出分批开发计划。根据上述理由，可以认为，总体规划是为系统开发打基础，没有一个好的基础，其他工作即使做好了，也会出问题。所以我们必须认真做好这一个阶段的工作。具体讲，总体规划的目的可以概括如下。

1. 保证信息共享

人们总是说信息是企业的重要资源，并认为信息流是企业资金流、物流之外的另一种重要的生产要素。但是企业的信息只有被集中起来，并能够被全企业所共享时，才能真正发挥作用，成为企业真正意义上的资源，而这就需要总体规划。我们知道，从内部环境来看，一个企业或组织总是由多个职能部门构成的，从外部环境来看，企业是一个开环系统，要与材料供应商、市场客户、税务部门及其他政府机构发生关系。由于企业或组织的内外信息资源很多，其内外之间都有大量的信息需要交换和共享，那么如何收集、存储、加工和利用这些信息，以满足各种不同管理层次的需要呢？这显然不是分散的、局部的考虑所能解决的问题，必须有来自高层的、统一的、全局的规划，将这些信息提取并设计出来，才能实现信息的共享。

2. 协调子系统间的工作

我们要开发的管理信息系统通常是由若干个子系统组成的，如一个企业的综合管理信息系统由会计管理信息子系统、销售管理子系统、预算管理子系统、库存物资管理子系统、人事管理子系统等组成。各个子系统除了完成相对独立的功能外，它们之间还存在着大量的公用数据，并需要实时或定期进行信息交换。

在企业中，有关公用数据和信息交换的例子很多，例如，在人事管理子系统中需要对企业的所有人员信息进行管理，而人员信息同时也在会计管理信息子系统中使用，以便进行工资核算；预算管理子系统的主要目的是制订成本费用计划，并对计划的执行情况进行实时地监控，它需要实时地从会计信息子系统中取得成本费用的实际发生数，也就是说预算子系统与会计子系统间存在信息交换。为了降低企业信息处理的成本，就需要通过总体规划使各个子系统之间能够相互协调工作。

在手工管理方式下，信息的交换工作大多靠纸张、电话等媒体来实现，而为了保证信息处理的正确性、及时性，多数企业或部门经常会安排两组或三组人员从事着相同的信息处理工作，这样做一方面带来了人力资源的浪费，另一方面由于不同组人员对信息处理的不一致性，常常会影响决策的正确性。而基于计算机的管理信息系统对公用的数据尽量做到由一个部门（子系统）产生，被多个部门（子系统）多次使用。这种子系统之间的协调必须有来自高层的总体规划。总体规划是站在总体的高度识别并规划出支持各项管理的数据、数据产生的地点、使用的部门等，负责协调相互之间的关系，以克服手工管理方式中的弊病。

3. 使开发工作有序进行

管理信息系统的开发是一项艰巨的系统工程，它涉及了大量的人力、物力、财力，需要经过较长的一段时间才能完成。一个复杂的管理信息系统总是由多个子系统组成的，受人、财、物等各种资源和人们的认识水平等多种因素的限制，各个子系统的开发不可能齐头并进，往往是采用开发一部分，再开发一部分这样一种循序渐进的开发过程。那么到底先开发哪些子系统，在什么时间内完成，后开发哪些，在什么时间开始？在整个开发过程中，什么时期内完成哪个阶段的任务，这些任务的完成需要什么人、多少资金、做什么样的工作等有关开发进度的安排、人员的调配、所需设备的配置、资金的到位等一系列问题都必须事先在总体规划阶段解决，以便使开发工作在一个总体蓝图的指导下，合理、有序地进行。

6.1.2 系统规划的任务与步骤

1. 系统规划的任务

系统规划是管理信息系统生命周期的第一个阶段。这个阶段的主要目标是制订管理信息系统的长期发展方案，决定管理信息系统在整个生命周期内的发展方向、规模以及发展进程。信息系统规划主要包括以下六方面任务。

（1）信息系统的总目标、发展战略与总体结构的确定。根据企业的战略目标和内外约束条件，确定信息系统的总目标和总体结构，使管理信息系统的战略与整个企业的战略和目标协调一致，根据总目标规定信息系统的发展方向，发展战略规划提出衡量具体工作完成的标准，总体结构则提供系统开发的框架。

（2）企业现状分析。包括对计算机软件、硬件、产业人员、开发费用及当前信息系统的功能、应用环境和应用现状等情况，进行充分的了解和评价。

（3）进行可行性分析。在现状分析的基础上，从技术、经济和社会因素等方面研究并且论证系统开发的可行性。可行性研究的目的是用最小的代价，在最短的时间内确定问题是否能够得到解决。即所给定问题是否现实，目标系统是否存在可行的解决方案，或目标系统的建立所带来的收益是否超过建立系统的费用。这些问题的回答要通过客观准确地分析才能得到解决。

（4）企业流程重组。对业务流程现状、存在问题和不足进行分析，使流程在新的技术条件下重组。企业流程重组是根据信息技术的特点，对手工方式下形成的业务流程进行根本性的重新考虑和重新设计。

（5）对相关信息技术发展的预测。信息系统规划必然受到信息技术发展的影响。因此，对规划中涉及的软、硬件技术，网络技术，数据处理技术和方法的发展变化及其对信息系统的影响做出预测。

（6）资源分配计划。制订为实现系统开发计划而需要的软、硬件资源，数据通信设备，人员，技术和资金等计划，给出整个系统建设的概算，并进行可行性分析。

2. 系统规划的特点

系统规划阶段是概念系统形成的时期。目前，用于信息系统规划的方法很多，不同的规划方法只是侧重点和适用的环境不同；无论哪种方法都需遵照系统工程的观点，采取阶段化、层次化、结构化和自上而下的管理控制方法。系统的总体规划是面向高层次的系统分析，它具有以下五个特点。

（1）全局性。系统规划是面向全局的、未来的、长远的关键问题，因此具有较强的不确定性，非结构化程度较高。

（2）高层性。系统规划是高层次的系统分析，高层管理人员（包括高层信息管理人员）是工作的主体。

（3）指导性。系统规划不宜过细，对系统的描述仅在宏观层次上进行。系统规划的目的是为整个系统的建设确定目标、发展战略、总体结构方案和资源分配计划，而不是解决系统开发中的具体业务问题。因此，系统规划阶段是一个管理决策过程。它要给后续工作以指导，而不是替代后续工作。在系统规划阶段，系统结构着眼于子系统的划分，对数据的描述在于划分“数据类”，进一步的划分是后续工作的任务。

（4）管理与技术相结合。系统规划是管理与技术相结合的过程，它要应用现代信息技术有效地支持管理决策的总体方案。规划人员对管理和技术发展的见识、开创精神、务实态度，也是系统规划成功的关键因素。

（5）环境适应性。系统规划是企业总体发展规划的一部分，要求服从总体发展规划，并且随着环境的发展而变化。

3. 系统规划的步骤

管理信息系统规划从开始到结束一般分为九个步骤，如图 6-1 所示。

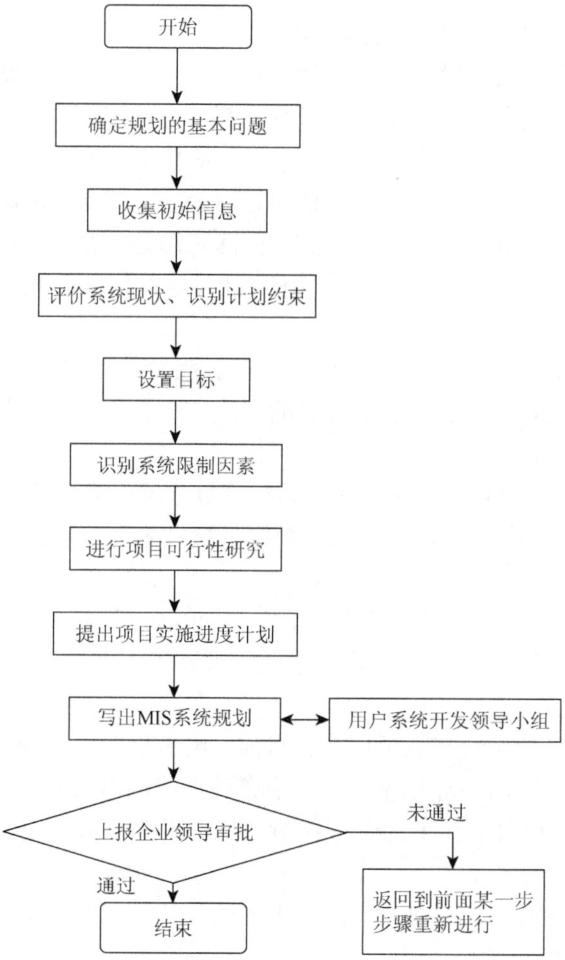

图 6-1 管理信息系统规划步骤

（1）确定规划的基本问题。明确规划的年限，规划的方法，规划的方式以及规划的策略等内容。

（2）收集初始信息。包括从各级主管部门、市场同行业竞争者、本企业内部各管理职能部门，以及相关各种文件、书籍和杂志中收集信息。

（3）评价系统状态和识别计划约束。包括分析 MIS 目标，开发方法，功能结构，信息部门的情况，风险度和政策等；识别系统现存的设备、软件及其质量；根据企业的财务情况、人力和物力等方面的限制，定义 MIS 的约束条件和政策。

（4）设置目标。由企业领导和系统开发负责人依据企业整体目标，确定信息系统的目标，明确信息系统应当具有的功能、服务的范围和质量等。

（5）识别系统限制因素。实施系统目标，新系统的运作不可能不受限制。新系统的限制因素有环境造成的，如上级主管部门、税收部门、市场及客户等信息的要求；还有企业管理造成的，如现有的硬件设备、系统完成及运转的期限。

（6）进行项目可行性研究。在上述分析的基础上，对能开发的系统从经济、技术和社会因素等方面进行可行性研究。运用技术经济理论与方法，分析系统开发的必要性与开发方案的可行性，以得出是否继续开发的明确结论，且对新系统实现的投入与产出作出全面的评估。

（7）提出项目的实施进度计划。根据项目的优先权、成本费用和人员情况，编制项目的实施进度计划，列出开发进度表。

（8）写出管理信息系统规划。通过不断与用户、系统开发领导小组成员交换意见，将管理信息系统规划书写成文。

（9）上报企业领导审批。将系统规划上报企业领导审批。系统规划只有经过企业领导批准后才能生效，否则只能返回到前面某一步骤重新进行。

6.1.3 系统规划的常用方法

1. 关键成功因素法

1970年，哈佛大学 William Zani 教授在 MIS 模型中用到了关键成功变量，这些变量是确定 MIS 成败的因素。过了10年，麻省理工学院（MIT）的 John Rockart 教授把关键成功因素（Critical Success Fatctor，CSF）提高成为 MIS 战略。关键成功因素法的主要思想是“抓主要矛盾”。这是用以弥补在广泛的全面调查中，难以获得最高领导信息需求的一个有效方法和技术，并且在访问谈话中解释这一方法和进行信息需求调查所需的时间较少。虽然 CSF 是从信息系统设计角度提出来的，但它也被用于企业计划的制订和评价方面。

1）CSF 的基本概念

关键成功因素是指在一个组织中的若干能够决定组织在竞争中获胜的区域（或部门）。如果这些区域（或部门）的运行结果令人满意，组织就能在竞争中获胜；否则，组织在这一时期的努力将达不到预期的效果。不同的行业或同一行业中的不同组织可有不同的关键成功因素。

可以说，关键成功因素在组织的目标和完成这些目标所需要的浩瀚信息之间，起着一种引导和中间桥梁的作用。通过对关键成功因素的识别，可以找出弥补所需的关键性信息集合，去建立那些重点的信息系统。

2）CSF 应用步骤

（1）了解企业的战略目标（目标识别），了解企业或 MIS 的目标。

（2）识别所有关键成功因素：可以使用逐层分解的方法引出影响企业或 MIS 目标的各种因素和影响这些因素的子因素，此步骤可以使用的工具是树枝因果图。例如，某企业有一个目标，是提高产品竞争力，可以用树枝因果图画出影响它的各种因素，以及影响这些因素的子因素，如图6-2所示。

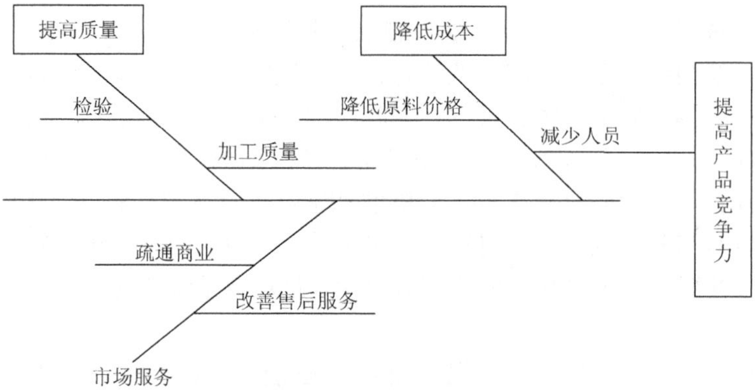

图 6-2 识别成功因素的树枝因果图

（3）识别性能的指标和标准（确定关键成功因素）。

对识别出来的所有成功因素进行评价，并且根据企业或 MIS 的现状以及目标确定其关键成功因素。此步骤可以使用专家调查法或模糊综合评价方法等。

（4）识别测量性能的数据或者定义数据字典（明确各关键成功因素的性能指标和评估标准）。

以上步骤过程如图 6-3 所示。

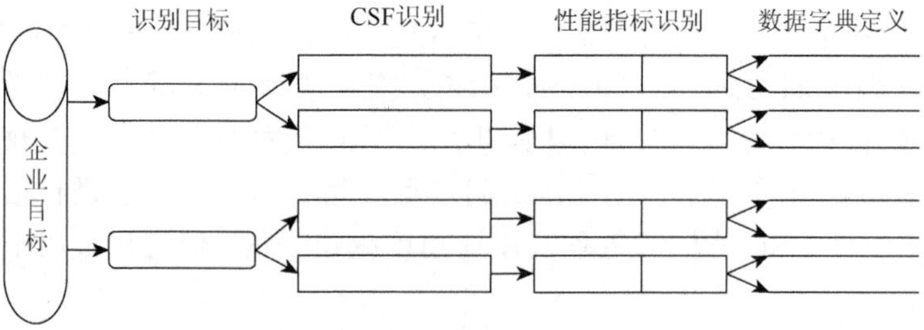

图 6-3 关键成功因素法步骤

3）关键成功因素的来源

对于一个企业来说，关键成功因素有两类：一是企业所在行业的成功因素；二是企业自身的成功因素。具体来说，企业的关键成功因素有以下四种来源。

（1）行业的特殊结构。行业的性质可能决定某些关键成功因素。例如，在汽车工业中，制造成本控制就是一项非常重要的关键成功因素；在超级市场业，产品的组合和产品价格则是其关键成功因素。

（2）竞争策略、行业地理和地理位置。特定行业的竞争策略也会决定关键成功因素。例如，对于具有相似目标的两家百货公司，一个是享有极高声誉的百货公司，它会将优质的客户服务、商品的新潮款式以及质量控制作为竞争的关键成功因素；而另一个是大众闻名的百货公司，它会将商品的定价、广告效力等作为竞争的关键成功因素。

一个企业在同一行业中处于不同的地位，或者同一行业中位于不同地理位置的企业，都有不同的关键成功因素。

（3）环境因素。这里的环境是广义的概念，如国民生产总值、世界经济形势、国家行业政策等。这些因素的变化将会导致许多企业的关键成功因素发生变化。例如，东南亚发生的金融危机，促使许多国际企业改变其关键成功因素。

（4）暂时性因素。企业内部的变化常会引起企业暂时性的关键成功因素。例如，某企业的一些管理人员因对上级不满提出辞职，这时重建企业管理班子立即成为该企业的关键成功因素，直到重建工作结束。

4）关键成功因素的度量

在识别高层管理人员的关键成功因素后，还要讨论和分析与这些成功因素所有有关的资料，因为许多成功因素的度量需要组织外部的信息。

度量关键成功因素所需的很重要的一部分信息来源于主观评价，它们不能被数量化。这些信息是重要的管理资料，高层管理人员也习惯于使用这些软的但非常有用的度量。

关键成功因素可以分成两大类：一类是“监督”型的，另一类是“建设”型的。高层管理在当前经营状态下感受到的竞争压力越大，就越需要高水平的关键成功因素，这是为了监督当前的工作。组织的经济压力越小或权力越分散，“建设”型的关键成功因素就越多，这主要是想通过改革方案来使组织适应未来的环境。

关键成功因素法与企业的战略规划紧密相关，企业的战略规划描述的是企业期望的目标，关键成功因素则提供达到这些目标的关键性能指标及其评估标准。一个企业要想长期发展下去，就必须对关键成功因素进行认真和不断的选择和度量，且在需要的时候进行适当调整。

2. 企业系统规划方法

企业系统规划（Business System Planning，BSP）方法是为指导企业信息系统开发而建立起的一种结构化方法。20世纪70年代初，IBM公司使用企业系统规划法进行企业内部信息系统开发。此后，该方法在管理信息系统中得到了广泛的应用。企业系统规划法帮助企业进行规划，确定企业信息系统建设的信息需求，以满足企业长期发展的需要。

企业系统规划法认为，信息系统应支持企业的目标；同时，信息系统应表达并满足企业中各个管理层次（战略计划、管理控制和操作控制）的信息需求；信息系统应向整个企业提供一致的信息：信息系统应该在企业管理体制和组织机构发生变化时保持一定的稳定性和工作能力：信息系统的战略规划应由总体信息系统中的子系统开始实现。

1）BSP方法的原则

使用BSP方法的前提是企业内部有改善目前计算机信息系统，以及为建设新系统而建立总的战略的需求。BSP是一个企业在长时间内构造、综合和实施信息系统所使用的规划方法，其基本概念与企业的信息系统的长期目标密切相关。

（1）信息系统必须支持企业的目标。系统规划的一个最重要的任务是确定管理信息系统的战略和目标，使它们与企业的战略和目标保持一致。信息系统是一个企业的有机组成部门，对企业的总体有效性起非常重要的作用。信息系统的开发和维护需要大量的资金和人力，所以信息系统必须支持企业的目标。重要的是要让企业高级管理者认识这一原则，才能获得他们的大力支持和参与，从而保障系统规划使用BSP方法的顺利进行。

（2）系统的规划应当表达企业各管理层次的需求。企业的管理过程有战略规划、管理控制和操作控制三个层次。确定企业的目标，以及为达到目标所使用的资源等属于战略规划的内容；管理控制是企业在实现其目标的过程中，为有效获得和使用企业资源而进行的管理活动；操作控制则是为保证有效完成具体的任务而进行的管理活动。系统规划应能表达企业的各个层次的需求，特别是对管理有直接影响的决策的支持。

（3）信息系统能向整个企业提供一致的信息。信息的一致性是对信息系统的最基本的要求。由于传统的数据处理系统采用“自下而上”的开发方法，没有统一的规划，造成信息冗余、数据不一致，以及数据难以共享。因此，将数据作为企业的资源来管理是非常必要的，由企业的数据管理部门统一组织和协调，在总体规划时采用“自上而下”的规划方法，统一制定对数据的域定义、结构定义和记录格式、更新时间及更新规则等，从而保证系统结构的完整性和信息的一致性，且在信息一致性的基础上为企业的各个部门所使用。

（4）信息系统对组织机构和管理体制的变化具有适应性。信息系统应当实现对主要业务流程的改造和创新，在组织机构和管理体制改变时保持工作能力。因此，要有适当的信息系统的设计技术。这种技术需要独立于组织机构的各种因素。BSP 方法采用了业务流程的概念，同任何的组织体系和具体的管理职责无关。对任一企业，可从逻辑上定义一组流程，只要企业的产品和服务基本不变，则过程的改变就会极小。

（5）信息系统战略由信息系统总体结构中的总系统开始实现。一般来说，支持整个企业的总信息系统的规模太大，不可能一次完成；“自下而上”的建设信息系统存在严重问题，如数据不一致、难以共享、数据冗余等；因而有必要建立信息系统的长期目标。BSP 方法采用“自上而下”的系统规划，“自上而下”的系统实现如图 6-4 所示。

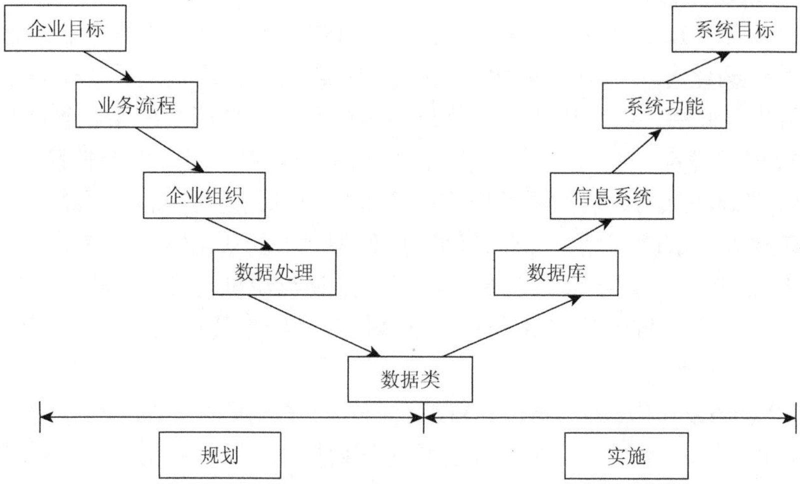

图 6-4 自上而下的系统规划和自下而上的系统实施

2）BSP 方法的工作步骤

使用 BSP 发进行系统规划是一项系统工程，其工作步骤如下。

（1）立项。需要企业最高领导者的赞同和批准，明确研究的范围和目标，以及期望的成果；成立研究小组，选择企业主要领导人之一担任组长，且应保证此领导人能用其全部的时间参加研究工作和指导研究小组的活动。

（2）准备工作。对参加研究小组的成员和企业管理部门的管理者进行一定深度的培训；制订 BSP 的研究计划，画出总体规划工作的 PERT 图或甘特图；准备各种调查表和调查提纲。

（3）调研。研究小组成员收集各方面有关的资料；通过查阅资料，深入分析和了解企业有关决策过程、组织职能和部门的主要活动以及存在的主要问题；对目前存在的和计划中的信息系统有个全面的了解。

（4）定义业务过程。定义业务过程是 BSP 方法的核心。业务过程指的是企业管理中必要且逻辑上相关的，为了完成某种管理功能的一组活动。定义业务过程的目的是了解信息系统的工作环境，以及建立企业的过程-组织实体间的关系矩阵。

（5）业务流程重组。业务流程重组是在业务过程定义的基础上，找出哪些过程是正确的；哪些过程是低效的，需要在信息技术支持下进行优化处理；哪些过程不适合计算机信息处理的特点，应当取消。

（6）定义数据类。在总体规划中，把系统中密切相关的信息归成一类数据，称为数据类，如客户、产品、合同等，都可称为数据类。数据的分类主要应按业务过程进行。

（7）定义信息系统总体结构。数据类和业务过程都被识别出来后，就定义信息系统的总体结构。定义信息系统总体结构的目的是刻画未来信息系统的框架和相应的数据类，主要工作就是划分子系统，具体时限可以使用功能/数据类（U/C）矩阵。

（8）确定总体结构中的优先顺序。由于资源的限制，系统的开发总有个先后次序，而不可能全面进行。划分子系统之后，根据企业目标和技术约束确定子系统实现的优先顺序。一般来讲，对企业贡献大的、需求迫切的、容易开发的则优先开发。

（9）形成最终研究报告。完成 BSP 研究的最终报告，整理研究成果，并且提出建议书和制订开发计划。

3. 战略目标集转换法

系统规划的一个最重要的任务是确定 MIS 的战略和目标，使它们与组织总的战略和目标保持一致。在这些战略和目标指导下开发的信息系统，能够支持组织长期战略的需要。

战略目标集转化法（Strategy Set Transition，SST）是 1978 年由 William King 提出的一种确定管理信息系统战略目标的方法。该方法把整个组织的战略目标看成一个“信息集合”，该集合由组织的使命、目标、战略和其他影响战略的因素，如管理的复杂性、组织的发展趋向、变革习惯以及重要的环境约束因素等组成。战略集合转移法的过程就是将组织的战略集合转化为信息系统的战略目标。

1）识别组织的战略集

组织的战略集是指组织的要求和工作方向等因素，主要内容包括组织使命、目标、战略以及一些其他的和管理信息系统开发相关的战略性组织属性。具体地说，组织的使命是对其所属的具体行业作出陈述。它回答该组织是什么，为什么存在等问题；组织的目标是组织为完成其使命所要达到的目的，它所涉及的是组织发展长期性和广泛性的问题；组织的战略就是组织为达到其目标所制定的总方针。

组织的战略集应在该组织的战略长期计划的基础上进一步归纳形成。在很多情况下，组织的目标和战略不是由书面给出的，或者它们所取的形式对信息系统的总体规划用处不大。为此，信息系统的职能战略规划者需要一个明确的战略集元素的确定过程。组织的战略集合的构造过程可按如下步骤进行，如图 6-5 所示。

（1）刻画组织的关联集团。“关联集团”是与该组织有利害关系者，如“顾客”“持股人”“雇员”“管理者”“供应商”等。

（2）确定关联集团的要求。组织的使命、目标和战略就是反映每个关联集团的要求。为此，要对每个关联集团要求的特性作定性描述，还要对他们这些要求被满足程度的直接和间接度量给予说明。

（3）定义组织对于每个关联集团的任务和战略。在每个关联集团要求的特性被确定以后，相对于这些关联集团的组织的任务和战略就要确定下来。

（4）解释和验证组织的战略集。识别组织的战略后，应立即交给企业组织负责人审阅，收集反馈信息，经修改后进行下一步工作。

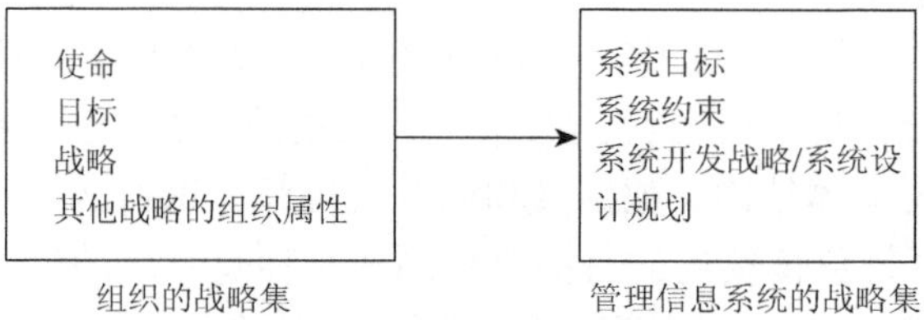

图 6-5 战略集转换法步骤

2）将组织的战略集转化成管理信息系统的战略集

将组织战略集转化成管理信息系统的战略集的过程应该是一一对应的，包括目标、约束和设计原则，最后得到一个完整的管理信息系统的结构。

信息系统的战略目标是管理信息系统开发的基础。它由系统目标、系统约束和系统设计规划等因素组成。系统目标主要定义对管理信息系统服务的要求。系统的约束来自内部和外部两个方面。最明显的外部约束是政府、企业界和客户对组织的要求，此外，还有管理信息系统所需的其他系统的接口环境。内部约束产生于组织本身的特性，如组织的人员组成、资源状况等。系统开发战略是进行管理信息系统开发时应遵守的基本原则，是对系统应变能力、安全可靠性及所采取的开发方法等方面的基本要求。

管理信息系统战略集合的规划过程是将组织的战略集合转换成一个适当的、与之关联的和一致的管理信息系统的战略集合的过程。

管理信息系统的战略规划并不是一经制定就再也不发生变化的。事实上，各种内外部环境的变化都可能随时影响整个规划的适应性。因此，管理信息系统战略规划总是要做不断修改以适应变化的需要。

4. 各种规划方法优缺点比较

关键成功因素法的优点是能够抓住主要矛盾，使目标的识别重点突出，与传统方法衔接比较好，易于为决策者所接受。缺点是只适合半结构化问题，关键因素的确定有一定的主观性和随意性。

企业系统规划法通过管理人员的策划过程引出系统目标。企业目标到系统目标的转换是通过组织/系统、组织/过程以及系统/过程矩阵的分析得来的。这样定义的新系统的优点是，可以支持企业过程，也能把企业过程转换为系统目标。缺点是，对计划和控制活动没有给出有效的识别过程，对综合性的公共组织资源难以识别，收集分析资料的时间开销太大，对大型复杂U/C矩阵图进行分析绝不是一件轻松的事情。

战略目标集转换法从组织角度识别管理目标，反映了各种人员的要求，并且给出了转化为管理信息系统目标的措施。该方法能够完整地描述目标，但是重点不够突出。

所谓综合法是将这三种方法结合起来。先用关键成功因素法确定企业目标，然后用战略目标集转换规划法补充完善企业目标，并将这些目标转换成信息系统目标，最后用企业系统规划法校正该目标，并确定信息系统结构。综合法的优点是补充了单个方法的不足，缺点是使整个方法过于复杂，从而削减了单个方法的灵活性。

其他方法还有企业信息分析与集成技术（Business Information Analysis and Integration Technique，BIAIT）、产出/方法分析（E/MA）、投资回收法（Return On Investment，ROI）、征费法（Chargeout）、零限预算法、阶石法等。用得最多的是前面三种，后面的集中用于特殊情况，或者作整体规划的一部分使用。

6.2 当前系统的初步调查

6.2.1 系统调查的内容、目的与任务

1. 调查的内容

管理信息系统的开发是建立在对企业现有信息充分掌握的基础上的。对企业现有信息状况的掌握往往是通过对现行系统进行调查得到的。系统调查工作以系统分析人员为主组建调查组织，同时吸纳原系统业务骨干和管理人员参加。对现行系统开展调查主要包括两部分：可行性研究以前的是初步调查，在系统规划阶段进行；可行性研究以后的是详细调查，在子系统分析阶段进行。初步调查主要是对企业先行状况进行宏观的调查，只有掌握了现行系统的运行情况和存在的问题，明确用户需求，才能进行切合实际的可行性研究，为系统地分析和设计打下坚实的基础。初步调查主要涉及以下几个方面的内容。

（1）企业概况。企业概况包括企业规模、企业性质、现行管理机制、企业的业务范围、主业务流程和经济效益等，以此确定系统边界。

（2）企业目标和任务。通常企业目标在开始提出的时候是相对模糊的，希望系统能够完成的任务也相对粗略。这都需要通过初步调查，与各层人员进行反复交流逐步将企业目标和任务明确、具体化。

（3）企业现行管理信息系统的运行状况。企业现行管理信息系统的运行状况包括现行系统在企业中的作用和地位，系统运行的主要内容，系统构成和各部分分工，系统的分析决策能力，各业务部门对新系统的认识程度、设想和需求的渴望程度，现行系统能够为新系统提供的原始数据的完整性和准确性。

（4）组织机构。组织机构包括目前企业机构部门的设置，各部门的职责划分及相互关联性，如现行管理信息系统和哪些部门或机构存在联系，存在什么样的联系，联系是否合理等。

（5）现行系统存在的主要问题。现行系统存在的主要问题包括对系统的影响程度，哪些是需要改进的，哪些是需要调整的，哪些是需要删除掉的等。

（6）管理层的意向。管理层的意向包括管理层各位领导对现行系统的看法，对开发新的管理信息系统的认识、设想、倾向性和支持度，对新系统的信息需求等。

（7）资源支持与制约因素。资源支持是指目前企业的人力、物力和资金的配置及运行状况，能否为新管理信息系统的开发提供足够的支持，包括：资金的筹措渠道、筹措方式、资金成本、资金的稳定性和承担风险、使用期限；人员的数量和基本组成、基本素质和专项技能、对系统的认识；系统开发所需物资设备的数量和性能、人均配备程度、现有物资设备的满足情况、现有物资设备的运行和使用状况等。制约因素是指开发新的管理信息系统所受到的环境和要素方面的限制，包括人力、物力、资金、服务、信息需求、性能要求、内部组织环境、外部市场环境等。

2. 调查的目的

在新的管理信息系统建设之前，必然有一个现行系统在支撑业务部门的运行。现行系统可能是已经老化、生命周期已过的信息系统，也可能是手工系统。不管是何种系统，都需要对现行系统进行一个初步的调查，主要目的如下。

（1）理解业务流程，加深对业务系统的理解。

（2）分析现行系统的优缺点，从而逐渐理解新系统开发的目标。

（3）对现行系统做出延用分析，即是否有部分子系统可用，是否有现行系统的数据资料可用。

对现行系统的调查方法，主要依靠总体规划人员采用现场调研、座谈会、业务跟踪、发放调查表等方式进行。

在进行实际开发时，初步调查的内容可能会多于或少于上述几个方面。实际上，初步调查到底需要了解什么内容并不重要，重要的是通过初步调查，系统开发人员应至少能回答这样一些问题：这个企业是做什么的，有哪些人、哪些部门科室？这个企业为什么要开发新的管理信息系统？现行系统是什么样的？存在什么问题？这个企业的主要业务流程是怎样的？这个企业现在的计算机应用情况怎样？等等，最终目的是对企业的总体情况做到有所了解。

3. 调查的任务

信息系统开发一般都是由用户提出要求开始的。而对于这种开发要求是否具有可行性，以及原有信息系统是否真是到了必须推倒重来的地步等，都需要我们在系统开发之前认真考虑。在没做这些考虑之前提前进入后续任何一项工作都是很不明智的。为了使系统开发工作更加有效地展开，有经验的开发者往往将系统调查分为两步，第一步是初步调查，即先投入少量人力对系统进行大致的了解，然后再看有无开发的可行性；第二步是详细系统调查，即在系统开发具有可行性并已正式立项后，再投入大量人力展开大规模、全面的系统业务调查。在第一步中，初步调查的任务包括以下几点。

1）用户需求分析

初步调查的第一步就要从用户提出新系统开发的缘由，以及从用户对新系统的要求入手，考查用户对新系统的需求，预期新系统要达到的目的。因为信息系统将会涉及组织管理工作的各个方面，故这里所说的用户指的是上上下下各级管理人员。他们对新系统开发的需求状况、新系统的期望目标、是否愿意下大力气参与和配合系统开发、在新系统改革涉及用户业务范围和习惯做法时用户是否有根据系统分析和整体优化的要求调整自己职权范围和工作习惯的心理准备、上一层管理者有无参与开发工组并协调下级管理部门业务和职能关系的愿望等，都是首先要着手了解的内容。

2）现有企业的运行状况

现有企业的基本状况包括：企业的性质、企业内部的组织结构、物流生产过程（对企业整体情况的了解）、厂区各办公楼或车间（或连锁商店总店与分店之间）的布局（为今后处理各种模型之间的关系和网络分布以及分布式数据库所准备）、上级主管部门、横向协作部门、下设直属部门等（了解系统的对外信息流通渠道）。这些都是与系统开发可行性研究、系统开发初步建议方案以及下一步详细调查直接相关的。所以应该在初步调查中弄清楚。除这些现存的基本状况外，还有一点必须调查清楚的就是企业近期预计变化发生的可能性，它是今后制定以不变应“万变”措施的基础。这些可能的变化包括：企业兼并、产品转向、厂址（店址）迁移、周围环境的变化等。

3）管理方式和基础数据管理状况

现有企业的管理方式和基础数据管理状况是整个系统调查工作的重点，它与将要开发的系统密切相关。但是在初步调查阶段我们只需要对这些作大致的了解，并定性了解对今后系统开发能否支持即可。进一步深入的了解留待今后详细调查解决。对管理方式的大致了解包括：企业整体管理状况的评估、组织职能机构与管理功能、重点职能部门（如计划、生产、财务、销售等）的大致管理方式，以及这些管理方式今后用计算机系统来辅助人的管理的可行性，可以预见得到的将要更改的管理方法以及这些新方法将会对新系统以及实现管理问题所带来影响和新的要求等。

另外在初步了解管理方式的同时还必须了解相应的基础数据管理状况，如基础数据管理工作是否完善、相应的管理指标体系是否健全、统计手段方法和程序是否合理、用户对于新系统的期望值有无实际的数据支持。如果没有，让企业增设这些管理数据指标和统计方法是否具有可行性。基础数据管理工作是实现信息系统和各种定量化管理方法的基础，如果不牢靠，后续各部分开发就无从做起。

4）现有信息系统运行状况

信息系统是一个人机结合的开放式系统，广义地说，它并不是因计算机和网络等应用而存在的。所以在决定是否开发新系统之前一定要了解现有系统（不论它是手工处理信息的系统还是计算机辅助人工处理的系统）的运行状况、特点、所存在的问题、可利用的信息资源、可利用的技术力量以及可利用的信息处理设备等。这部分调查是提出新系统开发设想方案以及论证这个方案在技术上是否具有可行性的原始资料。

6.2.2 系统调查的原则与方法

1. 调查的原则

系统调查必须有正确的方法。没有正确的原则指导，大规模的系统调查是很难进行的。所谓系统调查原则是指在系统调查过程中应始终坚持的方法、做法或指导思想。它对于确保调查工作客观、顺利地进行是至关重要的。系统调查的原则可分为以下五个方面。

（1）自顶向下全面展开。系统调查工作应该严格按照自顶向下的系统化观点全面地展开。首先从组织管理工作的最顶层开始，然后再调查为确保最顶层工作完成的下一层（第二层）的管理工作支持。完成了这两层的调查后，再深入一步调查为确保第二层管理工作完成的下一层（第三层）的管理工作支持。依此类推，直至摸清组织的全部管理工作。这样做的目的是使调查者既不会被组织内庞大的管理机构搞得不知所措、无从下手，又不会因调查工作量太大而顾此失彼。

（2）存在就有它的道理，先弄清它存在的道理再分析有无改进的可能性。组织内部的每一个管理部门和每一项管理工作都是根据组织的具体情况和管理需要而设置的。一般来说这个岗位和这项工作既然存在，必然有其存在的道理，否则早就在企业内部多年的管理实践中淘汰掉了。我们调查工作的目的正是要搞清这些管理工作存在的道理、环境条件以及工作的详细过程。然后再通过系统分析讨论其在新的信息系统支持下有无优化的可行性。所以我们在进行系统调查时，最好是保持头脑冷静和开放，实实在在地搞清现实工作和它所在的环境条件。如果调查前脑子里已经有了许多的“改革”或“合理化”设想，那么这些设想势必会先入为主，妨碍接受调查的现实情况信息。这样往往会造成还未接触实质问题，就感觉到这也不合理、那也不合理，以致无法客观地了解实际问题。

（3）工程化的工作方式。对于任何一个工业企业来说，其内部的管理机构都是庞大的，这就给调查工作带来了一定的困难。对于一个大型系统的调查一般都是多个系统分析人员共同完成的。按工程化的方法组织调查时可以避免调查工作中一些可能出现的问题。所谓工程化的方法就是将工作中的每一步工作事先都计划好，对多个人的工作方法和调查所用的表格、图例、图纸都统一规范化处理，以使群体之间都能相互沟通、协调工作。另外所有规范化调查结果（如表格、问题、流程图、所收集的报表和分析图等）都应整理后归档，以便进一步工作的使用。

（4）全面铺开与重点调查结合。如果是开发整个组织内部的信息处理系统，开展全面的调查工作是当然的。如果我们近期内只需开展组织内部某一局部的信息系统，这就必须坚持全面铺开与重点调查相结合的方法。即自顶向下全面展开，但每次都是侧重于与局部相关的分支。例如，我们只要开发企业生产作业计划部分，调查工作也必须是从组织管理的顶层开始，先了解总经理或厂长的工作，公司或工厂管理委员会的分工，下设各个部的主要工作，企业年度综合计划的制订过程以及所涉及的部门和信息，然后略去其他无关部门的具体业务调查，而将工作重点放在生产部的计划调度处和物资供应处的具体业务上。

（5）主动沟通和亲和友善的工作方式。系统调查是一项涉及组织内部管理工作的各个方面，涉及各种不同类型人的工组。因此调查者主动地与被调查者在业务上的沟通是十分重要的。另外创造出一种积极、主动、友善的工作环境和人际关系是调查工作顺利开展的基础。一个好的人际关系可能导致调查和系统开发工作事半功倍，反之则有可能根本进行不下去。但是这项工作说起来容易，做起来却因人而异。它对开发者不但有主观上积极主动和行为心理方面的要求，而且涉及开发者自身素质方面的原因，即所谓的“商学院只能是培养管理者的必要条件，但并非充分条件”，恐怕也是指的这方面问题。

2. 调查的方法

初步调查的方法比较多，常用的方法主要有个人访问法、小组座谈法、头脑风暴法、实地观察法、资料查阅法和问卷调查法。接下来，我们对这几种方法进行简单的介绍。

1）个人访问法

个人访问法是通过调查人员直接与被调查者面对面的交谈沟通开展调查，进行资料搜集活动的一种调查方法。根据对访问的内容控制程度不同，可以分为自由访问和半自由访问，前者对访问的内容不做控制，后者则需要事先准备提纲，按照提纲进行访问，而且对访问的时间也会加以控制。

自由访问一般针对评级关系或机动时间较多的被调查者。在访问过程中，被调查者可以自由地发表自己的看法，不受时间限制，也不受提纲的约束，只要是和主题相关的内容就可以说。自由访问就是要纵深挖掘信息。在自由访问中，需要访问者具备良好的表达沟通能力、机敏的应变能力、较强的控制能力和快速的记录能力。半自由访问一般针对机动时间少的人员或上级管理层，如经理、专家等。半自由访问因其访问对象的接受访问时间有限，所以要加以控制，对访问内容的要求也比自由访问要高。半自由访问通常是自上而下的访问方式，访问“门槛”较高，访问者处理要具备沟通、应变、控制和记录能力外，还应有一定的公关能力，否则很难获得足够的信息资料。个人访问法采取交谈方式，具有个人访问灵活性强、拒答率较低、调查对象范围广和便于进行深度访问等优点。

同时个人访问法也存在着一些缺点：首先是调查费用较高；其次是需要调查者具备较高的访问素质和技巧，这并不是所有企业都容易满足的；再次，由于资料搜集容易受到调查人员主观因素的影响，客观性会受到一定程度的影响；最后，有的调查者急于完成任务，或者图省事，又或者为了配合调查目标，容易发生不尽责的情况，如随意修改调查资料、自己编造调查资料、随意终止调查等。对调查者的管理控制比较困难。

2）小组座谈法

小组座谈法是以会议的形式，就管理信息系统的某一方面或几个特定的主题进行集体讨论的一种资料收集方法。小组座谈法通常由开发小组成员作为主持人，开发成员和企业其他各层面的与会成员就议题进行深入讨论，对系统提出各方面的意见与想法，最后得出比较一致的意见与建议。进行小组座谈应注意以下问题。

（1）会议主题的确定。会议主题的确定是做好此次调查的前提条件。一般主体往往围绕系统开发中的焦点问题制定。由于系统开发中遇到的焦点问题可能不止一个，因此要注意问题设置的层次，避免主题设置的过宽或过窄。另外，最好根据议题拟定一个讨论提纲，方便现场操作。

（2）会议成员的确定。小组座谈法的成员人数一般确定在5～10人，成员过多或过少，都会影响调查人员获取信息的质量，达不到调研的目的。会议成员的确定要尽量考虑到企业内部与系统开发相关的各个层次和各个部门，然后尽量将同一层次的人编为一组，因为不同层次的人对问题的认识层次和角度也会不同，会影响会议讨论的气氛。

（3）会议次数的确定。小组座谈法一般应围绕一个主题组织3～4次的会议。每次座谈会最好邀请不同的人员参加，以保证资料信息的全面性和及时更新。多次座谈有利于问题的深入和意见的融合。

（4）会议现场的控制。会议现场的控制是影响小组座谈法调查效果最关键的因素。要做到对会议现场的有效控制就必须抓住几个环节。首先，鼓励与会者积极发言，激发他们的讨论热情；其次，主持人的风格应灵活，防止“偏题”或“跑题”，防止出现会场气氛“突然冷却”；再次，控制每个议题的时间分配，避免某一问题占用时间过长；最后，主持人应注意及时开发“角落里的资源”。

（5）会议结果的评价。及时地对会议的结果做出评价，不仅能够提升资料整理的效率，更是对与会者座谈成果的肯定，有助于以后从与会者那里获取更多的信息。

3）头脑风暴法

在小组座谈法中通常会发生“权威现象”或“从众现象”，这样会削弱讨论的批判精神和创造力。为了保证座谈的效果，提高资料的质量，可以采取头脑风暴法。采用头脑风暴法时，应遵守如下原则：首先，对各种意见、方案的评判必须放到最后阶段，此前不能对别人的意见提出批评或评价；认真对待任何一种设想，而不管其是否适当和可行。其次，欢迎各抒己见，自由畅谈。再次，意见越多，产生好意见的可能性越大。最后，除提出自己的意见外，鼓励参加者对他人已经提出的设想进行补充、改进和综合。

4）实地观察法

实地观察法是通过自己的视角或借助声像摄录设备进行赶场观察和记录状况，以获取资料的一种调查方法。这种方法的特点是调查人员与调查对象不直接接触，而是通过实地观察将调查对象的实际情况记录下来，从而提高资料的真实性。一般来讲，我们为了保证实地观察法逻辑结构的严密性，要编制统一的观察计划，规定统一的观察内容、统一的观察要求和统一的调查工具和手段，通常我们把这种方法称为结构性观察；另外，在实践或其他环境受到限制的情况下，我们也可以采取一种开发时的观察方法，即没有计划和规定，调查人员只按照自己随时随地所观察的情况进行记录。不过这种方法不容易被掌握，而且局限性很强，一般只适用于探索性观察。

5）问卷调查法

同以上四种方法一样，问卷调查法也是系统初步调查搜集原始资料时经常使用的方法。问卷调查法的关键就在于调查问卷的设计。问卷设计质量的好坏将直接关系到能否获得准确、可靠的资料。一份高质量的问卷设计要从以下几方面入手。

（1）版面要整齐、美观，要便于阅读和作答；

（2）内容要具体，表述要清楚，注意要突出，结构要完整；

（3）问卷的设计应符合系统调查目的；

（4）问卷的设计应便于事后的统计和整理。

问卷的基本结构包括：标题、说明信、填表说明、基本信息、问题与被选答案、编码和结束语。不过，由于系统初步调查属于内部调查，为了简明扼要，往往问卷的基本结构会对说明和基本信息部分进行简化。

除了上面介绍的 5 种收集原始资料的方法，我们还可以利用资料查阅法收集二手资料。通常情况下，这几种方法都不是单一使用的，往往是几种方法在一起综合运用，保证信息的全面性和可靠性。

6.3 新系统目标与新系统方案

6.3.1 新系统的目标

新系统目标是新系统建成后要求达到的运行指标，简单地说就是新系统所要达到的目的。正如一件新产品的开发需事先拟定设计的性能指标一样，在管理信息系统的总体规划时，也必须确定系统目标。

在对当前系统进行初步调查的基础上，我们可以将调查所获得的各种图表、资料综合起来，进行整理和分析。根据当前系统的目标、功能的具体情况以及存在的薄弱环节，结合用户的要求，就可以提出新系统目标，并用精炼、准确的文字描述出来。

在制订具体的新系统目标时，应考虑使目标具备以下重要特性。

（1）目标的总体战略性。新系统的目标是整个系统的全局性努力方向，是在各个子系统的共同配合下才能达到的。因此，系统目标将影响和指导着整个系统的分析、设计、实施和运行。

（2）目标的多重性。系统目标通常是一组目标体系而不是单一的，这组目标体系可以分解成树形的层次结构并可以有主次顺序。

（3）目标的依附性。新系统的目标依附于当前系统的目标，是在当前系统目标的基础上，针对其薄弱环节并有所发展和提高。

（4）目标的适应性。管理信息系统必须对外部环境的变化有良好的适应性，为此，系统目标首先就应具有一定的适应性。

（5）目标的长期性。管理信息系统的目标通常情况下需长期努力分期分批达到。因此，一般应根据资源条件、开发力量和环境条件等因素，对各个子目标进行排序，先实现重要的。这也是子系统开发顺序的一个依据。

根据以上特征，我们所提出的新系统目标应该充分体现当前系统的最高战略目标和基本特点，直接为当前系统的主要任务服务。同时，新系统目标应该与当前系统的各项基本功能密切相关，并且是可以分期分批实现的，具有较强的适应性。

6.3.2 新系统方案

初步调查和可行性研究要解决的问题就是新系统是否有必要立项开发问题。如果经初步调查认为有必要立项开发，则下一步就要对新系统初步构想方案的可行性及逆行能够分析，分析新系统构想方案以及实现的技术路线是否具有可行性。如图 6-6 所示，新系统方案初步设想包括如下几个方面。

（1）根据用户要求，新系统应考虑是以覆盖整个组织的信息系统还是以某几个重点环节为主的局部环节信息支持系统。如果是覆盖整个组织的信息系统，应考虑是以解决日常信息处理业务为主，还是以解决日常办公文档信息处理为主。

（2）新系统大致可按什么规模来开发。例如，有可能采用的计算机系统和网络系统、所覆盖的面积和业务主要有哪些、所需要的人力（包括系统开发人员、计算机硬件和软件技术人员、管理专业人员、基础数据统计人员等）和财力、可借用的设备（主要指原信息系统中的网络或计算机设备）以及子系统/模块等。

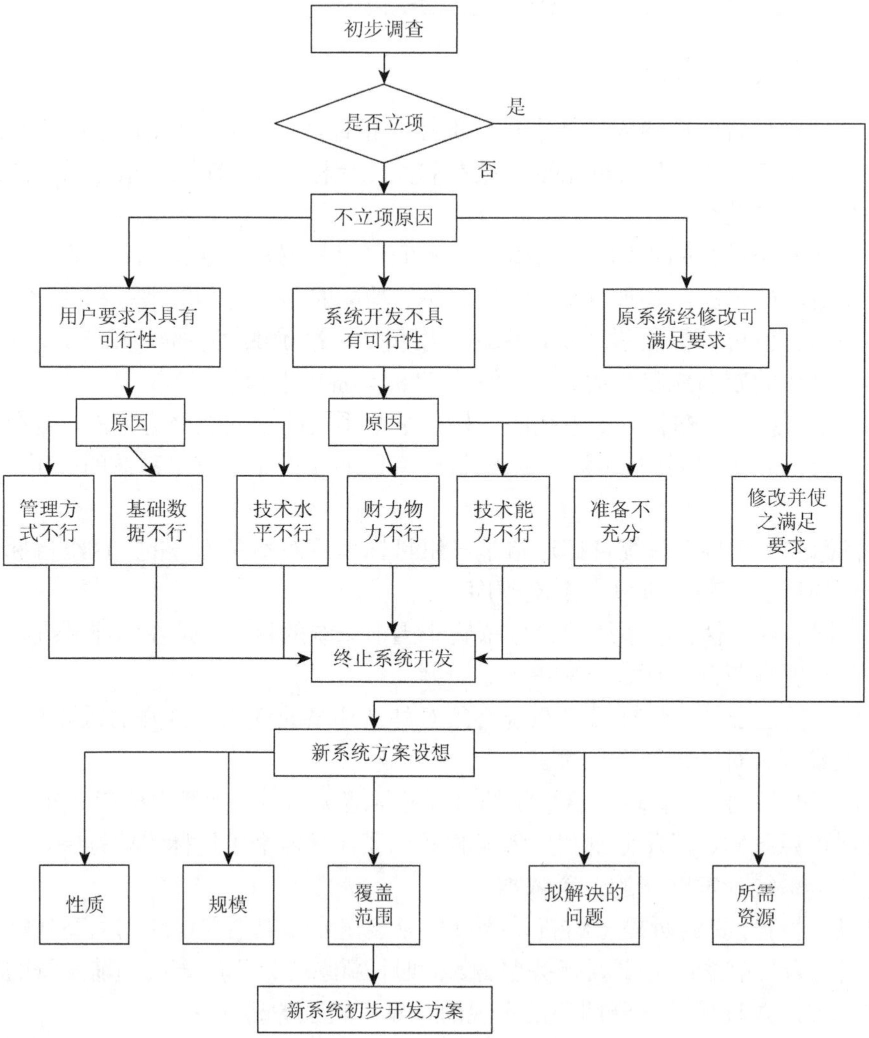

图 6-6 新系统初步开发方案

（3）新系统拟覆盖的范围，即新系统初步考虑可包括多少个子系统。工业企业的 MIS 系统有九个子系统，如图 6-7 所示。一般来说这九个子系统都是 MIS 应该覆盖的业务范围，但在实际开发工作中常常因工作量太大而被分步、分阶段地进行开发。这里所要确定的是本系统目前首先要解决的是哪个或哪几个子系统，为下一步详细系统调查确定重点业务范围。

（4）新系统拟解决的主要问题。这个问题一般都是根据用户要求和初步分析后得出的。例如，在生产管理子系统中，生产过程监控和生产计划的滚动式调整、生产计划与物料需求计划的衔接、生产计划与生产作业计划的制订等，主要要解决这些管理控制环节中处理模型问题、处理精度问题或处理速度（时间）问题等。而这里所提出的问题一般都只是面上的，真正问题的确定和解决应该是详细调查和系统分析后才能具体确定。

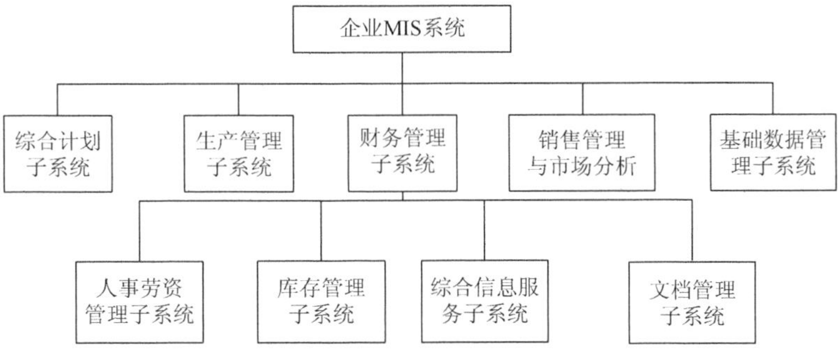

图 6-7 企业 MIS 系统的子系统

（5）新系统预计的投入和产出比。新系统开发预计的投入和预期的效益是系统立项能否通过的最关键一环。新系统的投入，包括人力资源（开发人员、管理人员、软硬件技术人员、数据统计人员以及操作人员等）的投入、设备资源（已有设备和新增设备）的投入、财力资源（总共所需要的资金）投入等。新系统的效益主要包括：拟解决哪些管理问题，可完成哪些原系统想做而又不可能做的事情，整个系统的工作质量（如成本、精度、速度、范围，以及分析的深度和广度）将会有哪些提高，而这些工作质量的提高又会为组织的管理工作提供哪些间接的经济效益。

新系统的信息处理方案就是上述各项分析和优化的结果。

（1）确定合理的业务处理流程。将业务流程分析的结构表现出来，删去或合并多余或重复的处理过程，对优化和改动的业务处理过程进行说明；指出业务流程图中哪些部分计算机可以完成，哪些需要用户配合新系统完成。

（2）确定合理的数据处理流程。再次列出数据流程分析的结构并且加以说明，由用户最终确认，包括数据分析结果、数据流图和数据词典。同时，说明删去或合并哪些多余或重复的数据处理过程，对哪些数据处理过程进行了优化和改动。

（3）确定新系统功能结构和子系统的划分。它可通过 U/C 矩阵的建立和分析来实现。U/C 矩阵是一种聚类分析法，不但适用于功能/数据分析，也适用于过程/数据、功能/组织等其他各方面的管理分析。

功能/数据分析的 U/C 矩阵是通过一个普通的二维表，进行分析汇总数据。表的横坐标栏目定义为数据类变量（Xi），纵坐标栏目定义为该系统得具体功能，亦即业务过程类变量（Yi），将数据和业务过程之间的关系（Xi 和 Yi 之间的关系）用 U（使用 Use）和 C（建立 Create）表示。从理论上讲，建立 U/C 矩阵一般按结构化的系统分析方式进行，即首先分析系统的总体功能；然后自顶向下、逐步分解，逐一确定各项具体的功能和完成此项功能所需要的数据；最后填上功能与数据之间的关系，即完成了 U/C 矩阵的建立过程。

根据子系统划分应当相对独立且内聚性高的原则，通过 U/C 矩阵的聚类求解实现系统结构划分的优化过程。这一过程可以通过表上作业来完成，即调换表中的行变量或列变量，使表中的“C”元素尽量靠近 U/C 矩阵的对角线，然后，再以“C”元素为标准划分子系统。这样划分可以确保子系统不受干扰的独立运行，实现系统的独立性和凝聚性。

（4）确定新系统数据资源分布。给出新系统数据资源分布方案，即哪些存储在本系统内部设备上，哪些是在网络服务器或主机上。

（5）确定新系统中的管理模型。确定在某一具体管理业务中采用的管理模型和处理方法。

6.4 系统的可行性研究

6.4.1 技术上的可行性

技术可行性是规划小组根据确定的问题，以及根据用户的期望收益而提出的新系统能力，从信息技术的适用性和先进性、技术人员的专业和技术水平两方面来论证新系统在技术上实现的可能性，即现有的信息技术以及产品能否支持新系统能力的实现。

采用 WWW 技术、B/W/D 计算模式开发管理信息系统是现行较为推崇的一种，但是管理信息系统不是简单的数据处理、信息发布和查询，而是还要实现运作流程、管理流程，采用现行 WWW 技术的产品（如 Microsoft 公司的 Visual Studio.Net），用于流程的实现有相当的难度，因此开发时间需要适当加长。

规划小组的主要工作是：拟定系统的体系结构；确定所需要的信息技术和产品；分析企业的现有人员情况，选择合适的开发方式，估算需要的开发时间长度；分析技术中的潜在风险（应用软件开发的时间、应用软件维护的能力与难易程度、响应时间、安全等），并提出解决的措施。

新系统不是简单的数据处理、信息发布和查询，还要实现大量流程的数字化；系统的用户有固定用户，还有异地用户和移动用户；用户有企业自己的员工，还有大量的合作伙伴（分销商、特约维修商）。因此新系统要安全、经济、快速，不仅要运行在企业局域网上，还要运行在公众网络上。从技术上分析，企业现有的内部网络平台可以满足内部固定用户的需求，利用宽带和 VPN 技术，可以使异地用户和移动用户安全、经济、快速地接入本系统；同时采用 C/S、B/W/D 两种计算模式，采用 PowerBuilder 和 JSP 等使用软件开发程序，能满足不同功能的要求。企业还没有熟悉 PowerBuilder 和 JSP 的员工，但是有一定程序设计能力的员工，因此可以采取联合开发方式，以提升企业信息管理的能力。系统开发的潜在风险是系统的安全和速度，以及数据的共享。可由此来判断技术上的可行性。

6.4.2 管理与开发环境的可行性

管理可行性分析是在企业文化的基础上，根据所确定问题以及技术和经济可行性分析的内容，对相关的运作、管理问题进行分析和研究，确定新系统的开发是否可管理，其目的就是要确定开发的信息系统在管理中存在哪些潜在的风险。

管理可行性分析要对与新系统相关的基础数据、流程、信息载体进行分析。对基础数据的分析包括数据是否完整、正确；对流程的分析包括流程是否存在哪些问题，是否规范、完整，是否需要改革和调整；对信息载体的分析包括信息载体是否规范、完整。

管理可行性分析要分析新系统开发的资源问题，例如，需要的投资和费用否能够承受，又如何筹措，如何安排人力、物力，存在哪些阻力等。

管理可行性分析还要分析企业高层领导以及员工对新系统开发的认识、信息技术的使用能力。

考虑当前系统的管理体制是否有条件提供新系统所必需的各种数据，企业最高层领导及各级管理人员对开发建设一个新系统来替代现有系统的需求是否迫切，即新系统的必要性。此外，对新系统运行后将对各方面产生的影响也应加以考虑。例如，用计算机处理大批信息，提高了劳动生产率，一般情况下会造成企业人员的过剩，于是会涉及过剩人员的工作安排问题。另外，还应考虑当前系统的业务人员对新系统的适应能力等。

开发环境的可行性是看企业领导意见是否一致，有无资金，能否抽出骨干力量参加新系统开发等，简单地说就是企业能为新系统的开发建设提供一个长期的、良好的环境。这是可行性阶段必须要考虑的问题。如果企业不能保证资金按期到位，必然会导致开发工作半途夭折。如果企业不能抽出业务骨干参加系统开发，那么最终开发出来的系统很难满足实际工作的要求。如果企业领导，特别是高层领导间的意见不一致，则系统开发方案会经常变动，影响开发的时间进度。

6.4.3 经济投资的可行性

经济可行性分析根据技术可行性分析的结果，分析、研究新系统的经济性，如开发需要的投资和费用、新系统可能产生的效益，在考虑待解决问题的需求和新系统的经济性的平衡下，给出新系统的开发在经济上是否可行。

投资和费用是指系统开发过程中发生的项目，在不同的开发阶段，可能发生的费用也不同，如规划阶段管理思想的培训费用、企业内部系统需求分析的调研费用、市场调研的费用、管理咨询费用等。因此要考虑系统全生命周期的费用，即整体拥有成本（Total Cost of Ownership，TCO）。TCO 是管理信息系统从获得、安装、测试、维护、管理、升级、更新直到报废的全过程所发生的费用，大致由设备费用、技术支持费用、管理费用和用户操作费用等几个部分构成。

投资和费用可细分为开发人员的设备费和安装费、人员工资、系统软件费和序列号费、咨询费和支付给第三方的费用、服务费、培训费、实用软件费、差旅费以及其他杂费、连接费、设备维修费、计算机操作费、设备的摊销、用户培训费、支持费等。

不同的开发方式，所需要的投资和费用是不同的。例如，若采用采购方式，则还要考虑服务支持费用、二次开发费用、因实施延误而损失的收益等费用，专业软件商往往开出很低的应用软件价格，但是收取较高的服务支持费用。通常服务支持费用与实施的时间天数和人数有关，在 2003 年水平的软件服务支持费用高达每天 800～1000 美元。美国中小型 ERP 系统的实施服务费，现场服务大多在每小时 150～200 美元，一般电话支持服务也是要收费的，费率与现场服务相同，按时间收费。另外，提供现场服务时，用户还要承担实施顾问的差旅费。

6.5 可行性报告的组成

系统规划阶段的文档型成果最主要的就是可行性研究报告。可行性研究报告主要基于对现行系统的分析，针对现行系统存在的问题提出相应的新系统拟建方案，并对新系统开发在经济、技术、运行环境、组织管理等方面的可行性进行必要的分析和论证，提出建设的原则、约束和方法，最终得出有关结论，说明并论证所选定的方案。撰写系统可行性分析研究报告的基本框架和内容如下。

1. 引言

引言主要包括以下内容：

（1）编写目的。说明编写本可行性研究报告的目的，指出预期的读者。

（2）背景。说明包括：拟开发的管理信息系统的名称；本项目的任务提出者、开发者、用户即实现该系统的运行中心或计算机网络；该系统同其他系统及相关部门机构的基本关系。

（3）定义。列出本报告文档中用到的专门术语的定义和外文缩写词的原文。

（4）参考资料。列出相关的参考资料，包括：本项目的经核准的计划任务户或合同、上级机关的批文；属于本项目的其他已发表的文件；本报告中各处引用的文件、资料，包括所需用到的开发标准等。

2. 可行性研究的前提

说明对拟开发项目进行可行性研究的前提，如要求、目标、假设、限制等。

（1）要求。说明对拟开发管理信息系统的基本要求，包括：系统功能；系统主要性能；每项输出（报告、文件或数据）的特征等。

（2）目标。说明拟开发系统的主要开发目标。

（3）条件、假定和限制。说明对这项开发中给出的条件、假定和所受到的限制。

（4）可行性研究的方法。说明此次可行性研究活动是按照什么样的方法组织开展的，对拟开发系统是如何评价的。简要说明所使用的基本研究方法和策略，如调查、确定模型、建立基准点等。

（5）评价制度及影响系统可行性的主要因素。说明对系统进行评价时所使用的主要尺度，如费用的多少、各项功能的优先次序、开发时间的长短及使用中的难易程度等；列出影响系统可行性的主要因素，如预期收益、技术水平、员工素质等。

3. 对现行系统的分析

现行系统是指当前实际使用的系统化运行机制，可能是计算机系统，也可能是一个机械系统，甚至是一个人分工系统。分析现行系统的目的是进一步阐明拟开发管理信息系统或修改现行系统的必要性。

（1）处理流程和数据流程。说明现行系统的基本的处理流程和数据流程。此流程可用流程图表示，注意对流程图要加以解释和简要叙述。

（2）工作负荷。列出现行系统所承担的工作及工作量。

（3）费用开支。列出由于运行现行系统所发生的所有费用，如人力、设备、场地、材料等费用以及费用总金额。

（4）人员。列出为了现行系统的运行和维护所需要的人员的专业技术类别和数量。

（5）设备。列出现行系统所使用的各种设备设施。

（6）局限性。列出现行系统存在的主要局限性。

4. 拟开发管理信息系统

拟开发管理信息系统的这部分内容主要说明拟开发系统的目标和要求将如何被满足。

（1）对拟开发系统的基本说明。概括地说明拟开发系统，并说明信息要求将如何得到满足，介绍所使用的基本方法及理论依据。

（2）处理流程和数据流程。做出拟开发系统的处理流程和数据流程。此流程同样可用流程图表示，并加以解释和简要叙述。

（3）改进之处。按前面所列出的所有目标，逐项说明拟开发系统与现行系统相比作了什么样的具体改进。

（4）影响。主要解释在建设拟开发系统时，可能会带来的影响，应该既考虑正面影响，又考虑负面效应。

（5）局限性。说明拟开发系统尚存在的局限性以及这些问题未能消除的原因。

5. 技术条件可行性分析

应着重说明技术条件方面的可行性，包括以下内容。

（1）在目前约束条件下，该系统的功能目标能否达到；

（2）利用现有技术，该系统的功能能否实现；

（3）对开发人员的数量和技术水平的要求，并说明这些要求能否满足；

（4）在规定的期限内，本系统的开发能否完成。

6. 经济可行性分析

经济可行性分析主要针对以下内容。

（1）支出。叙述所选择的管理信息系统拟开发方案，说明所需的费用。对于存在现行系统的情况，还应注意将该系统继续运行期间所需的费用计算在内。

（2）收益。叙述所选择的管理信息系统拟开发方案能够带来的收益，这里所说的收益，表现为费用的节约或者省略、差错的减少、灵活性的增加、动作速度的提高和管理计划方面的改进等。

（3）收益/投资比。求出整个系统生命周期的收益/投资比值。

（4）敏感性分析。所谓敏感性分析是指一些关键性因素，如系统生命周期长度、系统的工作负荷量、工作负荷类型与这些不同类型之间的合理搭配、处理速度要求、设备和软件的配置等变化时，对投资/收益的影响最灵敏的范围的估计。在敏感性分析的基础上做出的选择当然会比单一选择的结果要好一些。

7. 组织管理的可行性

从企业应承担的法律和组织管理的科学化进行说明，包括法律方面和管理方面的可行性。

（1）法律方面的可行性。法律方面的可行性问题很多，如合同责任、侵犯专利权、侵犯版权等，开发人员并不是法律方面的专家，对系统开发过程中应该获得怎样的法律授权，应该承担什么法律责任，开发人员并不熟悉，务必要注意分析和研究。

（2）管理方面的可行性。如从应用部门的行政管理、工作制度等方面来看，是否能够使用该软件系统；从工作人员的基础素质和业务水平来看，是否能满足使用该软件系统的要求等，都是要考虑的。

8. 可选择的其他系统方案

逐个阐明其他可供选择的方案，包括自主开发的和外包开发的，并重点说明未被推荐的理由。

9. 结论

通常系统可行性研究报告的结论可以是以下四种。

（1）可以立即着手进行开发。

（2）需要推迟到某些条件（如资金、人力、设备等）具备之后才能开始进行。

（3）需要对开发目标进行某些修改之后才能开发。

（4）系统项目不可行（如经济上不合算、缺乏技术条件、违背某项法规或条令等）。

➢知识拓展：IT 外包

IT 外包服务（IT Outsourcing Managed Service）就是客户将全部或部分 IT 工作包给专业性公司完成的服务模式。客户整合利用其外部最优秀的 IT 专业化资源，从而达到降低成本、提高效率、充分发挥自身核心竞争力和增强客户对外环境的应变能力的一种管理模式。这已经成为一个快速成长的行业，并且在 2000 年后持续快速成长。目前，已经有 60% 的美国企业借助专业的 IT 外包服务迅速扩展自身的业务。IT 外包服务是企业迅速发展企业数字化、提高数字化质量、提高企业工作效率、节约信息化成本的一种途径，也为个人用户提供巨大的帮助。

1. IT 外包服务

IT 外包服务可以包括以下内容：信息化规划（咨询）、设备和软件选型、网络系统和应用软件系统建设、整个系统网络的日常维护管理和升级等。在实际中，根据客户的不同需求，IT 外包服务可以具体分为以下四类。

（1）IT 服务整体外包。专业 IT 公司为客户提供全套的 IT 系统规划、采购、实施、运维、咨询、培训的整体服务。这适用于不想成立 IT 部门或雇用 IT 工程师，并迫切希望降低运营成本的公司。

（2）单项 IT 技术外包。企业将部分 IT 业务外包给专业 IT 公司，如网络建设、硬件设备维护、单项软件开发等。这适用于有少量的计算机人员，但难以应付日常的各种繁杂事务的企业，它们可以把觉得棘手的事情外包给专业公司，专业公司按项目、时间、设备量等各种方式计费，提供服务。

（3）IT 运维外包。企业在 IT 系统建设完成后，将系统的日常运行和维护外包给专业公司，使得企业可以专注于核心业务而不是 IT 系统运行过程中所可能出现的技术问题以及细节化的技术维护工作。这适用于企业的系统已经建设好，维护人员日常工作不多，有了问题时又忙不过来的情形。

（4）IT 行业信息咨询。专业 IT 公司帮助客户找到正确的价格比并及时、准确了解 IT 行业前沿技术动态等信息以及系统解决方案，目的是根据企业网络实际情况及时、有效提出合理的优化、升级方案书，使企业网络系统总是处于最佳状态。

2. IT 外包服务的价值——以银行为例

（1）有效降低信息化建设成本信息系统开发和运行维护的费用。在 IT 总投资中的比重不断上升，减少IT运行和投资的费用，创造新的收入和利润增长点，是银行选择IT外包的重要因素。金融信息系统的建设要求从设计开发、测试部署到运行维护的全程IT技术支撑，离不开一支庞大的IT服务团队。中小型商业银行因其业务规模的限制，构建角色完整、资源完备的开发团队对于成本与效率是极大的挑战。IT外包使得银行只需要维持少而精的技术团队规划IT蓝图、协助外包服务商提供最佳服务，从而降低开发成本、管理成本和学习成本。根据著名咨询机构Gartner对金融IT外包的调查表明，在一般情况下，开发质量完全相同的产品和服务，外包费用要低于银行IT部门自行开发所需费用的20%～50%。

（2）整合专业IT服务商的优势和特色。毋庸置疑，中小型商业银行的核心价值体现在不断创新的业务模式与高品质的客户服务，银行本身并不是专业的IT服务提供者。因为分工的差异性，IT外包服务商有着更为精细化的软件开发方法论、丰富的人力资源、先进的技术、专业的开发模式和行业实施背景。通过IT外包，银行可以以合适的价格得到优质的应用服务和系统维护服务，主要表现在：服务提供商专业的管理模式和经验；IT应用的品质；先进的技术。

（3）集中优势资源，专注于核心业务。实施IT外包使银行从工作量庞大的具体实施过程中解脱出来，把有限的资源集中到核心业务的创新能力中，留住老客户，发展新客户，实现可持续发展，创造更多利润。

（4）规避或降低经营风险，快速适应市场变化。传统业务已无法完全覆盖不断变化的客户需求，新型业务的诞生，将促进银行经营模式和服务模式的转型，有利于降低生存风险，提升其核心竞争力。这必然导致金融IT系统不得不缩短其生命周期以应对变革。中小型商业银行靠自身的IT资源力量面对这种变革常常显得力不从心。为了缩小开发周期，提高IT系统应对业务变革的灵活性与即时性、减少信息技术投资风险，选择IT外包无疑是有效途径。外包可将由于银行自身的IT资源不足所造成的风险转移给外包服务商，而服务商则具备降低此类风险的能力。

3. IT外包服务的发展前景

随着信息化建设的不断深入，企业业务对IT的依赖不断增强，如电信、银行、保险和证券行业等。一方面，企业不断投资购建各种硬件、系统软件和网络，另一方面不断开发实施ERP、SCM、CRM、决策支持和知识管理等各种各样的应用软件。在这种情况下，企业不仅要求IT服务持续不间断地支持业务运营，而且要求IT服务能够创造更多的机会，使得业务部门能够更好地达到业务目标。但是，经过长期的投资和建设，许多企业发现IT并没有达到他们所期望的效果。这就是人们所说的“IT黑洞”“信息悖论”和盲目投资等现象。

专家的研究和大量企业实践表明，在IT项目的生命周期中，大约80%的时间与IT项目运营维护有关，而该阶段的投资仅占整个IT投资的20%，形成了典型的“技术高消费”“轻服务、重技术”现象。Gartner Group的调查发现，在经常出现的问题中，源自技术或产品（包括硬件、软件、网络、电力失常及天灾等）方面的其实只占了20%，而流程失误方面的占40%，人员疏失方面的占40%。流程失误包括变更管理没有做好、超载、没有测试等程序上的错误或不完整，人员疏失包括忘了做某些事情、训练不足、备份错误或安全疏忽等。

所以说 IT 外包服务必将有很大的前景，也是企业集团解决 IT 投资日益增多的最终办法。

思考题

1. 管理信息系统总体规划的主要步骤有哪些？
2. 管理信息系统规划的常用方法有哪些？
3. 比较关键成功因素法与战略目标转移法的优缺点。
4. 进行可行性研究的主要工作包括哪些？

上机作业题

上网调查典型案例，比较企业发展规划与 IT 战略规划之间的联系，以及 IT 战略规划对企业发展规划的促进作用。

小组讨论题

1. 管理信息系统开发时为什么必须进行系统规划？
2. 系统调查的重要性。
3. 为什么要进行可行性分析？

第 7 章

系统分析

在可行性报告得到批准以后，系统开发接下来的工作是进行系统分析，在该阶段解决“系统做什么”的问题。系统分析也称为新系统逻辑设计阶段，这是开发管理信息系统的基本阶段和关键阶段。

7.1 系统分析概述

系统分析阶段可以分为三个步骤：详细调查、收集和分析用户需求；确定新系统逻辑模型；编制系统分析报告。

7.1.1 系统分析的目的

系统分析的目的是将用户的需求及其解决方法确定下来。系统分析阶段是在系统总体规划的基础上，对现行系统作进一步详细调查和研究，提出多种新系统的逻辑方案，并对所有的方案进行分析、研究、比较、判断和选择的过程。

新系统逻辑模型描述了系统应该有的功能，而不涉及具体的物理细节。目标旨在获得一个最优的新系统的逻辑模型，并在用户理解计算机系统的工作流程和处理方式的情况下，将它明确地表达成书面资料——系统分析报告，系统分析报告所确定的内容是今后系统设计、系统实施、系统评价的基础和依据，也是开发人员与用户单位签订协议和合同的依据。

7.1.2 系统分析的任务与步骤

1. 系统分析阶段的工作步骤

（1）详细调查、收集和分析用户需求。在总体规划时所做的初步调查只是为了总体规划和进行可行性分析的需要，相对来说是比较粗糙的。现在，则应在初步调查的基础上，进一步收集和分析用户需求，调查用户的有关详细情况——对企业业务领域的各项活动进行详细的了解。

（2）确定新系统逻辑模型。逻辑模型是指仅在逻辑上确定的新系统模型，而不涉及具体的物理实现，也就是要解决系统“干什么”，而不是“如何干”。逻辑模型由一组图表工具进行描述。用户可通过逻辑模型了解未来新系统，进行讨论和改进。

（3）编制系统分析报告。对上述采用图表描述的逻辑模型进行适当的文字说明，就组成了系统说明书。它是系统分析阶段的主要成果。系统说明书既是用户与开发人员达成的书面协议或合同，也是管理信息系统生命周期中的重要文档。

系统分析阶段的工作步骤如图 7-1 所示。

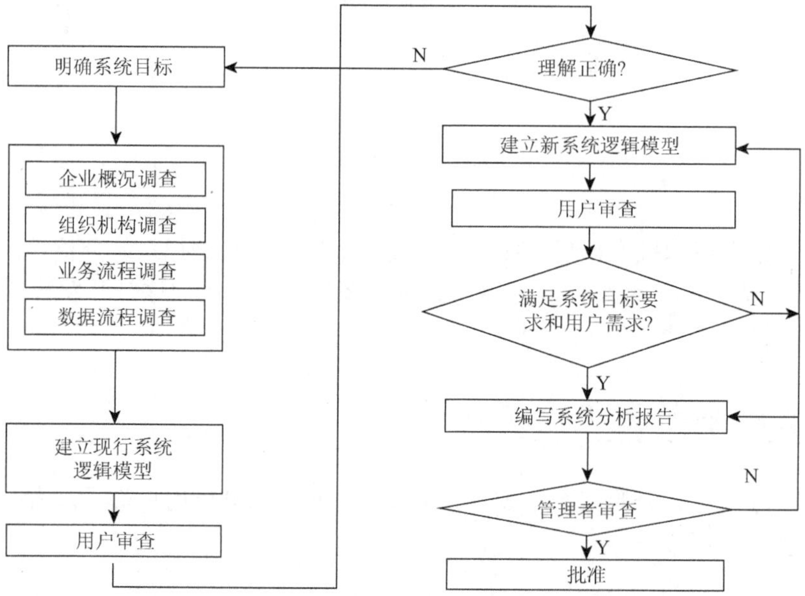

图 7-1　系统分析步骤

2. 系统分析工作的特点

在管理信息系统开发实践中，经过成功和失败的教训，人们认识到，为了使开发出来的新系统能满足实际需要，在着手编程之前，首先必须要有一定的时间用来认真考虑以下问题：

（1）系统所要求解决的问题是什么？

（2）为解决该问题，系统应干些什么？

（3）系统应该怎么去干？

在总体规划阶段，我们通过初步调查和可行性分析，建立了新系统的目标，已经回答了上面的第一个问题。而第二个问题的解决，正是系统分析的目标，第三个问题则由系统设计阶段解决。

要解决“系统应干些什么”的问题，系统分析人员必须与用户密切协商，这是系统分析工作的特点之一。根据现行信息系统与计算机信息系统各自的特点，认真调查和分析用户需求，所谓用户需求，是指新系统必须满足的所有性能和限制，通常包括功能要求，性能要求，可靠性要求，安全保密要求以及开发费用，开发周期，可使用的资源等方面的限制。弄清哪些工作交由计算机完成，哪些工作仍由人工完成，以及计算机可以提供哪些新功能。这样就可以在逻辑上规定新系统目标的功能，而不涉及具体的物理实现，也就解决了“系统应干些什么”的问题。

事实上，用户需求是新系统目标的具体化，而系统的逻辑模型则是用户需求的明确、详细表示，三者的关系如图 7-2 所示。

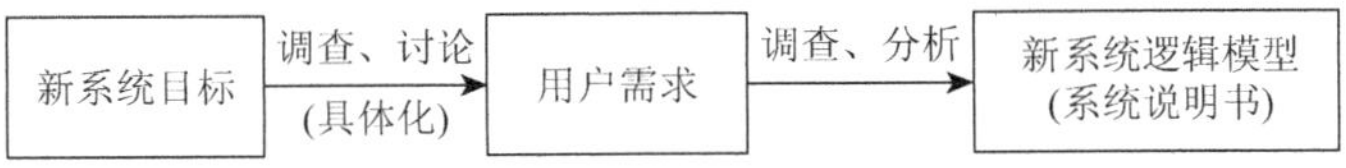

图 7-2　目标、需求和逻辑模型

系统分析报告是系统分析阶段的最后结果，它通过一组图表和文字说明描述了新系统的逻辑模型。设计逻辑模型是系统分析工作的另一个特点。逻辑模型包括数据流程图、数据字典、基本加工说明等。它们不仅在逻辑上表示新系统目标所具备的各种功能，而且还表达了输入、输出、数据存储、数据流程和系统环境等。逻辑模型只告诉人们新系统要“干什么”，而暂不考虑系统怎样来实现的问题。

7.1.3　结构化系统分析方法

系统分析是保证管理下管理信息系统质量的第一步，它的任务是艰巨的、复杂的。如何分析用户需求，用什么形式表示系统分析说明书等，都需要有相应的方法、模型、语言和工具来配合。自 20 世纪 70 年代以来，逐步出现了多种适用于系统分析阶段的方法，“结构化分析”就是其中具有代表性的一种方法。

“结构化系统分析”方法由美国 Yourdon 公司在 70 年代提出，是一个简单实用、使用很广的方法。该方法通常与我们以后要介绍的系统设计阶段的结构设计（SD）方法衔接起来使用，适用于分析大型的数据处理系统，特别是管理信息系统的开发。

1. 结构化系统分析的思想

结构化分析方法是一种自顶向下逐层分解、由精到细、由复杂到简单的求解方法。“分解”和“抽象”是结构化分析方法中解决复杂问题的两个基本手段。“分解”就是把大问题分解成若干个小问题，然后分别解决。“抽象”就是抓住主要问题忽略次要问题，集中精力先解决主要问题。

“自顶向下逐层解决”是结构化方法按上述思想解决问题的一种策略。例如，设图 7-3 中 X 是一个复杂的管理系统，为了理解它，我们将它分解成 1、2、3、4 四个子系统。若 1、3 仍然很复杂，可继续将它们分成 1.1、1.2…和 3.1、3.2…等子系统，如此逐层分解直至子系统足够简单，能被清楚理解和准确表达。

分层的数据流图是结构化方法用来描述系统中数据流动和处理的有效工具。分层数据流图一般由顶层、中间层和底层组成。顶层抽象地描述了整个子系统，任何复杂的系统，其顶层图都可符合一定的模式，如图 7-4 所示。中间层则是从抽象到具体的逐步过渡，对于一些简单系统，也可不画中间层。底层具体地画出了系统的细节部分。

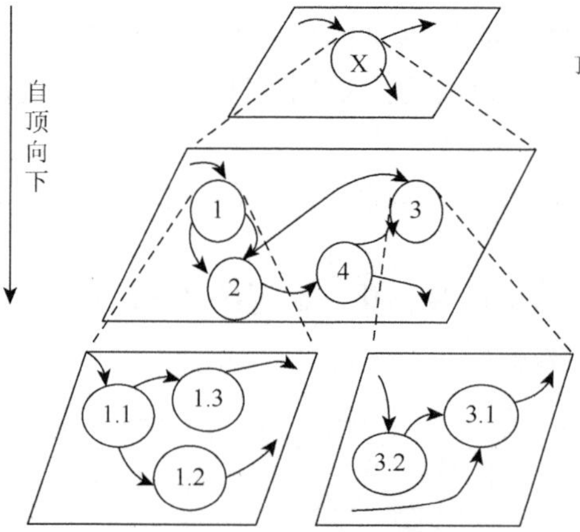

图 7-3　自顶向下逐层分解

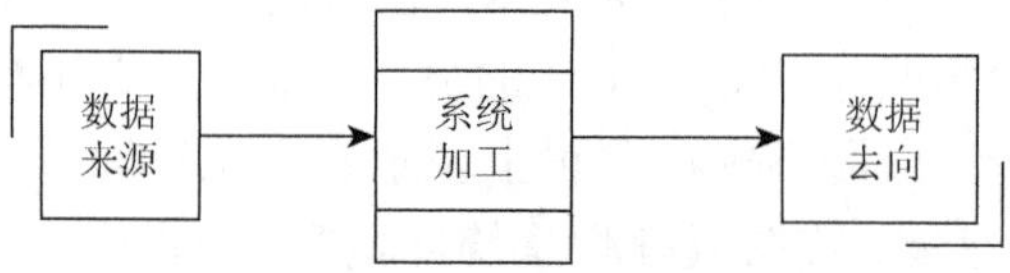

图 7-4　顶层图的模式

按照自顶向下、逐层分解的方式，不论系统的复杂程度和规模有多大，分析工作都可以有条不紊地开展。对于大的系统只需多分解几层，分析的复杂程度并不会随之增大。这也是结构化分析的特点。

2. 结构化分析的描述方式

结构化分析方法在描述方式上的特点是尽量运用图形表示，优点是简明易懂，所表达的意义也比较明确。

用结构化系统分析方法获得的系统说明书由以下几部分组成。

（1）一套分层的数据流图。用图形描述系统的分解，即系统由哪几部分组成、各部分间有什么联系等。

（2）一本数据字典。图表描述系统中每一个数据。

（3）一组加工说明。用文字详细描述系统中的每一个基本加工和处理。

（4）补充材料。用以辅助进行系统的明确描述。

3. 结构化分析方法的特点

（1）结构化分析方法简单、清晰，易于学习掌握和使用。

（2）结构化分析的实施步骤是先分析当前现实环境中已存在的人工系统，在此基础上再构思即将开发的目标系统，这符合人们认识世界改造世界的一般规律，从而大大降低了问题的复杂程度，目前一些其他的需求分析方法，在该原则上是与结构化分析相同的。

（3）结构化分析采用了图形描述方式，用数据流图为即将开发的相同描述了一个可见的模型，也为相同的审查和评价提供了有利的条件。

4. 结构化分析方法的局限

由于上述长处，结构化分析方法自 20 世纪 70 年代逐步形成以来，在数据处理领域一直相当流行，但是，长期使用的过程中，也暴露出了结构化分析方法的一些薄弱环节甚至是缺陷，主要体现在以下几点。

（1）所需文档资料数量大。使用结构化方法人们必须编写数据流图、数据字典、加工说明等大量文档资料，而且随着对问题理解程度的不断加深或者用户环境的变化，这套文档也需不断修改，这样修改工作是不可避免的。然而这样的工作需要占用大量的人力物力，同时文档经反复变动后，也难以保持其内容的一致性，虽然明确已有支持结构化分析的计算机辅助自动工具（如前面介绍过的 PSL/PSA）出现，但要被广大开发人员掌握使用，还有一定困难。

（2）不少软件系统，特别是管理信息系统，是人机交互式的系统。对交互式系统来说，用户最为关心的问题之一是如何使用该系统，如输入命令、系统相应和输出格式等，所以在系统开发早期就应该特别重视人机交互式的用户需求。但是，结构化分析方法在理解、表达人机界面方面是很差的，数据流图描述和逐步分解技术在这里都发挥不了特长。

（3）结构化分析方法为目标系统描述了一个模型，但这个模型仅仅是书面的，只能供人们阅读和讨论而不能运行和试用，因此在澄清和确定用户需求方面能起的作用毕竟是有限的。从而来自用户的反馈信息太迟，对目标系统的质量也有一定的影响。

综上所述，结构化分析方法是有效的，但和其他软件方法一样，结构化分析方法也不是完美无缺的，它有许多局限性。我们应该领会结构化分析方法的基本思想，结合实际开发过程的特点和差异进行灵活运用，才有可能较好地完成系统分析任务。

7.2 现行系统详细调查与分析

系统分析阶段前期的主要任务是对现行系统作进一步的详细调查，将系统详细调查中所得到的文档资料集中到一起，对组织内部整体管理状况和信息处理过程进行分析。它侧重于从业务全过程的角度进行分析。分析的主要内容有：原系统管理模式、组织机构和新系统管理方法是否匹配，新系统功能是否满足企业管理的需要；业务流程是否通畅，是否合理，是否完整；现行系统有哪些数据，这些数据是否需要、是否满足新系统的需要，数据、业务过程和实现管理功能之间的关系等。

7.2.1 企业概况调查与分析

在系统初步调查阶段也对企业概况进行过调查，但初步调查时只是表面的、直观的、简单的调查，其描述是全局的、笼统的、概括的。在企业概况的详细调查中要重点了解企业战略目标，并分析新系统目标是否与企业战略目标一致，是否能实现企业的战略目标；重点调查现行管理机制是否与新系统管理方式匹配；重点了解企业现行系统的经济效益，并分析新系统可能为企业带来的经济效益等。

7.2.2 组织结构的调查与分析

要建立管理信息系统，就必须知道现行系统的组织机构设置情况和部门之间的隶属关系、业务职能。作为系统开发人员要特别关注那些与计算机管理有关的机构和关系。

通常用组织结构图来描述当前系统组织机构的层次和隶属关系。可用矩形框表示组织机构，用箭头连线表示领导关系。图 7-5 是某企业的行政组织结构图。详细调查使用的组织机构图要画到部门级。

可用文字或功能结构图（参见第 5 章介绍）来描述组织职能。例如，图 7-5 将企业的组织分为三层，企业领导决策层、业务管理层和业务执行层。企业领导决策层由正、副厂长、总工程师，总经济师和总会计师组成，主要职能是决定企业目标、确定经营方针、做出生产经营的具体决策。业务管理层包括计划科、财务科、生产科和销售科等机构，其主要职能是按照经营方针，在规定的职权范围内对各项业务进行管理。业务执行层由车间、班组等生产第一线的组织机构组成，完成日常的生产、业务和调度。

图 7-6 是某公司的行政组织结构图。

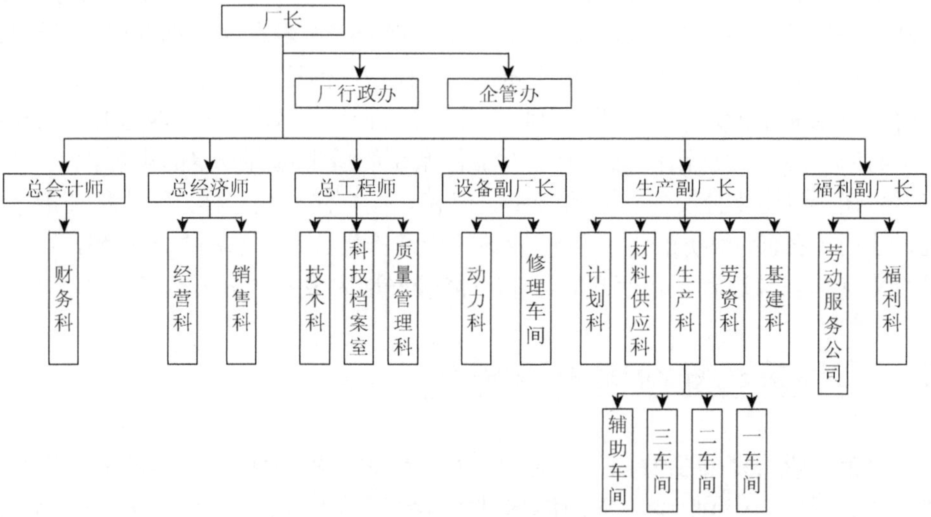

图 7-5 某企业的行政组织结构图

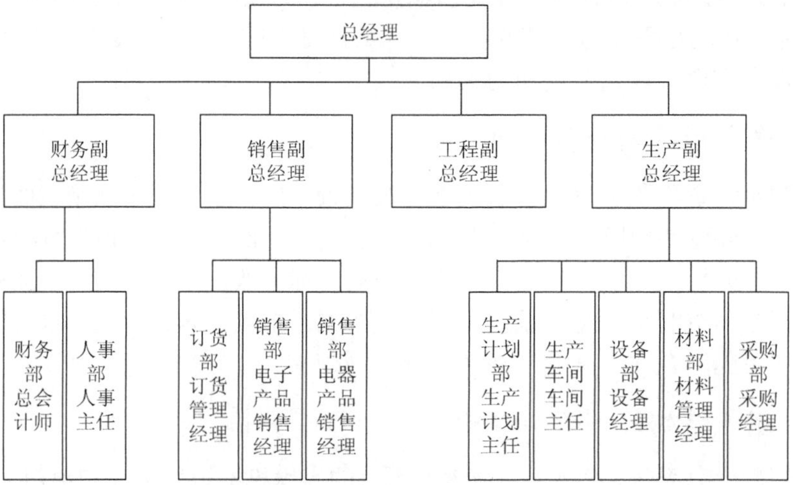

图 7-6 某公司行政组织结构图

7.2.3　业务流程的调查与优化

1. 业务流程的调查

在对现行系统的详细调查中业务流程的调查也十分重要。根据对组织结构图和业务功能体系图的分析，可决定下一步重点调查的部门，然后对该部门的业务信息、业务流程等进行详细的调查。它与初步调查的区别在于其业务流程更具体、更详细与更全面。

业务流程的详细调查是调查所有部门各项业务的处理过程，即业务环节，如各环节的处理方法、各环节之间的数据与实物联系。它对了解现行系统中存在的问题有很大帮助。

1）业务流程与业务数据的调查

在详细调查阶段要按各个部门设备、资金、人员和数据流动的过程，逐个调查每个环节设备、资金、人员和数据的来源和去向，根据业务流动的方向、顺序进行总结与分析，最后分别使用不同的业务流程图与系统概况表进行描述与记录。如图 7-7 所示为某宾馆在顾客从住店、在店消费到离店的业务流程图。

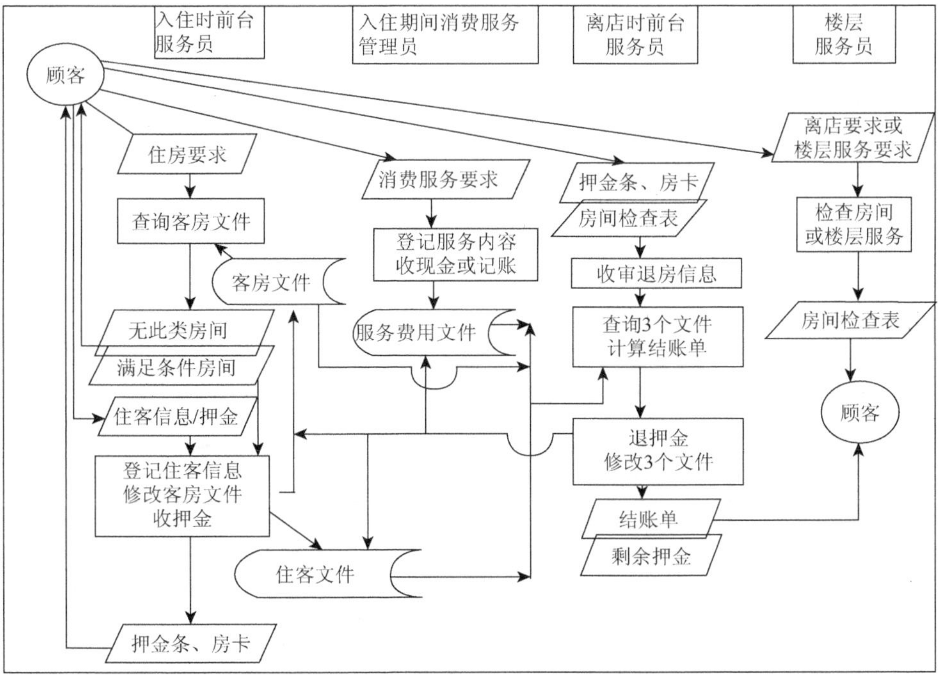

图 7-7　住店、消费与离店业务流程图

业务数据一般是指业务流程中涉及的文档、单据和报表等。现行系统业务流程中存在大量的文档、单据（原始凭证）和报表，它们都是信息或数据的载体，对它们的调查、收集和分类是对现行系统数据收集、输入、存储、加工和输出等环节的进一步研究，它们将是今后系统分析与系统设计的依据。如表 7-1 所示为根据业务流程得到的系统概况表，它很好地总结了业务流程中涉及的数据。

表 7-1 宾馆业务流程概况表

输入：	处理：
住房要求 住客情况 服务类型 离店要求 押金	查询客房档案 登记住客情况 修改客房情况、收押金 登记服务、提供服务 查询住房各种情况 计算结账单、打印结账单、退押金
数据储存： 客房档案 住客情况 服务费用文件	输出： 客房情况 押金条、房卡 检查结果 结账单、退押金

2）业务过程的识别

在业务流程调查中一个关键的问题是如何识别一个完整的业务过程。业务流程是管理各类资源的各种相关活动和决策的组合。根据资源的生命周期是一种识别业务过程的方法。

资源生命周期可以分为如下 4 个阶段。

（1）产生阶段：对资源的请求、计划等活动属于该阶段，如销售计划与物料需求计划。

（2）获取阶段：指资源的开发活动，即获得资源的活动，如产品的生产。

（3）服务阶段：指资源的存储和服务的延续活动，如库存控制。

（4）归宿阶段：指终止资源或服务的活动或决策，如产品的销售。

根据支持性资源生命周期识别出的业务过程，如表 7-2 所示。根据“产品/服务”生命周期识别出的业务过程，如表 7-3 所示。

表 7-2 根据支持性资源生命周期识别出的业务过程

资源 / 过程 / 生命周期	支持性资源			
	材料	资金	人员	设备
产生阶段	需求计划	财务计划 成本计划 投资计划	人事计划 工资管理	设备计划 设备更新
获取阶段	材料采购 进库	资金接收 贷款	招聘 转业	设备采购 设备接收 基建
服务阶段	库存控制 材料调配	成本核算 管理会计 银行业务	人员培训 人事管理	设备维修
归宿阶段	材料回收 应付款项	分配管理 应付款项	终止合同 解雇 退休	设备折旧 设备报废

表 7-3 根据“产品/服务”生命周期识别出的业务过程

生命周期	业务过程
产生阶段	市场计划、质量预测、作业计划
获取阶段	工程设计、产品开发、质量检查记录、生成调度
服务阶段	库存控制、质量控制、包装、存储
归宿阶段	销售、质量报告、发运

将组织机构图中的各部门负责人与划分出的业务过程放在同一张表中建立一个矩阵，用这个矩阵去访问各部门负责人，他们会帮助你检查所建立的业务过程是否有遗漏。现行组织机构和职能、业务过程的对应关系矩阵如图 7-8 所示。

	市场			销售				工程			生产				材料			
	计划	研究	预测	区域管理	销售	经营	订货服务	设计研制	产品规范	信息控制	调度	能力计划	材料需求	作业	采购	进货	库存管理	发运
总经理	○	○	×		×		/	×				×		×		/	/	/
财务总经理	×		×		×	/	/					×	×	/	/		×	
总会计师	×		×				/					/		/	/	/	/	/
人事主任																		
销售副总经理	○	○	○	○	○	○	○	×	×		/	×					×	

图 7-8 组织机构和职能、业务过程

其中，○表示主要负责人，X 表示业务过程主要参加者，/表示部分参加

3）现行系统中薄弱环节的调查

现行系统中的各个薄弱环节通常正是目标系统中要解决和改进的主要问题，如数据的及时性、准确性、处理方法及组织结构设置、管理制度、业务流程的合理性、数据处理的成本以及对企业造成的影响。对它们的有效解决，有可能极大地增加目标系统的经济效益和社会效益，从而提高用户对目标系统开发的兴趣和热情。

在进行业务流程调查工作中，所接触的业务人员对现行系统最熟悉、最有发言权，他们对现行系统的薄弱环节也最了解。只要开发人员精心设计出调查表以方便被调查人员回答，经过开发人员的仔细分析和认真思考，就能发现现行系统的薄弱环节并找到其产生的原因。

2. 业务流程的优化

1）业务流程优化的核心思想

业务流程优化的核心思想是减少非增值活动，减少等待时间、重复工作、协调工作量，从而提高增值活动效率。

2）业务流程优化的基本思想

（1）实现从传统面向职能管理转变为面向流程管理，将业务的审核与决策点定位于业

务流程执行的地方，缩短信息沟通的渠道和时间，从而提高对顾客和市场的反应速度；

（2）强调业务流程中每一个环节上的活动尽可能实现最大化增值，尽可能减少无效的或不增值的活动，如去掉不必要的审核等，并从整体流程全局最优（而不是局部最优）的目标，设计和优化流程中的各项活动；

（3）要求业务流程之间尽量实现单点接触，这不仅有利于流程通畅、责任明确，而且有利于提高内、外部顾客的满意度；

（4）在手工管理方式下，由于受到人的管理能力局限性约束，一般必须采用授权分工管理，授权分工管理必然会在一定程度上导致决策分散化，影响决策的有效性，因此，在建立新型“扁平化”组织运行模式时，重视现代计算机信息技术的应用，以便协调业务分散与管理集中之间的矛盾。

3）业务流程优化的总体思路

（1）实现从面向“职能”管理到面向“流程”管理的转变；

（2）从“流程”出发调整岗位职责、部门职责及绩效考核指标；

（3）明晰企业控制的三个层次：事先计划、事中监控和事后分析。

4）业务流程优化的设计原则

（1）流程方面：从面向“职能”管理到面向“流程”管理，对不同部门相同“流程”的业务只按照流程管理的思路进行描述，变复杂流程为简化流程。

（2）信息方面：利用 CIMS 的集成思想，将 ERP 与网络等 IT 最新技术相结合，变信息孤岛为共享平台。

（3）着重点：增加信息共享、扩大信息共享范围、缩短信息共享时延。

7.2.4 数据流程的调查与分析

为了分析数据流程，需要先清楚数据流的含义。

1. 数据流

企业作为一个系统，存在输入、处理和输出过程，企业的输入、输出表现形式多种多样，在处理过程中涉及各式各样的输入和输出，在将输入经过处理变为输出的过程中涉及物质、资金、事务、设备与数据等，它们被称为物质流、事务流、资金流、机器及设备流、数据流。

（1）物资流。工厂输入原材料与零配件，经过加工制造过程，输出成品；商店采购货物，经过销售过程，把货品卖给顾客。这些流动的输入与输出的物品称为物资流。

（2）事务流。事务是指系统与其外部环境或子系统之间发生的交往活动而引起的一系列信息处理活动。例如，工商企业接到订货单，便有开发货单、发票、记账等信息处理活动，它们统称为订单处理，这就是一项事务。再如，政府经济行政管理部门接到下级的请示报告，经过调查研究和有关主管人员分析、开会讨论，协调不同意见，做出统一决定，作为对下级的指示，这也是一种事务，可称为请示报告的处理。这两种事务的流动有一个重要的不同之处：工业企业是制造和出售产品的，商业企业是买卖商品的，这是它们的主要业务，事务是随着其主要业务而生的，如原材料的购买、产品的购进与售出等，事务流是伴随物资流而产生的；而政府经济行政管理部门只有事务流，没有物资流，这里的主要业务是事务，即情况的处理。

（3）资金流。资金流是指资金的流动，如购买原材料的付款、工资的付给等。资金流一般是伴随物资流和劳动付偿而产生的，但在银行业务中货币流则随存取及信贷业务（即事务）而产生。

（4）机器及设备流。机器及设备流也是一种物资流，这里指的是机器、设备等的买卖和流动，它们不同于物质生产的物资流。

（5）数据流。数据是人们用以记录以上各种流的抽象表达方式。其形式是多种多样的，如烽火、手势、旗语、语言口述、书面文字、数字符号、电子邮件，以及现代化的电视通信等。数据流是在输入、处理与输出过程中使用的数据。

各种流在一个企业内出现时，都同时伴随着一个数据流的产生。例如，一个产品制造的物资流，总伴随有生产计划安排，并产生领料单、出料单、生产记录、送货单、入库单等数据的流动。

数据流贯穿于组织内每一项活动中。可以说没有数据流就没有企业的活动。事务流的具体表现也是数据流。因此，数据流和事务流往往会存在于同一渠道内，而不易区别。其区别的重要标准是，数据流是用以控制其他流的，而事务则是被控制的对象。

数据流在所有各流中有特别重要的意义：任何其他流的产生和存在总伴随有数据流的产生与存在；数据流是对其他流进行控制的依据。

2. 数据流程

系统从输入、处理到输出数据流动的全过程称为数据流程。描述数据流程可以使用数据流程图。

在初步调查中收集的原始数据一般是杂乱无章的，难于从其中直接看出有意义的东西。所以，在详细调查时必须对原始数据加以整理并进一步调查与分析，以便把感兴趣的数据流提取出来，并以数据流程图加以表达。同时可以根据详细调查得到的业务流程图归纳总结出数据流程图，如图 7-9 所示。

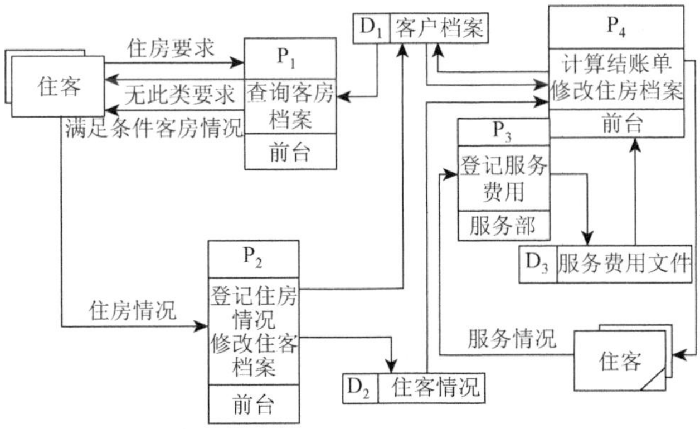

图 7-9 住店、消费与离店业务流程图

3. 数据流程调查的范围

数据流程调查的范围应该是围绕组织内部数据流所涉及领域的各个方面。但应该注意的是，数据流是伴随物流、事务流等而产生的，物流、事务流与数据流又都是在组织中流动的。故数据流程调查的范围就不能仅仅局限于数据，应该包括企业的生产、经营、管理等包含数据流的各个方面。

数据流程调查与分析的范围主要根据详细调查的业务流程图来确定。

4. 数据流程分析的方法

数据流程分析的方法有以下几种。

（1）按业务流程分析。按管理机构各科室和生产车间日常业务流程图分析数据流程，用概况表按输入、输出、处理、数据存储分类记录业务流程中产生的计划、原始凭据、单据和报表等各式数据。

（2）按组织关系分析。根据组织部门上下级关系产生的数据流分析数据流程。

（3）按时间顺序分析。根据组织部门横向关系中数据流产生的时间顺序分析数据流程。

（4）按因果关系分析。根据数据流产生的因果关系分析数据流程。

（5）按重要数据分析。根据数据分析数据流程。

7.3 结构化分析工具

7.3.1 数据流程图

反映数据在系统中流动和处理情况的图称为数据流程图（Data Flow Diagram，DFD）简称数据流图，它是描述系统逻辑模型的工具之一。数据流程图是便于用户理解系统数据流程的图形工具。它能精确地在逻辑上描述系统的功能、输入、输出和数据存储等，摆脱了其物理内容。数据流程图是系统逻辑模型的重要组成部分。

1. 数据流程图的基本符号

数据流程图由四种基本符号组成，如图 7-10 所示。

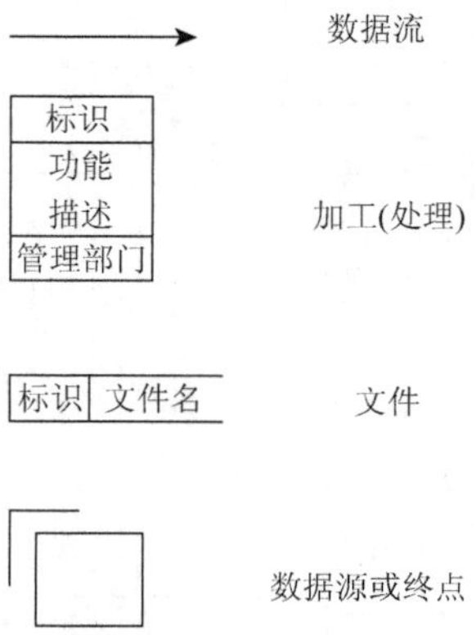

图 7-10 数据流程图的基本符号

例如，图 7-11 是一个简单的数据流程图，它表示数据 X 从源 S 流出，经 P 加工转换成 Y，接着经 P 加工转换为 Z，在加工过程中从 F 中读取数据。

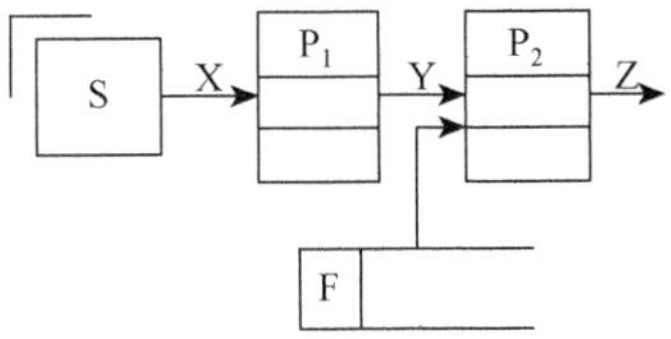

图 7-11 数据流图举例

2. 数据流程图基本符号的使用规则

1）数据流

数据流由一组确定的数据组成。例如，“发票”为一个数据流，它由品名、规格、单位、单价、数量等数据组成。数据流用带有名字的具有箭头的线段表示，名字称为数据流名，表示流经的数据，箭头表示流向。数据流可以从加工流向加工，也可以从加工流进、流出文件，还可以从源点流向加工或从加工流向终点。

对数据流的表示有以下约定：

（1）对流进或流出文件的数据流不需标注名字，因为文件本身就足以说明数据流。而别的数据流则必须标出名字，名字应能反映数据流的含义。

（2）数据流不允许同名。

（3）两个数据流在结构上相同是允许的，但必须体现人们对数据流的不同理解。如图 7-12（a）所示的合理领料单与领料单两个数据流，它们的结构相同，但前者增加了合理性这一信息。

（4）两个加工之间可以有几股不同的数据流，这是由于它们的用途不同，或它们之间没有联系，或它们的流动时间不同，如图 7-12（b）所示。

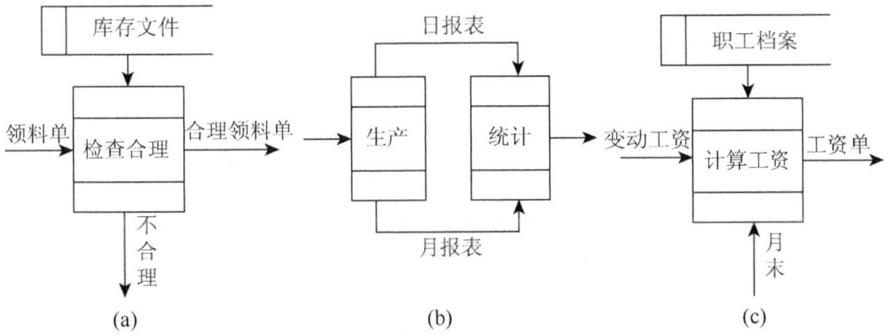

图 7-12 简单流图举例

数据流程图描述的是数据流而不是控制流。如图 7-12（c）所示，“月末”只是为了激发加工“计算工资”，是一个控制流而不是数据流，所以应从图中删去。

2）加工处理

加工处理是对数据进行的操作，它把流入的数据流转换为流出的数据流。每个加工处理都应取一个名字表示它的含义，并规定一个编号用来标识该加工在层次分解中的位置。名字中必须包含一个动词，如“计算”“打印”等。

对数据加工转换的方式有两种：

（1）改变数据的结构，如将数组中各数据重新排序；

（2）产生新的数据，如对原来的数据总计、求平均值等。

3）文件

文件是存储数据的工具。文件名应与它的内容一致，写在开口长条内。从文件流入或流出数据流时，数据流方向是很重要的。如果是读文件，则数据流的方向应从文件流出；写文件时则相反；如果是又读又写，则数据流是双向的。在修改文件时，虽然必须首先读文件，但其本质是写文件，因此数据流应流向文件，而不是双向。

例如，在图 7-12（a）中，检查合理性加工时，只从库存账目文件中读出库存信息与领料单核对，所以数据流从文件流出，箭头指向加工。

4）数据源或终点

数据源和终点表示数据的外部来源和去处。它通常是系统之外的人员或组织，不受系统所控制。

为了避免在数据流程图上出现线条交叉，同一个源点、终点或文件均可在不同位置多次出现，这时要在源（终）点符号的右下方画小斜线，或在文件符号左边画竖线，以示重复，如图 7-13 所示。

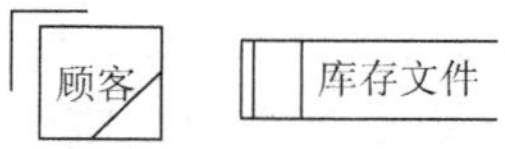

图 7-13 重复的源点、终点或文件

从图 7-13 可见，数据流程图可通过基本符号直观地表示系统的数据流程、加工、存储等过程。但它不能表达每个数据和加工的具体、详细的含义，这些信息需要在“数据字典”和“加工说明”中表达。

7.3.2 数据字典

在数据流程图的基础上，还需对其中的每个数据流、文件和数据项加以定义，把这些定义所组成的集合称为数据字典（Data Dictionary）。数据流程图是系统的大框架，而数据字典以及下面将要介绍的加工说明则是对数据流图中每个成分的精确描述。它们有着密切的联系，必须结合使用。

数据流、文件和数据项的定义可以作为数据字典中的一个条目。因此，在数据字典中有三种类型的条目：数据流条目、文件条目和数据项条目。

1. 数据流条目

数据流条目对每个数据流进行定义，它通常由编号、数据流名、组成、流量和说明等组成。其中，数据流名是前面已定义的数据流的同义词；组成栏是定义的主要部分，通常是列出该数据流的各组成数据项；说明栏用于记录其他有关信息，如该数据流在单位时间中传输的次数等。

如果数据流的组成很复杂，则可采用“自顶向下，逐步分解”的方式来表示。例如，“课程”数据流可写成：

课程＝课程名＋教师＋教材＋课程表

课程表＝{星期几＋第几节＋教室}

只要依次查这两个条目，就可确切了解“课程”的含义。

在数据字典各条目的定义中，常使用下述符号：

（1）＝表示“等价”；

（2）＋表示“与”；

（3）[|]表示“或”，即选括号中某一项，括号中各选择项用“|”隔开，例如，三好学生＝[甲|乙|丙|丁]；

（4）( ) 表示“可选”，即从括号从中任选一项，也可一项都不选；

（5）{　}表示“重复”，即重复括号内的项，重复次数的上、下界标在括号右边，例如，$\{X\}^5_1$表示把 X 加工重复 1～5 次。若在重复括号上没有附加重复次数的上下界，则表示 0 次或多次重复。

单个数据流条目的编写格式见表 7-4 和表 7-5 的“职工基本情况”和“查询条件”数据流条目。

表 7-4　职工基本情况

编　　号：D1
数据流名：职工基本情况
组　　成：职工号+姓名+性别+出生时间+参加工作时间+职称+工作部门+工资+婚否
流　　量：约 10 次/天
说　　明：

表 7-5　查询条件

编　　号：D2
数据流名：查询条件
组　　成：[查工资情况|查工作部门|查职称|查职工号]
流　　量：约 70 次/天
说　　明：今后还要增加查询种类

多个数据流条目可以使用统一表格来描述，见表 7-6。其中，来源指数据的提供对象，去向指数据的使用对象。

表 7-6　数据流条目

编号	名称	来源	去向	组成	流量	说明
D1	职工基本情况			职工号+姓名+性别+出生时间+参加工作时间+职称+工作部门+工资+婚否	约 10 次/天	
D2	查询条件			[查工资情况|查工作部门|查职称|查职工号]	约 70 次/天	今后还要增加查询种类

2. 文件条目

文件条目用来对文件（或数据库）进行定义。它由五部分组成：编号、文件名、组成、结构和说明。其中组成栏的定义方法与前面的数据流条目相同。结构栏用于说明重复部分的相互关系，如指出是顺序或索引存取。单个文件条目的格式见表 7-7。多个文件条目的格式见表 7-8。

表 7-7 人事档案文件

编 号：	EMP
文件名：	人事档案文件
组 成：	职工号+姓名+出生时间+参加工作时间+职称+工作部门+工资+婚否
结 构：	以职工号为关键字、索引存取
说 明：	今后还将增加数据项

表 7-8 文件条目

编号	名称	输入	输出	组成	结构	说明
EMP	人事档案文件			职工号+姓名+性别+出生时间+参加工作时间+职称+工作部门+工资+婚否	以职工号为关键字、索引存取	今后还将增加数据项

3. 数据项条目

数据项条目用来给出数据项的定义。由于数据项是数据的最小单位，是不可分割的，因此数据项条目只包含名称、代码、类型、长度和值的含义内容等。对于那些足以从名称看出其含义的“自说明”型的数据项，则不必在条目中再解释其含义。单个数据项条目的格式见表 7-9。

表 7-9 人事管理系统数据项条目

数据项名	代码	类型	长度	小数位	含义	别名	注释
职工号	ZGH	数值型	6				
姓名	XM	字符型	8				
性别	XB	字符型	2				
出生时间	CSSJ	日期型	8				
参加工作时间	CZSJ	日期型	8				
婚否	HF	逻辑型	1				H-已婚 F-未婚
职称	ZC	字符型	8				
工作部门	BM	字符型	10				
工资	GZ	数值型	6	2			

7.3.3 加工说明

利用数据字典可以对数据流程图中的数据流、文件和数据项加以定义。对数据流程图中的基本加工的定义是结构化分析的关键部分，基本加工的定义描述称为“加工说明”。

这里讲的“加工说明”是指对数据流程图中功能单元（不能再作分解的加工）的描述，而对数据流程图中其他加工则可以没有加工说明。

1. 编写加工说明的要求

（1）对数据流程图中的每个功能单元必须有一个加工说明。

（2）加工说明必须描述功能单元把输入数据转换为输出数据流的转换规则。

（3）每个加工说明必须描述转换的策略，而不是转换的实现细节。即主要描述加工“做什么”，而不是用程序设计语来描述具体的加工过程。

（4）加工说明应力求完整、严密、易于理解。

2. 加工说明的描述工具

由于自然语言不够精确、简练，不适合编写加工说明。目前已有许多适用加工说明的描述工具。下面介绍三种最常用的工具：结构化语言、判定表和判定树。

1）结构化语言

自然语言的优点是容易理解，但是它不精确，可能有多意性。程序设计语言的优点是严格精确，但它的语法规定太死板，使用不方便。结构化语言（Structured Language）则是介于自然语言和程序设计语言之间的一种语言，它是带有一定结构的自然语言。在我国，通常采用较易为用户和开发人员双方接受的结构化汉语。

在用结构化语言描述问题时只允许使用三种基本逻辑结构：顺序结构、选择结构和循环结构。配合这三种结构所使用的词汇主要有三类：陈述句中的动词；在数据字典中定义的名词；某些逻辑表达式中的保留字、运算符、关系符等。下面具体说明这三种语句的使用方式。

（1）顺序结构。由一组有先后顺序的陈述句组成。陈述句是指要做什么事情，它至少包括一个动词和一个宾语（名词），动词说明要执行的功能，宾语表示动作的对象，如“打印工资单”“按职工工号查该职工的姓名、职称和工作部门”等。

（2）选择结构。与程序设计语言结构 If-Then-Else 类似，在结构化语言中有以下形式：

如果　　　　条件
　　　　　则动作 A
否则
　　　　　就动作 B

如果一个条件有若干不同的状态，而这些状态只发生其中的一种，不可能同时发生，则可对不同状态选择执行相应动作。与 CASE 语句类似的有形式：

如果　　　　情况 1　　　　则动作 1
　　　　　　情况 2　　　　则动作 2
　　　　　　　⋮
　　　　　　情况 n　　　　则动作 n

这里的动作是陈述句或它的复合语句。

（3）循环结构。由一个循环判定条件和一组重复执行的动作组成，与程序设计中的 DoWhile 和 Repeat-Until 结构类似。例如，

对每位职工

  计算本月扣款小计和实发数

  打印实发数

为了减少复杂性，便于人们理解，编写加工说明需要注意以下几点：

①避免结构复杂的长句；

②所用名词必须在数据字典中有定义；

③不要用意义相同的多种动词，用词名应始终如一，例如，“修正”“修改”“更改”含义相同，一旦确定使用其中一个以后，就不要再用其余两个；

④为提高可读性，书写时可采用“阶梯形”格式；

⑤嵌套使用各种结构时，应避免嵌套层次过多而影响可读性。

表 7-10 和表 7-11 为两个加工说明的例子。

表 7-10　人事档案系统修改说明

加 工 名：修改
加工编号：RS2
输　　入：功能代号 2
加工逻辑：输入职工号，可对相应职工的各数据项进行修改
输　　出：修改后的职工数据
说　　明：在人事数据有变化时，随即使用该功能

表 7-11　人事档案系统查询说明

加 工 名：查询
加工编号：RS3
输　　入：功能代号 3
加工逻辑：
　　如果 选择工资　　可按职工号查工资额
　　　　 选择工作部门　可按职工号查工作部门
　　　　 选择职称　　可按职工号查职称
　　　　 选择职工号　可按姓名查职工号
输　　出：工资额、工作部门、职称、职工号
说　　明：

多个加工说明条目的编写格式见表 7-12。

表 7-12　加工条目

编号	名称	输入	输出	加工逻辑	说明
RS2	修改	功能代号 2	修改后的职工数据	职工号+姓名+性别+出生时间+参加工作时间+职称+工作部门+工资+婚否	
RS3	查询	功能代号 3	工资额、工作部门、职称、职工号	如果 选择工资　可按职工号查工资额 选择工作部门　可按职工号查工作部门 选择职称　可按职工号查职称 选择职工号　可按姓名查职工号	

2）判定表

对于具有多个互相联系的条件和可能产生多种结果的问题，用结构化语言描述则显得不够直观和紧凑，这时可以用以清楚、简明为特征的判定表（Decision Table）来描述。

判定表采用表格形式来表达逻辑判断问题，表格分成四个部分：左上角为条件说明；左下角为行动说明；右上角为各种条件的组合说明；右下角为各条件组合下相应的行动。下面用例子来说明如何使用判定表。

某商业批发公司本着薄利多销的原则制定了折扣政策，规定在与客户成交时，可根据不同情况对客户应交货款打一定折扣。表7-13为使用判定表描述的该公司的折扣政策。

其中，C1～C3为条件，A1～A4为行动，1～8为不同条件的组合，Y为条件满足，N为不满足，X为该条件组合下的行动。例如，条件4表示若交易额在50000元以上、最近3个月中有欠款且与本公司交易在20年以下，则可享受5%的折扣率。

表7-13 公司的折扣政策判定表

条件和行动 \ 不同条件组合	1	2	3	4	5	6	7	8
C1：交易额在50000元以上	Y	Y	Y	Y	N	N	N	N
C2：最近3个月无欠款单据	Y	Y	N	N	Y	Y	N	N
C3：与本公司交易20年以上	Y	N	Y	N	Y	N	Y	N
A1：折扣率15%	X	X						
A2：折扣率10%			X					
A3：折扣率5%				X				
A4：无折扣率					X	X	X	X

判定表是根据条件组合进行判断的，上面表格中每个条件只存在“Y（是）”和“N（非）”两种情况，所以3个条件共有$2^3=8$种可能性。在实际使用中，有的条件组合可能是矛盾的，需要剔除，有的则可以合并。因此需在原始判定表的基础上进行整理和综合，才能得到简单明了、便于实用的判定表。同时，在整理过程中还可能对用户的原有业务过程进行改进和提高。（表7-14是由表7-13合并得到的，其中“－”表示“Y”或“N”均可。）

表7-14 合并整理后的判定表

条件与组合 \ 不同条件组合	1（1/2）	2（3）	3（4）	4（5/6/7/8）
C1：交易额在50000元以上	Y	Y	Y	N
C2：最近3个月无欠款单据	Y	N	N	—
C3：与本公司交易20年以上	—	Y	N	—
A1：折扣率15%	X			
A2：折扣率10%		X		
A3：折扣率5%			X	
A4：无折扣率				X

判定表的内容十分丰富，除了以上介绍的有限判定表（Limited Entry Table），根据表中条件取值的状态不同，还有扩展判定表（Extended Entry Table）和混合判定表（Mixed Entry Table）。它们都各有特色，若能合理选择和灵活运用，则可描述、处理更为广泛、复杂的判断过程。详细的内容可参阅有关的书籍，这里就不介绍了。

3）判定树

判定树（Decision Tree）是用来表示逻辑判断问题的一种图形工具。它用“树”来表达不同条件下的不同处理，比语言、表格的方式更为直观。

判定树的左侧（称为树根）为加工名，中间是各种条件，所有的行动都列于最右侧。

前面例子给出的某商业批发公司的折扣政策（表 7-14），可以用如图 7-14 所示的判定树来进行描述。

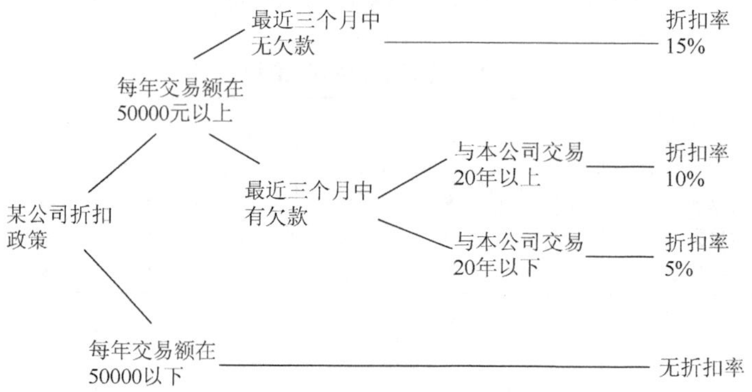

图 7-14 判定树

3. 几种表达工具的比较

以上介绍的三种用于描述加工说明的工具各自具有不同的优点和不足，它们之间的比较如表 7-15 所示。

表 7-15 几种表达工具的比较

比较指标	结构化语言	判定表	判定树
逻辑检查	好	很好	一般
表示逻辑结构	好（所有方面）	一般（仅是决策方面）	很好（仅是决策方面）
使用方便性	一般	一般	很好
用户检查	不好	不好（除非用户受过训练）	好
程序说明	很好	很好	一般
机器可读性	很好	很好	不好
机器可编辑性	一般（要求句法）	很好	不好
可变性	好	不好（除非是简单的组合变化）	一般

通过比较可以看出它们的适用范围：

（1）结构化语言最适用于涉及具有判断或循环动作组合顺序的问题。

（2）判定表较适用于含有 5～6 个条件的复杂组合，条件组合过于庞大将造成不便。

（3）判定树适用于行动在 10～15 个条件的一般复杂程度的决策。必要时可将判定表上的规则转换成判定树，以便于用户使用。

（4）判定表和判定树也可用于系统开发的其他阶段，并被广泛地应用于其他学科。

7.4 新系统逻辑方案的建立

新系统逻辑模型指的是经过分析和优化之后，新系统拟采用的管理模型和信息处理方法。因为它不同于计算机配置方案和软件结构方案等实体方案，故称为逻辑方案或逻辑模型。

详细调查、进行系统分析都是为最终确立新系统的逻辑方案做准备。所以说，新系统逻辑方案的建立是系统分析阶段的最终成果，是系统设计和系统实现的依据。

新系统的逻辑方案主要包括：对系统业务流程分析整理的结果；对数据流程分析整理的结果；各个具体的业务处理过程，以及根据实际情况应当建立的管理模型和管理方法。同时，新系统的逻辑方案也是系统开发者和用户共同确认的新系统处理模式以及共同努力的标准。

7.4.1 新系统功能结构

大的系统通常是由各个功能子系统构成的。把系统划分为不同的功能子系统，可以大大简化系统的设计工作。子系统划分完成以后，只要定义好子系统之间的连接关系，每一个子系统的设计、调试可以独立进行。如果部分功能发生变化，只需要对该子系统进行维护或重新设计，而不需要对整个系统进行大的改动。一般子系统的划分是在系统逻辑设计阶段，根据对系统的功能/数据分析的结果提出的。在子系统划分时，还要对子系统的数据联系及系统整体协调和优化的方法进行统一考虑。

7.4.2 新系统业务处理流程

分析原系统业务流程的不足，提出业务流程改造和重新设计的方法，建立新的业务流程，确定新系统流程中人机界面的划分。原系统的不足可能是管理思想和方法落后，业务流程不尽合理。计算机系统的应用为优化原系统业务流程提供了新的可能性，需要在对现有流程进行分析的基础上，根据新技术条件下信息处理的特点进行分析和重新设计，产生更为合理的业务流程。

新系统业务处理的方案包括如下内容：

（1）删去或合并了哪些多余的或重复处理的过程；

（2）说明哪些业务处理过程进行了优化和改动；改动的原因是什么，改动（包括增补）后将带来哪些好处；

（3）给出最后确定的业务流程图；

（4）指出在业务流程图里哪些部分新系统可以完成，哪些部分需要用户完成（或是需要用户配合新系统来完成）。

7.4.3 新系统数据处理方案

数据流程是系统中信息处理的方法和过程的统一。由于老系统的数据处理是建立在手工处理或陈旧的信息处理技术之上的，信息技术的发展必然会为数据处理提供更为有效的手段，因此，与业务流程的改造相对应，在新系统开发中，还应该分析原数据流程中的不适应新系统处理方法部分，通过数据流程的优化和改进，建立新的数据流程，确定新的数据流程中人机界面的划分。

新系统数据处理的方案包括如下内容：

（1）确认最终数据指标体系和数据字典。确认的内容主要是指标体系是否全面合理，数据精度是否满足要求并可以统计得到这个精度等。

（2）删去或合并多余的或重复的数据处理过程。

（3）说明哪些数据处理过程进行了优化和改动；改动的原因是什么，改动（包括增补）后将带来哪些好处。

（4）给出最后确定的数据流程图。

（5）指出在数据流程图里哪些部分新系统可以完成，哪些部分需要用户完成（或是需要用户配合新系统来完成）。

7.4.4 新系统可能涉及的管理模型

确定新系统的管理模型就是要确定今后系统在每一个具体的管理环节上的处理方法。这个问题一般应根据系统分析的结果和管理科学方面的知识来定。在此无法给出一个预先规定的新系统模型或产生该模型的条条框框。

在手工系统中，由于受信息获取、传递和处理手段的限制，只能采用一些简单的管理模型，而在计算机技术支持下，像MRP II等现代管理方法的应用就具有了现实的可能性。系统分析中要根据业务和数据流程，对每个处理过程进行认真分析，研究每个管理过程的信息处理特点，找出相适应的管理模型。

但为了方便读者，这里示意性地给出若干新系统管理模型，以供借鉴和参考。

1. 综合计划模型

综合计划模型是企业一切生产经营、管理活动的纲领性文件。一个切实可靠的综合计划方案，基本上就奠定了企业生产、经营活动的基础。综合计划模型一般由综合发展计划模型和资源限制模型两大部分组成。

（1）综合发展模型。主要是用来反映企业的近期发展目标，它包括利税发展指标、生产发展规模等，一般常用的有：①企业的中长期计划模型；②厂长（或经理）任期目标的分解模型；③新产品开发和生产结构调整模型；④中长期计划滚动模型；

（2）资源限制模型。主要是反映企业现有各类资源和实际情况对综合发展模型的限制情况，常用的限制模型有：①数学规划模型；②资源分配限制模型。

2. 生产计划管理模型

生产计划的制订主要包括：生产计划大纲的编制，详细生产作业计划。

（1）生产计划大纲的编制主要是安排与综合计划有关的生产量指标。一般来说这部分涉及：①安排预测和合同订货的生产任务模型；②物资需求计划模型；③设备负荷和生产加工能力模型；④量、本、利分析模型；⑤投入产出模型；⑥数学规划模型。

（2）生产作业计划是要具体给出产品生产数量、加工路线、时间安排、材料工业以及设备生产能力符合平衡等方面。常用方法有：①投入产出矩阵模型；②网络计划模型/关键路径法模型；③排序模型；④物资需求模型；⑤设备能力负荷平衡模型；⑥滚动式生产作业计划模型；⑦经验方法。

生产计划模型在选定了上述方法以后，根据单位的实际情况还会有很多具体的变化，这需要视系统分析的情况而定。

3. 库存管理模型

库存管理有很多不同的模型，如最佳经济批量模型等。我们一般常用的是下面介绍的这种程序化的管理模型。

（1）库存物资的分类法。据统计分析，一般库存物资都遵循ABC分类规律。即A类物资品种数占库存物资总数的不到10%，但金额数却占总数的约75%；B类物资这两项比例分别为20%和20%左右；C类物资则为70%和5%，据此建立模型。

所以库存管理首先得确定库存物资的分类以及具体的分类方法。

（2）库存管理模型。例如，把库存量的时间变动曲线画出，根据重订货点和经济订货批量等控制模型。

4. 财会管理模型

财会管理模型相对比较固定，确定一个财会管理模型主要有以下几个方面：

（1）会计记账科目的设定（一般第一、二级科目都由国家和各行业/补办规定，第三、四级由单位自定）。

（2）会计记账方法的确定（主要是借贷法）。

（3）财会管理方法。

（4）内部核算制度或内部银行的建立以及具体的核算方法等。

（5）安全保密措施以及与其相对应的运行制度和管理方法。

（6）文档、数据、原始凭证的保存方法与保存周期。

（7）审计和随机抽查的形式、范围和对账方法等。

5. 成本管理模型

（1）成本核算模型。产品的成本一般由几部分组成，故成本核算也必须考虑两方面的计算问题：①间接费用分配方法的选取。目前常用的方法有完全成本计算方法和变动成本计算方法；②直接生产过程消耗部分计算方法的选取。目前常用的计算方法有品种法、分步法、逐步结转法、平行结转法、定额差异法等。

（2）成本预测模型。目前常用的有数量经济模型、投入产出模型、回归分析模型、指数平衡模型等。

（3）成本分析模型。成本分析模型有很多种，一般常用的方法有：①实际成本与定额成本比较模型；②本期成本与历史同期可比产品成本比较模型；③产品成本与计划指标比较模型；④量、本、利分析模型。

6. 经营管理决策模型

经营管理决策是一个广义的概念，它涉及企业高层管理人员围绕经营管理目标所进行的所有努力，它包括信息的收集、信息的处理（模型算法等）、决策者的经验、背景和分析判断能力、环境条件的约束限制等多个方面。经营管理决策模型可以说是整个信息系统的核心和最高层次的处理环节，也是企业领导层（决策层）最为关心的内容。

确定一个有效的经营管理决策模型不是一件容易的事情，一般需要同用户（即决策者）在系统分析阶段进行反复的协商来共同确定。

7. 统计分析模型

统计分析模型常常是用以反映销售状况、市场占有情况、质量指标、财务状况等方面的综合、总量变化情况。这类模型在信息系统中常用各种分析图形的方式给出。

常用的统计分析方法有：

（1）产品市场占有率分析。

（2）市场消费变化趋势分析。

（3）产品销售统计分析。

（4）产品销售额与利润变化趋势分析。

（5）质量状况及指标分布状况分析。

（6）生产统计分析。

（7）财务统计分析。

（8）企业综合经济效益指标统计分析。

8. 预测模型

预测模型与统计分析模型一样可以广泛地用于生产产量、销售量、市场变化趋势等方面。常用的预测模型有：

（1）多元回归预测模型。

（2）时间序列预测模型。

（3）普通类比外推模型。

7.5 系统分析报告

7.5.1 系统分析报告的作用

在建立目标系统逻辑模型后，就基本完成系统分析阶段的工作任务。该阶段的最后一项任务就是编写并向用户提交一份完整的系统分析报告，它是分析阶段的标志性工作成果。系统分析报告一经确认（由用户认可接受后），就成为具有约束力的指导性文件，成为下一阶段系统设计工作的依据和今后验收目标系统的检验标准。

系统分析阶段所提供的系统分析报告主要有以下三个作用：

（1）描述了新系统的逻辑模型，作为开发人员进行系统设计和实施的基础。

（2）作为用户和开发人员之间的协议或合同，为双方的交流和监督提供基础。

（3）作为新系统验收和评价的依据。

系统分析报告编写完成后，必须组织各方面的人员一起对已经形成的逻辑方案进行审查，尽可能地发现其中的问题和遗漏。对于问题、遗漏要及时纠正，对于有争论的问题要重新核实当初的原始调查资料或进一步地深入调查研究，对于重大的问题甚至可能需要调整或修改系统目标，重新进行系统分析。因此，系统分析报告是系统开发过程中的一份重要文档。必须要求该文档完整、一致、精确且简明易懂，易于维护。

7.5.2 系统分析报告的内容

在系统分析报告中，数据流图、数据字典和加工说明这三部分是主体，是系统分析报告中必不可少的组成部分。而其他各部分内容，则应根据所开发新系统的规模、性质等具体情况酌情选用，不必生搬硬套。总之，系统分析报告必须简明扼要、抓住本质，反映出新系统的全貌和开发人员的设想。

系统分析报告主要包括以下内容：

1. 系统概述

（1）目标系统的名称、目标和主要功能；

（2）背景、系统的用户、开发者以及本系统与其他系统或机构的关系和联系；

（3）参考资料和专门术语说明。

2. 现行系统概况

（1）现行系统现状调查说明：通过现行系统的组织结构图、数据流图、概况表等图表及说明，说明现行系统的目标、规模、主要功能、组织机构、业务流程、数据存储和数据流，以及存在的薄弱环节及存在的主要问题；

（2）系统需求说明：更详细的用户要求以及开发人员提出的需求。

3. 新系统逻辑设计

（1）系统功能及分析：明确的功能目标与功能说明，并与现行系统进行比较分析，重点要突出计算机处理的优越性；

（2）系统逻辑模型：各个层次的数据流图、数据字典和加工说明；

（3）出错处理要求；

（4）其他特性要求：如系统的输入输出格式、启动和退出等；

（5）遗留问题：根据目前条件，暂时不能满足的一些用户要求或设想，并提出今后解决的措施和途径。

4. 系统设计与实施的初步计划

（1）工作任务的分解：根据资源及其他条件确定各子系统开发的先后次序，在此基础上分解工作任务，落实到具体组织或个人；

（2）调整后的时间进度控制计划；

（3）预算：对开发费用的进一步估计。

➢知识拓展：业务流程建模（BPM）

1. 业务流程

业务流程建模（Business Process Modeling，BPM）是对业务流程进行表述的方式，它是过程分析与重组的重要基础。在跨组织业务流程重组的前提下，流程建模的主要目的就是提供一个有效的跨组织流程模型并辅助相关人员进行跨流程的分析与优化。目前有大量的流程建模技术能够支持业务流程的重组，但同时这也给相关人员带来困惑：面对如此众多的技术，他们很难选择一种合适的技术或工具。同时，目前对流程建模技术的研究大多集中于建模技术的提出与应用，缺乏对现有技术的整理与分类以及技术之间的横向对比，这也就加深了建模技术选择的复杂性。

在这个体系结构的核心部位是一个执行流程的运行时引擎，其流程的源码是由基于 XML 的 BPEL 语言写成，BPEL 是当今最著名、广泛应用的 BPM 标准及最优秀的 BPM 执行语言。这些流程是由业务和技术分析家使用支持可视化流程图语言 BPMN——最好的 BMP 图形语言——的图形编辑器设计出来的。此编辑器包括一个导出器，可以从 BPMN 图生成 BPEL 代码（之后部署到引擎）。（在当前许多 Java 开发工具中，BPMN 到 BPEL 的流程与 UML 到 Java 的流程相类似。）

人和计算机的交互驱动引擎里流程的执行。人这个参与者使用一个图形化工作列表应用程序浏览并执行未执行完毕的手工工作（在流程运行的引擎里）。依附于公司网络的但在引擎地址空间外的内部 IT 系统，被如 Web 服务、j2EE 或 COM 的集成技术，通过 XML 作为选用的消息格式所访问；用编程语言如 Java、C#写出的内部交互可以是更轻便的内嵌代码片断。外部交互是典型的基于 Web 服务的通信，由编排控制，例如，那些用新兴的 XML 语言——WS-CDL 这个领先的编排语言所创作出的外部交互。虽然编排描述了多个参与者流程交互（在 B2B 电子商务里很典型）的整体、引人注意的视图，但是编排工具包可以用来生成一个基本的 BPMN 模型，其可以捕捉某个特定参与者流程所要求的通信，同时这个工具还可以验证一个给定的流程是否满足编排的要求。（WS-CDL 文献建议由 WS-CDL 生成 BPEL 而不是 BPMN。但是在现在的体系结构中，BPMN 作为一种设计语言是一个必要的间接层。）

2. 开发过程

BPM 系统管理员里利用一个图形化的监视控制台来维护和跟踪引擎流程的状态。控制台使用一种管理语言与引擎衔接。运行时引擎将流程状态持久化到数据库，控制台直接与数据库碰面而不是使用管理语言来专门执行流程的请求。监控构造也支持业务活动监控（Business Activity Monitoring，BAM）或者仪表板式的业务监控。

在这个平台上的开发过程如下:

（1）从一个 WS-CDL choreography 生成一个初始的 BPMN 模型。如果流程并不是从一个编排衍生而来则越过此步。

（2）设计 BPMN 模型。

（3）从 BPMN 模型生成 BPEL。

（4）开发必要的人和系统（内部和外部）的接口。

（5）部署 BPEL 代码和其必要的接口到引擎。

（6）使用管理和监控接口跟踪正在运行的流程。

这个体系结构的全貌（由 WFMC——众多 BPM 标准组织中最成熟的一家——的参考模型激发而成）类似许多集成厂商（如 IBM、BEA、Oracle、Tibco、SeeBeyond 和 Vitria）所提供的平台。使这个体系结构特别的地方是其标准的选择。BPEL、BPMN 和 WS-CDL 都被包含进来，因为它们分别是执行、设计和编排的最好解决方案，是 BPM 最重要的三个部分。

事实上，很多厂商支持或正在实现支持 BPEL。但是 BPMN 的支持非常少（大多数厂商提供各自的方案），WS-CDL 的支持几乎没有。这个体系很理想化，需要实际的实现。

思考题

1. 为什么说系统分析阶段是管理信息系统开发过程中最重要的阶段？它的主要任务是什么？
2. 结构化分析方法的核心思想是什么？它有哪些优缺点？
3. 数据流图的功能是什么？它包含哪些基本符号？
4. 数据流图和业务流程图有何区别和联系？
5. 数据字典包括哪些内容？
6. 加工说明的描述工具有哪些？它们的适用范围是什么？
7. 什么是新系统逻辑模型？如何建立？
8. 试用结构化语言、判定表、判定树描述一个加工说明。
9. 针对你小组要开发的系统，设计一套可行的调查大纲与调查问卷。
10. 针对你小组要开发的系统，编写系统分析报告。

上机作业题

用软件工具画出某个企业系统的业务流程图及数据流图。

小组讨论题

什么是业务流程建模（BPM），你对它的认识是什么？

第 8 章

系 统 设 计

在第 7 章中，介绍了系统分析阶段所做的工作及使用的结构化系统分析方法。系统分析阶段解决了“系统做什么”的问题，给出了系统的逻辑模型。系统设计阶段的主要任务是根据目标系统的逻辑模型建立目标系统的物理模型，以及根据目标系统逻辑功能的要求，考虑实际情况，详细地确定目标系统的结构和具体的实施方案。系统设计阶段是解决“系统怎么做”的问题。

8.1　系统设计概述

8.1.1　系统设计的目的

系统设计的目的是在保证实现逻辑模型的基础上，尽可能提高目标系统的简单性、可变性、一致性、完整性、可靠性、经济性、系统的运行效率和安全性。也可说系统设计的目的就是为下一阶段的系统实施（如编程、调试、试运行等）制定蓝图。

8.1.2　系统设计的原则

一般来说，企业建立基于计算机的信息系统是为了提高信息处理效率和增强信息处理功能。系统设计的优劣直接影响目标系统的质量和经济效益，为了使所设计的目标系统成为一个满足用户需要的、具有较强生命力的系统，通常可以采用以下设计目标来评价一个设计方案的优劣，也就是在系统设计时必须遵循下列基本原则。

1. 简单性

在达到预定的目标、具备所需要的功能的前提下，系统应当尽量简单。这样可减少处理费用，提高系统效益，同时也便于管理。

2. 系统的可变性

现代化企业的特点之一，就是其对外界环境的变化有很强的适应能力。作为企业的管理信息系统也必须具有相当的灵活性，以便适应外界环境的不断变化。这就要求系统具有可变性，系统的可变性是指允许系统被修改和维护的难易程度。由于系统环境的不断变化，系统本身也需不断修改和改善。一个可变性好的系统，各个部分独立性强，容易进行变动，从而提高系统的性能，不断满足对系统目标的变化要求。此外，如果一个信息系统容易被修改以适应其他类似组织的需要，无疑地，这将比重新开发一个新系统成本要低得多。

要提高系统的可变性，必须在系统分析和设计的过程中，始终采用结构化、模块化的方法。

3. 一致性和完整性

一致性有利于子系统之间、多系统之间的联系与合作。因此，系统当中信息编码、采集、信息通信要具备一致性，设计规范应标准。由于系统是作为一个统一的整体而存在的，所以系统的功能应当尽量完整。

4. 可靠性

系统的可靠性指系统硬件和软件在运行过程中抵抗异常情况的干扰及保证系统正常工作的能力。衡量系统可靠性的指标是平均故障间隔时间和平均维护时间。前者指平均的前后两次发生故障的时间，反映了系统安全运行时间，后者指故障后平均每次所用的修复时间，反映系统可维护性的好坏。只有可靠的系统，才能保证系统的质量并得到用户的信任。因此，系统必须是可靠的，否则就是没有使用价值。提高系统可靠性的途径主要有：

（1）选取可靠性较高的主机和外部设备；

（2）硬件结构的冗余设计，即在高可靠性的应用场合，应采取双机或双工的结构方案；

（3）对故障的检测处理和系统安全方面的措施，如对输入数据进行校检，建立运行记录和监督跟踪，规定用户的文件使用级别，对重要文件的复制等。

5. 经济性

系统的经济性是指系统的收益应大于系统支出的总费用。系统支出费用包括系统开发所需投资的系统运行、维护的费用之和；系统收益除有货币指标外，还有非货币指标。在系统设计时，系统经济性常是确定设计方案的一个重要因素。

系统应该给用户带来相应的经济效益。系统的投资和经营费用应当得到补偿。需要指出的是，这种补偿有时是间接的或不能定量计算的。特别是对于管理信息系统，它的效益当中，有很大一部分效益不能以货币来衡量。

6. 系统的运行效率

系统的运行效率包括三个方面：

（1）处理能力，即在单位时间内处理的事务个数；

（2）处理速度，即处理单个事务的平均时间；

（3）响应时间，即从发出处理要求到给出回答的时间，一个系统通常希望有具体的计算机实现时间。

7. 安全性

系统的安全性是指系统的保密功能和防病毒功能。随着计算机在各行各业的日益普及，特别是在金融领域的使用，计算机罪犯也开始出现，他们专门以盗窃计算机信息资源和财务资源为目的，同时也有一些人专门制造病毒以破坏计算机系统，尤其是联网的大型系统更容易受到病毒的侵害。因此，如何保证系统的安全已经成为确定当前设计方案的尤为重要的考虑因素。

上述七个方面系统设计的目标，也是系统设计的原则。它们在一定程度上既是互相矛盾的又是相辅相成的。例如，为了提高可靠性而采取各种校验和控制措施，则会延长机器工作时间，降低工作效率或提高成本；但是高的可靠性也使工作效率得到了保证。从系统开发和维护的角度考虑，系统的可变性是最重要的指标。只有可变性好，才能使系统容易被修改以满足对其他指标的要求，从而使系统始终具有较强的生命力。对于不同的系统，由于功能及系统目标的不同，对上述原则的要求会有所侧重。例如，对联机情况检索系统，响应时间是最重要的指标；而对银行系统，可靠性与安全性则是首要考虑的因素。

8.1.3 系统设计的任务与步骤

在系统设计阶段，主要任务就是依据系统分析报告和开发者的知识与经验在各种技术和实施方法中权衡利弊、精心设计，合理地使用各种资源，将分析阶段所获得的系统逻辑模型，转换成一个具体的计算机实现方案的物理模型，最终勾画出新系统的详细设计方案，提交一个系统配置方案报告和一份系统设计报告。

具体来说，系统设计首先是总体结构的设计，然后是详细设计，主要内容包括新系统总体结构设计、子系统划分、模块结构设计、网络设计、网络和设备配置、代码设计、数据库设计、输入/输出设计、处理流程设计等。系统设计的结果是一系列的系统设计文件（蓝图），这些文件是物理地实现一个管理信息系统（包括安装硬件设备和编制软件程序）的重要基础。

系统设计的步骤如图 8-1 所示。

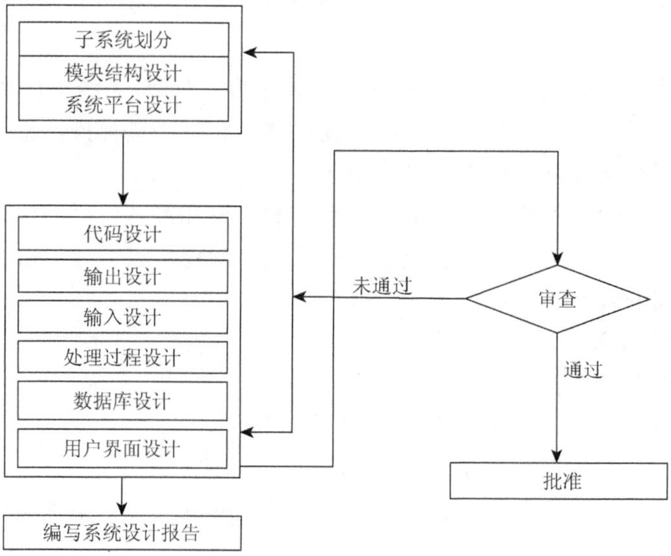

图 8-1 系统设计的步骤

8.1.4 结构化系统设计的方法

结构化设计（Structured Design，SD）方法是使用最广的一种设计方法，由美国 IBM

公司的 W. Stevens、G. Myers 和 L. Constantine 等提出。该方法适合于软件系统的总体设计，通常与第 7 章介绍的结构化分析（SA）方法衔接起来使用，它具有以下特点。

（1）相对独立、功能单一的模块结构。结构化设计的基本思想是将系统设计成由多个相对独立、功能单一的模块组成的结构。由于模块之间相对独立，每一模块就可以单独地被理解、编写、测试、排错和修改，从而有效地防止错误在模块之间扩散蔓延，提高了系统的质量（可维护性、可靠性等）。因此，大大简化了系统研制开发的工作。

（2）"高内聚、低耦合"的模块性能标准。"模块内部联系要大，模块之间联系要小"，这是结构化设计中衡量模块"相对独立"性能的标准。事实上，块内联系和块间联系是同一件事的两个方面。系统中各组成成分之间是有联系的，若把联系密切的成分组织在同一模块中，块内联系高了，块间联系自然就少了。反之，若把密切相关的一些组成成分分散在各个模块中，势必造成很高的块间联系，这将影响系统的可维护性。所以，在系统设计过程中一定要以结构化设计的模块性能标准为指导方针。

（3）采用模块结构图的描述方式。结构化设计方法使用的描述方式是模块结构图。模块结构图不仅描述了系统的分层模块结构，清楚地表示了每个模块的功能，而且直观地反映了块内联系和块间联系等特性。例如，图 8-2 表示了一个工资程序的模块结构图。

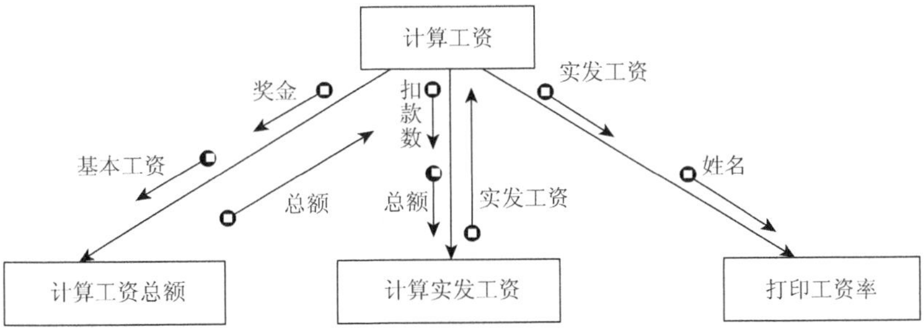

图 8-2　工资程序的模块结构图

8.2　系统总体结构设计

系统总体结构设计是要根据系统分析的要求和组织的实际情况来对新系统的总体结构形式和可利用的资源进行大致设计，它是一种宏观、总体上的设计和规划。

系统总体结构设计的主要内容有子系统的划分（或称系统划分）、模块结构设计、网络设计、网络和设备的配置等。

8.2.1　子系统划分

系统总体结构设计的一个主要内容是合理地对系统进行分解，将一个复杂的系统设计转为若干个子系统和一系列基本模块的设计，并通过模块结构图把分解的子系统和一个个模块按层次结构联系起来。如何将一个系统划分成多个合理的子系统呢？一个合理的子系统，应该是内部联系强，子系统间尽可能独立，接口明确、简单，尽量适应用户的组织体系，有适当的公用性。

1. 系统划分的原则

（1）子系统要具有相对独立性。子系统的划分必须使得子系统内部功能、信息等各方面的凝聚性较好。在实际中我们都希望每个子系统或模块相对独立，尽量减少各种不必要的数据调用和控制联系，并将联系比较密切、功能近似的模块相对集中，这样对于以后的搜索、查询、调试、调用都比较方便。

（2）要使子系统之间数据的依赖性尽量小。子系统之间的联系要尽量少，接口要简单、明确。一个内部联系强的系统对外部的联系必然很少，所以划分时应将联系较多的模块列入子系统内部。相对集中的模块化入各个子系统内部，剩余的一些分散、跨度比较大的模块联系，就成为这些子系统之间的联系和接口。这样划分的子系统将来调试、维护和运行都是非常方便的。

（3）子系统划分的结果应使数据冗余较小。如果我们忽视这个问题，则可能会使相关的数据分布到各个不同的子系统中，大量的原始数据需要调用，大量的中间结果需要保存和传递，大量计算工作将要重复进行，从而使得程序结构紊乱、数据冗余，不但给软件编制工作带来很大的困难，而且系统的工作效率也大大降低了。

（4）子系统的设置应考虑今后管理发展的需要。子系统的设置仅靠上述系统分析的结果是不够的，因为现存的系统由于这样或那样的原因，很可能没有考虑到一些高层次管理决策的要求。

（5）子系统的划分应便于系统分阶段实现。信息系统的开发是一项较大的工程，它的实现一般都要分期分步进行，所以子系统的划分应能适应这种分期分步的实施。另外，子系统的划分还必须兼顾组织机构的要求（但又不能完全依赖于组织，因为在有些特殊的情况下组织结构可能相对来说是不稳定的），以便系统实现后能够符合现有的情况和人们的习惯，更好地运行。

（6）子系统的划分应考虑到各类资源的充分利用。各类资源的合理利用也是系统划分时应该注意到的。一个适当的系统划分应该既考虑有利于各种设备资源在开发过程中的搭配使用，又考虑到各类信息资源的合理分布和充分使用，以减少系统对网络资源的过分依赖，减少输入、输出、通信等设备压力。

2. 系统划分方法

系统划分方法的分类如表 8-1 所示。

表 8-1 系统划分方法

序号	方法分类	划分方式	联结方式	可修改性	可读性	紧凑性
1	职能划分	按业务处理功能划分	好	好	好	非常好
2	逻辑划分	按相类似的处理逻辑功能	好	好	好	非常好
3	顺序划分	按业务先后顺序划分	好	好	好	非常好
4	数据拟合	按数据拟合的程度划分	好	好	较好	较好
5	过程划分	按业务处理过程划分	中	中	较差	一般
6	时间划分	按业务处理时间划分	较差	较差	较差	一般
7	环境划分	按实际环境和网络分布划分	较差	较差	较差	较差

（1）按职能划分，是目前最常用的一种划分方法。可参考系统分析阶段得到的功能体系图进行划分，即按管理的功能如财务、物资、销售子系统，输入记账凭证、计算机优解子系统等。

（2）按逻辑功能划分，把相类似的处理逻辑功能放在一个子系统里。例如，把"对所有业务输入数据进行编辑"的功能放在一个子系统里。那么不管是库存，还是财务，只要有业务输入数据都由这个子系统来校对、编辑。

（3）按业务处理顺序划分。它的依据是系统分析阶段得到的业务流程分析的结果，这种划分方式在一些时间和处理过程顺序特别强的系统中常常采用。

（4）按通信划分。把相互需要较多通信的处理结合成一个子系统或模块。这样可减少子系统与子系统或模块间的通信，使接口简单。这种划分方式的子系统内部内聚度强，外部通信压力小。

（5）按业务处理过程划分。严格地说这不是一种很好的方式，但在某些系统开发资源限制较大的场合，特别是要分段实现开发工作时，不得已而被采用，即按工作流程划分。从控制流程的角度看，同一子系统的许多功能都应该是相关的。

（6）按业务处理的时间关系划分。把要在同一时间段执行的各种处理结合成一个子系统。

（7）按业务展开的环境条件划分。严格地说这也是不太合理的划分方法，但在某些特定场合也有这种划分的情况。

8.2.2 系统模块结构设计

系统模块结构设计的任务是确定划分后的子系统的模块结构，并画出模块结构图。

这个过程中必须考虑以下几个问题：

（1）每个子系统如何划分成多个模块；

（2）如何确定子系统之间、模块之间传送的数据及其调用关系；

（3）如何评价并改进模块结构的质量；

（4）如何从数据流图导出模块结构图。

8.2.3 系统平台设计

信息系统平台包括硬件平台、网络平台和软件平台。系统设计的首要任务是根据新系统功能与性能要求，构建能够支持新系统运行的软硬件环境，也就是进行系统平台设计。

1. 系统平台的选择

在选择系统平台的配置方案时，应从以下几个方面考虑。

（1）信息的吞吐量。每秒钟执行的作业数目称为吞吐量。系统的吞吐量越大，处理能力就越强。系统的吞吐量与硬软件有直接关系，计算机性能越高，吞吐量就越大。

（2）系统的响应时间。从用户向系统发出一个作业请求开始，经系统处理后，给出应答的时间称为系统的响应时间。如果要求较短的响应时间，就应当选择运算速度快的计算机及传输率高的通信线路。

（3）系统的可靠性。系统的可靠性采用连续工作时间表示。例如，对于每天需要24小时连续工作的系统，则系统的可靠性就应该很高，这时可以采用双机热备方式。

（4）集中式还是分布式。如果一个系统的处理方式是集中式的，则信息系统既可以是主机系统，也可以是网络系统。若系统的处理方式是分布式的，则采用微机网络将更能有效地发挥系统的性能。

（5）地域范围。对于分布式系统，要根据系统覆盖的范围决定采用广域网还是局域网。

（6）数据管理方式。以前多采用文件系统方式管理数据，而现在大都采用数据库方式，此时要根据应用的特点，决定采用哪种数据模型（层次型、网络型、关系型），并配备相应的 DBMS。

2. 网络系统设计

信息系统可以采用主机/终端或微机网络式结构。

（1）网络拓扑结构。网络拓扑结构一般有总线型、星型、环型等。在网络选择上应根据应用系统的地域分布、信息流量进行综合考虑。通常，应尽量使信息流量最大的应用放在同一网段上。

（2）网络的逻辑设计。通常首先按软件将系统从逻辑上分为若干子系统，然后按需要配备设备，如主服务器、主交换机、分系统交换机、子系统集线器、通信服务器、路由器和调制解调器等，并考虑各设备之间的连接结构。

（3）网络操作系统。目前，流行的网络操作系统有 UNIX、Netware、Windows NT 等。UNIX 历史最早，是唯一能够适用于所有应用平台的网络操作系统；Netware 网络操作系统适用于文件服务器/工作站模式，具有较高的市场占有率；Windows NT 由于其 Windows 软件平台的集成能力，随着 Windows 操作系统发展和客户机/服务器模式向浏览器/服务器模式延伸，无疑是有前途的网络操作系统。

3. 数据库管理系统的选择

管理信息系统是以数据库系统为基础，一个好的数据库管理系统对管理信息系统的应用有着举足轻重的重要影响。

在数据库管理系统的选择上，主要考虑：

（1）应是国际上流行的，要支持关系数据模型；

（2）支持结构化查询语言 SQL；

（3）具有远程数据存取和分布式处理功能；

（4）具有良好的安全保密性能；

（5）原来使用的数据库需要升级换代，所选的新的数据库应与原来数据兼容或有开发工具进行转换。

目前，软件市场上有许多数据库管理系统，如 Oracle、Sybase、SQL Server、Informix、FoxPro 等。Oracle、Sybase 是大型数据库管理系统，运行于客户机/服务器模式，是开发大型 MIS 的首选，FoxPro 在小型 MIS 中最为流行。Microsoft 推出的 Visual FoxPro 在大型管理信息系统开发中也获得了大量应用，而 Informix 则适用于中型 MIS 的开发。

4. 软硬件选择

1）软件系统选择

（1）软件的功能应能满足应用的需求。

（2）各种软件应配套齐全。尽量选用现成软件，以加速系统开发进度。

（3）具有较强的适应性。与其他软件配套使用时，能满足应用要求。

（4）软件的可靠性。软件的可靠性强，具有容错能力。

（5）安全保密方面能满足用户需要。

（6）性能价格比高。

2）硬件系统选择指标

（1）中央处理器（CPU）的速度和性能。

（2）内、外存容量及可扩充量。

（3）外设的配置。主要考虑输入设备、输出设备、通信接口设备等。

（4）该硬件系统支持软件的能力。主要考虑硬件系统可支持本厂家及其他厂家软件的能力，特别要考虑汉字的处理能力。

8.2.4 安全保密设计

伴随网络的普及，信息系统对网络的依赖日益增强，安全保密已经成为影响信息系统效能的重要问题，安全保密问题解决不好，会影响信息系统的应用。因此，安全保密设计的工作至关重要。

安全保密设计主要考虑物理层、网络层、系统平台和应用层等方面的安全。

1. 物理层安全设计

物理层的安全设计应从三个方面考虑：环境安全、设备安全、线路安全。采取的措施包括：机房屏蔽，电源接地，布线隐蔽，传输加密。对于环境安全和设备安全，国家都有相关标准和实施要求，可以按照相关要求具体开展建设。

布线系统处于整个信息系统的最底层，负责信息的传输，该层的安全性要求较高。布线系统除了传输速度有要求外，还要求具有抗干扰性、抗窃听性等。

2. 网络层安全设计

对于网络层安全，不论是安全域划分还是访问控制，都与网络架构设计紧密相关。网络架构的合理性直接关系到网络层安全。网络架构设计需要做到：统筹考虑信息系统的系统安全等级、网络建设规模、业务安全性需求等；准确划分安全域（边界）；网络架构应有利于核心服务信息资源的保护；网络架构应有利于访问控制和应用分类授权管理；网络架构应有利于终端用户的安全管理。

网络层安全主要涉及网络安全域的合理划分问题，其中最重要的是进行访问控制。网络安全域划分包括物理隔离、逻辑隔离等，访问控制技术包括防火墙技术、身份认证技术、入侵检测技术等。

（1）虚拟局域网（VLAN）技术及逻辑隔离措施。逻辑隔离主要是利用VLAN技术将内部网络分成若干个安全级别不同的子网，有效防止某一网段的安全问题在整个网络传播。

（2）身份认证技术及访问控制措施。身份认证技术即公共密钥基础设施（PKI），是由硬件、软件、各种产品、过程、标准和人构成的一体化的结构。PKI可以做到：确认发送方的身份；保证发送方所发信息的机密性；保证发送方所发信息不被篡改；发送方无法否认已发该信息的事实。

（3）入侵检测技术（IDS）及产品。IDS 通过从计算机网络系统中若干关键节点收集信息并加以分析，监控网络中是否有违反安全策略的行为或者是否存在入侵行为。它能提供安全审计、监视、攻击识别和反攻击等多项功能，并采取相应的行动，如断开网络连接、记录攻击过程、跟踪攻击源、紧急告警等，是安全防御体系的一个重要组成部分。

（4）防火墙技术及产品。防火墙是实现网络信息安全的最基本设施，采用包过滤或代理技术使数据有选择地通过，有效监控内部网和外部网之间的任何活动，防止恶意或非法访问，保证内部网络的安全。从网络安全角度上讲，它们属于不同的网络安全域。根据提供信息查询等服务的要求，为了控制对关键服务器的授权访问，应把服务器集中起来划分为一个专门的服务器子网（VLAN），设置防火墙策略来保护对它们的访问。

3. 系统平台安全设计

信息系统平台安全包括操作系统安全和数据库安全。服务器包括数据库服务器、应用服务器、Web 服务器、代理服务器、E-mail 服务器、防病毒服务器、域服务器等，应采用服务器版本的操作系统。

系统平台安全设计主要体现在以下方面。

（1）操作系统加固。Windows 操作系统平台加固通过修改安全配置、增加安全机制等方法，合理进行安全性加强，包括补丁、文件系统、账号管理、网络及服务、注册表、共享、应用软件、审计/日志及其他（包括紧急恢复、数字签名等）。

UNIX 操作系统平台加固包括：补丁、文件系统、配置文件、账号管理、网络及服务、NFS 系统、应用软件、审计/日志及其他（包括专用安全软件、加密通信及数字签名等）。

（2）数据库加固。数据库加固包括：主流数据库系统（包括 Oracle、SQL Server、Sybase、MySQL、Informix）的补丁、账号管理、口令强度和有效期检查、远程登录和远程服务、存储过程、审核层次、备份过程、角色和权限审核、并发事件资源限制、访问时间限制、审核跟踪、特洛伊木马等。

在平台选择上应考虑：建设规模、投资预算情况、平台安全性、平台稳定性、平台效率、业务应用需求等。在实际建设中，建议选择安全性较高的 UNIX 平台和 Oracle 数据库管理系统。

4. 应用层安全设计

应用层安全的目标是建立集中的应用程序认证与授权机制，统一管理应用系统用户的合法访问。建立统一的信息访问入口和用户管理机制，实现基于 PKI 的单点登录功能（SSO）为用户提供极大的方便，也能实现应用系统内容的集中展现，保证应用和数据安全。应用安全问题包括信息内容保护、信息内容使用管理权限、建立数据备件和恢复机制。

（1）信息内容保护。对重要的信息内容使用数据加密技术。通过采用一定的加密算法对信息数据进行加密，可提高信息内容的安全保密性。

（2）信息内容管理权限。根据用户身份和现实工作中的角色和职责，确定访问应用资源的权限。应做到对用户接入网络的控制和对信息资源访问和用户权限进行绑定。

（3）建立数据备份和恢复机制。设计数据备份和恢复系统功能，制定备份和恢复策略，系统发生故障后能较短时间恢复应用和数据。

8.3 系统模块结构设计

总体设计的主要内容是合理地进行模块的分析和定义，使一个复杂的系统设计转为若干个基本模块设计，并通过模块结构图把分解的一个个模块按层次结构联系起来。

下面介绍如何进行模块的分解、如何评价模块的结构以及如何从数据流图导出模块结构图。

8.3.1 模块结构图

1. 模块的概念

模块结构图是由模块组成的，模块是组成系统的基本单位，它的特点是可以组合、分解和更换。系统中任何一个处理功能都可以看成是一个模块。根据模块功能具体化程度的不同，可以分为逻辑模块和物理模块。在系统逻辑模型中定义的处理功能可视为逻辑模块。物理模块是逻辑模块的具体化，可以是一个计算机程序、子程序或若干条程序语句，也可以是人工过程的某项具体工作。

一个模块应具备以下四个要素：

（1）输入和输出。模块的输入来源和输出去向都是同一个调用者，即一个模块从调用者那里取得输入，进行加工后再把输出返回调用者。

（2）处理功能。指模块把输入转换成输出所做的工作。

（3）内部数据。指仅供该模块本身引用的数据。

（4）程序代码。指用来实现模块功能的程序。

前两个要素是模块的外部特性，即反映了模块的外貌。后两个要素是模块的内部特性。在结构化设计中，主要考虑的是模块的外部特性，其内部特性只做必要了解，具体的实现将在系统实施阶段完成。

2. 模块结构图的基本符号

模块结构图是结构化设计中描述系统结构的图形工具。作为一种文档，它必须严格地定义模块的名字、功能和接口，同时还应当在模块结构图上反映出结构化设计的思想。模块结构图由模块、调用、数据、控制和转接等五种基本符号组成，如图 8-3 所示。

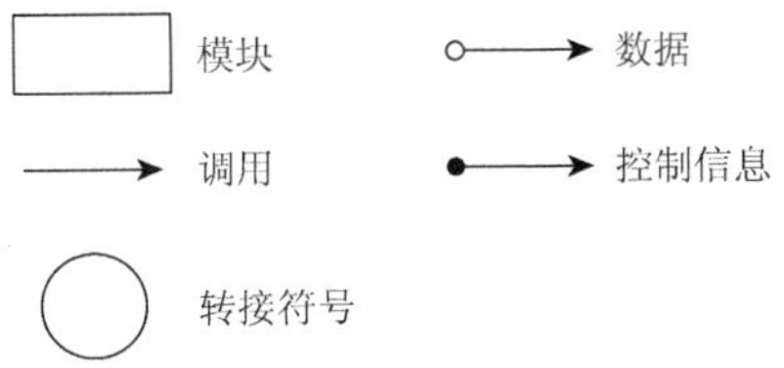

图 8-3 模块结构图的基本符号

1）模块

这里所说的模块通常是指用一个名字就可以调用的一段程序语句。在模块结构图中，用长方形框表示一个模块，长方形中间标上能反映模块处理功能的模块名字。模块名通常由一个动词和一个作为宾语的名词组成。

2）调用

在模块结构图中，用连接两个模块的箭头表示调用，箭头总是由调用模块指向被调用模块，但是应该理解成被调用模块执行后又返回调用模块。

如果一个模块是否调用一个从属模块，决定于调用模块内部的判断条件，则该调用称为模块间的判断调用，采用菱形符号表示。如果一个模块通过其内部的循环功能来循环调用一个或多个从属模块，则该调用称为循环调用，用弧形箭头表示。判断调用和循环的表示方法如图 8-4 表示。

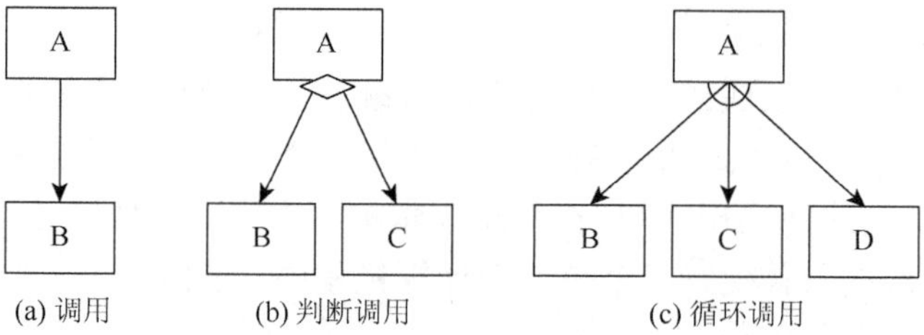

图 8-4　模块调用示例

3）数据

当一个模块调用另一个模块时，调用模块可以把数据传送到被调用模块处供处理，而被调用模块又可以将处理的结果数据送回调用模块。在模块之间传送的数据，使用与调用箭头平行的带空心圆的箭头表示，并在旁边标上数据名。例如，图 8-5（a）表示模块 A 调用模块 B 时，A 将数据 X、Y 传送给 B，B 将处理结果数据 Z 返回给 A。

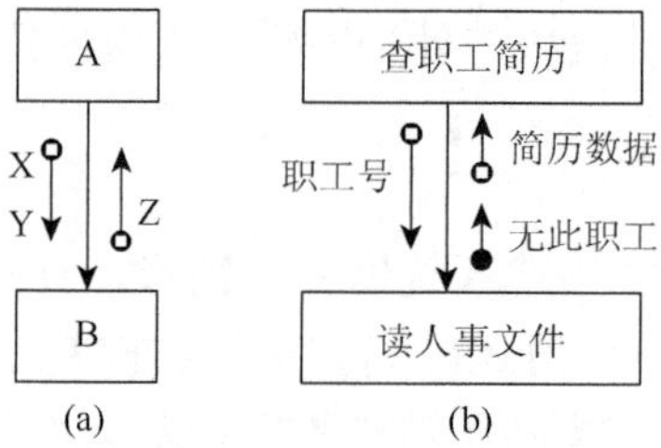

图 8-5　模块间的数据传递

4）控制信息

为了指导程序下一步的执行，模块间有时还必须传送某些控制信息，如数据输入完成后给出的结束标志，文件读到末尾所产生的文件结束标志等。控制信息与数据的主要区别是前者只反映数据的某种状态，不必进行处理。在模块结构图中，用带实心圆点的箭头表示控制信息。例如，图 8-5（b）中“无此职工”就是用来表示送来的职工号有误的控制信息。

5）转接符号

当模块结构图在一张图面上画不下，需要转接到另外一张纸上，或为了避免图上线条交叉时，都可使用转接符号，圆圈内加上标号，如图 8-6 所示。

现在，可以自己去理解一下如图 8-2 所示的工资程序模块结构图。

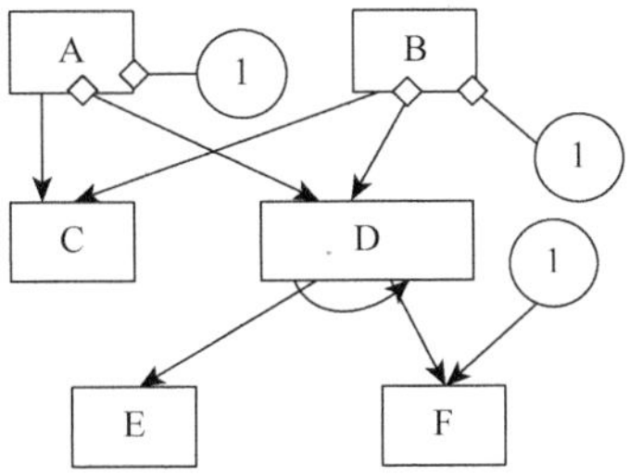

图 8-6　转接符号的使用

8.3.2　模块结构图的标准形式

一个系统的模块结构图有两种标准形式，变换型模块结构和事务型模块结构。下面我们分别讨论。

1. 变换型

变换型模块结构描述的是变换型系统，变换型系统由三部分组成：输入、数据加工（中心变换）和输出，它的功能是将输入的数据经过加工后输出，如图 8-7 所示。

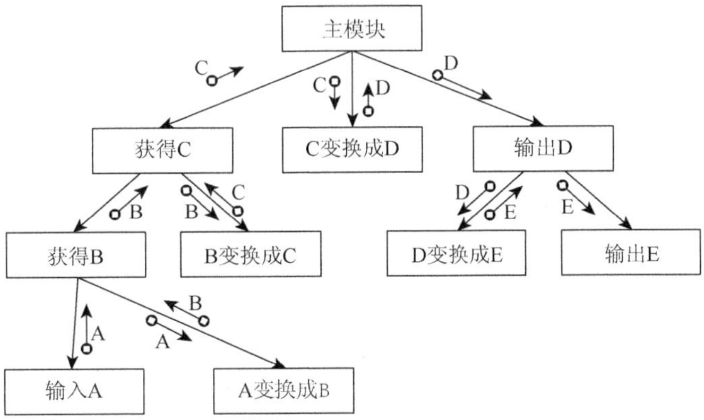

图 8-7　变换型模块结构

变换型系统工作时，首先主模块受到控制，然后控制沿着结构逐层达到底层的输入模块，当底层模块输入数据 A 后，A 由下至上逐层传送，逐步由“物理输入”变成“逻辑输入”C，接着在主控模块控制下，C 经中心变换模块转换成“逻辑输出”D，D 再由上至下逐层传送，逐步把“逻辑输出”变成“物理输出”E。这里的“逻辑输入”和“逻辑输出”分别为系统主处理的输入数据流和输出数据流，而“物理输入”和“物理输出”是指系统输入端和系统输出端的数据。

2. 事务型

事务型系统由三层组成：事务层、操作层和细节层，它的功能是对接收的事务，按其类型选择某一类事务处理。如图 8-8 所示。

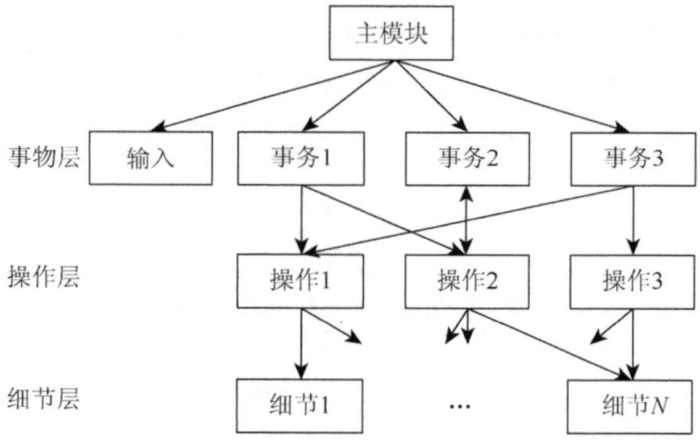

图 8-8 事务型模块结构

事务型系统在工作时，主模块将按事务的类型选择调用某一事务处理模块，事务处理模块又调用若干个操作模块，而每个操作模块又调用若干个操作模块。在实际系统中，由于不同的事务可能有共同的操作，而不同操作又可能有共同的细节，因此事务型系统的操作模块和细节模块可以达到一定程度的共享。

变换型和事务型模块结构都有较高的模块内聚和较低的块间耦合，因此便于修改和维护。在管理信息系统中，经常将这两种结构结合使用。

8.3.3 从数据流图导出初始结构图

在系统分析阶段，采用结构化分析方法可以得到由数据流图、数据字典和加工说明等组成的系统的逻辑模型。根据一些规则可以从数据流图导出系统初始的模块结构图。

数据流图通常也可分为两种典型的结构，即变换型结构和事务型结构。变换型结构的数据流图呈一种线性状态，如图 8-9 所示，它所描述的工作可表示为：输入、主处理、输出。事务型结构的数据流图则呈束状形，如图 8-10 所示，即一束数据流平行流入或流出，可能同时有几个事务要求处理。

这两种典型的结构分别可通过“变换分析”和“事务分析”技术，导出“变换型”和“事务型”初始的模块结构图。这两种方法的思想是首先设计顶层模块，然后自顶向下，逐步细化，最后得到一个满足数据流图所表示的用户要求的系统的模块结构图，即系统的物理模型。

下面分别讨论通过“变换分析”和“事务分析”技术，导出“变换型”和“事务型”初始结构图的技术。

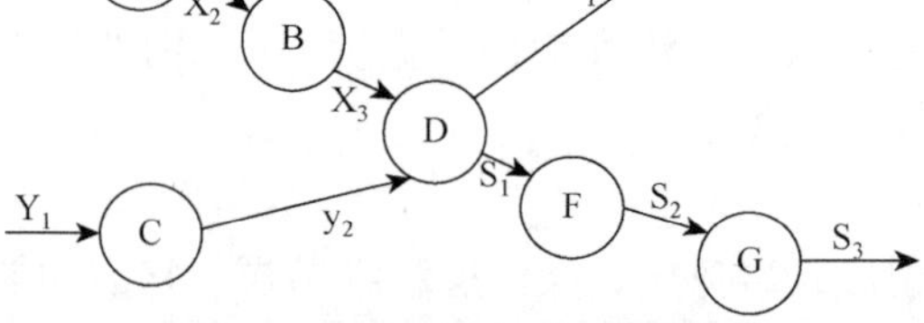

图 8-9 变换型结构的数据流图

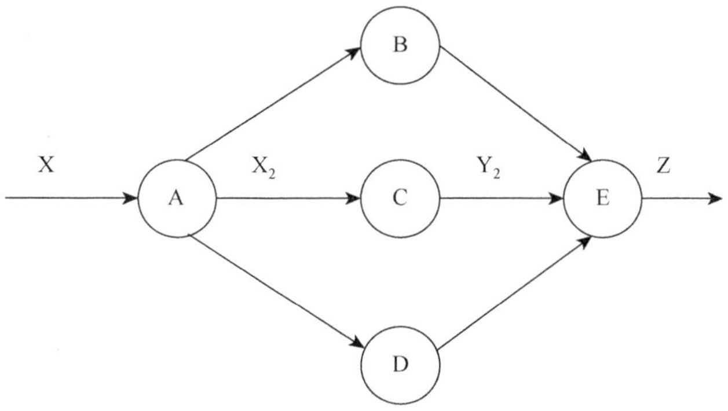

图 8-10 事务型结构的数据流图

1. 变换分析

变换型结构一般由输入、主处理和输出三部分组成。从变换型结构的数据流图导出变换型模块结构图，可分三个步骤进行。

1）找出系统的主加工

为了处理方便，先不考虑数据流图中的一些支流，如出错处理等。

通常在数据流图中多股数据流的汇合处理往往是系统的主加工。若没有明显的汇合处，则可先确定哪些数据流是逻辑输入和逻辑输出，从而获得主加工。

从物理输入端一步步向系统中间移动，直至到达这样一个数据流，它再不能被作为系统的输入，则其前一个数据流就是系统的逻辑输入。即离物理输入端最远的，但仍可视为系统输入的那个数据流就是逻辑输入。

用类似方法，从物理输出端一步步向系统中间移动，则离物理输出端最远的，但仍可视为系统输出的那个数据流就是逻辑输出。

逻辑输入和逻辑输出之间的加工就是要找的主加工。如图 8-11 所示。

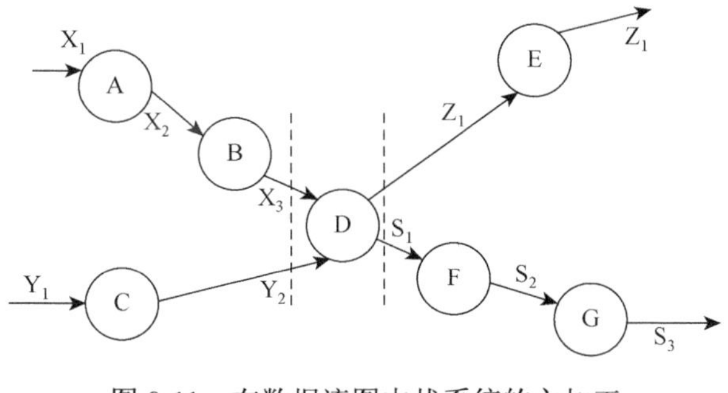

图 8-11 在数据流图中找系统的主加工

2）设计顶层模块和第一层模块

首先在与主加工对应的位置上画出主模块（如图 8-12 所示），主模块的功能就是整个系统要做的工作，主模块又称为主控制模块。主模块是模块结构图的“顶”，按“自顶向下，逐步细化”的思想接下来可以画模块结构图顶下的第一层。第一层主要分为输入、变换、输出三大部分。模块结构图第一层的画法：

（1）为每一个逻辑输入画一个输入模块，其功能是向主模块提供数据。

（2）为每一个逻辑输出画一个输出模块，其功能是把主模块提供的数据输出。

（3）为主处理画一个变换模块，其功能是把逻辑输入变换成逻辑输出。

至此，模块结构图第一层就完成了。

在作图时应注意主模块与第一层模块之间传送的数据，要与数据流图相对应（图 8-12）。

3）设计中、下层模块

因为输入模块的功能是向调用它的模块提供数据，所以它自己也需要一个数据来源。此外，输入模块必须向调用模块提供所需的数据，因此它应具有变换功能，能够将输入数据按模块的要求进行变换后，再提交该调用模块。从而，要为每个输入模块设计两个下层模块，其中一个是输入模块，另一个是变换模块。

同理，也为每个输出模块设计两个下层模块，一个是变换模块，将调用模块所提供的数据变换成输出的形式，另一个是输出模块，将变换后的数据输出。

该过程由顶向下递归进行，直到系统的物理输入端或物理输出端（图 8-12）。

每设计出一个新模块，应同时给它起一个能反映模块功能的名字。

运用上述方法，就可获得与数据流图相对应的初始结构图，如图 8-12 所示。

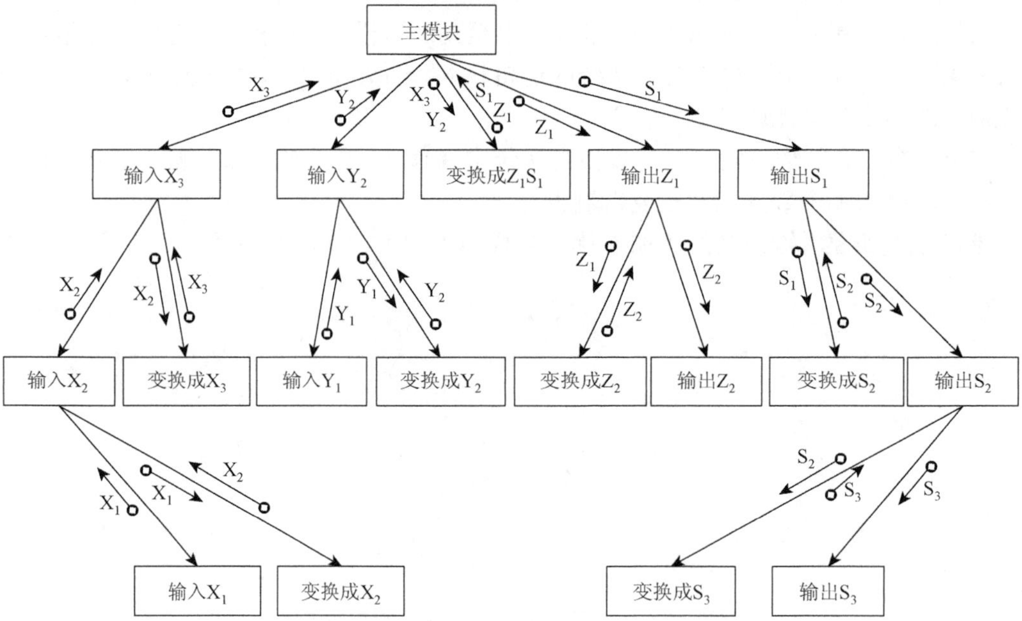

图 8-12 由变换型数据流图导出的初始模块结构图

2. 事务分析

当数据流图呈现“束状”结构时，应采用事务分析的设计方法。就步骤而言该方法与变换分析方法大部分类似，主要差别在于由数据流图到模块结构的影射方式不同。

进行事务分析时，通常采用以下四个步骤：

（1）确定以事务为中心的结构，包括找出事务中心和事务来源。以图 8-13 的典型事务型数据流结构为例，A是事务中心，X则为事务来源。

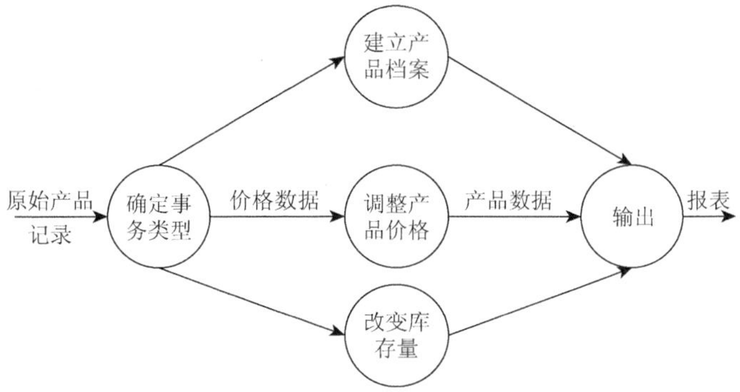

图 8-13 事务型中心数据流图实例

（2）按功能划分事务，将具备相同功能的事务分为同一类，建立事务模块。

（3）为每个事务处理模块建立全部的操作层模块。其建立方法与变换分析方法类似，但事务处理模块可以共享某些操作模块。

（4）若有必要，则为操作层模块定义相应的细节模块，并尽可能使细节模块被多个操作模块共享。

例如，图 8-13 是一个以事务为中心的数据流图，显然，加工“确定事务类型”是它的事务中心，由该数据流图经事务分析所得到的模块结构图如图 8-14 所示。

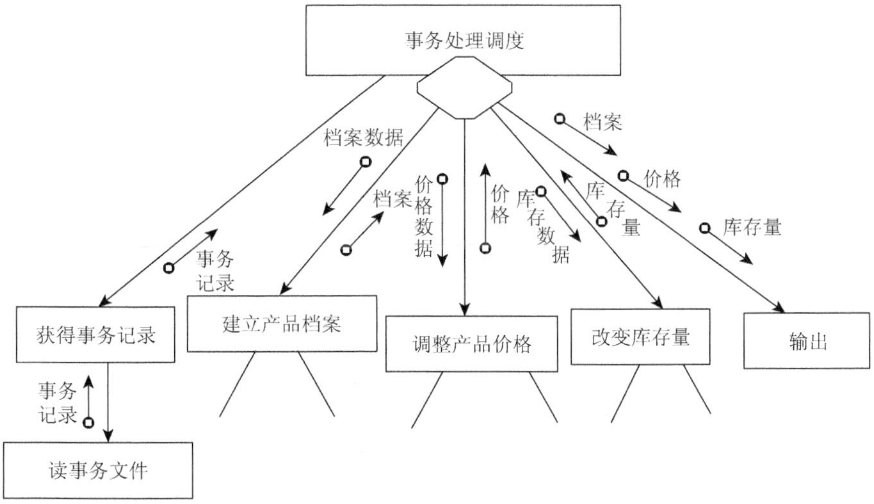

图 8-14 事务型模块结构图实例

3. 混合结构的分析

在规模较大的实际系统中，其数据流图往往是变换型和事务型的混合结构，如图 8-15 所示。此时可把变换分析和事务分析应用在同一数据流图的不同部分。例如，可以以“变换分析”为主，“事务分析”为辅进行设计。先找出主处理，设计出结构图的上层，然后根据数据流图各部分的结构特点，适当选用“变换分析”或“事务分析”就可得出初始结构图的某个方案。

如图 8-16 所示，其中第一层是用变换分析得到的，而模块“使 b 变成 d”及下层模块和模块“变 d 为 g”及下层模块则是采用事务分析得到的。

从数据流图导出初始的模块结构图的方法就介绍到这里。必须指出的是，由于开发人员的素质、经验和个人理解程度不同，采用上述方法导出的初始模块结构图也不是唯一的。事实上，满足系统说明书要求的任何模块结构图都可以作为初始结构图。

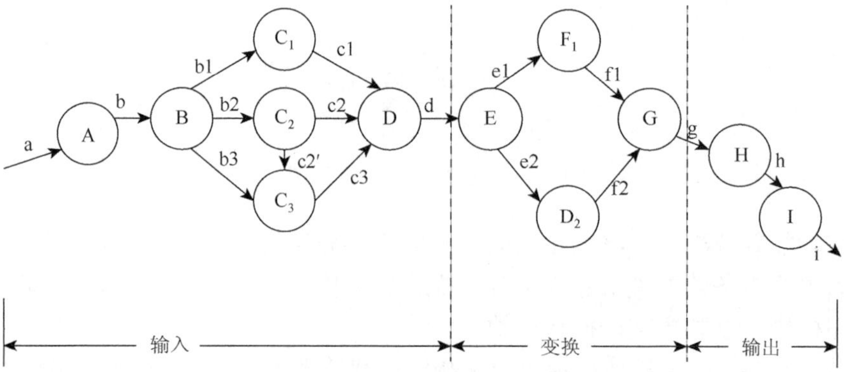

图 8-15　变换型和事务型混合结构的数据流图

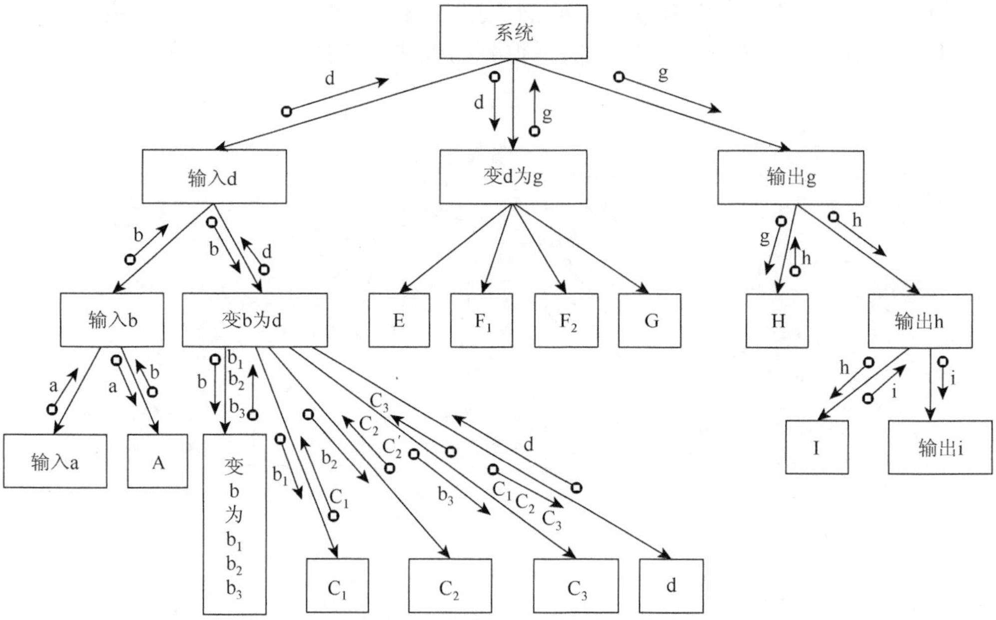

图 8-16　变换分析与事务分析的混合使用

8.3.4　模块结构图的改进

从目标系统的逻辑模型，即数据流图导出系统的初始结构图中模块的划分工作是在尚未进行输入、输出设计的情况下进行的，其主要目的仅仅是掌握系统处理的整个过程和便于输入、输出等的设计工作，因此，目前的模块划分是不充分的，不可能满足系统实施阶段的要求，因此，还需要对初始结构图做进一步的调整和改进。

1.“耦合小，内聚大”的原则

一个合理的模块划分，应该是内部联系强，模块间尽可能独立，接口明确、简单，尽量适应用户的组织体系，有适当的共用性。也就是要满足“耦合小，内聚大”的原则。

在结构化设计中，采用“自顶向下，逐步细化”的方法将系统分解成为一些相对独立、功能单一的模块。如何度量模块之间的独立性呢？由于模块内的相互联系越多，模块的独立性就越强，因此，这里再引入模块耦合和内聚的概念。

在一个管理信息系统中，系统的各组成部分之间总是存在着联系的，当系统或子系统被划分成若干模块时，一个模块内部的联系就是块内联系，而穿越模块边界的联系就是块间联系。

耦合就是表示模块之间联系的程度。紧密耦合表示模块之间联系非常强，松散耦合表示模块之间联系比较弱，非耦合则表示模块之间无任何联系，是完全独立的。

内聚则是用来表示模块内部各组成部分之间的联系程度。一般说来，在系统中各模块的内聚越大，则模块间的耦合越小。但这种关系并不是绝对的。耦合小使得模块间尽可能相对独立，从而各模块可以单独开发和维护。内聚大使得模块的可理解性和维护性大大加强。因此，在模块的分解中应尽量减少模块的耦合度，力求增加模块的内聚度。

2. 作用范围应在控制范围之内

在模块分解设计时，可能会遇到在某个模块中存在着判断处理功能，某些模块的执行与否依赖于判定语句的结果。为了做好判定处理模块的结构设计，我们需要了解对于一个给定的判定，它会影响哪些模块。为此，先给出判定的作用范围和模块的控制范围两个概念。

一个判定的作用范围是指所有受这个判定影响的模块。按照规定：若模块中只有一小部分加工依赖于某个规定，则该模块仅仅本身属于这个判定的作用范围；若整个模块的执行取决于这个判定，则该模块的调用模块也属于这个判定作用范围，因为调用模块中必有一个调用语句，该语句的执行取决于这个判定。

一个模块的控制范围是指模块本身及其所有的下属模块。

分析判定的作用范围和模块的控制范围之间的关系，可以较好地处理系统的模块间的关系，合理地分解模块。

3. 模块的扇入数和扇出数要合理

所谓模块的扇入数是指模块的直接上层模块的个数。如果一个规模很小的底层模块的扇入数为 1，则可以把它合并到它的上层模块中。若它的扇入数较大，就不能向上合并，否则将导致对该模块做多次编码和排错。扇出数是指一个模块拥有的直接下层模块的个数。

如果一个模块具有多功能，应考虑作进一步分解。反之，对某个扇出数过低（如 1 和 2）的模块，也应进行检查。一般来说，模块的扇出数应在 7 以内。

4. 模块的大小要适当

模块的大小是模块分解时要考虑的一个重要问题。模块多大最好？有许多不同的观点。模块自顶向下的分解，主要按功能来进行，也就是说一个模块最好一个功能。同时要注意模块间的接口关系以较为简单为宜。从经验上讲，为了提高可读性和方便修改，一个基本模块的程序量在 10～100 个语句。这当然不是绝对的，例如，对于一个数学公式计算模块，即使语句远远超出上述范围，也不应生硬地将它们分成几个小模块。因此，模块的功能是决定模块大小的一个重要出发点。

5. 对模块的划分进行调整

按照结构化设计的思想，对模块（或子系统）的划分进行调整的依据通常有以下几种：

（1）按逻辑划分，把相类似的处理逻辑功能放在一个模块里。

（2）按时间划分，把要在同一时间段执行的各种处理结合成一个模块。

（3）按过程划分，即按工作流程划分。从控制流程的角度看，同一模块的许多功能都应该是相关的。

（4）按通信划分，把相互需要较多通信的处理结合成一个模块。这样可减少子系统或模块间的通信，使接口简单。

（5）按职能划分，即按管理的功能。一般来说，按职能划分子系统，按逻辑划分模块的方式是比较合理和方便的，图 8-17 表示了按这种方式划分所组成的系统。

6. 补充、完善和修改

在系统分析阶段，加工说明中所反映的用户要求（如出错处理、过程信息以及种种限制等）不能完全在数据流图中反映。然而，在系统设计阶段的系统模块结构图中，都必须体现出用户的所有要求。因此，由数据流图导出的初始模块结构图必须进行补充、完善，还要根据模块分解的原则进行修改，才能达到上述要求。

7. 消除重复的功能

设计过程中若发现几个模块的功能是相似的，则应设法消去其中的重复功能。因为同一功能的程序段多次出现，不仅浪费了编码时间，而且会给调试和维护带来困难。

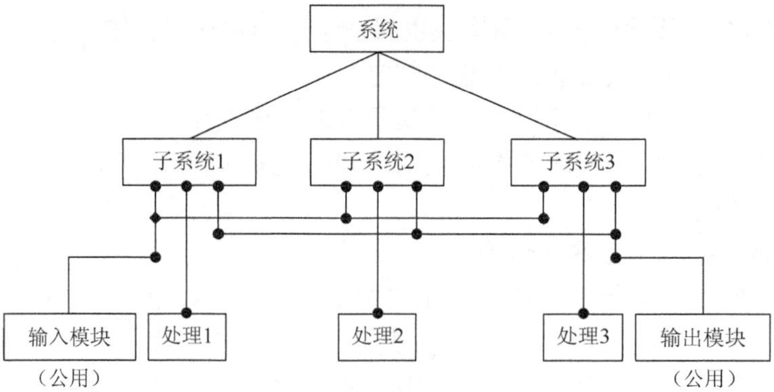

图 8-17 子系统按职能、逻辑模块划分所形成的系统

8.4 详细设计

进行了系统的总体设计后即可在此基础上进行系统的详细设计了，即各种输入、输出、

处理和数据存储等的详细设计。

8.4.1 代码设计

代码是用来表示事物名称、属性状态等的符号。在管理信息系统中，代码是人和机器的共同语言，是系统进行信息分类、校对、统计和检索的依据。代码设计就是要设计出一套能为系统各部门公用的、优化的代码系统，这是实现计算机管理的一个前提条件。

1. 代码设计的原则

代码设计是一项重要的工作，合理的编码结构是使管理信息系统具有生命力的重要因素。设计代码的基本原则是：

（1）具备唯一确定性。每一个代码都仅代表唯一的实体或属性。

（2）标准化与通用性。凡国家和主管部门对某些信息分类和代码有统一规定和要求的，则应采用标准形式的代码，以使其通用化。

（3）可扩充且易修改。要考虑今后的发展，为增加新代码留有余地。当某个代码在条件或代表的实体改变时，容易进行变更。

（4）短小精悍。代码的长度会影响所占据的内存空间、处理速度以及输入时的出错概率，因此要尽量短小。

（5）具有规律性。便于编码和识别。代码应具有逻辑性强，直观性好的特点，便于用户识别和记忆。

2. 代码的种类

目前人们对代码分类的看法很不一致。一般说来，代码可按文字种类或功能进行分类。按文字种类可分为数字代码、字母代码（英语字母或汉语拼音字母）和数字字母混合码；按功能则可以分成以下几类。

1）顺序码

用连续数字代表编码对象，通常从1开始编码。顺序码的一个特例是分区顺序码，它将顺序码分为若干区，例如，按五十个号码或一百个号码分区，并赋予每个区以特定意义。这样就可进行简单的分类，又可在每个区插入号码。如职工代码：

0001为张三，0002为李四，0001～0009的代码还表示为厂部人员；

……

1001为王五，1002为赵六，1001～1999的代码还可以表示为第一车间职工。

2）层次码

层次码也是区间码。它是代码的各数字位分成若干个区间，每一区间都规定不同的含义。因此该码中的数字和位置都代表一定意义。

层次码由于数字的值与位置都代表一定意义，因而检索、分类和排序都很方便，缺点是有时会造成代码过长。

例如，财务管理中的会计科目代码可写成6110501，其意义如下：

一级科目	二级科目	三级科目
611	05	01
利润	营业外支出	劳保支出

又如，图 8-18 是我国公民身份证代码的编码规则。它共有 18 位，全部采用数字编码，各位数字的含义请参见图中说明，其中第 15～17 位数字是表示在前 14 位数字完全相同时，某个公民的顺序号，并且单数用于男性，双数用于女性。第 18 位为检验码，0～9 和 x 由公式随机产生。

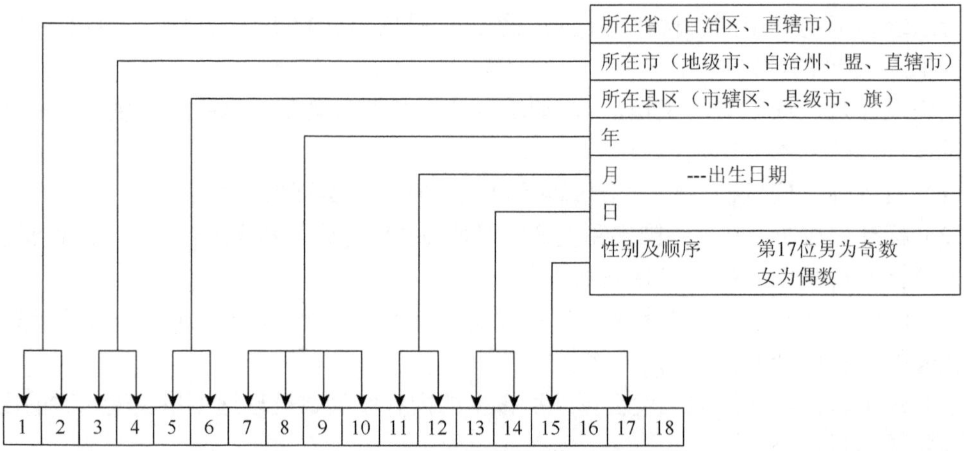

图 8-18 我国公民身份证代码的含义

3）十进制码

这是世界各地图书馆里常用的分类法。它先把整体分成十份，进而把每一份再分成十份，这样继续不断。该分类对于那些事先不清楚产生什么结果的情况是十分有效的。

例如：

500· 自然科学

510· 数学

520· 天文学

530· 物理学

531· 机构

531·1 机械

531·11 杠杆和平衡

4）助记码

将编码对象的名称、规格等作为代码的一部分，以帮助记忆。例如：

TVB14 14 寸黑白电视机

TVC20 20 寸彩色电视机

DFI1×8×20 规格 1″×8″×20″的国产热轧平板钢。

助记码适用于数据项数目较少的情况，否则容易引起联想出错。

此外，按文字种类可分为数字代码、字母代码（英文字母或汉语拼音字母）和数字字母混合码。

3. 代码校验

代码的正确性直接影响计算机处理的质量，因此需要对输入计算机中的代码进行校验。

校验代码的一种常用做法是事先在计算机中建立一个“代码字典”，然后将输入的代码与字典中的内容进行比较，若不一致说明输入的代码有错。

校验代码的另外一种做法，是设校验位。即设计代码结构时，在原有代码基础上另外加上一个校验位，使其成为代码的一个组成部分，校验值通过事先规定的数学方法计算出来。当代码输入后，计算机会以同样的数学方法按输入的代码计算出校验值，并将它与输入的校验值进行比较，以证实是否有错。

校验位可以发现以下几种错误：

（1）错字。例如，1234 写成 1334。

（2）易位。例如，1234 写成 1324。

（3）二次易位。例如，1234 写成 1423。

产生校验值的方法有许多种，各具不同的优缺点，下面介绍较适用于管理信息系统的一种方法。

1）校验值的生成过程

第一步：对原代码中的每一位加权求和 S。

N 位代码为：C_1，C_2，C_3，…，C_n

权因子为：P_1，P_2，P_3，…，P_n

加权和为：$C_1P_1+C_2P_2+C_3P_3+\cdots+C_nP_n$

即

$$S=\sum_{i=1}^{n}C_iP_i$$

其中，权因子可任意选取，以提高错误发生率为基础。常用的有：全取 1；几何级数 20，21，22，…；摆动数列 1，2，1，2，…。

第二步，求余数 R。

用加权和 S 除以模数 M 可得余数 R。

即 $S/M=Q\cdots R$（Q 为商数）

其中，模数 M 也可任意选取，以提高错误发生率为基础。常用的模数为 10 和 11。

最后，选择校验值。

可选用下述方法中的一种获得校验值：余数 R 直接作为校验值，或把模数 M 和余数 R 之差，即 $M-R$ 作为校验值，取 R 的若干位作为校验值。把获得数校验值放在原代码的最后作为整个代码的组成部分。

2）用校验值检查代码的过程

此过程是上述生成过程的逆过程，这里不再解释。下列举一例说明。

例：为原代码 7086 生成一校验值。

校验值生成过程：

（1）首先选取加权值：1，2，1，2

然后加权求和

$$S=7\times1+0\times2+8\times1+6\times2=27$$

（2）求余数：$S/M=27/10=2\cdots7$（R）

（3）加上校验值 7 以后的代码：70867

8.4.2 输出设计

系统的详细设计过程是根据管理和用户的需要先进行输出设计，然后反过来根据输出所要求获得信息来进行输入设计。输出信息的使用者是用户，故输出的内容与格式等是用户最关心的问题之一，因此，在设计过程中，开发人员必须深入了解，与用户充分协商。

对输出信息的基本要求是：准确、及时而且适用。输出设计主要考虑输出要求的确定、输出方式的选择和输出格式的设计。输出设备和介质的选择也要考虑在内。

1. 输出要求的确定

在确定一个系统究竟应输出什么信息时，应按照下列步骤加以调查和分析。

（1）详细分析现行系统的输出报表和内容。其中包括：哪些报表是真正需要的？哪些是重复的或可以合并的？各份报表的输出周期？等等。

（2）参考与用户同类型企业或部门的情况，借鉴业务性质类似的其他管理信息系统的经验。

（3）与用户单位的实际业务人员讨论。

2. 输出方式的选择

我国目前管理信息系统主要使用的输出方式是屏幕显示和打印机打印。磁盘和磁带则往往作为一种备份（保存）数据的手段。

通常在功能选择、查询、检索信息时，采用屏幕输出方式。用屏幕输出方式的优点是实时性强，但输出的信息不能保存。

打印机一般用于输出报表、发票等，这种方式输出的信息可以长期保存和传递。输出介质主要是各种规格的打印用纸，包括专用纸和通用纸。通用纸用于我们通常用的打印机，输出内容全部需打印。专用纸是事先印刷好的报表或票据，输出时只要打印有关的数据即可，不需打印表格框架等。

3. 输出格式的设计

对输出格式设计的基本要求是：

（1）规格标准化、文字和术语统一；

（2）使用方便，符合用户的习惯；

（3）美观大方，界面漂亮；

（4）便于计算机实现；

（5）能适当考虑系统发展的需要。

设计屏幕输出格式时，除了合理安排数据项的显示位置，还应注意适当的色彩搭配，美观的屏幕格式能给人以享受，容易获得用户的好感。

设计纸质报表的格式时，要先了解打印机的特性，包括对各种制表符号、打印字体大小、换页走纸命令的熟悉，因为不少打印机往往其控制方式有独特之处。

为了便于编写输出程序，以免在调试程序时作反复修改，设计输出格式时，最好先在方格纸上拟出草图。

8.4.3 输入设计

输出设计完成以后，就可进行输入设计。输入设计的重要性可以用这样一句话来形容："进去的是垃圾，出来的也还是垃圾！"即要求输出高质量的信息，首先就要求输入高质量的信息。输入设计的目标是：在保证输入信息正确性和满足输出需要的前提下，应做到输入方法简便、迅速、经济。

1. 输入设计的原则

输入设计应遵循以下基本原则。

（1）输入量应保持在能满足处理要求的最低限度。应明白这样一个道理，输入的数据越多，则可能产生的错误也越多。

（2）杜绝重复输入，特别是数据能共享的大系统、多子系统一定要避免重复输入。

（3）输入数据的汇集和输入操作应尽可能简便易行，从而减少错误的发生。

（4）输入数据应尽早地用其处理所需的形式进行记录，以便减少或避免数据由一种介质转换到另一种介质时可能产生的错误。

2. 输入数据的获得

在管理信息系统中，最主要的输入是向计算机输送原始数据，如仓库入库单、领料单、财务记账凭证等。因此在输入的前期，应详细了解这些数据的产生部门、输入周期、输入信息的平均发生量和最大量，并研究、计划今后这些数据的收集时间和收集方法等。

原始数据通常通过人机交互方式进行输入，为了提高输入速度并减少出错，可设计专门供输入数据用的记录单，在输入数据时，屏幕上画面格式与输入记录单保持一致。输入记录单的设计原则是：易使用，减少填写量，便于阅读，易于分类、整理、装订和保存。有时也可以不专门填写输入记录单，而只在原始票据上框出一个区域，用来填写需特别指明的向计算机输入的数据。此方法容易为业务人员所接受，因为他们可减少填写记录单的工作量，但对输入操作不一定有利。

对于某些数据，最好的方法是结合计算机处理和人工处理的特点，重新设计一种新的人—机共用的格式。例如，入库单和领料单，可在原有人工使用的单据格式上增加材料代码、经手人员的职工号等栏目。业务部门和计算机操作员都可直接使用该单据，这样即可减少填写输入记录单的工作量，又方便了输入操作。当然，对于单据中的代码填写，业务人员仍需经过一段时间的使用才能适应。

3. 输入格式的设计

输入格式应该针对输入设备的特点进行设计。若选用键盘方式人机交互输入数据，则输入格式的编排应尽量做到计算机屏幕格式与单据格式一致。输入数据的形式一般可采用"填表式"，由用户逐项输入数据，输入完毕后系统应具有要求"确认"输入数据是否正确无误的功能。

4. 输入数据的校验

由于管理信息系统中数据输入量往往较大，为了保证其正确性，一般都设置输入数据校验功能，对已经输入的数据进行校验。校验的方法很多，常用的有以下两种。

（1）重复输入校验。由两个操作员分别输入同一批数据，或由一个操作员重复输入两次，然后由计算机校对两次输入的数据是否一致，若一致则存入磁盘，否则显示出不一致部分，由操作员修正。

（2）程序校验法。根据输入的特性，编写相应的校验程序对输入的数据进行检查，自动显示出错信息，并等待重新输入。例如，对于财务管理中的记账凭证输入，可设置科目代码字典，对输入的凭证中的科目代码进行自动检查。

8.4.4 处理过程设计

在获得了一个合理的模块划分即模块结构图以后，就可以进一步设计各模块的处理过程了，这是为程序员编写程序作准备，它是编程的依据。

1. 处理过程设计的原则

处理过程设计，也称模块详细，通常是在 IPO 图上进行的。模块详细设计时除了要满足某个具体模块的功能、输入和输出方面的基本要求以外，还应考虑以下几个方面：

（1）模块间的接口要符合通信的要求；

（2）考虑将来实现时所用计算机语言的特点；

（3）考虑数据处理的特点；

（4）估计计算机执行时间不能超出要求；

（5）考虑程序运行所占的存储空间；

（6）使程序调试跟踪方便；

（7）估计编程和上机调试的工作量。

在设计中还应重视数学模型求解过程的设计。对于管理信息系统常用的数学模型和方法，通常都有较为成熟的算法，系统设计阶段应着重考虑这些算法所选定的高级语言实现的问题。

2. 模块详细设计的工具

1）IPO 图

IPO 图是输入加工输出（Input Process Output）图的简称，它是由美国 IBM 公司发起并完善起来的一种工具。在系统的模块结构图形成过程中，产生了大量的模块，开发者应为每一个模块写一份说明。IPO 图就是用来表述每个模块的输入、输出数据和数据加工的重要工具。目前常用的 IPO 图的结构如图 8-19 所示。

IPO 图的主体是算法说明部分，该部分可采用第 7 章介绍的结构化语言、判定表、判定树，也可用 N-S 图、问题分析图和过程设计语言等工具进行描述，要准确而简明的描述模块执行的细节。

在 IPO 图中，输入、输出数据来源于数据词典。局部数据项是指个别模块内部使用的数据，与系统的其他部分无关，仅由本模块定义、存储和使用。注释是对本模块有关问题作必要的说明。

开发人员不仅可以利用 IPO 图进行模块设计，而且还可以利用它评价总体设计。用户和管理人员可利用 IPO 图编写、修改和维护程序。因而，IPO 图是系统设计阶段的一种重要文档资料。

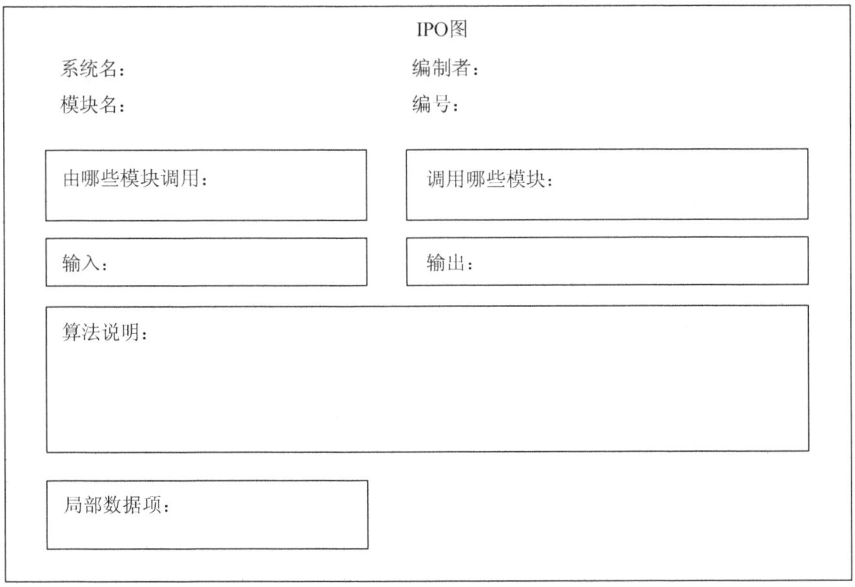

图 8-19 IPO 图的结构

2）问题分析图（PAD）

问题分析图（Problem Analysis Diagram，PAD）由日本日立公司二村良彦等于 1979 年提出，是一种支持结构化程序设计的图形工具。

问题分析图仅仅具有顺序、选择和循环这三种基本成分（图 8-20），正好与结构化程序设计中的基本程序结构相对应。

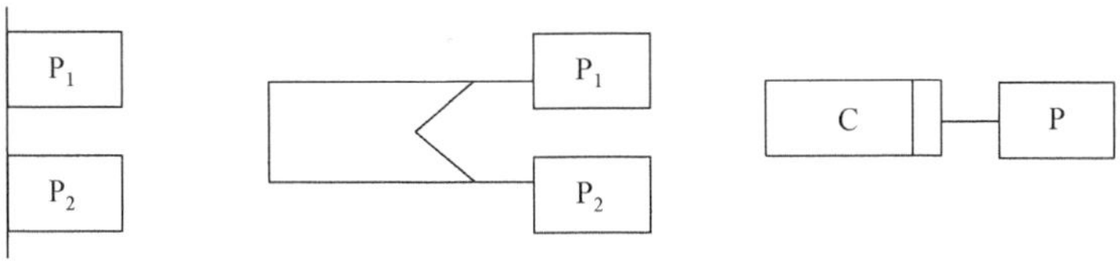

(a) 顺序　(b) 选择　(c) 循环

图 8-20 问题分析图的基本结构

问题分析图有逻辑结构清晰、图形标准化等优点，更重要的是它引导设计人员使用结构化程序设计方法，从而提高了程序的质量。同时，通过比较确定的规则可以由问题分析图直接产生程序，这就为程序设计的自动化开辟了光辉的前景。

3）过程设计语言（PDL）

过程设计语言（Process Design Language、Program Design Language 或 Program Desciption Language，PDL）是一个笼统的名字，目前有许多种不同的过程设计语言。过程设计语言用于描述模块中算法和加工的具体细节，以便在开发人员之间比较精确地进行交流。

过程设计语言由外层语法和内层语法构成。外层语法描述结构，采用与一般编程语言类似的确定的关键字（如 If Then Else，While Do 等），内层语法描述操作，可以采用任意的自然语句（英语或汉语）。

例如，下面是一个用过程设计语言描述的算法，其中外层语法 If Then Else 是确定的，而内层操作“X 的平方根为实数”则是不确定的自由格式。

If X 不是负数

Then

Return（X 的平方根为实数）

Else

Return（X 的平方根为复数）

由于过程设计语言同程序很相似，所以也称为伪程序或伪代码。但它仅仅是对算法的一种描述，是不可执行的。另外，同第 7 章介绍的结构化语言相比，过程设计语言则更详尽地描述了算法的细节。事实上，结构化语言和过程设计语言的基本思想是一致的，只是侧重点不同。前者用在系统分析阶段描述用户需求，它是给用户看的，可以描述得比较抽象；后者用在详细设计阶段描述模块的内部算法，这些算法是给编程人员看的，应该详细、具体。

过程设计语言主要用于描述系统中属于计算型的下层模块。同问题分析图等图形工具相比，过程设计语言具有以下优点。

（1）同自然语言（英语）很接进，易于理解。

（2）易于被计算机处理并存储，例如，用行编辑或字处理软件就可以方便地对它进行修改编辑。

（3）可以从它自动产生程序，例如，目前已研制出从 PDL/C 产生 C 语言源程序的自动工具。

但是过程设计语言也有它的不足之处，它不如图形描述直观，对英语使用的准确性要求较高。

8.4.5 数据存储设计

在管理信息系统中对数据的存储和管理有表文件、数据库两种方式（也可以把数据库看作表文件的集合）。

1. 表文件设计

表文件是按一定的组织方式存放在存储介质上的同类记录的集合。表文件设计就是根据文件的使用要求、处理方式、存储的数据量、数据的活动性及所能提供的设备条件等，确定文件类别、选择文件媒体、决定文件组织方法、设计记录格式，并估算文件容量。

（1）对数据字典描述的数据存储情况进行分析，确定哪些数据需要作为表组织存储，其中哪些是固定数据，哪些是流动数据，哪些是共享数据等，以便决定表文件的类别。

（2）决定需要建立的表文件及其用途和内容，并为每个表文件选取文件名。

（3）根据表文件的使用要求选择文件的存储介质和组织形式。例如，经常使用的表文件应该采用磁盘介质随机方式（硬盘或软盘），不常用但数据量大的表文件可采用磁带方式和顺序存储组织方式。

（4）根据数据结构设计记录格式。记录格式设计内容包括：

①确定记录的长度；

②确定要设置的数据项数目以及每个数据项在记录中的排列顺序；

③确定每个数据项的结构；

④若需要时，确定记录中的关键字（数据项）。

表文件中记录的长度取决于各个数据项的结构和数据项的数目。各数据项在记录中的排列顺序可根据实际需要和使用习惯决定。每个数据项的结构，包括数据项名称、数据类型及数据长度。在设计时不仅要考虑实际的需要，还要考虑计算机系统软件或语言所提供的条件和限制。

（5）根据记录长度、记录个数和表文件总数估算出整个系统的数据存储容量。

整个系统的存储容量等于各个存储容量之和。表文件存储容量的计算与表文件的组织方式、存储介质、操作系统和记录格式等有密切关系。详细计算表文件存储容量的过程比较复杂，读者可参考有关资料。在微机管理信息系统中，一个估计表文件存储容量的简单方法就是将记录长度乘以估计的记录个数，或者用实验方法，先编写一个临时程序，按已确定的记录格式自动生成一个以空记录组成的表文件，其记录个数与估计数目相同，这样，就可通过操作系统的有关命令，从屏幕上看出该表文件的实际容量了。

2. 数据库设计

数据库设计是指在现有数据分析的基础上建立数据库的过程，它是管理信息系统的重要组成部分。

数据库设计的内容是：首先对给定的数据分析结果进行逻辑设计，然后进行存储数据结构的物理设计，最后设计出符合应用语言的能有效存储数据的物理模型。因此，一个数据库的设计者，对数据库系统和实际应用对象这两方面的知识都必须有相当的了解。

在数据存储设计中，还涉及一项较为重要的问题，这就是数据（文件或数据库）的安全性和完整性保护。安全性保护是防止机密数据被泄露；防止无权者使用、改变或有意破坏他们无权使用的数据。完整性保护是保护数据结构不受损害，保证数据的正确性、有效性和一致性。由于数据的保护与计算机系统环境的保护是密切相关的，因此这个问题需要在更大的范围内才能彻底解决，如计算机系统所在的环境，硬、软件，信息和通信设施等方面的保护，以及必要的行政和法律手段。而在系统设计与实施阶段的关键任务，是从软件方面设计和实现数据保护的功能，如对数据并行操作（及多个用户同时存取和修改同一数据）的控制和管理，设置口令校验功能等。

8.4.6 用户界面设计

用户界面是人和计算机联系的重要途径。操作者可以通过屏幕显示和计算机进行对话，向计算机输入有关数据，控制计算机的处理过程并将计算机的处理结果反映给用户。因此，用户界面设计必须从用户操作方便的角度来考虑，与用户共同协商界面应反映的内容和格式。用户界面主要有以下几种形式。

1. 菜单式

通过屏幕显示出可选择的功能代码，由操作者根据需要进行选择，将菜单设计成层次结构，则通过层层调用，可以引导用户使用系统的每一个功能。随着软件技术的发展，菜单设计也更加趋于美观、方便和实用。目前，系统设计中常用的菜单设计方法主要有：

（1）一般菜单。在屏幕上显示出各个选项，每个选项指定一个代号，然后根据操作者通过键盘输入的代号或单击鼠标左键，即可决定何种后续操作。

（2）下拉菜单。它是一种二级菜单，第一级是选择栏，第二级是选择项，各个选择栏横排在屏幕的第一行上，用户可以利用光标控制键选定当前选择栏，在当前选择栏下立即显示出该栏的各项功能，以供用户进行选择。

（3）快捷菜单。选中对象后单击鼠标右键所出现的下拉菜单，将鼠标移到所需的功能项目上，然后单击左键即执行相应的操作。

2. 填表式

填表式一般用于通过终端向系统输入数据，系统将要输入的项目显示在屏幕上，然后由用户逐项填入有关数据。另外，填表式界面设计常用于系统的输出。如果要查询系统中的某些数据，可以将数据的名称按一定的方式排列在屏幕上，然后由计算机将数据的内容自动填写在相应的位置上。由于这种方法简便易读，并且不容易出错，所以它是通过屏幕进行输入输出的主要形式。

3. 选择性问答式

当系统运行到某一阶段时，可以通过屏幕向用户提问，系统根据用户选择的结果决定下一步执行什么操作。这种方法通常可以用在提示操作人员确认输入数据的正确性，或者询问用户是否继续某项处理等方面。例如，当用户输完一条记录后，可通过屏幕询问“输入是否正确（Y/N）？”，计算机根据用户的回答来决定是继续输入数据还是对刚输入的数据进行修改。

4. 按钮式

在界面上用不同的按钮表示系统的执行功能，单击按钮即可执行该操作。按钮的表面可写上功能的名称，也可用能反映该功能的图形加文字说明。使用按钮可使界面显得美观、漂亮，使系统看起来更简单、好用，操作更方便、灵活。

8.5 系统设计报告组成

系统设计的最后一项工作是整理和完成包括系统模块结构图、IPO 图和其他详细设计内容在内的系统设计报告，它是系统设计阶段的主要成果。它既是目标系统的物理模型，也是系统实施的主要依据。系统设计报告通常由下述内容组成，在编写时可根据系统的规模和复杂程度等具体情况，选用其中的一部分或全部内容。

1. 引言

（1）摘要：对系统的目标名称和功能等的说明。

（2）背景：

①项目开发者。

②用户。

③本项目和其他系统或机构的关系和联系。

（3）系统环境与限制：

①硬件、软件和运行环境方面的限制。

②保密和安全的限制。

③有关系统软件文本。

④有关网络协议标准文本。

（4）参考资料和专门术语说明。

2. 系统设计方案

（1）模块设计。

①系统的模块结构图。

②各个模块的 IPO 图（包括各模块的名称、功能、调用关系、局部数据项和详细的算法说明等）。

（2）代码设计。包括各类代码的类型、名称、功能、使用范围和使用要求等的说明。

（3）输入设计。

①输入项目。

②输入人员（指出所要求的输入操作人员的水平与技术专长，说明与输入数据有关的接口软件及其来源）。

③主要功能要求（从满足正确、迅速、简单、经济、方便使用者等方面达到要求的说明）。

④输入校验（关于各类输入数据的校验方法的说明）。

（4）输出设计。

①输出项目。

②输出接受者。

③输出要求（所用设备介质、输出格式、数值范围和精度要求等）。

（5）数据库设计。

①概述（目标、主要功能）。

②需求规定（精度、有效性、时间要求及其他专门要求）。

③运行环境要求（设备支撑软件、安全保密等要求）。

④逻辑结构设计（有关表及其记录、数据项的标识、定义、长度和它们之间的关系）。

⑤物理结构设计（有关表的存储要求、访问方法、存储单位、设计考虑和保密处理等）。

（6）模型库和方法库设计（本系统所选用的数学模型和方法以及简要说明）。

（7）安全保密设计。

3. 系统配置方案

（1）硬件配置设计。

（2）通信与网络配置设计。

（3）软件配置设计。

（4）机房配置设计。

4. 系统实施方案及说明

（1）实施方案。

（2）实施计划（包括工作任务的分解、进度安排和经费预算）。

（3）实施方案的审批（说明经过审批的实施方案概况和审批人员的姓名）。

➢知识拓展：可视化建模

可视化建模（Visual Modeling）是利用围绕现实想法组织模型的一种思考问题的方法。模型对于了解问题、与项目相关的每个人（客户、行业专家、分析师、设计者等）沟通、模仿企业流程、准备文档、设计程序和数据库来说都是有用的。建模促进了对需求的更好的理解、更清晰的设计、更加容易维护的系统。可视化建模就是以图形的方式描述所开发的系统的过程。可视化建模允许你提出一个复杂问题的必要细节，过滤不必要的细节。它也提供了一种从不同的视角观察被开发系统的机制。

1. 可视化建模加深了抽象的程度

模型通过过滤非本质的细节信息，成为描述复杂的问题或结构的本质的抽象（Abstraction），它使问题更容易理解了。抽象是一种允许我们处理复杂问题的基本能力。千百年以来，工程师、艺术家和工匠一直在实施某项工程之前，先建立模型提炼出它的设计方案。软件系统的开发也并不例外。为了建立复杂的系统，开发者必须抽象出系统的不同的视图，使用精确的符号建立模型，验证这些模型是否满足系统的需求，并逐渐添加细节信息把这些模型转变为实现（Implementation）。

我们建立复杂系统的模型是因为我们没法理解整个系统。人类理解复杂性的能力是有限的。这个观念可以在世界上的建筑中看到。如果你希望在后院中建立小屋，你可以立即开始建造；如果你希望建立新房子，你就可能需要一张蓝图了；如果你要建立摩天大楼，你就绝对需要一张蓝图。在软件的世界中这也是一样的。由源代码行或 Visual Basic 中设计的窗体担任主角为程序员提供的开发项目的全局视图是很微不足道的。构造模型允许设计师集中考虑项目中的组成部分如何交互的全局情况，而不会陷入每个组成部分的具体细节信息的泥沼中。

高度竞争的和不断改变的业务环境导致了复杂性不断增加，这为系统开发者带来了独特的挑战。模型帮助我们组织、形象化、理解和建立复杂的事物。它们在目前和未来都会帮助我们解决开发软件遭遇的各种挑战。

2. 成功三角形

使用成功三角形来解释成功的项目所需要的组成部分。你需要所有的三个方面——符号、过程和工具。你可以学习一种符号，但是如果不知道如何利用它（过程），你可能会失败。你可能拥有强大的过程，但是如果不能沟通这些过程（符号），你也可能失败。最后，如果你不能记载自己的工作文档（工具），你也可能失败。

3. 符号的角色

符号在任何模型中都扮演着重要的部分——它是把过程连接在一起的“黏合剂”。符号有三种角色：

①它是为传达决定的语言服务的，不能明显地或者不能从代码自身中推理得到。

②它提供的语义学对于捕捉所有重要的战略和战术决定都是足够丰富的。

③它提供了一种具体的形式，足以供人们来思考和工具来操作。

统一的建模语言（UML）提供了非常健全的符号，它从分析的范围发展到了设计的范围。一定的符号元素（如类、联系、集合体、继承）都是在分析中引入的。其他的符号元素（如保留实现的标识和属性）都是在设计中引入的。

4. 为什么要建模

设计一个软件的模型就好比是一幢大楼需要蓝图一样重要。好的模型能够:

①鉴别需求和沟通信息;

②着眼于系统的组件如何相互作用，而不是陷于具体的细节;

③使你能够了解设计组件的相互关系;

④通过使用一个共同的图形语言，改进跨团队的沟通。

5. 总结

可视化建模是利用围绕现实想法组织模型思考问题的一种方法。模型对于理解问题、沟通、建立企业模型、准备文档和设计程序和数据库都是有用的。建模促进了对需求的更好的理解、更好的设计和更容易维护的系统。符号在任何模型中都扮演着重要的部分——它是把过程黏合在一起的“黏合剂”。统一的建模语言提供了丰富的符号，它从分析中发展到设计中。

成功开发的项目满足或超越客户的期望，它是用及时并节约的方式开发的，并且对改变和适应是有弹性的。开发生命周期必须促进创造和革新。良好的管理的迭代和增加开发生命周期提供了必要的控制，同时不会影响创造性。在迭代和增加的开发生命周期中，开发由一系列的迭代组成，它们将发展成最终的系统。每个迭代包含下面的过程组成部分中的一个或多个：业务建模、需求、分析、设计、实现、测试和部署。

思考题

1. 系统设计的主要任务有哪些？遵照什么原则？
2. 结构化设计方法有哪些特点？
3. 系统划分的方法有哪些？并加以比较。
4. 系统模块结构设计包含哪些内容？
5. 模块结构图的标准形式有哪些？各有什么特点？
6. 详细设计常用的工具有哪些？
7. 系统设计阶段的工作成果是什么？具体包括哪些内容？
8. 针对你小组开发的系统，编写系统设计报告。

上机作业题

用绘图软件实现总体结构设计的各种图表。

小组讨论题

可视化建模与结构化建模语言有何异同？有何优势？有何劣势？

第 9 章

系统实施

当系统分析与系统设计的工作完成以后，开发人员的工作重点就从分析、设计和创造性思考的阶段转入实践阶段。在此其间，将投入大量的人力、物力及占用较长的时间进行物理系统的实施、程序设计、程序和系统调试、人员培训、系统转换等一系列工作，该阶段称此过程为系统实施。

9.1 系统实施概述

系统实施阶段可以分为 4 大步骤：物理系统的实施与程序设计；系统测试；人员培训；系统转换。

9.1.1 系统实施的目标

在系统分析与系统设计的阶段中，开发人员为新系统设计了它的逻辑模型和物理模型。系统实施阶段的目标就是把系统设计的物理模型转换成可实际运行的新系统。

系统实施阶段既是成功地实现新系统，又是取得用户对新系统信任的关键阶段。

9.1.2 系统实施的主要内容和步骤

1. 系统实施的内容

系统实施是一项复杂的工程，管理信息系统的规模越大，实施阶段的任务越复杂。一般来说，系统实施阶段主要有以下几个方面的工作：

（1）物理系统的实施；

（2）程序设计；

（3）系统测试；

（4）人员培训；

（5）系统转换。

2. 系统实施的步骤

系统实施的步骤是首先进行管理信息系统物理系统的实施，包括计算机系统和通信网络系统的订购、机房的准备和设备安装调试等一系列活动。在此阶段要根据计算机物理系统配置方案购买和安装计算机硬、软件系统和通信网络系统，如果购买的时间太早会带来经济上的损失，并熟悉它们的性能和使用方法，收集有关数据并准备录入。同时可进行的工作是程序设计；然后是系统测试；最后是人员培训和系统转换。

系统实施的步骤如图 9-1 所示。

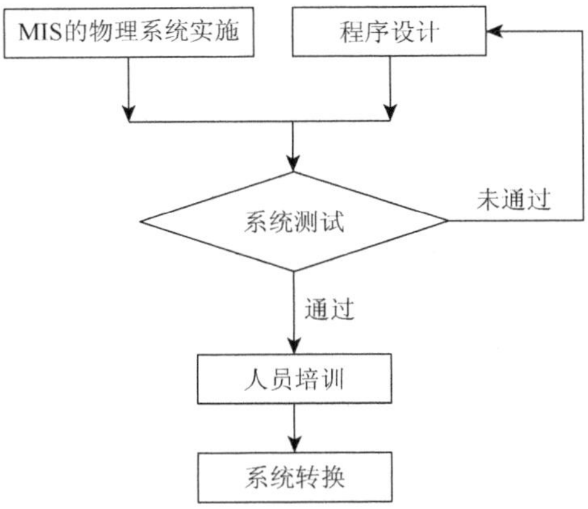

图 9-1 系统实施的步骤

9.2 程序设计

9.2.1 程序设计的任务与衡量编程工作质量的指标

程序设计的主要依据是系统设计阶段的模块结构图、IPO 图以及数据库结构和编码设计。程序设计的任务是为新系统编写程序，即把详细设计的结果转换成某种计算机编程语言写成的程序。该阶段相当于机械工程中图纸设计完成的“制造”阶段，程序设计的好坏，直接关系到能否有效地利用电子计算机来圆满地达到预期目的。

衡量编程工作质量的指标有：

（1）程序的功能必须按照规定的要求，正确地满足预期的需要；

（2）程序的内容清晰、明了、便于阅读和理解；

（3）程序的结构严谨、简捷，算法和语句选用合理，执行速度快，节省机时；

（4）程序和数据的存储、调用安排得当，节省存储空间；

（5）程序的适应性强。程序交付使用后，当应用问题或外界环境有了变化时，调整和修改程序比较简便易行。

以上各指标并不是绝对的，允许根据系统本身以及用户环境的不同情况而有所侧重考虑。此外，程序设计结束后，还应写出操作说明书，说明执行该程序时的具体操作步骤。

9.2.2 程序设计方法

目前常见的程序设计的方法有结构化方法、原型化方法、面向对象方法，这些方法可以充分利用现有软件工具，不但可以减轻开发的工作量，还可使系统开发过程更规范，使系统功能更强，更易于维护和修改。

编程的目的是实现开发者在系统分析和系统设计中提出的管理方法和处理构思，编程不是系统开发的目的。所以在编程和实现中，应尽量借用已有的程序和各种开发工具，尽快较好地实现系统的目标，而不要在具体的编程和调试工作中花费过多的精力和时间。

1. 结构化程序设计方法

结构化程序设计（Structured Programing，SP）方法，由 E. Dijkstra 等于 1972 年提出，用于详细设计和程序设计阶段，指导人们用良好的思想方法，开发出正确又易于理解的程序。

鲍赫门（Bohm）和加柯皮（Jacopini）在 1966 年就证明了结构定理：任何程序结构都可以用顺序、选择和循环这三种基本结构如图 9-2（a）、（b）和（c）所示。

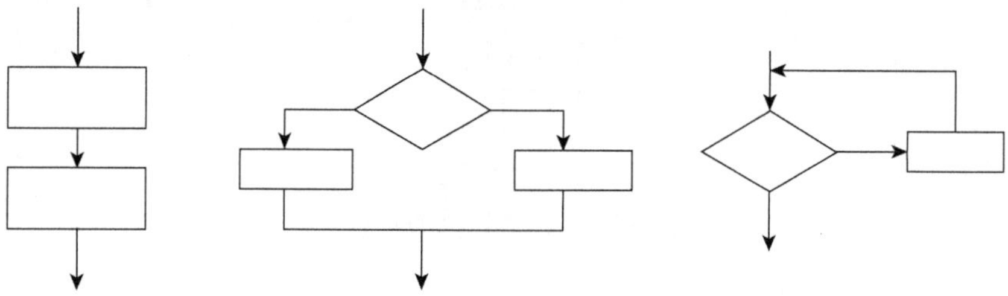

(a) 顺序　　(b) 选择　　(c) 循环

图 9-2 程序的三种基本结构

结构化程序设计就建立在上述结构定理上，同时，Dijkstra 主张取消 GOTO 语句，而仅仅用三种基本结构反复嵌套构造程序。

结构化程序设计至今还没有一个统一的定义，一般认为：结构化程序设计是一种设计程序的技术，它采用自顶向下逐步求精的设计方法和单入口单出口的控制技术。

按照这个思想，对于一个执行过程模糊不清的模块如图 9-3（a）所示，我们可以采用以下几种方式对该过程进行分解。

（1）用顺序方式对过程作分解，确定模糊过程中各个部分的执行顺序，如图 9-3（b）所示。

（2）用选择方式对过程作分解，确定模糊过程中某个部分的条件，如图 9-3（c）所示。

（3）用循环方式对过程作分解，确定模糊过程中主体部分进行重复的起始、终止条件，如图 9-3（d）所示。

对仍然模糊的部分可反复使用上述分解方法，最后即可使整个模块都清晰起来，从而把全部细节确定下来。

由此可见，用结构化方法设计的结构是清晰的，有利于编写出结构良好的程序。因此我们必须用结构化程序设计的思想来指导程序设计的工作。

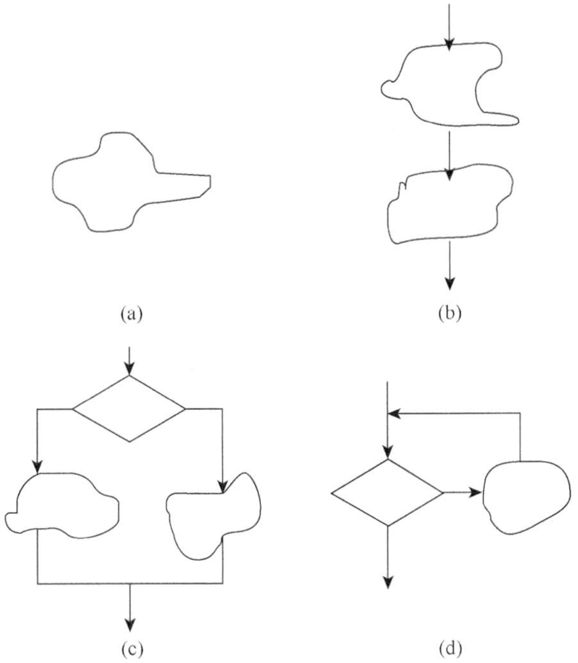

图 9-3　逐步求精的分解方法

结构化程序设计的基本思想是按由顶向下逐步求精的方式，由三种标准控制结构反复嵌套来构造一个程序。按照这种思想，可以对一个执行过程模糊不清的模块，以顺序、选择、循环的形式加以分解，最后使整个模块都清晰起来，从而确定全部细节。

用结构化程序设计方法逐层把系统划分为大小适当、功能明确、具有一定独立性、容易实现的模块，从而把一个复杂的系统的设计转变为多个简单模块的设计。用结构化程序设计方法产生的程序也由许多模块组成，每个模块只有一个入口和一个出口，程序中一般没有 GOTO 语句，我们把这种程序称为结构化程序。结构化程序易于阅读，而且可提高系统的可修改性和可维护性。

由于大多高级语言都支持结构化程序设计方法，其语法上都含有表示三种基本结构的语句，所以用结构化程序设计方法设计的模块结构到程序的实现是直接转换的，只需用相应的语句结构代替标准的控制结构即可，因此减轻了程序设计的工作量。

2. 原型化程序设计方法

原型是指模拟某种产品的原始模型。在软件开发过程中，原型是软件的一个早期可运行的版本，它反映最终系统的部分重要特性，在获得一组基本需求说明后，通过快速分析构造出一个小型的软件系统，满足用户的基本需求。

在系统各个功能模块的程序实现阶段，原型化的程序设计方法是非常有效的方法。

原型化程序设计的具体实施方法是，首先将模块结构图中类似带有普遍性的功能模块集中，如菜单模块、报表模块、查询模块等。这些模块几乎是每个子系统必不可少的。然后再去寻找有无相应、可用的软件工具，如果没有，可以考虑开发一个能够适合各个子系统情况的通用模块，然后用这些工具生成这些程序模型原型。

如果模块结构图中有一些特定的处理功能和模型，而这些功能和模型又是现有工具不可能生成出来的，则再考虑编制一段程序加进去。利用现有的工具和原型方法可以很快地开发出所要的程序。

3. 面向对象程序设计方法

面向对象程序设计（OOP）技术汲取了结构化程序设计中好的思想，并将这些思想与一些新的、强大的理念相结合，从而给你的程序设计工作提供了一种全新的方法。通常，在面向对象的程序设计风格中，你会将一个问题分解为一些相互关联的子集，每个子集内部都包含了相关的数据和函数。同时，你会以某种方式将这些子集分为不同等级，而一个对象就是已定义的某个类型的变量。当你定义了一个对象时，你就隐含地创建了一个新的数据类型。

面向对象程序设计方法一般应与 OOD（面向对象的开发）所设计的内容相对应。它是一个简单直接的映射过程。即将 OOD 中所定义的范式直接用 OOP（面向对象程序），例如，用 C++中的对象类型取代 OOD 范式中的类-&-对象，用 C++中的函数和计算功能来取代 OOD 范式中的处理功能等。在系统实现阶段，OOP 的优势是巨大的，是其他方法所无法比拟的。

发明面向对象程序设计方法的主要出发点是弥补面向过程程序设计方法中的一些缺点。OOP 把数据看作程序开发中的基本元素，并且不允许它们在系统中自由流动。它将数据和操作这些数据的函数紧密地连接在一起，并保护数据不会被外界的函数意外地改变。OOP 允许我们将问题分解为一系列实体——这些实体被称为对象（object），然后围绕这些实体建立数据和函数。

9.2.3 如何选择编程工具

当前各类软件工具的发展是整个计算机或信息产业中发展最快的领域之一，软件工具技术不仅数量和功能上突飞猛进，而且在其内涵的拓展上也日新月异，为开发信息系统提供了越来越多、越来越方便的实用手段。可以说，在当今的信息系统中，了解和选用恰当的工具是系统实现质量和效率的保证之一。

目前市场上的编程工具很多，比较流行的软件工具有：一般编程语言、数据库系统、程序生成工具、专用系统开发工具、客户机/服务器型工具，以及面向对象的编程工具等。

管理信息系统的程序规模日益增大，采用的程序设计语言也逐渐发生变化，一般不用汇编语言，也很少用传统的 Fortran、Cobol 等高级语言，而是采用当前功能更强的编程工具或高级语言。目前，较为流行的有：Visual C、Visual Basic、Visual FoxPro、Delphi、PowerBuilder 及 Lotus Notes 语言等。

选择程序设计语言应该考虑以下问题。

（1）语言的结构化机制与数据管理能力。选用高级语言应该有理想的模块化机制、可读性好的控制结构和数据结构，同时具备较强的数据管理能力，如数据库语言。

（2）语言可提供的交互功能。选用的语言必须能够提供开发美观的人机交互程序的功能，如色彩、音响、窗口等。这对用户来说是非常重要的。

（3）有较丰富的软件工具。如果某种语言支持程序开发的软件工具可以利用，则使系统的实现和调试都变得比较容易。

（4）开发人员的熟练程度。虽然对于有经验的程序员来说，学习一种新语言并不困难，但要完全掌握一种新语言，并用它编出高质量的程序来，却需要经过一段时间的实践。因此，如果可能，应该尽量使用程序员所熟悉的语言。

（5）软件可移植性要求。如果开发出的系统软件将在不同的计算机上运行，或打算在某个部门推广使用，那么应该选择一种通用性强的语言。

（6）系统用户的要求。如果所开发的系统由用户负责维护，用户通常要求用他们熟悉的语言书写程序。

9.2.4 管理信息系统的基本程序模块

一个管理信息系统的软件由很多程序模块组成，这些程序模块可以归纳成为几种基本类型，包括控制模块、输入及校验模块、修改或更新模块、分类合并模块、计算模块、查询、检索模块、输出模块和预测、优化模块等，其结构如图 9-4 所示。

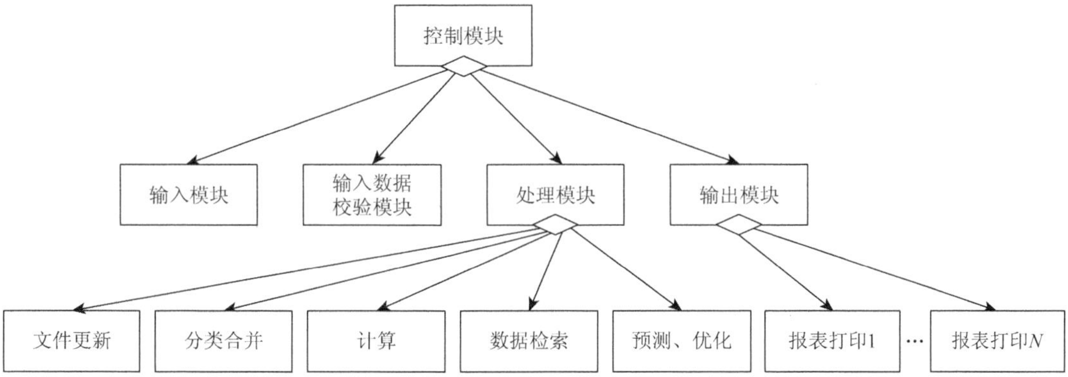

图 9-4 基本程序模块结构

1. 控制模块

控制模块包括主控制模块和各级控制模块。控制模块的主要功能是根据用户要求信息，由用户确定处理顺序，然后控制转向各处理模块的入口。

2. 输入模块

输入模块主要用来输入数据。输入方式有直接用键盘输入和软盘输入两种。

3. 输入数据校验模块

该模块对已经输入计算机中的数据进行校验，以保证原始数据的正确性。校验的方法通常有重复输入校验和程序校验两种。

4. 输出模块

输出模块用来将计算机的运行结果通过屏幕、打印机或磁盘、磁带等设备输出给用户。在管理信息系统中，一般都有大量的表格、图表需要输出，因此输出模块的质量直接关系到整个系统的性能。

5. 处理模块

根据管理信息系统的不同应用部门和要求，有不同的处理功能，通常有以下几种类型。

1）文件更新模块

当系统应用的数据发生变化时，需要修改数据文件。例如，增加新的记录，修改数据项或记录，删除某些不需要的记录等。

一般来说，文件更新模块应该具有下述功能：

（1）对记录中关键字的控制功能，通过关键字查找相应记录；

（2）控制总记录数的功能，以便控制追加、插入记录的位置；

（3）具有记录地址或字节位置的控制功能，以便确定修改数据的位置，控制插入或者追加的数据位置。

2）分类合并模块

分类合并模块的主要功能是对已经建立的文件，按某关键字进行分类合并。例如，在材料核算系统中耗用材料要按照材料类型合并处理。分类合并程序应该具有下述功能：

（1）具有控制记录总数的功能；

（2）具有字符串比较的功能；

（3）具有排序、统计和计数功能。

3）计算模块

该模块的主要功能是进行计算处理，包括同类记录中各数据项的运算。例如，将材料单价与数量相乘，求得某材料的应付金额；若要计算某种材料在某个产品中的总消耗量，则必须累计各次材料领用量，然后减去废料量。

4）数据检索模块

为用户提供查询有关信息的程序，包括输入查询要求和输出特定的查询结果。它是管理信息系统的人机接口，对于人机交互的友好程序以及查询响应时间等均有较高要求。

5）预测或优化模块

使用预测或优化的数学模型，利用管理信息系统所提供的有关数据，进行计算和分析并输出结果，用来辅助企业或部门的管理人员进行决策。例如，库存管理中的 ABC 分类、最佳订货量计算、财务管理中的资金分析等。

一个完整的计算机管理信息系统，实质上是以上各类基本程序模块的组合体。

9.3 系统测试

9.3.1 测试的目的

在管理信息系统的开发过程中，面对着错综复杂的各种问题，人的主观认识不可能完全符合客观现实，开发人员之间的思想交流也不可能十分完善。所以，在管理信息系统开发周期的各个阶段都不可避免地会出现差错。

测试的目的在于发现其中的错误并及时纠正，所以在测试时应想方设法使程序的各个部分都投入运行，力图找出所有错误。错误多少与程序质量有关。即使这样，测试通过也不能证明系统绝对无误，只不过说明各模块、各子系统的功能和运行情况正常，相互之间连接无误，系统交付用户使用以后，在系统的维护阶段仍有可能发现少量错误并进行纠正，这也是正常的。

9.3.2 测试的策略和基本原则

先看一个例子。

【例 9.1】如图 9-5 所示是一个小程序的控制流程图，该程序由一个循环语句组成，循环次数可达 20 次，循环体中是一组嵌套的 IF 语句，其可能的路径有五条，所以从程序的入口 A 到出口 B 的路径数高达 $5^{20} \approx 10^{14}$。如果编写一个测试例子，并用它来测试这个程序的一条路径要花一分钟，则测试每一条路径就需要二亿年。

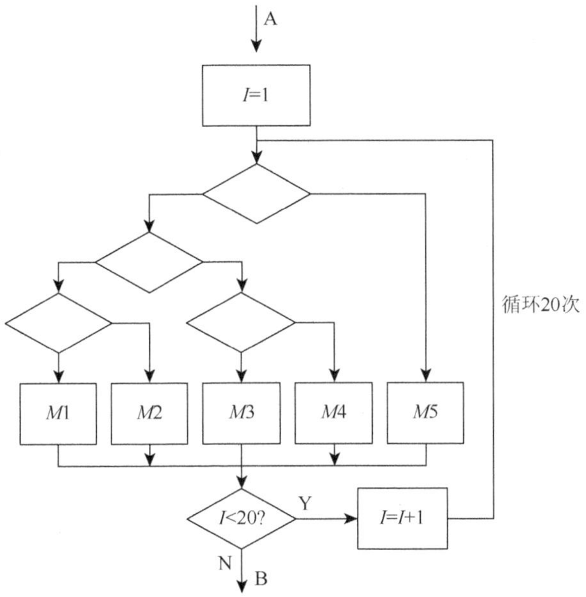

图 9-5 控制流程图示例

这个例子说明，要想通过“彻底”地测试找出系统的全部错误是不可能的，因此，测试阶段要考虑的基本问题就是“经济性”了。测试的经济性策略是：在一定的开发时间和经费的限制下，通过进行有限步操作或执行测试用例，尽可能多发现一些错误。

测试阶段还应注意以下一些基本原则。

（1）测试要精心设计测试用例。测试用例一般由“输入数据”和“预期的输出结果”组成。这就是说，在执行程序之前应该对期望的输出有很明确的描述，这样，测试后可将程序的输出同它仔细对照检查。若不事先确定预期的输出，有可能把看似正确而实际是错误的结果当成是正确结果。

（2）不仅要选用合理的输入数据进行测试，还应选用不合理的甚至错误的输入数据。许多人往往只注意前者而忽略了后一种情况，为了提高程序的可靠性，应认真组织一些异常数据进行测试，并仔细观察和分析系统的反应。

(3)除了检查程序是否做了它应该做的工作,还应检查程序是否做了它不该做的事情。例如,除了检查工资管理程序是否为每个职工正确地产生了一份工资单，还应检查它是否还产生了多余的工资单。

（4）应该长期保留所有的测试用例，直至该系统被废弃不用。在管理信息系统的测试中，设计测试用例是很费时的，如果将用过的例子丢弃了，以后一旦需要再测试有关的部分时（如技术鉴定系统维护等场合）就需要再花很多人工。通常，人们往往懒得再次认真地设计测试用例，因而下次测试时很少有初次那样全面。如果将所有测试用例作为系统的一部分保存下来，就可以避免这种情况的发生。

9.3.3 测试方法

测试包括三方面，即设计测试用例、执行被测程序和分析执行结果并发现错误。设计测试用例是开始程序测试的第一步，也是有效地完成测试工作的关键。按照在设计测试用例时是否涉及程序的内部结构，可以分为白盒测试和黑盒测试两种方法。

白盒测试时，测试者对被测试程序的内部结构是清楚的。他从程序的逻辑结构入手，按照一定的原则来设计测试用例，设定测试数据。由于被测程序的结构对测试者是透明的，因此有些书又称这类测试为玻璃盒测试或结构测试。黑盒测试的情况正好相反。此时，测试者把被测程序看成一个黑盒，完全用不着关心程序的内部结构。设计测试用例时，仅以程序的外部功能为根据。一方面检查程序能否完成一切应做的事情，另一方面要考察它能否拒绝一切不应该做的事情。由于黑盒测试着重于检查程序的功能，所以也称为功能测试。

1. 设计测试用例的基本目标

设计测试用例是测试阶段的关键技术问题。测试用例是以发现程序错误为目的而精心设计的一组测试数据，包括预定要测试的功能，应该输入的测试数据和预期的结果。可以写成：

测试用例={输入数据+期望结果}

设计测试用例最困难的问题是设计测试的输入数据。不同的测试数据发现程序错误的能力差别很大，为了提高测试效果、降低测试成本，应该选用高效的测试数据。因为不可能进行穷尽的测试，选用少量“最有效的”测试数据，做到尽可能完备的测试就很重要了。因此，设计测试用例的基本目标就是确定一组最可能发现多个错误或多类错误的测试数据。

2. 设计测试数据的技术

已经研究出许多设计测试数据的技术，这些技术各有优缺点，没有哪一种是最好的，更没有一种可以代替其余所有技术；同一种技术在不同应用场合效果可能相差很大，因此，通常需要联合使用多种测试数据。

本章介绍的设计测试数据技术主要有：适用于黑盒测试的等价划分法、边界值分析法及错误推测法等；适用于白盒测试的逻辑覆盖法等。

通常设计测试数据的做法是：用黑盒法设计基本的测试用例，再用白盒法补充一些方案。

3. 黑盒测试技术

1）等价划分法

等价划分法是黑盒测试的一种技术。穷尽的黑盒测试需要使用所有有效的和无效的输入数据来测试程序，通常这是不现实的。因此，只能选取少量有代表性的输入数据，以期用较小的代价暴露出较多的程序错误。

这种方法是把被测试的程序的所有可能的输入数据（有效的和无效的）划分成若干个等价类，把无限的随机测试变成有针对性的等价类测试。按这种方法可以合理地作出下列假定：每类中的一个典型值在测试中的作用与这一类中所有其他值的作用相同。因此，可以从每个等价类中只取一组数据作为测试数据。这样可选取少量有“代表性”的测试数据，来代替大量相类似的测试，从而大大减少总的测试次数。

设计等价类的测试用例一般分为两步进行，第一步划分等价类并给出定义；第二步选择测试用例。选择的原则是：有效等价类的测试用例尽量公用，以期进一步减少测试的次数；无效等价类必须每类一例，以防漏掉本来可能发现的错误。

划分等价类时，需要研究程序的功能说明，以确定输入数据的有效等价类和无效等价类。在确定输入数据的等价类时常常还需要分析输出数据的等价类，以便根据输出数据的等价类导出对应的输入数据等价类。

划分等价类需要经验，下述几条启发式规则可能有助于等价类的划分。

（1）如果规定了输入值的范围，则可划分出一个有效的等价类（输入值在此范围内），两个无效的等价类（输入值小于最小值和大于最大值）。

（2）如果规定了输入数据的个数，则类似地可以划分出一个有效的等价类和两个无效的等价类。

（3）如果规定了输入数据的一组值，而且程序对不同输入值做不同处理，则每个允许的输入值是一个有效的等价类，此外还有一个无效的等价类（任意一个不允许的输入值）。

（4）如果规定了输入数据必须遵循的规则，则可以划分出一个有效的等价类（符合规则）和若干无效的等价类（从各种不同角度违反规则）。

（5）如果规定了输入数据为整型，则可以划分出正整数、零和负整数三个有效类。

（6）如果程序的处理对象是表格，则应该使用空表，以及一项或多项的表。

以上列出的启发式规则只是测试时可能遇到的情况中的很小的一部分，实际情况千变万化，根本无法一一列出。为了正确划分等价类，一是要注意积累经验，二是要正确分析被测程序的功能。此外，在划分无效等价类时，还必须考虑编译程序的检错功能，一般来说，编译程序肯定能发现的错误不需要再设计测试数据。最后说明一点，上面列出的启发式规则虽然都是针对输入数据的，但其中绝大部分也同样适用于输出数据。

划分出等价类以后，根据等价类设计测试用例时主要使用下面两个步骤：

（1）设计一个新的测试用例以尽可能多地覆盖尚未覆盖的有效等价类，重复这一步骤直到所有有效等价类都被覆盖；

（2）设计一个新的测试用例，使它覆盖一个而且只覆盖一个尚未覆盖的无效等价类，重复这一步骤直到所有无效等价类都被覆盖。

注意，通常程序发现一类错误后就不再检查是否还有其他错误，因此，应该使每个测试用例只覆盖一个无效等价类。下面举例说明。

【例 9.2】某城市的电话号码由三部分组成。这三部分的名称和内容分别是：

地区码　空白或三位数字；

前　缀　非“0”或“1”开头的三位数；

后　缀　四位数字。

假定被测试的程序能接受一切符合上述规定的电话号码，拒绝所有不符合规定的号码，就可用等价分类法来设计它的测试用例。

【解】第一步，划分等价类，包括 4 个有效等价类，11 个无效等价类。表 9-1 列出了划分的结果。在每一等价类之后加有编号，以便识别。

表 9-1　电话号码程序的等价类划分

输入条	有效等价类	无效等价类
地区码	空白（1），3 位数字（2）	有非数字字符（5），少于 3 位数字（6），多于 3 位数字（7）
前缀	从 200 到 999 之间的 3 位数字（3）	有非数字字符（8），起始位为“0”（9），起始位为“1”（10），少于 3 位数字（11），多于 3 位数字（12）
后缀	4 位数字（4）	有非数字字符（13），少于 4 位数字（14），多于 4 位数字（15）

第二步，确定测试用例。表 9-1 中有 4 个有效等价类，可以公用如表 9-2 所示的两个测试用例。

表 9-2　有效等价类中测试用例的确定

测试数据	测试范围	期望结果
（）276～2345	等价类（1），（3），（4）	有效
（635）805～9321	等价类（2），（3），（4）	有效

对 11 个无效等价类，要选择 11 个测试用例，如表 9-3 所示。

表 9-3　无效等价类中测试用例的确定

测试数据	测试范围	期望结果
（20A）123～4567	无效等价类（5）	无效
（33）234～5678	无效等价类（6）	无效
（7777）345～6789	无效等价类（7）	无效
（777）34A～6789	无效等价类（8）	无效
（234）045～6789	无效等价类（9）	无效
（777）145～6789	无效等价类（10）	无效
（777）34～6789	无效等价类（11）	无效
（777）2345～6789	无效等价类（12）	无效
（777）345～678A	无效等价类（13）	无效
（777）345～678	无效等价类（14）	无效
（777）345～56789	无效等价类（15）	无效

选取的测试数据可以不同，关键是与测试内容相符。

2）边界值分析

经验表明，处理边界情况时程序最容易发生错误。例如，许多程序错误出现在下标、纯量、数据结构和循环等的边界附近。因此，设计使程序运行在边界情况附近的测试方案，暴露出错误的可能性更大一些。

使用边界值分析方法设计测试用例首先应该确定边界情况，这需要经验和创造性，通常输入等价类和输出等价类的边界，就是应该着重测试的程序边界情况。选取的测试数据应该刚好等于、稍小于和稍大于边界值。也就是说，按照边界值分析法，应该选取刚好等于、稍小于和稍大于等价类边界值的数据作为测试数据，而不是选取每个等价类内的典型值作为测试数据。

通常设计测试用例时总是联合使用等价划分法和边界值分析两种技术。

3）错误推测法

使用边界分析法和等价划分技术，可以帮助开发人员设计具有代表性的，容易暴露程序错误的程序用例。但是，不同类型不同特点的程序通常又有一些特殊的容易出错的情况。此外，有时分别使用每组测试数据时程序都能正常工作，这些输入数据的组合却可能检测出程序的错误。一般说来，即使是一个比较小的程序，可能的输入组合数也往往十分巨大，因此必须依靠测试人员的经验和直觉，从各种可能的测试用例中选出一些最可能引起程序出错的方案。对于程序中可能存在哪类错误的推测，是挑选测试用例时的一个重要因素。

错误推测法在很大程度上靠直觉和经验进行。它的基本想法是列举出程序中可能有的错误和容易发生错误的特殊情况，并且根据它们选择测试用例。对于程序中容易出错的情况也有一些经验总结出来，例如，输入数据为零或输出数据为零往往容易发生错误；如果输入或输出的数目允许变化（例如，被检索的或生成的表的项数），则输入或输出的数目为 0 和 1 的情况（例如，表为空或只有一项）是容易出错的情况。还应该仔细分析程序规格说明书，注意找出其中遗漏或省略的部分，以便设计相应的测试用例，检测程序员对这些部分的处理是否正确。

例如，当对一个排序程序进行测试时，可先用边界值分析法设计测试用例：输入表为空表；输入表中仅有一个数据；输入表为满表。

再用错误推测法补充一些例子：输入表已经排好了序；输入表的排序恰与所要求的顺序相反（如程序功能为由小到大排序，输入表为由大到小排序）；输入表中的所有数据全部相同。

此外，经验说明，在一段程序中已经发现的错误数目往往和未发现的错误数目成正比。因此，在进一步测试时要着重测试那些已发现较多错误的程序段。

4）输入组合

等价划分法和边界值分析法都只孤立地考虑各个输入数据的测试功效，而没有考虑多个输入数据的组合效应，可能会遗漏了输入数据易于出错的组合情况。选择输入组合的一个有效途径是利用判别表和判定树为工具，列出输入数据各种组合与程序应做的动作（即相应的输出结果）之间的对应关系，然后为判定表的每一列至少设计一个测试用例。

选择输入组合的另一个有效途径是把设计测试和人工检查代码结合起来。例如，通过代码检查程序中两个模块使用并修改某些共享的变量，如果一个模块对这些变量的修改不正确，则会引起模块出错，因此这是程序发生错误的一个可能的原因。应该使设计测试用例在程序的一次运行中同时检测这两个模块，特别要着重检测一个模块修改了共享变量后另一个模块能够像预期的那样正常使用这些变量。反之，如果两个模块相互独立，则没有必要测试它们的输入组合情况。通过代码检查也能发现模块相互依赖的关系，在这种情况下，不仅必须测试这个转换函数，还应该测试调用它的算术函数在转换函数接收无效输入时的响应。

4. 逻辑覆盖法（白盒测试技术）

有选择地执行程序中某些最有代表性的通路是对穷尽测试的唯一可行的替代方案。所谓逻辑覆盖是对一系列测试过程的总称，这组测试过程逐渐进行越来越完整的通路测试。

测试数据执行（或叫覆盖）程序逻辑的程度可以划分成哪些不同的等级呢？从覆盖源程序的语句的详尽程度分析，大致有以下一些不同的覆盖标准。

1）语句覆盖

为了暴露程序中的错误，至少每个语句应该测试一次。语句覆盖的含义是，选择足够多的测试数据，被测试程序中的每个语句至少执行一次。

例如，一个被测模块的流程图，如图 9-6 所示。

它的源程序（用 PSASCAL 书写）如下：

```
PROCEDURE EXAMPLE（A，B：REAL；VAR X：REAL）
            BEGIN
              IF（A>1）AND（B=0）
                THEN X：=X/A
              IF（A=2）OR（X>1）
                THEN X：=X+1
END；
```

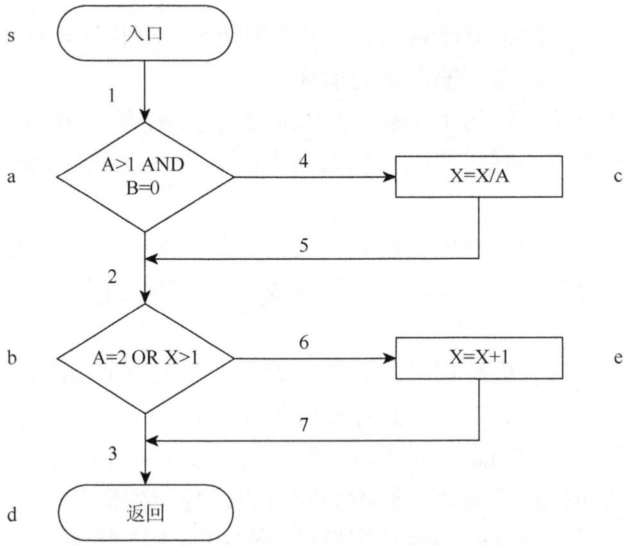

图 9-6 被测模块的流程图

为了使每个语句都执行一次，程序的执行路径应该是 sacbed，为此只需要输入下面的测试数据（实际上 X 可以是任意实数）：

A=2，B=0，X=4

语句覆盖对程序的逻辑覆盖很少，在例子中两个判定条件都只测试了图9-5被测模块的流程图上面的条件为真的情况，如果条件为假则处理有错误，显然不能发现。此外，语句覆盖只关心判定表达式的值，而没有分别测试判定表达式中每个条件取不同值时的情况。在上面的例子中，为了执行sacbed路径，以测试每个语句，只需两个判定表达式（A＞1）AND（B=0）和（A=2）OR（X＞1）都取真值，因此使用上述一组测试数据就够了。但是，如果程序中把第一个判定表达式中的逻辑运算符“AND”错写成了“OR”，或把第二个判定式中的条件“X＞1”误写成“X＜1”，使用上面的测试数据并不能查出这些错误。

综上所述，语句覆盖是很弱的逻辑覆盖标准。

2）判定覆盖

判定覆盖的含义是，不仅每个语句必须至少执行一次，而且每个判定的可能的结果都应该至少执行一次，也就是每个判定的每个分支都至少执行一次。

3）条件覆盖

条件覆盖的含义是，不仅每个语句至少执行一次，而且判定表达式中的每个条件都取到各种可能的结果。

4）判定/条件覆盖

既然判定覆盖不一定包含条件覆盖，条件覆盖也不一定包含判定覆盖，自然会提出一种能同时满足这两种覆盖标准的逻辑覆盖，这就是判定/条件覆盖，它的含义是，选取足够多的测试数据，使得判定表达式中的每个条件都取到各种可能的值，而且每个判定表达式也都取到各种可能的结果。

5）条件组合覆盖

条件组合覆盖是更强的逻辑覆盖标准，它要求选取足够多的测试数据，使得每个判定表达式中条件的各种可能组合都至少出现一次。

5. 设计测试用例小结

以上简单介绍了设计测试用例的几种基本方法，使用每种方法都能设计出一组有用的测试用例，但是没有一种方法能设计出全部测试用例。此外，不同的方法各有所长，用一种方法设计出的测试用例可能最容易发现某些类型的错误，对另外一些类型的错误可能不易发现。

因此，对软件系统进行实际测试时，应该联合使用各种设计测试用例的方法，形成一种综合策略。通常的做法是，用黑盒法设计基本的测试用例，再用白盒法补充一些必要的测试用例。具体地说，可以使用下述策略结合各种方法：

（1）在任何情况下都应该使用边界值分析的方法。经验表明，用这种设计方法设计出的测试用例暴露程序错误的能力最强。注意，应该既包括输入数据的边界情况又包括输出数据的边界情况。

（2）必要时用等价划分法补充测试用例。

（3）必要时再用错误推测法补充测试用例。

（4）对照程序逻辑，检查已经设计出的测试用例。可以根据对程序可靠性的要求采用不同的逻辑覆盖标准，如果现有测试用例的逻辑覆盖程度没有达到要求的覆盖标准，则应再补充一些测试用例。

应强调指出，即使使用上述综合策略设计测试用例，仍然不能保证测试将发现一切程序错误；但是，这个策略确实是在测试成本和测试效果之间的一个合理的折中。通过前面的叙述可以看出，软件测试确实是一件十分艰巨的工作。

9.3.4 测试步骤

一个管理信息系统通常由若干子系统组成，每个子系统又由若干模块（程序）组成。所以，测试工作可分为模块（程序）测试、分调（子系统测试）和总调（系统测试）三个层次，测试过程依次是模块测试、分调、总调，如图 9-7 所示。

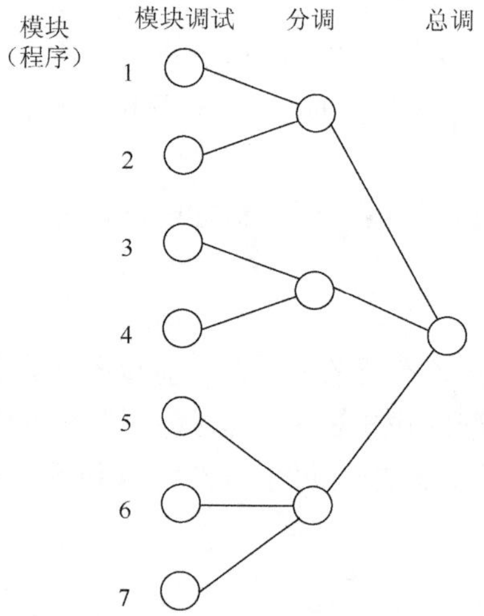

图 9-7 系统测试的步骤

不同的系统测试有不同的目的与测试内容。

1. 模块测试

模块（程序）测试的目的是保证每个模块本身能正常运行，在该步测试中发现的问题大都是程序设计或详细设计中的错误。对于模块测试，一般分成人工走通和上机测试两步进行。

人工走通就是打印出源程序，然后参照设计说明书（包括程序框图）的要求把它呈现在纸上“走”一遍。程序的错误可分成语法错误和逻辑错误两种情况，一般只要认真检查就可以发现绝大部分的语法错误和部分逻辑错误。而用计算机进行交互测试时，每发现一个错误后要先改正错误才能继续测试，速度要明显降低。所以，绝不要一开始就将源程序键入计算机而忙于立即执行，而应先在纸上走通。

程序的检查最好请审查小组或其他开发者。因为程序编制者在审查时往往会犯编程时同样的错误，而查不出某些问题。但这只是理想的情况，由于人力、财力所限，目前的测试基本上还是由编程者本人进行。按各层次人员的分工，模块测试应由操作员或程序员来进行。

当人工走通以后，就可以上机测试了。总的来看，语法错误比较容易发现和修改。因为高级语言都具备语法检查功能，但是检查的全面性不尽相同。为了有效地发现并改正逻辑错误，一方面，可认真设计测试用例，另一方面，要充分利用所用高级语言提供的测试机制或软件工具。

2. 分调

分调也称子系统测试，就是把经过测试的模块放在一起形成一个子系统来测试。测试的目的是测试各模块之间的协调和通信，即重点测试子系统内各模块的接口。例如，数据穿过接口时可能丢失；一个模块对另一个模块可能存在因疏忽而造成的有害影响；把若干子功能结合起来可能不产生预期的主功能等。

将若干个模块连接成一个可运行的子系统，通常有两种方法。一种方法是先分别测试每个模块，再把所有模块按设计要求连成一起进行测试，这种方法称为“非渐增式”测试。另一种方法是把下一个要测试的模块同已经测试好的那些模块结合起来进行测试，测试完成后再把下一个应该测试的模块结合进来测试，这种方式称为“渐增式”，这种方式实际上同时完成了模块测试和子系统测试。

下面以图 9-8 为例讨论这两种方式的差别。

1）非渐增式

如图 9-8 所示，非渐增式是先分别测试六个模块 A、B、C、D、E、F，然后将它们连接到一起再进行测试。若采用这种方式则在测试某个模块 X 时，需要临时为它设计一个驱动模块和若干个桩模块，如图 9-9 所示。驱动模块的作用是模拟 X 的调用模块，桩模块的作用则是模拟 X 的下层模块。例如，测试图 9-8 中的模块 B 时，要为它设计一个驱动模块，其作用是将测试数据传送给模块 B 并接收和显示 B 产生的结果，同时，因 B 要调用模块 E，所以还需设计一个桩模块，用来接受 B 的控制并模拟 E 的功能。这里的临时模块（驱动模块和桩模块）可以设计得非常简单，只要满足测试要求即可。

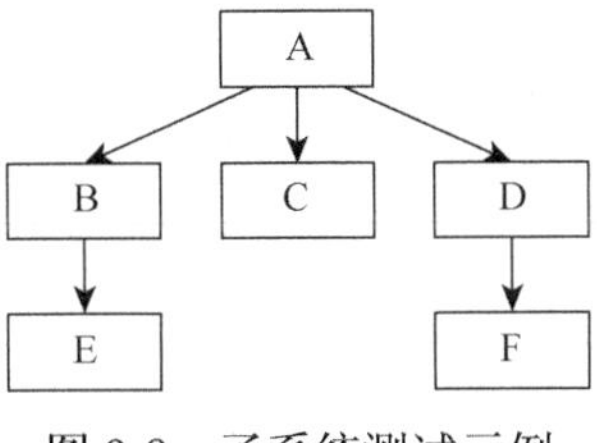

图 9-8 子系统测试示例

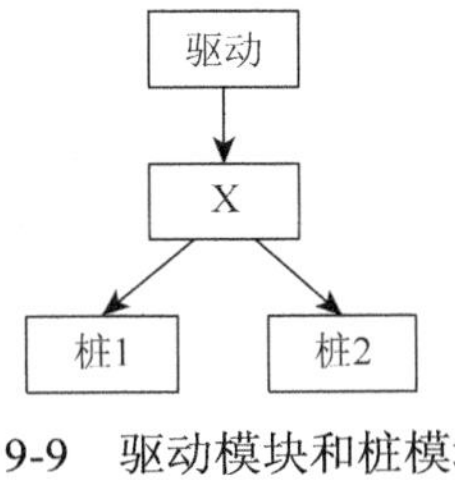

图 9-9 驱动模块和桩模块

2）渐增式

对渐增式来说，又可分为“由顶向下”“由底向上”等多种方式进行测试。若对图 9-6 采用“由底向上”的渐增式方式，则是先顺序地或并行地（如由三人完成）测试模块 E、C、F，此时只需为每个模块临时准备驱动模块，但不需要桩模块，然后为模块 B 准备一个驱动模块，将模块 B 与模块 E 连接起来测试，再为模块 D 准备一个驱动模块将 D 与 F 连接起来测试，最后把模块 A 与其他各模块连接并测试。

3）两种测试方法的比较

对这两种测试方法进行比较，可以看到：

（1）非渐增式需要更多的人工（如准备较多的控制模块和桩模块），而渐增式则可利用已经测试过的模块（如采用“由底向上”时可不需桩模块）。

（2）渐增式可以较早地发现模块界面之间的错误，非渐增式则要到最后将所有模块相连时才能发现这类错误。

（3）渐增式有利于排错。如果界面有错，它通常与最新加上去的那个模块有关，错误比较容易定位，非渐增式则不然。

（4）渐增式比较彻底。它以前面测试过的模块作为驱动模块或桩模块，所以这些模块将得到进一步的检查。

（5）渐增式需要较多的机器时间。例如，在图 9-7 中若采用“由底向上”的渐增式，则在测试模块 A 时，模块 B、C、D、E、F 也要执行。若用非渐增式，在测试模块 A 时只要执行用来模拟 B、C、D 的桩模块即可。当然，编写这些桩模块也需花费一定机器时间，所以可抵消一部分机器时间。

（6）使用非渐增式可以并行（同时）所有模块，能充分利用人力，这对开发系统是很有意义的。

综上所述，可以认为渐增式测试方法较非渐增式要优越。尤其对管理信息系统软件来说，“由底向上”的渐增式方法是一种较为适合的测试方法。

当然，在测试一个实际系统时，并没有必要机械照搬上述某一些方法。例如，当把一个已经充分测试过的模块结合进来时，可以着重测试模块之间的接口，当一个没有充分测试过的模块结合进来时，则需要利用已测试过的模块充分测试它。

3. 总调

分调后的任务是总调，也称为系统测试，是测试由子系统组合成的完整系统，测试的目的是发现系统设计和程序设计中的错误，验证系统的功能是否达到设计说明书的要求。

刚开始总调时，不必按完全真实情况下的数据量进行，可采用一些精心设计的数据量较少的测试用例，这样不仅可以使处理工作量大为减少，而且更容易发现错误和确定错误所在范围。

什么样的系统是有效的呢？一般说来，当系统的功能和性能如同用户所合理地期待的那样，则系统是有效的。因为系统分析阶段产生的系统说明书描述了用户的这种合理期望，所以它是系统有效性的标准。

4. 系统试运行

总调完成后下一步就可将原始系统手工作业方式得出的结果正确的数据作为新系统的输入数据进行“真实”运行，这时除了将结果与手工作业进行校核以外，还应考察系统的有效性、可靠性和效率。为此，最好请用户一起参加系统试运行工作。系统试运行的关键是“真实”和全面。进行系统试运行应该注重以下几点：

（1）测试用例应该是由实际意义的数据组成的。可以请用户参与测试用例的设计。

（2）某些已经测试过的纯粹技术的特点可以不需再次执行。

（3）对用户特别感兴趣的功能或性能，可以增加一些测试。

（4）应该设计并执行一些与用户使用步骤有关的测试。

在总调和试运行之前必须有充分准备，尽量使用户能够积极主动地参与，特别是为了使用户能有效地使用该系统，通常在总调之前由开发部门对用户进行培训。

在总调阶段发现的问题往往和系统分析阶段的差错有关，涉及面较广且解决起来也较困难，这时需要和用户充分协商解决。

9.3.5 系统测试报告

系统测试阶段产生的文档资料就是系统测试报告书，其书写格式如下：

1. 测试大纲

1）测试目标

2）测试内容

2. 程序测试（对每个程序）

1）程序测试的内容

2）程序测试的结果

3. 功能测试（对每个功能）

1）功能测试的内容

2）功能测试的结果

4. 自系统功能测试（对每个子系统）

1）子系统测试的内容

2）子系统测试的结果

5. 系统测试

1）系统测试的内容

2）系统测试的结果

6. 测试结果的评价

1）对程序的测试评价

2）对功能的测试评价

3）对子系统的测试评价

4）对系统的测试评价

7. 结论

8. 测试人员名单

9. 附录

1）系统使用说明书草案

2）系统维护手册草案

9.4 系统转换

在系统总调结束并完成测试工作的基础上，就可以进行系统转换的工作。系统转换就是按预定计划新系统代替原有系统的一系列过程，它的最终目的是将全部控制权移交给用户。转换工作包括原有系统的数据文件向新系统文件转换，人员培训、设备和组织结构的调整，有关资料和使用说明书移交给用户。管理人员和开发人员在系统转换中的任务是：

确保系统尽可能平稳地过渡，使新系统尽快投入运行，逐步安全地取代原有系统的功能。

9.4.1 人员培训

为了使新系统能够按预期目标正常运行，对用户人员进行必要的培训是在系统转换之前不可忽视的一项工作。

人员是管理信息系统的重要组成部分，包括企业的各级管理人员及管理与维护信息系统的专业人员。每一个与新系统有关的人都应该了解管理信息系统的运作方式和运作过程。培训就是使有关管理人员和技术人员了解和掌握新系统的有效途径之一。因此，培训工作关系到新系统的成败。如果管理人员对即将使用的新系统的管理过程不了解，不能确定新系统是否适用于自己的工作，那么就有可能消极地对待新系统，甚至阻碍系统的推广应用。

管理信息系统的开发与应用不仅是计算机在企业中的应用，同时也是一种企业变革。由于企业管理的传统思想及方法与管理信息系统的要求之间有着巨大的差异，企业管理人员对这种新的管理思想和管理方法有一个熟悉、适应和转变观念的过程。

对于自行开发管理信息系统的企业来说，通过系统开发过程来培养一批既懂管理业务，又懂信息系统的企业专业人员也应是企业开发信息系统的主要目标之一。

信息系统的知识非常广泛，企业管理人员与企业信息系统专业人员的培训内容应各有侧重。管理人员的培训重点应该是信息技术基本概念与一些结合具体项目的基础知识，如信息系统的基本概念，包括信息概念、性质与作用、系统概念与特点、信息系统开发方法与开发过程等；计算机基本知识，包括计算机硬件与软件基础知识、常用管理软件的功能与人机界面、网络与通信基本概念等；本企业信息系统介绍，包括信息系统目标、功能及总体描述、开发计划、主要事项与配合要求等；本企业信息系统的操作方法。

应当强调的是，对于管理人员的培训要结合企业实际，通过培训使各级管理人员明确开发与应用信息系统对企业生存与发展的重要意义，在了解与掌握基本概念的基础上打消顾虑，使他们能积极参与信息系统的开发，并为下一步的应用做好准备。

对企业信息管理专业人员的培养应把重点放在系统知识与系统规范方面，培养方法除强调在实践中学习外，还可采取委托培养、进修与外聘专家进行系统授课等方法。

为了保证培训能真正获得成效，培训工作应与管理人员的工作绩效评定结合起来，对培训的效果进行考核。具体操作可以分阶段地在培训后进行考试，也可以采用竞争上岗等方式，促使管理人员处理好当前工作与未来知识储备二者的关系。

需要进行培训的人员主要有以下三类。

1. 事务管理人员

新系统能否顺利运行并获得预期目标，在很大程度上与这些第一线的事务管理人员（或主管人员）有关系。因此，可以通过讲座、报告会的形式，向他们说明新系统的目标、功能、结构及运行过程，以及对企业组织机构、工作方式等产生的影响。对事务管理人员进行培训时，必须做到通俗、具体，尽量不采用与实际业务领域无关的计算机专业术语。例如，可以就他们最关心的以下问题展开对话：

（1）计算机管理信息系统能为我们干些什么？

（2）采用新系统后，我们和我们的职工必须学会什么新技术？

（3）采用新系统后，我们的机构和人员将发生什么变动？

（4）今后如何衡量我们的任务完成情况？

大量事实说明，我们许多管理信息系统不能正常发挥预期作用，其原因之一就是没有注意对有关事务管理人员的培训，因而没有得到他们的理解和支持。所以，今后在新系统开发时必须注意这一点。

2. 系统操作员

系统操作员是管理信息系统的直接使用者，统计资料表明，管理信息系统在运行期间发生的故障，大多数是使用方法错误而造成的，如图 9-10 所示。所以，系统操作员的培训应该是人员培训工作的重点。

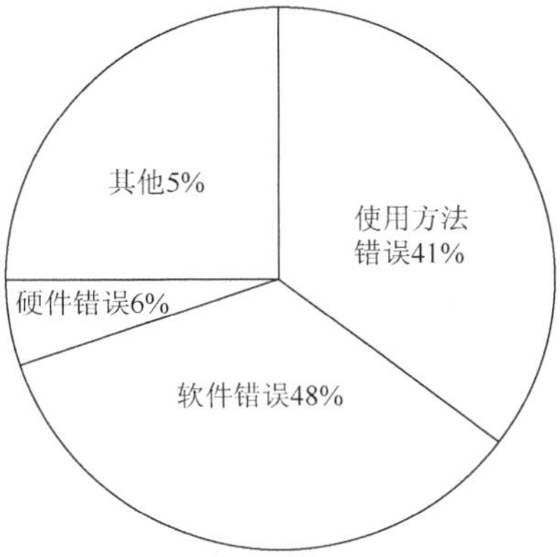

图 9-10　软件故障的原因

对系统操作员的培训应该提供比较充分的时间，除了学习必要的计算机硬、软件知识，以及键盘指法、汉字输入等训练以外，还必须向他们传授新系统的工作原理、使用方法、简单出错的处置等知识。一般来说，在系统开发阶段就可以让系统操作员一起参加。例如，录入程序和初始数据，在调试时进行试操作等，这对他们熟悉新系统的使用，无疑是有好处的。

3. 系统维护人员

对于系统维护人员来说，要求具有一定的计算机硬、软件知识，并对新系统的原理和维护知识有较深刻的理解，在较大的企业和部门中，系统维护人员一般由计算机中心和计算机室的计算机专业技术人员担任。对于系统维护的具体内容，我们将在本章 9.4.2 节中讨论。

有条件时，应该请系统维护人员和系统操作员，或其他今后与新系统有直接接触的人员，参加一个或几个确定新系统开发方针的讨论会，因为他们今后的工作将与新系统有直接联系，参加这样的会议，有助于他们了解整个系统的全貌，并将给他们打好今后工作的基础。

对于大、中企业或部门用户，人员培训工作应列入该企业或部门的教育计划中，在系统开发单位配合下共同实施。

9.4.2 系统转换的方式

为了保证原有系统有条不紊、顺利地转移到新系统，在系统转换前应仔细拟订方案和措施，确定具体的步骤。

系统的转换方式常用的有三种，如图 9-11 所示。

1. 直接转换方式

直接转换（Plunge Implementation）就是在原有系统停止运行的某一时刻，新系统立即投入运行，中间没有过渡阶段。例如，列车运行时间表或航空公司的飞行时间表的转换。对于处理过程不太复杂、数据不很多、应用场合不是很重要的情况下可以采用直接转换的方式。

用这种方式时，人力和费用最省，因为任何时刻对用户而言只需操作和维护一个系统。但新系统在转换之前必须经过详细调试并经严格测试。可是直接转换法仍然风险较大。因为无论测试和培训多么完全和细致，系统运行后总可能会遇到一些在调试与测试过程没有遇到过的困难或情况。一旦新系统无法运行，则很可能会使工作趋于混乱。此外，无法将新系统的输出与旧系统的输入相比较，如果有错误要查出来就比较困难。这些错误很可能会导致系统的非正常中断，而这时也无法恢复到原来的旧系统。

采用直接转换法时，还有一个重要的问题需要管理层考虑，那就是转换的时间选择。对于一些如工资系统等的周期性信息系统，可以选择一个周期运行结束时，如月、季度、自然年度或财政年度结束时转换。

直接转换的示意图见图 9-11（a）。

2. 平行转换方式

平行转换（Parallel Implementation）就是新系统和原系统平行工作一段时间，经过这段时间的试运行后，再用新系统正式替换下原有系统。在平行工作期间，手工处理和计算机处理系统并存，一旦新系统有问题就可以暂时停止而不会影响原有系统的正常工作。转换过程如图 9-11（ b ）所示。

这种转换方式要经过两个阶段，第一阶段，新系统试验运行，同时原系统继续运行，利用原系统对新系统进行检验。第二阶段，当新系统可以稳定运行时，原系统停止运行或各子系统逐步停止运行。并行处理时间视系统实施效果而定，短则几个月，长则半年至一年。系统转换工作是平稳过渡的。

平行转换的最大好处就是安全、可靠、风险低。如果新系统不能正常工作，旧系统将作为备份系统来使用。与直接转换相比，平行转换可以比较容易地确认新系统是否工作正常。另外由于是新旧系统并行工作，从而可以消除或减轻操作人员对新系统的认识和使用时的惊慌与不安。但是，平行转换的缺点也是显而易见的。首先它的运行成本很高，这是由于新旧两个系统需要同时运行，在这段时期内就要为两个系统的运行支付成本。而且，运行两个系统可能会增加运行环境的负担甚至出现处理延迟。

当新旧两个系统在技术上不兼容，或者运行环境无法同时支持两个系统时，平行转换就不一定适合。此外，如果两个系统执行不同的功能或者新系统涉及原旧系统没有的业务处理方法，平行转换也不一定适合。

一般情况下，对于一些较大的管理信息系统，如银行、金融行业及一些企业的核心系统经常采用平行转换的方式来使新旧系统能平稳过渡。

3. 分段转换

这种转换方式是上述两种方式的结合，采取分期分批逐步转换。如图 9-11（c）所示。

分段转换（Phased Implementation）能够保证整个系统运行的可靠，与平行转换相比，费用也要少，因为一次只需要处理新系统的一部分，同时转换的风险也要比直接转换低。要采用这种转换方式，在系统的设计和实现时就有一定的要求。此外当新系统不容易被分成几个逻辑模块时，此种转换方式就不可能实现。

采用分段转换时，各自系统的转换次序及转换的具体步骤，均应根据具体情况灵活考虑。通常可采用如下策略。

（1）按功能分阶段逐步转换。首先确定该系统中的一个主要的业务功能，如财务管理率先投入使用，在该功能运行正常后再逐步增加其他功能。

（2）按部门分阶段逐步转换。先选择系统中的一个合适的部门，在该部门设置终端，获得成功后再逐步扩大到其他部门。这个首先设置终端的部门可以是业务量较少的，这样比较安全可靠，也可以是业务最繁忙的，这样见效大，但风险也大。

（3）按机器设备分阶段逐步转换。先从简单的设备开始转换，再推广到整个系统。例如，对于联机系统，可先用单机进行批处理，然后用终端实现联机系统。对于分布式系统，可以先用两台微机联网，以后再逐步扩大范围，最终实现分布式系统。

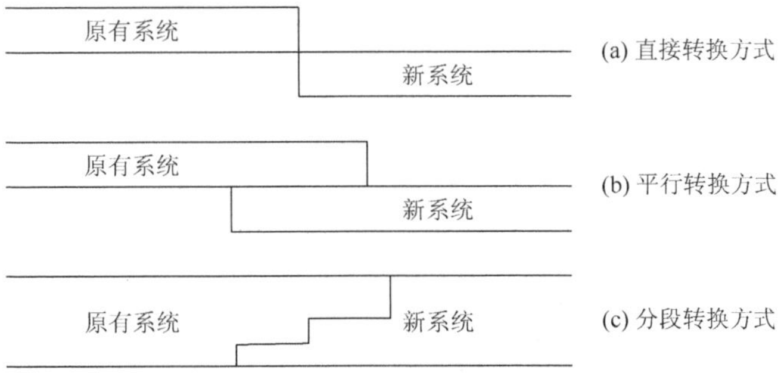

图 9-11　系统转换的方式

4. 试点过渡方式

试点过渡（Pilot Implementation）是先有一小部分员工使用新系统，直到可以确认新系统能正常工作后再让全部的员工共同使用新系统。这种方式可以消除或减轻员工对新系统的认识和使用时的惊慌与不安，而且可以更快速地确认新系统的不足和问题，进而及时地改进或修改新系统，且防止完全更换系统所带来的问题。

总之，系统转换的工作量较大，情况十分复杂。据国外统计资料表明，软件系统的故障大部分发生在系统转换阶段。如图 9-12 所示。这就要求我们切实做好准备工作，拟定周密的计划，使系统转换不至于影响正常的工作。

无论采用拿一种转换方式，都要注意处理好以下问题。

（1）新系统的投运需要大量的基础数据，这些数据的整理与录入工作量很大，应及早准备、尽快完成。

（2）系统切换不仅仅是机器的转换、程序的转换，更难的是人工的转换，应提前做好人员的培训工作。

（3）系统运行时会出现一些局部性的问题，这是正常现象。系统工作人员对此应有足够的准备，并做好记录。系统只出现局部性问题，说明系统是成功的，反之，如果出现致命的问题，则说明系统设计质量不好，整个系统甚至要重新设计。

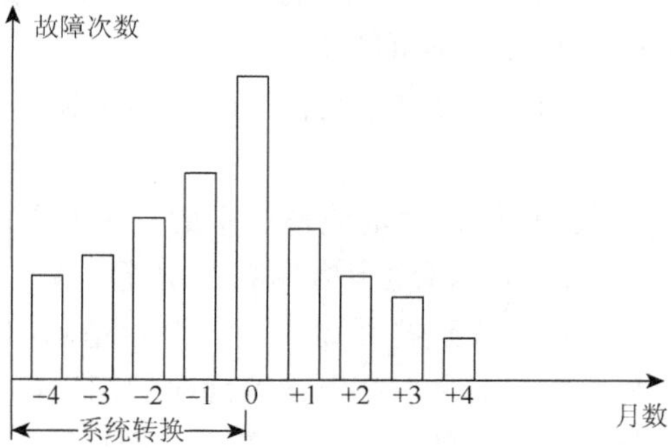

图 9-12 故障发生时间

此外，在拟订系统转换计划时，应着重考虑以下问题。

（1）系统说明文件必须完整；

（2）要防止系统转换时数据的丢失；

（3）要充分估计输入初始数据所需的时间。

对管理信息系统而言，首次运行前需花费大量人力和时间输入初始数据，对此应有充分准备，以免措手不及。例如，对于一个 5000 纪录的库存数据库，如果每条纪录含 200 个字符的描述信息，就意味着有 1000000 个字符必须通过键盘进入磁盘，即使操作员以每小时 8000 个字符输入速度，对于一个规模较大的系统，输入初始数据所需时间也是非常可观的。

9.5 系统说明文件的组成

在系统测试完成后，应该编写、整理出一份详细和全面的系统说明书。该文件既可以提交用户作为今后使用、维护新系统的指导性文档，另一方面，该文件也是鉴定和验收新系统时不可少的技术资料。应此，应该充分重视系统说明文件的编写工作。

一般说来，系统说明文件可由以下各部分组成。

1. 系统一般性说明

（1）用户手册。给用户介绍系统全面情况，包括系统目标、功能和性能的简要说明等。

（2）特殊说明。随着外部环境的变化而使系统作出相应调整等，这些是不断进行补充和发表的。

2. 系统开发报告

（1）系统分析说明书。我们已在第 3 章作过介绍。

（2）系统设计说明书。我们已在第 4 章作过介绍。

（3）系统实施说明。主要涉及系统分调、总调过程中某些重要问题的回顾和说明，人员培训、系统转化的计划及执行情况。

（4）系统利益分析报告。主要涉及系统的管理工作和职工所产生的影响，系统的费用、效益分析等方面。

3. 程序资料

（1）整个系统程序的说明。

（2）系统的计算机系统流程图和程序流程图。

（3）源程序清单。

（4）输入输出样本。

（5）程序所有检测点的说明。

（6）修改程序的手续规定。

4. 操作说明

（1）系统规程。系统总的规程，包括系统技术标准、编程、操作规程、监理规程等。

（2）操作说明。系统的操作顺序、各种参数输入条件、数据的备份和恢复操作方法以及系统维护的有关注意事项。

对于管理信息系统的说明文件的组成，目前还没有一个统一的标准。不少部门和组织都有各自的一套规定，但总的内容都在上述之内。

➢知识拓展：系统测试的支持工具

系统测试（System Test，ST）是将经过测试的子系统装配成一个完整系统来测试。它是检验系统是否确实能提供系统方案说明书中指定功能的有效方法。

系统测试的目的是对最终软件系统进行全面的测试，确保最终软件系统满足产品需求并且遵循系统设计。

如何高效地完成功能测试？选择一款合适的功能测试工具并培训一支高素质的工具使用队伍无疑是至关重要的。尽管现阶段存在少数不采用任何功能测试工具，从事功能测试外包项目的软件服务企业。短期来看，这类企业盈利状况尚可，但长久来看，它们极有可能被自动化程度较高的软件服务企业取代。

目前，用于功能测试的工具软件有很多，针对不同架构软件的工具也不断推陈出新。这里重点介绍的是其中一个较为典型自动化测试工具，即 Mercury 公司的 WinRunner。

WinRunner 是一种用于检验应用程序能否如期运行的企业级软件功能测试工具。通过自动捕获、检测和模拟用户交互操作，WinRunner 能识别出绝大多数软件功能缺陷，从而确保那些跨越了多个功能点和数据库的应用程序在发布时尽量不出现功能性故障。

WinRunner 的特点在于：与传统的手工测试相比，它能快速、批量地完成功能点测试；能针对相同测试脚本，执行相同的动作，从而消除人工测试所带来的理解上的误差；此外，它还能重复执行相同动作，测试工作中最枯燥的部分可交由机器完成；它支持程序风格的测试脚本，一个高素质的测试工程师能借助它完成流程极为复杂的测试，通过使用通配符、宏、条件语句、循环语句等，还能较好地完成测试脚本的重用；它针对于大多数编程语言和 Windows 技术，提供了较好的集成、支持环境，这对基于 Windows 平台的应用程序实施功能测试而言带来了极大的便利。

功能测试就是对产品的各功能进行验证，根据功能测试用例，逐项测试，检查产品是否达到用户要求的功能。常用的测试方法如下。

（1）页面链接检查：每一个链接是否都有对应的页面，并且页面之间切换正确。

（2）相关性检查：删除/增加一项会不会对其他项产生影响，如果产生影响，这些影响是否都正确。

（3）检查按钮的功能是否正确：如 update，cancel，delete，save 等功能是否正确。

（4）字符串长度检查：输入超出需求所说明的字符串长度的内容，看系统是否检查字符串长度，会不会出错。

（5）字符类型检查：在应该输入指定类型的内容的地方输入其他类型的内容（如在应该输入整型的地方输入其他字符类型），看系统是否检查字符类型，会否报错。

（6）标点符号检查：输入内容包括各种标点符号，特别是空格、各种引号、回车键。看系统处理是否正确。

（7）中文字符处理：在可以输入中文的系统输入中文，看会否出现乱码或出错。

（8）检查带出信息的完整性：在查看信息和 update 信息时，查看所填写的信息是不是全部带出，带出信息和添加的是否一致。

（9）信息重复：在一些需要命名，且名字应该唯一的信息输入重复的名字或 ID，看系统有没有处理，会否报错，重名包括是否区分大小写，以及在输入内容的前后输入空格，系统是否做出正确处理。

（10）检查删除功能：在一些可以一次删除多个信息的地方，不选择任何信息，按“delete”，看系统如何处理，会否出错；然后选择一个和多个信息，进行删除，看是否正确处理。

（11）检查添加和修改是否一致：检查添加和修改信息的要求是否一致，例如，添加要求必填的项，修改也应该必填；添加规定为整型的项，修改也必须为整型。

（12）检查修改重名：修改时把不能重名的项改为已存在的内容，看会否处理、报错。同时，也要注意，会不会报和自己重名的错。

（13）重复提交表单：一条已经成功提交的纪录，back 后再提交，看看系统是否做了处理。

（14）检查多次使用 back 的情况：在有 back 的地方 back 回到原来页面，再 back，重复多次，看会否出错。

（15）search 检查：在有 search 功能的地方输入系统存在和不存在的内容，看 search 结果是否正确。如果可以输入多个 search 条件，可以同时添加合理和不合理的条件，看系统处理是否正确。

（16）输入信息位置：注意在光标停留的地方输入信息时，光标和所输入的信息会否跳到别的地方。

（17）上传下载文件检查：上传下载文件的功能是否实现，上传文件是否能打开。对上传文件的格式有何规定，系统是否有解释信息，并检查系统是否能够做到。

（18）必填项检查：应该填写的项没有填写时系统是否都做了处理，对必填项是否有提示信息，如在必填项前加*。

（19）快捷键检查：是否支持常用快捷键，如 Ctrl+C、Ctrl+V、Backspace 等，对一些不允许输入信息的字段，如选人、选日期对快捷方式是否也做了限制。

（20）回车键检查：在输入结束后直接按回车键，看系统处理如何，会否报错。

思考题

1. 系统实施阶段包括哪些内容？
2. 系统实施与系统设计之间有何联系？
3. 程序设计的方法有哪些？它们各有哪些优缺点？
4. 如何选择编程工具？
5. 测试方法有哪些？试加以比较。
6. 测试工作包括哪些内容？
7. 系统转换有哪些方式？
8. 针对你小组开发的系统，编写一份系统使用说明书。

上机作业题

利用掌握的语言实现前面系统分析和设计的内容。

小组讨论题

探讨你所知道的有关系统测试的最新内容，如系统测试所应用的软件等。

第10章

系统运行维护与评价

所开发的软件产品交付用户后，就进入管理信息系统生命周期的最后一个阶段——系统运行阶段。系统运行阶段的工作包括系统维护、系统评价和系统运行管理。本章主要介绍系统维护的内容和系统维护的步骤以及进行系统评价的方法，同时介绍了系统可维护性的重要性以及系统运行管理的主要内容。

10.1 系统维护

一个系统的质量高低和系统的分析、设计有很大关系，也和系统的维护有很大关系。系统的维护究竟指的是什么呢？下面是系统维护的简单定义：

系统维护是指管理信息系统交付使用后，为了改正系统中存在的错误以及满足用户新的需求而修改系统的过程。

管理信息系统是一个复杂的人机系统，系统内外环境，以及各种人为的、机器的因素都不断地在变化着。为了使系统能够适应这种变化，充分发挥软件的作用，产生良好的社会效益和经济效益，就要进行系统的维护工作。

大中型软件产品的开发周期，一般为一至三年，运行周期则可达五至十年。在这么长的时间内，除了要改正软件中残留的错误外，还可能多次更新软件的版本，以适应改善运行环境和加强产品性能等需要。这些活动都属于维护工作的范畴。能不能做好这些工作，将直接影响软件的使用寿命。

维护是管理信息系统生命周期中花钱最多、延续时间最长的活动。有人把维护比成“墙”或“冰山”，以比喻它给软件生产所造成的障碍。不少单位为了维护已有的软件，竟没有余力顾及新软件的开发。近年来，从软件的维护费用来看，已经远远超过了系统的软件开发费用，占系统硬、软件总投资的60%以上。典型的情况是，软件维护费用与开发费用的比例为2∶1，一些大型软件的维护费用甚至达到了开发费用的

40～50 倍。

10.1.1　系统的可维护性

系统是否能被很好地维护，可用系统的可维护性这一指标来衡量。系统的可维护性能够定性地定义为维护人员理解、改正、改变和改进这个系统的难易程度。

系统的可维护性可通过以下三点因素来衡量。

1. 可理解性

指别人能理解系统的结构、界面功能和内部过程的难易程度。模块化、详细设计文档、结构化设计和良好的高级程序设计语言等，都有助于提高的可理解性。

2. 可测试性

诊断和测试的容易程度取决于易理解的程度。好的文档资料有利于诊断和测试，同时，程序的结构、高性能的调试工具以及周密计划的测试工序也是至关重要。为此，开发人员在系统设计和编程阶段就应尽力把程序设计成易诊断和测试的。此外，在系统维护时，应该充分利用在系统调试阶段保存下来的调试用例。

3. 可修改性

诊断和测试的容易程度与系统设计所制定的设计原则有直接关系。模块的耦合、内聚、作用范围与控制范围的关系等，都对可修改性有影响。

上述可维护性诸因素之间是有密切联系的。事实上，维护人员不可能修改一个自己还不理解的程序，同样，如果不进行完善的诊断和测试，一个看来是正确的修改有可能导致其他错误的产生。

在实际应用中，也可通过某些其他指标间接地对系统的可维护性进行定量描述，如识别问题的时间；管理上的延迟时间；维护工具的收集时间；分析和诊断问题的时间；修改的时间；调试时间；复查时间；恢复时间。

为了从根本上提高软件的可维护性，人们通过维护软件设计说明书和用户使用手册来实现，使用结构化分析和设计的开发方法就是提高系统可维护性的根本方法之一。

10.1.2　系统维护的任务

不同类型的人员在系统维护阶段有不同的任务。

1. 一般用户

（1）按系统的要求定期输入数据；

（2）使用系统的输出；

（3）提出修正和扩充意见。

2. 信息主管

（1）监督用户严格执行操作规程；

（2）批准适应性和完善性维护；

（3）准备对系统全面评价。

3. 开发人员

（1）按系统要求进行数据处理工作；

（2）积极稳妥地进行维护。

10.1.3 系统维护的类型

根据维护活动的目的不同，可把维护分成改正性维护、适应性维护、完善性维护和安全性维护四大类。另一方面，根据维护活动的具体内容不同，可将维护分成程序维护、数据维护、代码维护和设备维护这四类，下面分别对维护的内容和类型作简要说明。

1. 按维护活动的目的分类

（1）改正性维护。在第 9 章中曾经说过，系统测试不可能发现一个大型系统中所有潜藏的错误，所以，在大型软件系统运行期间，用户难免会发现程序中的错误，这就需要对错误进行诊断和改正。

（2）适应性维护。由于计算机科学技术的迅速发展，新的硬、软件不断推出，使系统的外部环境发生变化。这里的外部环节不仅包括计算机硬件软件的配置，而且包括数据库、数据存储方式在内的“数据环境”。为了适应变化了的系统外部环境，就需要对系统进行相应的修改。

（3）完善性维护。在系统的使用过程中，由于业务处理方式和人们对管理信息系统功能需求的提高，用户往往会提出增加新功能或者修改已有功能的要求，如修改输入格式，调整数据结构，使操作更简单、界面更漂亮等。为了满足这类要求就需要进行完善性维护。

（4）安全性维护。管理信息系统要收集、保存、加工和利用全局的或局部的社会经济信息，涉及企业、地区、部门乃至全国的财政、金融、市场、生产、技术等方面的数据、图表和资料。随着病毒和计算机罪犯的出现，管理信息系统对安全性和保密提出了更为严格和复杂的要求。除了建立严格的防病毒和保密制度外，用户往往会提出增加防病毒的功能和保密的新措施，而且随着更多的病毒出现，有必要定期进行防病毒功能的维护和保密措施的维护。

2. 按维护活动的内容分类

1）程序维护

程序维护指改写一部分或全部程序，程序维护通常都充分利用原程序。修改后的原程序，必须在程序首部的序言性注释语句中进行说明，指出修改的日期、人员。同时，必须填写程序修改登记表，填写内容包括：所修改程序的所属子系统名、程序名、修改理由、修改内容、修改人、批准人和修改日期等。

程序维护不一定在发现错误或条件发生改变时才进行，效率不高的程序和规模太大的程序也应不断地设法予以改进。一般说来，管理信息系统的主要维护工作量是对程序的维护。

2）数据维护

数据维护指的是不定期地对数据文件或数据库进行修改，这里不包括主文件或主数据库的定期更新。数据维护的内容主要是对文件或数据中的记录进行增加、修改和删除等操作，通常采用专用的程序模块。

3）代码维护

随着用户环境的变化，原有的代码已经不能继续适应新的要求，需要对代码进行变更。代码的变更（即维护）包括订正、新设计、添加和删除等内容。当有必要变更代码时，应有现场业务经办人和计算机有关人员组成专门的小组进行讨论决定，用书面格式写清并事先组织有关使用者学习，然后输入计算机并开始实施性的代码体系。代码维护过程中的关键是如何使新的代码得到贯彻。

4）设备维护

管理信息系统正常运行的基本条件之一就是保持计算机及外部设备的良好运行状态。因此，计算机室建立相应的规章制度，有关人员要定期地对设备进行检查、保养和杀病毒工作，应设立专门设备故障登记表和检修登记表，以便设备维护工作的进行。

综上所述，系统维护应包括对系统的改正、改变和改进这三个方面，而不仅仅局限于改正错误。

10.1.4　系统维护的步骤、组织和管理

1. 系统维护的步骤

不少人往往认为系统的维护要比系统开发容易得多，因此，维护工作不需要预先拟订方案或加以认真准备。实际情况并不是这样，许多情况下，维护比开发更困难，需要更多的创造性工作。因此，首先维护人员必须用较多的时间理解别人编写的程序和文档，且对系统的修改不能影响该程序的正确性和完整性。其次，整个维护的工作又必须在所规定的很短时间内完成。图 10-1 简要说明了维护工作的全过程的步骤。

从图 10-1 中可以看出，在某个维护目标确定以后维护人员必须先理解要维护的系统；然后建立一个维护方案；由于程序的修改涉及面较广，某处修改很可能会影响其他模块的程序，所以建立维护方案后要加以考虑的重要问题是修改的影响范围和波及面的大小；然后按预定维护方案修改程序；还要对程序和系统的有关部分进行重新测试，若测试发现较大问题，则要重复上述步骤，若通过，则可修改相应文档并交付使用结束本次维护工作。

必须强调的是，维护是对整个系统而言的。因此，除了修改程序、数据、代码等部分以外，必须同时修改涉及的所有文档。

从图 10-1 还可以看出，系统维护和系统开发有许多共同之处，所以前几章介绍的开发技术和工具在这里都可以使用。从本质上讲，维护工作可以看成开发工作的一个缩影。

2. 维护的组织和管理

维护是软件开发单位的责任。软件开发单位根据本身规模的大小，可以指定一名高级管理人员担任维护管理员，或者建立由高级管理人员和专业人员组成的维护领导小组，管理本单位开发的软件维护工作。管理的内容应包括对申请的审查与批准，维护活动的计划与安排，人力资源的分配，批准并向用户分发维护的结果（如软件的新版本），以及对维护工作进行评价与分析等。

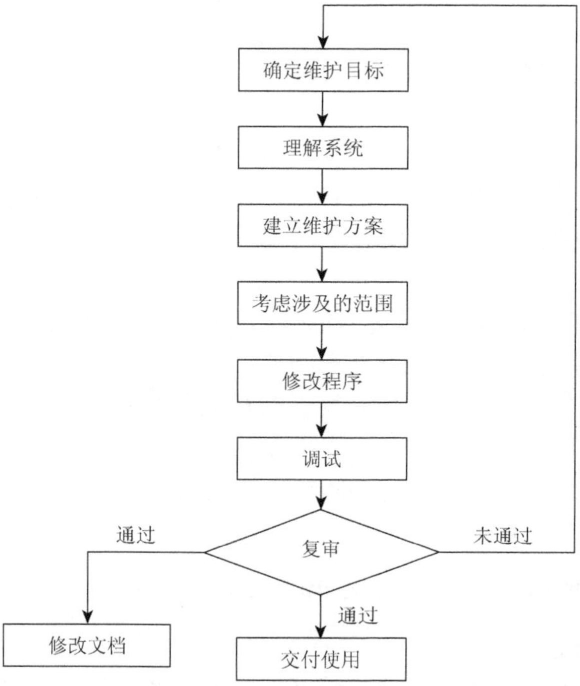

图 10-1 维护活动的步骤

具体的维护工作，可以由原开发小组承担，也可以指定专门的维护小组。前者的优点是他们熟悉被维护的软件。但由于开发小组很可能已接受新的开发任务，对旧软件的维护会分散他们的精力。后者的优点是精力集中，且能使其他的开发人员无后顾之忧。不足的是多数人不安心长期担任专职的维护人员，认为“维护程序员”的名声赶不上开发人员。有人认为采取开发人员与维护人员定期轮换的方法，其效果可能更好。

10.2 系统评价

一个花费了大量资金、人力和物力建立起来的新系统，其性能和效益如何？是否达到了预期的目的？这对用户和开发人员双方都是很关心的问题。因此，必须通过系统评价来回答以上问题。

对新系统的全面评价是在新系统运行了一段时间后进行的，以避免片面性。通常由开发人员和用户共同进行。

进行系统评价的主要目的如下：

（1）检查系统的目标、功能及各项指标是否达到设计要求；

（2）检查系统的质量；

（3）检查系统使用效果；

（4）根据评审和分析的结果，找出系统的薄弱环节，提出改进意见。

10.2.1 管理信息系统质量评价指标

要进行管理信息系统的评价，首先要考虑管理信息系统投入运行以后如何分析其工作质量，如何对其所带来的效益和所花费成本的投入产出比进行分析，如何分析一个管理信息系统对信息资源的充分利用程度，如何分析一个管理信息系统对组织内各部分的影响。也就是说要先确定管理信息系统评价的标准问题。

1. 管理信息系统质量的概念

所谓质量的概念就是在特定的环境下，在一定的范围内区别某一事物的好坏。质量评价的关键是要定出评定质量的指标以及评定优劣的标准。质量的概念是相对的。所谓优质只是在某种特定条件下相对满意的（不可能有绝对的最优）。

2. 管理信息系统质量评价指标

（1）管理信息系统对用户和业务需求的相对满意程度，即管理信息系统是否满足了用户和管理业务对管理信息系统的需求，用户对管理信息系统的操作过程和运行结果是否满意。

（2）管理信息系统的实用性，即考查管理信息系统对实际管理工作是否实用。

（3）管理信息系统的开发过程是否规范，包括管理信息系统开发各个阶段的工作过程以及文档资料是否规范等。

（4）管理信息系统功能的先进性、有效性和完备性，这是衡量管理信息系统质量的关键问题之一。

（5）管理信息系统的性能、成本、效益综合比，它是综合衡量系统质量的首选指标，集中地反映了一个管理信息系统质量的好坏。

（6）管理信息系统运行结果的有效性和可行性，即考察系统运行结果对于解决预定的管理问题是否有效或是否可行。

（7）处理结果是否完整，是否全面地满足了各级管理者的需求。

（8）信息资源的利用率，即管理信息系统是否最大限度地利用了现有的信息资源并充分发挥了它们在管理决策中的作用。

（9）提供信息的质量如何，即管理信息系统所提供信息（分析结果）的准确程度、精确程度、响应速度以及其推理、推断、分析、结论的有效性、实用性和准确性。

10.2.2　管理信息系统运行评价指标

管理信息系统在投入运行后要不断地对其运行状况进行分析评价，并以此作为系统维护、更新以及进一步开发的依据。管理信息系统运行评价指标一般有：

1. 预定的系统开发目标的完成情况

（1）对照系统目标和组织目标检查系统建成后的实际完成情况。

（2）是否满足了科学管理的要求？各级管理人员的满意程度如何？有无进一步的改进意见和建议？

（3）为完成预定任务，用户所付出的成本（人、财、物）是否限制在规定范围以内？

（4）开发工作和开发过程是否规范，各阶段文档是否齐备？

（5）功能与成本比是否在预定的范围内？

（6）系统的可维护性、可扩展性、可移植性如何？

（7）系统内部各种资源的利用情况。

2. 系统运行实用性评价

（1）系统运行是否稳定可靠？

（2）系统的安全保密性能如何？

（3）用户对系统操作、管理、运行状况的满意程度如何？

（4）系统对错误操作保护和故障恢复的性能如何？

（5）系统功能的实用性和有效性如何？

（6）系统运行结果对组织各部门的生产、经营、管理、决策和提高工作效率等的支持程度如何？

（7）对系统的分析、预测和控制的建议有效性如何，实际被采纳了多少？这些被采纳建议的实际效果如何？

（8）系统运行结果的科学性和实用性分析。

3. 设备运行效率的评价

（1）设备的运行效率如何？

（2）数据传送、输入、输出与其加工处理的速度是否匹配？

（3）各类设备资源的负荷是否平衡？利用率如何？

10.2.3 管理信息系统技术性能评价指标

管理信息系统技术性能评价指标是客观评价系统的依据。技术性能评价指标一般有：

（1）人机交互的灵活性与方便性；

（2）平均无故障工作时间，单位时间内的故障次数与故障时间在工作时间中的比例；

（3）系统响应时间与信息处理速度满足管理业务需求的程度；

（4）系统利用率；

（5）系统安全保密措施的完整性、规范性与有效性；

（6）输出信息的正确性与精确度；

（7）系统的可扩充性，即系统结构与功能调整、改进及扩展，与其他系统交互或集成的难易程度；

（8）系统的可维护性，系统故障诊断、排除、恢复的难易程度；

（9）系统文档资料的规范、完备与正确程度。

10.2.4 管理信息系统经济效益评价指标

使用新系统后产生的经济效益是评价新系统的一个决定性因素。但是经济效益的评价是一个非常复杂的问题，因为要搜集各种定量的指标值需要较长的时间。同时，有的经济效益是不能单纯通过数字来反映的。目前是将系统经济效益分成直接经济效益和间接经济效益两种进行统计。下面分别介绍。

1. 直接经济效益

系统的直接经济效益是指可以定量计算的效益，通常可通过以下指标来反映。

（1）系统一次性投资额，包括系统硬件、软件和系统开发费用。其中硬件费用包括主机设备费用、终端设备、通信设备和机房建设（电源、空调和其他）费用。软件费用包括系统软件、应用软件、试验软件等费用。系统开发费用包括调查研究、系统规划、系统分析和设计、系统实施等阶段的全部费用。

（2）系统运行费用，包括计算机及其外部设备的运行费用、人工费用（人员工资）、管理费用、硬件与备件的折旧费用（由于信息系统的技术成分较高，更新换代快，一般折旧年限取 5～8 年），运行费用是使新系统得到正常运行的基本费用。

（3）系统运行新增加的效益。

①成本降低，库存积压减少，流动资金周转加快与占用资金减少，销售利润增加及人力的减少等方面；

②年生产经营费用节约额，使用新系统以后，年生产经营费用节约额可用下式求得

$$u=\sum(C_i-C_a)+E[\sum(K_i-K_a)]+u_n$$

式中，C_i 表示使用信息系统后节约的费用；C_a 表示使用信息系统后增加的费用；E 表示投资效益系数；K_i 表示使用信息系统后节约的投资；K_a 表示建立信息系统所用的投资；u_n 表示本部门以外其他部门所获得的年度节约额。

例如，运输部门使用信息系统后节约了机动车辆，减少了在途货物，除可节约本部门投资外，还可以节约相关部门的流动资金。

年生产费用节约额是一个综合的货币指标。事实上，只有在年生产费用节约额时，使用管理信息系统才是合理的，否则说明使用信息系统的条件还未成熟。

需要指出的是，上述年生产经营费用节约额的计算公式只是一个理想化的公式，尤其是投资效益系数 E 的选取，目前还没有统一的看法，国外曾有人建议取 $E=0.25$。如何选择符合我国国情的效益系数，还有待于进一步的探索。

（4）投资回收期。通过新增效益，逐步收回投入的资金所需的时间，也是反映信息系统经济效益好坏的重要指标。经简化后不考虑贴现率的投资回收期可用下式计算：

$$T=t+I/(B-C)$$

式中，T 为投资回收期（年），t 为资金投入至开始产生效益所需的时间（年），I 为投资额（万元），B 为系统运行后每年新增的效益（万元/年），C 为系统运行费用（万元/年）。

2. 间接效益

间接经济效益是通过改进组织结构及运作方式，提高人员素质等途径，促使成本下降、利润增加，间接获得的效益。由于成因关系复杂，计算困难，一般只能作定性的分析，所以间接经济效益也称为定性效益。尽管间接效益难以估计，但其对企业的生存与发展所起的作用往往要大于直接经济效益。

间接效益主要表现在企业管理水平和管理效率的提高程度上。这是综合性的效益，可以通过许多方面体现，但很难用某一指标来反映间接效益，主要体现在以下几个方面。

（1）提高管理效率。用计算机代替人工处理信息，减轻管理人员的劳动强度，使他们有更多时间从事调查研究和决策工作；由于各类数据集中处理，使综合平衡容易实现；由于采用计算机网络等手段，加强了各部门之间的联系，提高了管理效率。

（2）提高管理水平。由于信息处理的效率提高，从而使事后管理变为实时管理；使管

理工作逐步走向定量化。

（3）提高企业对市场的适应能力。由于用计算机提供辅助决策方案，因此当市场情况变化时，企业可及时进行相应决策以适应市场。具体来说，例如，物资管理系统的建立，可以明显提高库存记录的准确性和及时性，减少库存量，从此减少物资的积压浪费，同时也能保证生产用料的供应，避免因原料短缺而生产停顿，最终提高了生产力。生产管理系统的建立可以更合理地安排人力物力，及时掌握生产进度和产品质量，从而提高生产率和生产管理水平。销售管理系统的建立，可提供较强的查询应功能，提高服务质量并及时提供各项经营决策。财务管理系统的建立，可大大提高业务处理能力，减少差错，提高资金周转率等。以上这些都是间接效益的表现形式。

总之，管理信息系统的建立，将对企业或部门的管理工作产生重大影响，对这些直接或间接的效益必须要充分认识，给予肯定。

10.2.5 管理信息系统综合评价指标

综合评价是对系统总体性能的评价，它包括：

（1）功能完整性。功能完整性是指覆盖了主要的业务管理范围，各部分接口尽可能完备，数据采集和存储格式统一，便于共享，各部分协调一致形成一个有机整体。

（2）商品化程度。首先要考虑性能价格比，其次是文档资料的完整性，是否有成套的用户手册、系统管理员手册及维护手册等。是否有后援，能不能为用户培训人才。

（3）程序规模。总语句行数，占用存储空间大小。

（4）开发周期。从系统总体规划到新系统转换所花费时间。

（5）现存问题。系统还存在哪些问题以及改进的建议。

综上所述，对于一个管理信息系统来说，大致可以从系统的性能、获得的效益以及文档资料三方面来系统进行评价，这三个方面的具体评价指标以及考虑因素可制成如表 10-1 所示图表以方便系统评价活动的进行。

系统评价结束后应形成正式书面文件即系统评价报告。系统评价报告既是对新系统开发工作的评定与总结，也是今后进行系统维护工作的依据。因此，必须认真、客观地编写。

表 10-1　系统评价表

评价项目	评价指标	考虑因素
1. 性能评价	1. 完整性	系统设计是否合理，功能是否达到设计任务书要求
	2. 可维护性	可理解性，可测试性，可修改性，维护工具
	3. 可靠性	平均无故障工作时间，后备体系
	4. 适应性	运行环境变动时，系统的适应能力
	5. 方便、灵活性	操作和维护方便、灵活
	6. 安全、保密性	
	7. 设备利用率	

续表

评价项目	评价指标	考虑因素
1. 性能评价	8. 响应时间	从用户发出命令到系统作出响应的时间
	9. 系统吞吐量	每秒所能完成的作业
2. 经济效益评价	1. 直接效益	一次性投资，运行费用，新增效益，投资回收期。
	2. 间接效益	管理人员劳动条件的改善，管理效率的提高，管理水平的提高，加快资金流通情况
3. 其他方面评价	1. 文档	是否齐全，表达是否清晰合理
	2. 程序规模	总语句行数，占用存储空间大小
	3. 开发周期	从系统规划到新系统转换所花费时间
	4. 存在问题	

10.3　系统运行管理

系统运行是指一个管理信息系统研制工作完成后经过系统转换、系统投入工作后的运行过程。管理信息系统与其他系统一样，需要进行科学的组织和管理，没有科学的运行管理，管理信息系统不但不能有效地发挥作用，不能自动地为管理工作提供高质量的信息服务，而且自己也会陷于混乱和崩溃。

10.3.1　系统运行管理制度

要搞好系统的运行工作，建立完备的系统运行管理制度是必需的也是首要的。

（1）系统运行的组织机构。系统运行管理的组织机构包括各类人员的构成、各自的职责、主要任务以及其内部组织结构。这里所说的人员包括系统主管人员、机房管理人员、硬件操作人员、软件操作人员、程序员、录入员等。

（2）基础数据的管理制度。基础数据管理包括对数据收集和统计渠道的管理，计量手段和计量方法的管理，原始数据的管理，系统内部各种运行文件、历史文件（包括数据库文件等）的归档管理等。

（3）运行管理制度。运行管理制度包括系统操作规程、系统安全管理制度、系统运行规程、系统定期维护制度以及系统运行状况记录的要求和日志归档等。

10.3.2　系统日常运行管理

系统投入使用后，日常运行的管理工作是相当繁重的。

1）系统日常运行环境的管理

系统的正常运行需要一个良好的运行环境，这要靠机房管理人员负责维护。机房管理人员要负责控制机房的卫生、环境温度与湿度以及电源的稳定性、防火的设备与措施的检查、系统的杀毒工作等。系统运行环境的管理工作应由硬件操作人员来完成。

2）新数据的录入或存储数据的更新

这里的任务包括三项：数据收集、数据校验及数据录入。新数据的录入或存储数据的更新应由录入员来完成。

3）信息处理和信息服务

在保证基本数据完整、及时和准确的前提下，系统应完成例行的信息处理及信息服务工作。常见的例行工作包括数据更新、统计分析、报表生成、数据的复制及保存、与外界的定期数据交流等。这些工作，一般都是按照一定的规程、定期或不定期地运行某些事先编制好了的程序，由软件操作人员来完成的。

4）运行与维护

为了完成数据录入及例行服务工作，要求各种设备始终处于正常的状态之下。为此，需要有一定的硬件操作人员，负责计算机本身的运行与维护。这里的运行维护包括设备的使用管理、定期检查、备品配件的准备及使用、各种消耗性材料（如软盘、打印纸等）的使用及管理、电源及工作环境等。

5）安全问题

系统的安全问题，也是日常工作的主要部分。对于计算机应用系统来说，安全问题包括数据或信息的安全与保密、软件（包括程序和文档）的安全和硬件设备的安全三个方面。

6）日常运行情况的记录

运行管理人员还要负责记录每天系统运行情况、数据输入与输出情况、工作的数量（例如，数据录入的数量、提供的报表数量、数据使用的频率、满足用户临时要求的数据量）、工作的效率（系统为完成所规定的工作占用了多少人力、物力和时间）、系统所提供的信息服务质量以及系统的故障情况。

7）系统运行结果分析

系统运行结果分析就是要得出某种能反映组织经营生产方面发展趋势的信息，以提高管理部门指导企业生产经营的能力。如系统已有市场预测功能，运行此功能即可得到未来市场变化的趋势，那么这个结果是否对实际经营管理具有指导意义呢？我们还必须检查其拟合系数值的情况，如果很大，则可以用；如果不很大，则还必须检查原始数据有没有不能反映市场变化规律的值或是有无输入错误等。如果综合分析了上述情况，写出分析报告，才可充分发挥人机结合辅助管理的优势。系统运行结果的分析工作由系统主管人员负责。

除了这些例行工作之外，还有一些临时的信息服务要求。例如，临时查询某些数据，生成某些一次性的报表，进行某些统计分析，进行某种预测或方案预算。这些信息服务不在日常工作范围之内，然而，其作用往往比例行的信息服务大得多。随着管理水平的提高和各级领导信息意识的加强，这种要求还会越来越多。

10.4 系统安全管理

信息时代既带给我们无限商机与方便，也充斥着隐患与危险。从 20 世纪 90 年代中期开始，网络风起云涌，六次著名的黑客大战给人们敲响了网络安全的警钟，无论是政府部门、企业，还是个人用户，安全意识明显增强。信息系统安全是计算机信息系统运行保障机制的重要内容。其不安全因素主要来自以下几个方面。

（1）物理部分。主要有机房不达标、设备缺乏保护措施和存在管理漏洞等。

（2）软件部分。安全因素主要有操作系统安全和数据库系统安全。

（3）网络部分。包括内部网安全和内、外部网连接安全两方面。

（4）信息部分。不安全的因素有信息传输线路不安全、存储保护技术有弱点及使用管理不严格等。

10.4.1　安全管理目标

信息系统安全管理的目标是：保证信息系统在有充分保护的安全环境中运行，由可靠的操作人员按规范使用计算机系统、网络系统、数据库系统和应用系统，系统符合安全标准。

信息系统安全管理应紧紧围绕信息的输入、存储、处理和交换这条链。根据系统自身的特点，将组成系统的各实体系统部件的安全特性、网络的安全机制、安全服务等进行集成，构成信息系统的安全框架。

10.4.2　安全管理的具体方法

1. 建立安全管理组织机构

按照信息系统安全保密设计的要求，建立安全保密运行管理领导机构和工作机构。建立信息系统安全保密“三员”管理制度，即设立信息系统管理员、系统安全员、系统密钥员，负责系统安全运行维护和管理，为信息系统安全运行提供组织保障。

2. 确定安全保密监控体系

监控体系包括监控策略、监控技术措施等。在信息系统运行安全管理中，需要制定有效的监控策略，采用多种技术措施和管理手段加强系统监控，从而构建有效的监控体系，保障系统安全运行。

以法规形式确定信息系统安全等级技术标准，根据不同的要求，建立分层次的访问权限认证系统。跟踪密码技术、系统扫描安全检查技术、网络攻击监控技术、信息内容监控技术、审计跟踪技术及证据搜集、认定等安全技术的研究成果，确定本系统的技术控制体系。

3. 制定安全管理制度

加强信息系统运行安全管理制度建设，是保障系统安全运行的关键。制定的运行维护管理制度应包括系统管理员工作职责、系统安全员工作职责、系统密钥员工作职责、信息系统安全管理制度等安全运行维护制度，还应包括机房管理、系统网络运行管理、信息介质管理、查询登记和结果返回、系统故障和安全事故报告、安全审计等方面的安全管理制度。

4. 建立安全稽核体系

计算机安全稽核是系统安全工程的主要内容，人们常用安全稽核来验证系统安全方面的脆弱性，评价风险程度（损失程度），从而有针对性地采取安全措施。计算机安全稽核分内部稽核和外部稽核两类。内部稽核主要靠系统内部提供的功能来实现，其主要任务是稽核系统内部数据处理情况和系统运行情况。外部稽核是对各种安全规章和措施进行稽核。从程序和时间上看，安全稽核又分 3 种。

（1）预先稽核。对正在建立的系统或新的应用开发项目进行稽核或检查，检验系统或开发项目的每一步是否符合安全要求，加强过程安全控制。

（2）事后稽核。系统建成后或应用开发项目完成后的稽核，也可以叫验收稽核。

（3）系统生存稽核。对系统数据处理过程和系统安全措施的效力进行稽核。

安全稽核的目的是保持数据的正确性、可靠性、真实性和可使用性，识别系统内部正在发生的活动变化，保障系统的安全可靠。计算机安全稽核在防止计算机犯罪、威慑计算机犯罪分子、侦破案件、检查事故发生的可能性和原因、保障系统正常运行等方面都有着极其重要的作用。

5. 建立安全监察体制

计算机信息系统安全保护存在的问题是：无特定的机构来监督、检查系统的安全情况，只对系统产品安全性能进行评价、认证，对最容易出问题的计算机应用过程的安全管理工作只有要求而无监督。鉴于这一点，信息产业部在《计算机信息系统安全保护条例》中设置了安全监察专门章节，这一章节对计算机信息系统的安全保护的法律监督作用做了描述。安全监察分内部主动监察和外部强制监察两种。

内部监察主要由系统安全负责人、内部审计师、系统分析员、程序员等组成的监察队伍实施。主要职责是根据国家和行业的有关法律、法规和标准规范，制定防止非授权或越权存取数据、使用计算机的制度和措施，制定安全系统的分析、设计、测试和评价标准和方法，制订计算机设备、程序和数据实体保护措施以及各类应急计划等。

外部监察是指信息计算机管理监察部门根据法律赋予的权力，对计算机信息系统行使安全检查、监督和处罚等功能。主要职责是检查、指导和监督系统的实体安全、环境安全、软件安全、网络安全及信息安全，协助制订和实施系统的安全计划和安全教育，检查督促落实国家颁布的有关系统设计、机房标准及安全组织建立和安全人员培训，负责处理涉及计算机信息系统安全的事件，协同有关部门侦破计算机犯罪案件。

监察组织特别是计算机安全监察机构要从防范计算机犯罪的角度出发，采取具体工作措施对已经投入使用的系统进行全方位的监察工作。例如，建立系统安全登记台账，定期或不定期对系统安全情况进行检查和抽查；对有安全隐患的系统，要及时发出整改通知，限期改正；对安全问题严重的系统，根据有关法律法规实施处罚。

10.4.3 应急响应和灾难恢复

1. 应急响应

应急响应（Incident Response/Emergency Response）通常是指一个组织为了应对各种安全事件的发生所做的准备工作以及在突发事件发生时或者发生后所采取的措施。

这里的“安全事件”是指破坏数据与信息系统的行为，包括：

（1）入侵系统并读取信息、搭线窃听、远程探测网络拓扑结构和计算机系统配置等保密性安全事件。

（2）入侵系统并篡改数据、劫持网络连接并篡改或插入数据、安装特洛伊木马、计算机病毒（修改文件或引导区）等完整性安全事件。

（3）系统故障、拒绝服务攻击、计算机蠕虫（以消耗系统资源或网络宽带为目的）等可用性安全事件。

2. 灾难恢复

灾难（Disaster）指由于自然的原因（洪水、台风、地震、雷击等）、意外事故（火灾、塌方、供电故障）、恶意攻击、人为失误等造成信息系统运行严重故障或瘫痪，使信息系统支持的业务功能停顿或服务水平不可接受、达到特定的时间的突发性事件，通常导致信息系统需要切换到备用场地运行。

灾难恢复（Disaster Recovery）是将信息系统从灾难造成的故障或瘫痪状态恢复到可正常运行状态，并将其支持的业务功能从灾难造成的不正常状态恢复到可接受状态而设计的活动和流程。

灾难恢复的规划和准备工作主要包括以下五个方面。

1）灾难恢复规划管理

灾难恢复规划（Disaster Recover Planning），指为了减少灾难带来的损失和实现灾难恢复所做的事前计划和安排。

灾难恢复规划的任务包括：制订完整的灾难恢复规划；结合其日常组织机构的具体情况建立灾难恢复规划组织机构，并明确其职责；评估灾难恢复规划过程的风险、筹备所需资源、确定详细任务及时间表、监督和管理规划活动、跟踪和报告任务进展以及进行问题管理和变更管理；与相关管理部门、新闻媒体、设备及服务提供商、电信和电力部门等保持联络和协作，以确保在灾难发生时能及时通报准确情况和获得适当支持；按有关规定对灾难恢复的等级评定、灾难恢复预案的制订进行审计、监理和备案。

2）灾难恢复需求分析

灾难恢复需求分析包括三项内容：风险分析，依据防范或控制风险的可行性和残余风险的可接受程度，确定对风险的防范和控制措施；业务影响分析，分析业务功能和相关资源配置以及评估中断影响；根据风险分析和业务影响分析的结果，确定灾难恢复目标。

3）灾难恢复策略制定

灾难恢复策略制定包括制定过程、确定灾难恢复资源的获取方式以及确定灾难恢复等级各要素的要求三个方面。

灾难恢复策略制定的过程，包括进行 7 个要素的分析，即数据备份系统、备用数据处理系统、备用网络系统、备用基础设施、技术支持能力、运行维护管理能力、灾难恢复预案；成本风险分析和策略的确定，包括确定灾难恢复资源的获取方式和灾难恢复等级各要素的具体要求。

确定灾难恢复资源的获取方式，包括：数据备份系统的建设；备用基础设施的选择；备用数据处理系统的选择；备用网络系统的选择；技术支持能力的获取；运行维护管理模式的选用；灾难恢复预案制订、落实和管理。

4）灾难恢复策略的实现

灾难恢复策略的实现包括五个方面：灾难备份中心的选择和建设，灾难备份系统技术方案的实现，技术支持能力的实现，运行维护管理能力的实现，灾难恢复预案的实现。

5）灾难恢复预案的制订、落实和管理

灾难恢复预案的制订、落实和管理包括：灾难恢复预案的制订，灾难恢复预案的教育、培训和演练，灾难恢复预案的管理三个方面。

灾难恢复预案的制订过程为：按照风险分析和业务影响分析所确定的灾难恢复内容，根据灾难恢复等级的要求，结合单位其他相关的应急预案，撰写出灾难恢复预案的初稿；对灾难恢复预案初稿的全面性、易用性、明确性、有效性和兼容性进行严格的评审；根据评审结果，对预案进行修订，纠正在初稿评审过程中发现的问题和缺陷，形成预案的修订稿；应预先制订测试计划，在计划中说明测试的案例，并对测试结果进行详细的记录；根据测试的记录和报告，对预案的修订稿进一步完善，形成预案的报批稿，并由灾难恢复领导小组审核和批准，确定为预案的执行稿。

灾难恢复预案的教育、培训和演练是指为了使相关人员了解信息系统灾难恢复的目标和流程，熟悉灾难恢复的操作规程，定期组织灾难恢复预案的教育、培训和演练。灾难恢复预案的管理包括保存与分发、维护和变更管理两个方面。

➢知识拓展：信息资源管理

信息资源管理（Information Resource Management，IRM）作为一个专有名词是 20 世纪 70 年代末美国学者提出的一个崭新概念，随着信息资源在社会经济生活中的重要性不断提高，信息资源管理作为一个独立的研究领域逐渐发展起来。

信息资源管理从诞生伊始，便与管理信息系统（Management Information System，MIS）有着千丝万缕的联系。

从概念上看，管理信息系统是一个综合性的人机系统，是信息人员、信息技术和数据资源构成的集合；广义的信息资源是信息活动中诸多要素的综合，管理信息系统无疑是其中最重要的组成部分。所以，管理信息系统应该是广义信息资源的子集，是信息资源的构成要素，但不是信息资源的全部。

信息资源管理的产生，源于信息激增和信息技术迅速发展；而管理信息系统的形成是信息技术在组织业务管理活动中的应用和发展。所以，信息技术的产生与发展是两个学科的共同基础。

从信息资源管理的角度考察，信息资源管理是一种基于信息技术的管理理论和方法，信息资源管理从诞生之日起，运用信息技术、开发建设管理信息系统就是其要义之一。信息资源管理既需要硬的信息技术作为支撑，也需要软的管理方法作为手段。在当前信息技术迅速发展和普及的环境中，许多现代管理方法已经通过软件和硬件的形式被技术化、系统化了，所以，信息资源管理也就更为依赖信息技术。从某种意义上讲，各种各样的管理信息系统就是现代信息资源管理的物化形式，现代信息资源管理则是基于信息系统的管理理论和方法。企业的高层管理者为了经营的目的，不断追求各种新的信息系统、新的信息媒介和新的利用方式来提高信息资源利用的效果，专家系统、知识库、人工智能、新型信息网络技术等各种类型的管理信息系统已成为组织开展信息资源管理的主要手段和工具。

自美国学者 F·W·霍顿（Horton）最先提出 IRM 这一概念之后，经第伯德（Dibold）等学者的开拓研究，对于 IRM 已提出过多种界定，它们反映了对于 IRM 的现有认识成果。

（1）美国学者霍顿从资源管理的视角认为，IRM 是对一个企业的信息资源（Informantion Resource，即内容）和设备资源（Equipment Resource，即工具）等进行管理。他将资源管理的概念扩展运用于信息、数据和知识的管理方面。

（2）霍顿还从管理活动这一视角认为，IRM 就是基于信息生命周期的一种人类管理活动，是对信息资源实施规划、指导、预算、决算、审计和评估的过程。同一视角的，还有英国学者 I·R·博蒙特（Beaumont）和 E·萨瑟兰（Sutherland）也认为：IRM 是一个集合名词，它包括所有能够确保信息利用的管理活动，其管理对象则包括所有类型的数据、号码、文本、视像、声音和各种不同的信息与通信技术。

（3）M·S·怀特（White）从管理过程的视角认为，IRM 是高效率地确定、获取、综合和利用各种信息资源，以有效地满足当前和未来信息需求的过程。A·N·史密斯（Smith）和 D·B·梅德利（Medley）也认为：IRM 将传统意义上的信息服务包括信息传播、办公系统、记录管理、图书馆功能、技术规划等统一起来，并从而由一种管理哲学演变为一种管理过程。

（4）C·瓦德（Wood）从管理方法的视角认为，IRM 是信息管理中几种有效方法的综合，它意味着将一般管理、资源控制、计算机系统管理、图书馆管理以及多种政策制定和规划方法结合起来加以运用，它标志着信息管理演变的新阶段。同一视角的学者 B·R·里克斯（Rics）和 K·F·高（Gow）认为：IRM 是为了有效地利用这一重要的组织资源而实施规划、组织、用人、指挥、控制的系统方法。K·B·列维坦（Levitam）和 J·第林（Dineen）认为：IRM 是一种集成化的管理手段。管理各种信息财产或信息资源的集成化程度可以作为衡量信息资源管理成熟程度的一个重要尺度。

（5）E·米德凯（Maedke）从企业管理的视角认为：IRM 是企业中管理各种相互关系的技术群，以使信息资源获得最大利用的艺术与科学。

（6）A·W·翟洁科（Zijlker）、B·爱维斯（lves）、G·D·列奥莫奇（Learmoth）和 M·E·波特（Porter）等从行为管理的视角认为：IRM 指的是在适当的时期制定决策或进行协调工作，以提供合适的信息的行为。IRM 可以被看作一个生活周期或一系列的行为，包括标识、存取和信息接收、保证信息的质量、及时性、相关性或增加其价值；为将来的利用储存信息；使其可利用或传递给别人；信息处理。

（7）经济学家乌家培和王建新合著的《论信息资源的管理与立法》，提出了 IRM 的立法问题，尚未涉及 IRM 的界定。

（8）卢泰宏在其主编的《信息资源管理》（专集）中认为："IRM 是一个发展中的战略制高点，其意义可归结于两点：展示了一个新的重要领域；提出了开发利用信息的新方向。"

1993 年他在其《国家信息政策》一书中论证了 IRM 的三维结构问题。他认为："IRM 是信息管理的一个重要的新阶段。""是信息管理的综合，是一种集成化管理。""IRM 是三种基本信息管理模式的集约化，它们是：信息的技术管理、信息的经济管理和信息的人文管理。"他还图示了一个"IRM 的三维构架"。认为这三个方向的合力形成了 IRM。反过来看，也可以将整体信息管理分解为三种基本的信息管理模式。他指出："这三种管理模式对应不同的背景：技术管理模式——信息技术。经济管理模式——信息经济。人文管理模式——信息文化。

（9）1998 年孟广钧等学者合著的《信息资源管理导论》一书，反映了我国在 IRM 领域研究的最新进展。该书认为："IRM是现代信息技术在管理领域的应用所激发的一种新的信息理论。""IRM 是为了确保信息资源的有效利用、以现代信息技术为手段，对信息资源实施计划、预算、组织指挥、控制、协调的一种人类管理活动。IRM 一般被认为是一个集成领域，是由多种人类信息活动所整合而成的特殊形式的管理活动。""IRM 活动作为一种普遍的人类活动，主要是在三个层面上展开的：在社会组织的微观层面，IRM 活动主要体现为一种过程管理；在社会组织体系的中观层面，IRM 活动主要体现为一种网络管理；在国家政府的宏观层面，IRM 活动主要体现为一种政策法规主导的调控管理。"

信息资源与物质资源相比较，既具有一定的共性又有许多不同的特性。我们分别从自然特性和经济特性两方面来考察它的特性。

1. 信息资源的自然特性

第一，非物质性和易流动性：它既不是物质，也不是能量，但具有物质基础。它必定要附着在某种介质上，不能离开媒介而独立存在。它易扩散，易传播，是最富于流动性的一种资源，而当代经济正是一种高度流动性的经济，这是信息资源和信息技术使然。

第二，可再生性和数量的无限性：经过处理、传播或利用，可以生产出新的信息或更多的信息。从一般意义上讲，信息资源（包括原始状态和经过一定的开发和利用的）在数量上是无限巨大的，在统计上是无法穷举的，而且是无穷无尽的。

第三，易转换性：其记录介质和表示方式都容易转换。

第四，易共享性：其生产者或拥有者难以独占使用。

第五，质量差异性：由于生产和传播水平存在差异，即不同的信息资源在质量上的差异很大。

第六，意义多样性：对不同的人或组织可能具有不同的意义。

2. 信息资源的经济特性

第一，效用性：任何信息资源对人类都具有一定效用，不仅可以独立使用，并且在一定条件下可以替代其他资源。

第二，供给的稀缺性：对于某个人或组织来说，真正有价值且可获得的信息资源往往是稀缺的。

第三，成本结构的特殊性：生产成本高，复制成本低，固定成本绝大部分是"沉没"成本，而可变成本或增量成本很低。

第四，体验性：作为产品，有些信息资源是一种"体验性产品"，消费者追求的是一种体验。

资源不同，对某个国家意义也不同。作为战略资源，它必然与该国的国计民生密切相关，是一个国家社会、经济、科技发展的基础。国家战略资源是一个国家实现本国战略目标可以利用的现实的和潜在的关键性资源。信息资源已成为国际竞争中的焦点之一。信息资源禀赋和存在状况是衡量一个国家综合国力的重要标志。

"十五"信息化专项规划指出，"信息技术的广泛应用，使信息成为重要的生产要素和战略资源，是优化资源配置、推动传统产业不断升级和提高社会劳动生产率的新动力。"我国目前信息技术应用已经很普遍，各个信息系统迫切需要注入充足的信息资源，以维持其正常运行和发挥更大的效益。

思考题

1. 系统维护工作对于不同类型人员分别包括哪些内容？它的步骤有哪些？
2. 系统评价指标有哪些？需要考虑哪些因素？
3. 如何对系统进行日常管理？
4. 浅谈软件维护工作在软件生存期中的重要性。
5. 有人说，提高软件的可维护性是软件生产工程化的根本目标之一。你同意这个观点吗？试说明理由。
6. 运用本章所学内容，评价小组开发的信息系统。

上机作业题

结合前面自己开发的小系统分析需要进行哪些维护，采用哪些安全技术，如何进行？

小组讨论题

1. 应该如何进行系统评价工作？
2. 如何理解信息资源管理与管理信息系统的关系？

参 考 文 献

陈景艳. 2001. 管理信息系统. 2 版. 北京：中国铁道版社.

姚家奕，吕希艳，秦秋莉. 2007. 管理信息系统. 2 版. 北京：首都经济贸易大学出版社.

薛华成. 2008. 管理信息系统. 5 版. 北京：清华大学出版社.

黄梯云. 2005. 管理信息系统. 3 版. 北京：高等教育出版社.

王要武. 2003. 管理信息系统. 北京：电子工业出版社.

蔡淑琴. 2004. 管理信息系统. 北京：科学出版社.

石道元. 2006. 管理信息系统. 北京：电子工业出版社.

王景光. 2006. 信息系统开发方法. 北京：机械工业出版社.

斯泰尔，雷诺兹. 2005. 信息系统原理. 6 版. 张靖，等，译. 北京：机械工业出版社.

马士华，等. 2000. 供应链管理. 北京：机械工业出版社.

http: //www.amteam.org（企业资源管理研究中心）

http: //www.avrw.com/（综合电子论坛）

http: //baike.baidu.com/view/2670.htm（百度）

http: //www.ccw.com.cn（计算机世界，信息化论坛）